जाग चेत कुछ करौ उपाई

(आत्मकथात्मक उपन्यास)

इस आत्मकथात्मक उपन्यास की रचना मैं पिछले तीन वर्षों से कर रहा था। कहीं गहरे में उतर कर इसकी रचना की है। वैसे तो लिखते हुए हर रचनाकार को अपनी नयी कृति श्रेष्ठ और विशिष्ट ही जान पड़ती है। मुझको भी ऐसा ही एहसास हुआ है। अब यह मेरे पाठकों पर निर्भर करता है कि मेरे इस एहसास से वे कितने सहमत और सन्तुष्ट हैं। अपनी इस नयी कृति पर अपने पाठकों की प्रतिक्रियाओं की मुझे प्रतीक्षा रहेगी।

— **मिथिलेश्वर**

09431683936

जाग चेत कुछ करौ उपाई

(आत्मकथात्मक उपन्यास)

मिथिलेश्वर

वाणी प्रकाशन

वाणी प्रकाशन
4695, 21-ए, दरियागंज, नयी दिल्ली 110 002

शाखा
अशोक राजपथ, पटना 800 004

फ़ोन : +91 11 23273167 फ़ैक्स: +91 11 23275710

www.vaniprakashan.in
vaniprakashan@gmail.com

JAAG CHET KUCHH KAROU UPAI
by Mithileshwar

ISBN : 978-93-5072-924-3
Autobiographical Novel

प्रथम संस्करण 2015

मूल्य : ₹295

हर्ष प्रिंटर्स, दिल्ली-110 093 में मुद्रित

वाणी प्रकाशन का लोगो मक़बूल फ़िदा हुसेन की कूची से

साहित्य ही समाज को बचा सकता है

साहित्य
की
सामाजिकता
के
रचनात्मक
अभियान
के
नाम

एक

रोज़ की भाँति सुबह के एकदम तड़के दरवाजे की कुण्डी बज उठी। हम इस आवाज़ से परिचित थे। हमारे यहाँ काम करने वाली रामरती के आने की सूचना थी। स्कूल-कॉलेज में कार्यरत हम दोनों पति-पत्नी ने समय से गृहकार्य पूरा होने के लिए रामरती को नीम अँधेरे आने के लिए कहा था। यह समय रामरती के लिए भी अनुकूल था। हमारे यहाँ के कार्य समाप्त कर उसे अपने घर के कार्य भी निपटाने थे...।

पास सोयी पत्नी के उठने से पहले ही मैंने कहा, ''अभी और थोड़ी देर सो रहो रेणु, मैं दरवाजा खोल देता हूँ। रामरती का सब कुछ जाना-पहचाना है। स्वयं अपने कार्य कर लेगी...।''

दरवाजे की आवाज से जग चुकी रेणु बोल उठी—''अब इस समय सोने से काम नहीं चलने वाला...।''

''फिर भी थोड़ी देर लेटे रहो...।''—यह कहते हुए मैं उठ गया। चारों बेटियों की शादियों के बाद अब घर में सिर्फ हम दोनों पति-पत्नी ही रह गये थे। मैं देखते आ रहा था, सुबह उठने के बाद रात सोने तक घर के अधिकांश कार्य रेणु के ही जिम्मे थे। मैं हाथ बँटाने की कोशिश करता तो वह अड़ जाती—''आपको यूनिवर्सिटी नहीं जाना क्या? जो नयी किताब लिख रहे हैं उसे पूरा कीजिए...।''

इसके बावजूद मैं हाथ बँटाने से अपने को रोक नहीं पाता। हाथ बँटाने की उस भूमिका के तहत ही इधर रामरती के आने पर स्वयं जा कर दरवाजा खोलने का मैंने निर्णय किया था। इस दौरान रेणु कभी मेरी बात मान थोड़ी देर लेटी रहती तो कभी मेरे ही साथ उठ जाती। यह देख कर मुझे अच्छा लगा कि इस बार रेणु लेटी ही रही।

अब बिस्तरे से उतर कर आगे बढ़ते हुए मैंने कहा—''आ रहा हूँ रामरती...।''

जवाब में उधर से लड़खड़ाती आवाज़ आयी—''हम रामरती नहीं, मुनरी हैं...।''

मुनरी भी हमारी परिचित थी। रामरती की हमउम्र दोस्त। दोनों के घर एक-दूसरे के पास-पास। दोनों एक साथ काम के लिए आतीं और एक ही साथ वापस जातीं। जिस किसी दिन रामरती बीमार होने के चलते काम पर नहीं आना चाहती। इसकी सूचना मुनरी से ही भिजवा देती...।

मुनरी की आवाज़ से हमें लग गया, आज रामरती नहीं आयेगी। मुनरी की आवाज़ सुन तो रेणु भी उठ बैठी। अब रामरती की अनुपस्थिति में बढ़ गये गृहकार्य उसे सलटाने होंगे...। लेकिन यह क्या! कमरे से बाहर दरवाजे पर मेरे पहुँचते ही मुनरी जोर-जोर से रोने लगी—"हमारे ऊपर बजर गिर गया प्रोफेसर साहब ! अनहोनी हो गयी...। रामरती अब नहीं रही। ट्रेन से कट गयी। मउअतिया बन के ऊ ट्रेन आ रही थी...। भगवान ने हमसे उसे छीन लिया...! अब हम किसके साथ रहेंगे प्रोफेसर साहब, किसके साथ आयेंगे-जायेंगे...। एक वही थी, जिससे सुख-दुःख बाँटती थी। अपने मन की बात भी उसी से कहती। अब हमारा कोई संगी-साथी नहीं रहा...। हमारा साथ दैव को मंजूर नहीं था...।"

उसकी बात सुन मैं चौंक उठा, जैसे राह चलते किसी जहरीले नाग पर पैर पड़ गया हो—"यह क्या बोल रही मुनरी? क्या हुआ? क्या हुआ? पूरी बात जल्दी बताओ...!"

अब तक रेणु भी दरवाजे पर आ गयी थी और मुनरी की बात सुन भौचक थी। इधर मुनरी तो जैसे काँप रही थी। तेजी से आने की वजह से कुछ हाँफ भी रही थी। उसने जल्दी में ही कहा—"अब का बताऊँ प्रोफेसर साहब...। रोज जइसा रेलवई लाँघ कर ही हम आ रही थी। बाकिर रामरती का काल तो पूर गया था। ऊ कट गयी और सब कुछ देखने-सहने के लिए हम अभागिन बच गयी...। आपके घर को ऊ काम वाला नहीं, अपना घर बूझती थी, इसी से हम बताने आ गयी। अब हम नहीं रुकेगी। आज किसी के घर काम भी नहीं करेगी...!"—और वह रोते-बिलखते हुए भाग चली—"हमको छोड़ कर कहंवा चली गयी रामरती...! रामरती हो रामरती...।"

रेणु ने अब आवाज दी—"तनिक रुको मुनरी, जरा सुनो !"

लेकिन रेणु की बात को अनसुनी कर वह जिस पाँव आयी थी, उसी पाँव तेजी से वापस हो गयी।

किसी हादसे के चश्मदीद गवाह की जो स्थिति होती है, मुनरी उसकी प्रत्यक्ष प्रमाण लग रही थी। मुझे यह समझते देर नहीं लगी कि हमारे घर से रामरती के प्रबल लगाव को लक्ष्य कर ही मुनरी तत्काल सूचना देने आ गयी थी। आड़े वक्त हम रामरती की मदद जो करते थे। लेकिन यह ऐसी सूचना थी जिस पर हम कुछ भी नहीं कर सकते थे...। यह सूचना मदद और सहयोग से परे थी।

अचानक क्षण भर में ही इस घटना ने हमारी दुनिया बदल दी। यह सुबह अब रोज वाली सुबह नहीं रह गयी। कुछ समय तक हम दोनों पति-पत्नी अवाक् बने एक-दूसरे के चेहरे का खौफ पढ़ते रहे...। यह क्या हो गया ? फिर निर्जीव की भाँति दरवाजे के सोफे पर पसर गये। सुबह की दिनचर्या के प्रति हमारे उत्साह को जैसे पाले ने मार दिया था।

रामरती पिछले पच्चीस वर्ष से हमारे यहाँ रह रही थी। इस लम्बी अवधि में हमारे घर के लिए वह इस तरह अभिन्न होती गयी कि हमारे परिवार की विश्वसनीय और सर्वाधिक उपयोगी सदस्य बन गयी। आस-पड़ोस के घरों में जहाँ साल-दो साल या चार-छह महीनों में ही दाइयाँ बदलती रहतीं, वहाँ इसकी आवश्यकता न कभी हमने महसूस की और न रामरती ने। समय के अनुसार उसका दरमाहा भी हम बढ़ाते गये।

हमारी चारों बेटियों की शादियों में रामरती की भूमिका हमारे लिए अविस्मरणीय थी। शादी वाले घर की व्यस्तताओं में हम दोनों पति-पत्नी डूबे रहते। बेटियों की व्यस्तताएँ अलग होतीं। ऐसे में पूरे घर की निगरानी पर रामरती चौकस रहती। क्या मजाल कि घर का कोई सामान गायब हो! हमें भी किसी चीज की जरूरत पड़ती तो वही तत्क्षण उपलब्ध कराती। हमारे घर में कौन चीज कहाँ है इसकी जानकारी हमसे अधिक उसे ही थी।

बेटियों की शादियों के बाद जब हम अकेलापन महसूस कर रहे थे तो इसकी भरपाई भी रामरती ने शुरू कर दी थी। अब वह ज्यादा से ज्यादा समय हमारे यहाँ देती। उसने रेणु से कहा भी था—"बबी लोगों के जाने से आप तनिक भी मन दुःखी मत कीजिएगा मालकिन! जरूरत पड़ने पर हम यहीं रहने लगूँगी...!"

हमारी वही रामरती अब नहीं थी। यह बात हम समझ नहीं पा रहे थे। हम दोनों की चेतना को ट्रेन हादसे की इस अनहोनी ने जैसे जड़वत् बना दिया। अपने बीच कायम इस भयावह सन्नाटे को तोड़ते हुए अब मैंने कहा—"रामरती के घर जा रहा हूँ रेणु। अभी तत्काल उसके यहाँ मेरा जाना जरूरी है...।"

"मैं भी चल रही हूँ।"—रेणु अपने को रोक नहीं सकी।

"नहीं रेणु, हम दोनों का एक साथ वहाँ जाना ठीक नहीं होगा। बस, मैं जल्द ही आ जाऊँगा...।"

ऐसे अवसर पर कमजोर हृदय रेणु बर्दाश्त नहीं कर पाती। घबड़ाहट की उसकी बीमारी लक्ष्य कर चिकित्सक ने भी कहा था कि ऐसे अवसर पर उसे उपस्थित नहीं रहना! शायद मेरी मनाही का अर्थ वह भी समझ गयी...।

अपने घर से निकल मैं तेजी से चल पड़ा। आरा रेलवे स्टेशन के इस पार मुख्य शहर के एक स्थल महाराजा हाता में हमारा घर है तथा रेलवे स्टेशन के उस पार लाइन के किनारे के उपेक्षित हिस्से में रामरती का। रेलवे स्टेशन के उस पार पुरवारी गुमटी से लेकर प्लेटफार्म नं. 3 तक के बीच रेल की पटरियों के किनारे बेहद गन्दा और परती रेलवे की जमीन है। काम की तलाश में शहर आये गाँवों, कस्बों के विस्थापित गरीब मजदूर इस जमीन में अपनी झोंपड़ियाँ बनाते चले गये। फिर तो देखते ही देखते कच्ची मिट्टी की दीवारों तथा खपड़ैल या फूस की छतों से निर्मित घरों की एक पूरी बस्ती वहाँ कायम हो गयी जो रोज बढ़ती ही जा रही

थी। नगर की सुविधाओं से वंचित पिछड़े जनों की एक उपेक्षित बस्ती के रूप में। उसी बस्ती की एक झोपड़ी रामरती की भी थी।

वह किस गाँव से कब इस बस्ती में पहुँची इसकी जानकारी हमें नहीं। कभी इसकी आवश्यकता ही हमें महसूस नहीं हुई...। हम खुद इस जिले के बैसाडीह नामक गाँव से आकर यहाँ बसे थे। लेकिन रामरती ने भी कभी यह जानने की कोशिश नहीं की। हम तो एक-दूसरे को यहीं के स्थायी सदस्य समझते रहे और यही हमारे लिए पर्याप्त भी था...।

रामरती की बस्ती के पुरुष शहर में रिक्शा, ठेला चलाते या रोज मजूरी का काम करते तथा औरतें शहर के विभिन्न रिहायशी मुहल्लों में चौका-बर्तन करने वाली दाइयों के काम। अपनी बस्ती से प्लेटफार्म नं. 3 के रास्ते रेलवे पुल को पार कर वे आसानी से शहर आ सकते थे। यही मार्ग स्थायी और सुरक्षित भी था। लेकिन सुविधा, सहूलियत और शीघ्रता के चलते वे सीधे अपनी बस्ती से रेल की खुली पटरियों को लाँघ कर आते। खतरे का एहसास होते हुए भी यह मार्ग वे नहीं बदलते...। अब तो उनकी बस्ती के लिए शहर आने का यही मार्ग बन गया था। अगर रामरती स्थायी और सुरक्षित रास्ते से आती तो कभी किसी ट्रेन से दुर्घटना की शिकार नहीं होती...।

रामरती के परिवार में सिर्फ उसका पति और पोता था, मात्र तीन जनों का परिवार। गरीबी और अभाव के तहत किसी गम्भीर बीमारी की चपेट में आया रामरती का मजदूर बेटा इलाज के अभाव में मर गया। उसकी पत्नी इस बात के लिए रामरती से लड़ती रहती थी कि बेटे की बीमारी छिपा कर उससे शादी क्यों करायी? शायद इसीलिए उसके मरते ही अपने दुधमुँहे बच्चे को छोड़ वह बगल के छोकरे घुरूहू के साथ भाग गयी। घुरूहू अभी कुँवारा था। यहाँ बहू बन कर आते ही उस पर मँडराने वाले घुरूहू से जल्द ही उसका सम्पर्क कायम हो गया था। अब रामरती दोनों पति-पत्नी अपने उस पोते की परवरिश में लग गये। रामरती का पति रिक्शा चलाता। दोनों पति-पत्नी की अब यह आन्तरिक और हार्दिक इच्छा थी कि अपने पोते के अच्छे जीवन का मार्ग वे कायम कर सकें। इधर रामरती मुझसे कहा भी करती—"मेरा पोता स्कूल जाने लगा है प्रोफेसर साहेब...। कुछ पढ़ लेता है और बड़ा हो जाता है तो किसी दफ्तर में चपरासी के काम पर लगवा दीजिएगा...!"

मैं रामरती को निराश करना नहीं चाहता, साथ ही झूठा आवासन देना भी नहीं, इसलिए कहता—"पढ़-लिख कर जब काबिल हो जायेगा तो अपने लायक काम अवश्य पा लेगा रामरती...।"

मैं शीघ्रा ही एक नम्बर प्लेटफार्म से रेलवे पुल पार कर रामरती की बस्ती में पहुँच गया...। जैसा कि मेरा अनुमान था, रामरती की झोपड़ी के पास के दृश्य ने मुझे पीड़ित और मर्माहत कर दिया...। रामरती के पति और पोते के साथ उसके

आस-पड़ोस के औरत-मर्द वहाँ एकत्रित थे तथा इस दुःखद घटना पर मातम मना रहे थे। जहाँ मर्द मायूस और गुमसुम बने अपना आन्तरिक दुःख प्रकट करते नजर आये वहीं महिलाएँ जोर-जोर से विलाप करती हुई दिखीं...! महिलाओं के आगे मुनरी बैठी थी। विलाप में उसका स्वर सबसे आर्द्र था...। वहीं पास ही एक चादर से रामरती का शव ढँका था।

मुझ पर नजर पड़ते ही मुनरी चिल्ला उठी—"पोरफेसर साहेब आ गये...! पोरफेसर साहेब आ गये...!"

अब सबका ध्यान मेरी ओर केन्द्रित हो गया। रामरती का पति तो अपनी जगह से उठ करुण विलाप करते हुए मेरी ओर बढ़ चला—"हम बर्बाद हो गये साहेब। कहीं के नहीं रहे। हमारे घर की सब कुछ वही थी। हमारी तो कमर ही टूट गयी...!"

मेरा अन्तर खुद व्यथित था और गला भी भरा हुआ। फिर भी अपने को जब्त कर रामरती के पति को पकड़ लिया—"मर्द होकर ऐसे रोओगे तो पोते को कौन सँभालेगा? रामरती से इतने दिनों तक का ही तुम्हारा साथ था। अब पोते के लिए मन कड़ा करो। अपने पोते को वह कुछ बनाना चाहती थी। अब उसकी इच्छा पूरी करने में लग जाओ...।"

उसका पोता पास ही सुबक रहा था। उसके माथे पर हाथ रख उसे भी सान्त्वना देने की कोशिश की—"तुम्हारी दादी कहीं गयी नहीं, तुम्हारे ही आसपास है। वह तुम्हें पढ़ा-लिखा कर बड़ा आदमी बनाना चाहती थी। अब अपनी दादी की इच्छा पूरी करने में जुट जा...!"

रामरती के पति और पोते पर शायद मेरी बात का कुछ असर हुआ। वैसे वहाँ पहुँच कर इस हादसे की परिणति पर अन्दर से मैं स्वयं ढहता जा रहा था। पास ही एक खाट पड़ी थी। अब चुपचाप उस पर बैठ गया।

मुझे अपने बीच बैठते देख लोग और निकट आ गये। रामरती का मुझे शुभचिन्तक समझ वे अपनी-अपनी तरह से शुरू हो गये। उनमें से प्रायः सभी रामरती की कोई न कोई विशेषता बताना चाहते थे कि ऐसी थी रामरती, वैसी थी। कि एक बार उसने ऐसे किया, वैसे किया...।

मैं अनुभव कर रहा था, मर जाने के बाद रामरती अपनी बस्ती के लिए अच्छी, भली महिला बन गयी थी। हालाँकि उसके जीवन में भी अपनी आवश्यकताओं के तहत मैं कई बार उसके यहाँ आ चुका था। लेकिन तब किसी ने भी उसके प्रति ऐसे उद्‌गार प्रकट नहीं किये थे। हालाँकि इस यथार्थ के मनोविज्ञान से भी मैं अवगत था। अपने परिचितों, सम्पर्कों और रिश्तों के दायरे में हमारे सम्बन्ध राग-द्वेष पर ही आधारित थे। अपने प्रति उस व्यक्ति के व्यवहार को लक्ष्य कर कभी हम राग प्रगट करते तो कभी द्वेष। लेकिन उस व्यक्ति के मरते ही द्वेष का भाव तिरोहित

हो जाता और सिर्फ राग रह जाता।

वहाँ की बातों से मुझे रामरती के कटने की पूरी जानकारी भी प्राप्त हो गयी, जिसके लिए मैं जिज्ञासु था। हमारे यहाँ सूचना देने पहुँची मुनरी ने जल्दीबाजी में वास्तविक जानकारी हमें नहीं दी थी। उस वास्तविक जानकारी के अनुसार घटना के वक्त रामरती, मुनरी और जगतरी तीन महिलाएँ एक साथ थीं। रामरती और मुनरी तो दोस्त थीं ही, तड़के काम पर पहुँचने के लिए इधर से जगतरी भी साथ हो लेती थी।

अपनी दिनचर्या की भाँति वे तीनों तैयार होकर रामरती के दरवाजे एकत्रित होतीं। फिर रामरती तीन बीड़ियाँ सुलगाती—एक अपने लिए तथा दो मुनरी और जगतरी के लिए। वहाँ बैठ कर तीनों बीड़ियाँ पीतीं। बीड़ी पीने के बाद ताजगी और फुर्ती का एहसास होते ही चल पड़तीं। जिस किसी दिन विलम्ब का अन्दाज होता तो रास्ते में चलते हुए ही बीड़ियाँ सुलगा लेतीं। राह चलते तथा तेज आँधी में भी बीड़ी सुलगाने की कला में रामरती माहिर थी। सुबह की इन बीड़ियों का खर्च भी वह अपने ही जिम्मे रखती। कभी अपनी साथिनों से नहीं लेती...।

यदा-कदा की भाँति आज फिर विलम्ब का एहसास कर वे चल पड़ीं। जब रेल की पटरियों को लाँघने लगीं तभी जगतरी बोली—"अब बीड़ी सुलगाओ रामरती, तनिक मन-मिजाज में गर्मी आ जाये...।"

रामरती को भी तलब महसूस हो रही थी—"अभी सुलगाती हूँ...। खुद हमारा मन भी कुलबुला रहा है...।"

भोर अभी नहीं हुई थी। पौ फटने से पहले की स्याही पसरी थी। पुरवा हवा जोरों से चल रही थी। उन तीनों के आँचल हवा में उड़-उड़ जा रहे थे। इधर तीन-चार दिनों से सुबह पुरवा का जोर कायम रहने लगा था। पुरवारी गुमटी से स्टेशन तक पटरियों का जाल बिछा था। एक पटरी को लाँघ कर आगे बढ़ो तो दूसरी। फिर तीसरी। फिर चौथी। पटरियों के बीच तो चलने लायक जगह भी रहती। उनके किनारे तो गिट्टियों का ढेर...। ऐसे में रामरती एक जगह पटरियों के बीच ही खड़ी होकर बीड़ियाँ सुलगाने लगी। इसी क्षण मुनरी को अँधेरे में पीछे से ट्रेन की रोशनी नजर आयी—"आगे बढ़ जा रामरती। कोई ट्रेन आ रही है...।"

रामरती ने भी मुड़ कर देखा, ट्रेन अभी दूर थी। उसके आने तक तो वह बीड़ियाँ सुलगा कर आगे बढ़ जायेगी। लेकिन वह तो राजधानी एक्सप्रेस थी। अँधेरे में उसकी दूरी का अन्दाज रामरती नहीं लगा सकी। क्षण भर में ही वह पास आ गयी। अब पटरियों से किनारे भागती हुई मुनरी चिल्लायी—"भागो रामरती, ट्रेन आ गयी ...।"

रामरती ने भी फुर्ती से भागने की कोशिश की। लेकिन हवा में लहराता उसका आँचल पटरियों की कुण्डी में फँस गया। उसके आँचल का जो हिस्सा फटा था वही

उसके लिए जानलेवा साबित हुआ। कुण्डियों में ऐसा उलझा कि खींचने पर भी नहीं निकला। अब रामरती ने पूरी शक्ति के साथ झोंका लगाया। इस झोंके का परिणाम भी उल्टा रहा। साड़ी की फाँस नहीं छूटी, बल्कि झोंके की प्रतिक्रिया में अपना सन्तुलन कायम न रख रामरती स्वयं पटरियों पर लुढ़क गयी। इससे पहले कि पुनः उठ कर भागती, ट्रेन उससे होकर गुजर गयी...।

क्षण भर में ही क्या से क्या हो गया? इस सूचना पर तत्काल रामरती का पति आया। लेकिन रामरती के शरीर का कोई भी अंग साबुत कहाँ बचा था? मांस के लोथड़ों एवं चिथड़ों के रूप में पटरियों पर यहाँ से वहाँ तक वह बिखरी थी। उसके पति ने चुन-चुनकर उसके बदन के टुकड़ों को एक चादर पर एकत्रित किया। अब उन्हीं टुकड़ों को दाह-संस्कार के लिए अपने दरवाजे पर ढँक कर रखा था।

अगर घटना की पूरी जानकारी मुझे न होती तो चलने से पहले रामरती को अन्तिम बार देखने के लिए उस पर से चादर हटवाता। लेकिन अब इसकी जरूरत नहीं थी। वहाँ अब और देर तक रुकने की मेरी क्षमता भी जाती रही...। चलने से पहले रामरती के पति के हाथों में कुछ रुपये पकड़ाये। वह और जोर-जोर से रोने लगा। यह स्थिति मेरे लिए असह्य हो गयी...। अब जाते हुए सिर्फ इतना ही कह सका—"कभी कोई जरूरत पड़े तो आ जाना। यह मत सोचना कि रामरती नहीं रही तो वह घर छूट गया...।"

घटना की सूचना पर रामरती के यहाँ मैं तेज कदमों से चल कर आया था। सब कुछ जानने-सुनने की जिज्ञासा से प्रेरित था। लेकिन अब वापस होते हुए मेरे पाँव मन-मन भर के बोझिल हो गये थे। चाहते हुए भी जल्द आगे नहीं बढ़ रहे थे।

घर पहुँच कर रेणु को मैंने सम्बन्धित सूचना दी। पहले से दुःखी वह और दुःखी हो गयी। हम समझ नहीं पा रहे थे कि अपने दिन की शुरुआत अब कैसे करें? रामरती अपनी विभिन्न छवियों और कार्यों के तहत हमारी स्मृति में बनी हुई थी। हम गम्भीर अवसाद के शिकार थे। रोज की भाँति तैयार होने तथा कुछ भी खाने-पीने की इच्छा खत्म थी। पत्नी ने चूल्हा भी नहीं जलाया। समय पर अपने स्कूल फोन कर आकस्मिक अवकाश पर रहने की सूचना उसने दे दी। यूनिवर्सिटी में फोन कर मैंने भी ऐसा ही किया। माँ की मृत्यु के बाद यह दूसरी बार था जब हमारा घर ऐसी सघन मायूसी और मातमी का शिकार था...।

दो

वीर कुँवर सिंह विश्वविद्यालय, आरा का मेरा हिन्दी विभाग मेरे आवास से दूर नहीं। लगभग एक बजते-बजते अपने निवास पहुँच आया। मात्र दस से पन्द्रह मिनट का रास्ता। दरवाजे पर जिस तरह ताला बन्द कर गया था, वैसे ही लटक रहा था। ताला खोल कर अन्दर प्रवेश किया।

सुबह दस बजे तक तैयार हो हम दोनों पति-पत्नी एक साथ घर से बाहर निकलते। फिर दरवाजे पर ताला लगा रेणु अपने स्कूल की ओर चल देती और मैं विश्वविद्यालय के अपने हिन्दी विभाग की ओर। अपने घर के ताले की दो कुंजियाँ हमने रखी थीं—एक मेरे पास तथा दूसरी रेणु के बैग में। हममें से जो पहले आता, वही ताला खोलता। ऐसे में अक्सर मैं ही आता, रेणु कभी-कभार किसी विशेष अवसर पर ही आ पाती। असल में रेणु का स्कूल समय की सीमा में चलता—दस से चार बजे तक। इस अवधि में उसे वहाँ रहना ही होता, जबकि विश्वविद्यालय का मेरा विभाग क्लास की सीमा में बँधा होता। मेरे जिम्मे तीन से अधिक क्लास नहीं रहते। डेढ़ बजे तक अपने क्लास ले मैं मुक्त हो जाता। आज सिर्फ दो ही क्लास थे, इसलिए कुछ पहले ही आ गया था।

घर पहुँच कर कपड़े बदल फ्रेश होने में मैं देर नहीं करता...। मेरा ध्यान तो अपनी नयी पुस्तक पर केन्द्रित होता जिसकी रचना का अन्तिम चरण चल रहा था। फिलहाल सृजन के लिए जैसी शान्ति और एकान्त चाहिए, मेरा घर उसके बिल्कुल अनुरूप हो गया था। स्कूल से रेणु के आने तक पूरे घर में अपनी मेज पर बैठा मैं निपट अकेला अपनी रचना में व्यस्त। कहीं कोई व्यवधान नहीं... !

मेरे स्थान पर कोई और होता तो घर की इस चुप्पी और सूनेपन पर तन्हाई का शिकार हो जाता। सम्भव है, वह डिप्रेशन में भी रहने लगता। लेकिन मेरे लिए तो घर का यह शान्त और एकान्त माहौल वरदान था। एक बार जब कलम चल पड़ती तो रुकने का नाम नहीं लेती। खूब लिखता चला जाता। मेरा जीवन जिन समस्याओं, गर्दिशों और संघर्षों से भरा था, उसमें लेखन के लिए विषय का कोई अभाव नहीं। लिखते-लिखते मैं थक जाता, लेकिन स्मृतियों के सहारे जीवन के यादगार प्रसंगों के आने का सिलसिला नहीं थमता...।

मुझे अच्छी तरह याद है, अब तक के जीवन में यह पहली बार मेरे घर में ऐसी शान्ति और खामोशी का माहौल कायम हुआ था। अतीत की ओर देखने पर पा रहा था कि जीवन के वार्धक्य में यह समय कालक्रम के अनुसार स्वतः प्राप्त हुआ। जब मेरा जन्म भोजपुर जिले के बैसाडीह नामक गाँव में हुआ तब मेरा परिवार भरा था। होश सँभालने के बाद माँ-पिताजी के साथ अपने बाबा को भी पाया। साथ ही बड़े भैया नर्बदेश्वर, बड़ी बहन उषा दीदी तथा गृहकार्य में सहयोग करने के लिए माँ की छोटी बहन कुन्ती मौसी। इतने लोगों की उपस्थिति में अपने घर के माहौल को मैंने कभी शान्त नहीं पाया। तब घर का सबसे छोटा सदस्य मैं ही था। खेलते हुए अगर घर के किसी कोने में जा छिपता या एकान्त में कहीं बैठ जाता तो मुझे सामने न पा माँ चिल्ला उठती—"मिथि बबुआ कहीं नहीं लउक रहा। देखो कुन्ती, कहाँ है? दौड़ो उषा! उसे खोजो नर्बदेश्वर...!"

और फिर माँ मुझे तत्क्षण ढूँढ़वा कर सामने कर लेती। एकान्त में कुछ देर भी नहीं रहने देती...।

जब बड़ा होकर स्कूल-कॉलेज जाने लगा तब तक मेरा परिवार और बढ़ चुका था। मुझसे छोटे भाइयों कामेश्वर, ब्रजेश्वर तथा छोटी बहनें उर्वशी, उर्मिला का भी जन्म हो चुका था। परिवार का बढ़ता घनत्व! उन्हीं दिनों रचना की प्रेरणा का आन्तरिक दबाव मैं महसूस करने लगा। तब घर के किसी कोने में एकान्त की तलाश कर लिखने बैठ जाता। पर माँ आड़े आ जाती—"अभी तुझे अपनी परीक्षा पास करनी है मिथि। पढ़-लिखकर योग्य बनना है, तब फिर यह कहानी-उपन्यास लिखते रहना। इसके लिए तो पूरा जीवन बाकी है...।"

और माँ मुझे उस एकान्त से अलग कर देती। यह पिताजी की हिदायत थी। वे आरा शहर के एच. डी. जैन कॉलेज में प्रोफेसर थे। पुश्तैनी खेतों के लिए माँ को तथा हम भाई-बहनों को गाँव पर रखते थे। कॉलेज से गाँव आते रहते। स्वयं भी इस भागदौड़ और आपाधापी में देर तक अपने स्वास्थ्य का सन्तुलन कायम नहीं रख सके। हमें छोटी अवस्था में छोड़ आकस्मिक मृत्यु के शिकार हो गये।

गाँव के अपने घर के ऊपर हमने एक कोठरी बनवा रखी थी। गर्मी के दिनों के लिए वह बहुत उपयोगी थी। अब जब किसी रचना के सृजन का दबाव अधिक जोर मारता तो चुपके से उसी कोठरी में जा चढ़ता। लेकिन माँ को इसकी भनक लग ही जाती—"नीचे उतर आओ मिथि। अपने जीवन के साथ ऐसा खिलवाड़ मत करो। अपनी यह उम्र और समय बर्बाद मत करो। आरा से आते ही तुम्हारे पिताजी सब जानकारी लेंगे। अभी विद्यार्थी जीवन में यह लेखक बनने का भूत तुम पर कैसे सवार हो गया...?"

माँ की इस आवाज पर सृजन का मेरा एकान्त खत्म हो जाता। न चाहते हुए भी मुझे नीचे उतर आना पड़ता।

जब मेरी शादी हुई मेरे परिवार की संख्या और बढ़ गयी। मुझसे पहले भैया की शादी हो गयी थी और भाभी शशिबाला का आगमन हो चुका था। अब मेरी पत्नी रेणु भी मेरे परिवार की नयी सदस्य थी। रेणु जैसी सुन्दर पत्नी के सुखद सान्निध्य को छोड़ अब मैं किसी एकान्त में रहना ही नहीं चाहता। मेरे रचनाकार मन के लिए एकान्त और शान्त माहौल तो जैसे कहीं गुम हो गया था।

पिताजी के निधन के बाद रोजगार की तलाश में हमें आरा शहर आना पड़ा। गाँव में हमारे लिए कोई काम नहीं था। हमारी खेती भी इतनी बड़ी नहीं कि उस पर हम अवलम्बित रह सकें। इस बीच सिर्फ बड़े भैया स्टील फैक्ट्री बोकारो में नौकरी पा सके। उनके बाद हम तीनों भाई बेरोजगार। भैया और भाभी के बोकारो रहते हुए आरा में हमारे परिवार की संख्या कम नहीं हुई, क्योंकि रिश्तों-नातों के दबाव में छोटे भाई कामेश्वर और ब्रजेश्वर की शादियाँ भी हो चुकी थीं। अब हम तीनों भाई अपनी पत्नियों, माँ एवं बहनों के साथ आरा में रहते हुए रोजगार के लिए जी-जान से लग गये। इस दौरान कभी-कभी बेरोजगारी के तिक्त अनुभवों पर अपनी पीड़ा व्यक्त करने के लिए मेरा रचनाकार जोर मारता तो घर के किसी एकान्त में छिप कर जा बैठता। लेकिन मेरी गतिविधियों पर चौकस नजर रखने वाली रेणु तत्क्षण आ जाती—"अब आप पहले की तरह अकेले नहीं रहे। अभी किसी तरह के उपार्जन से भी नहीं जुड़े। इसी बेरोजगारी में हम दो बेटियों के माँ-बाप भी बन गये। इस लेखन से पेट भरने वाला नहीं और जीवन की किसी समस्या का समाधान भी नहीं...। आप कैसे आदमी हैं कि हमारी इस स्थिति में भी लिखने बैठ जाते हैं। आपको तो यह सोच लेना चाहिए कि बिना कोई रोजगार पाये, नहीं लिखना।"

पत्नी की ऐसी बात से मेरे रचनाकार का एकान्त तत्क्षण ध्वस्त हो जाता। ऐसा लगता, जैसे चोरी करते पकड़ा गया हूँ। अपराध बोध से ग्रस्त पुनः मैं रोजगार के लिए उन्मुख हो जाता...।

लम्बी बेरोजगारी के बाद जब बढ़ती उम्र में विश्वविद्यालय शिक्षक हुआ, शोभा, विभा, रम्भा और रश्मि नामक मेरी चारों बेटियाँ बड़ी होने की प्रक्रिया में थीं। अब उनकी परवरिश, पढ़ाई और शादी की क्रमवार भूमिकाएँ मेरे जिम्मे थीं। रेणु अब अनवरत इन भूमिकाओं की याद मुझे दिलाया करती। वैसे खुद चार बेटियों के पिता के रूप में अपने दायित्व को मैं भली भाँति समझ रहा था। उस समय एक पिता के रूप में अपनी बेटियों का भविष्य मुझ पर ही निर्भर था। फिर भी समय-समय पर जब जीवनानुभवों से प्राप्त विषय मेरे रचनाकार मन को कुरेदते तो माहौल अनुकूल न होते हुए उनके सृजन के लिए रचनागत एकान्त की तलाश मैं कर ही लेता। अब आकलन करता हूँ तो मुझे साफ लगता है कि तमाम असुविधाओं और व्यवधानों के बावजूद मैं जैसा, जितना और जो कुछ लिखता गया, वह पारिवारिक व्यस्तताओं और समस्याओं के बीच मेरे रचनाकार के जीवटपन का परिणाम रहा। अगर ऐसा

नहीं होता तो शायद कुछ भी लिख नहीं पाता। विद्यार्थी जीवन से अपनी चारों बेटियों की शादियों तक लेखन के लिए स्वतन्त्र और एकान्त समय नहीं पा सका। अब उम्र के इस वार्धक्य में सृजन के लिए वैसी शान्ति और एकान्त अचानक पा गया जिसके लिए पूरे जीवन तरसते और प्रयास करते रहा...।

अपनी रचना-प्रक्रिया के अनुसार पिछले दिन का लिखा पूरे मनोयोग से पढ़ता। आवश्यकतानुसार उसमें संशोधन-परिवर्तन करता। तब आगे का वृतांत रचता। अपनी उस प्रक्रिया के तहत अभी पिछले दिन का लिखा पढ़ ही रहा था कि अचानक कृष्ण कुमार आ गये। अक्सर शाम में आने वाले कृष्ण कुमार का दोपहर में आना मुझे जिज्ञासु बना दिया। अवश्य कोई खास बात होगी। मेरा अन्दाज सही साबित हुआ। खास बात ही नहीं, अत्यन्त दुखद बात! कृष्ण कुमार ने आते ही बताया–"सीधे स्कूल से आ रहा हूँ। ऐसी सूचना मिली कि तत्काल आपको अवगत करा देना जरूरी लगा। आपके मित्र रामनाथ मिश्र नहीं रहे...।"

यह सुनते ही मेरा मुँह खुला का खुला रह गया–"क्या...?"

ऐसा लगा, जैसे राह चलते किसी बड़े वाहन की चपेट में आ गया हूँ। आहत, पीड़ित और विकल-बेचैन मेरी जिज्ञासु नजरें कृष्ण कुमार पर जा टिकीं। शायद मेरा आशय वे समझ गये–"अभी कल ही रात। अपने कॉलेज में ही गुजर गये।"

मैं जानता था, इधर वे अपने कॉलेज में ही रात गुजारते थे।

"अचानक क्या हो गया था उन्हें...?"

"शायद हार्ट फेल कर गया...?"

"कैसे जानकारी मिली...? किसने बताया...?"

"कॉलेज के रास्ते ही आ रहा हूँ। वहाँ का गमगीन माहौल देख रुक गया। पूछने पर सारी जानकारी मिली। उनका दाह-संस्कार कर ही लोग लौटे थे...।"

कृष्ण कुमार से अब और कुछ भी पूछने की मेरी हिम्मत जाती रही। अचानक किसी सदमे से युक्त गम्भीर चुप्पी का मैं शिकार हो गया।

रामनाथ मिश्र मेरे प्रिय मित्रों में से थे, गर्दिश एवं संघर्ष के दिनों से जुड़े। जब रोजगार की तलाश में अपने गाँव से आरा आया तो मेरे शुभचिन्तकों-मित्रों ने कॉलेज-शिक्षक बनने के लिए मुझे एम. ए. करने का परामर्श दिया। उस समय न तो आरा में विश्वविद्यालय था और न एम. ए. की पढ़ाई की व्यवस्था। हमारे निकटतम पटना विश्वविद्यालय में नामांकन कठिन था तथा स्वतन्त्र छात्र के रूप में वहाँ एम. ए. करने की सुविधा भी नहीं थी। इस स्थिति में हमारे यहाँ के बी.ए. पास छात्र एम. ए. के लिए मगध विश्वविद्यालय बोधगया पहुँचते। वहाँ नियमित और स्वतन्त्र दोनों तरह से एम. ए. करने की सुविधा थी। अपने बड़े परिवार और विभिन्न समस्याओं के बीच जीने वाला मैं बोधगया में नामांकन करा कर नियमित छात्र नहीं बन सकता था। मेरे लिए स्वतन्त्र छात्र के रूप में ही एम. ए. करना

उपयुक्त था...।

एक क्षण तक बैठने के बाद कृष्ण कुमार मुझे अपने मित्र की यादों में गम. गीन और खामोश देख उठ खड़े हुए—"मैं चलता हूँ। अभी बैंक भी जाना है। शाम को आऊँगा। लेकिन आप इतने समझदार होकर इस तरह निराश और दुःखी मत होइये। यहाँ किसी को भी नहीं रहना। सबको जाना है। सिर्फ आगे-पीछे का क्रम है। वे आगे गये। एक दिन हमें भी जाना है...।"

कृष्ण कुमार चले गये। रामनाथ मिश्र से प्रथम मुलाकात की वह याद फिर ताज़ा हो गयी। स्वतन्त्र छात्र के रूप में एम. ए. के लिए आवेदन देने मगध विश्वविद्यालय, बोधगया पहुँचा था। उस वक्त वहाँ डॉ. वासुदेवनन्दन प्रसाद स्नातकोत्तर हिन्दी विभाग के अध्यक्ष थे। तब तक 'धर्मयुग', 'साप्ताहिक हिन्दुस्तान' तथा 'सारिका' जैसी पत्रिकाओं में मेरी दर्जनों रचनाएँ प्रकाशित होकर चर्चित हो गयी थीं तथा मेरी दो-तीन पुस्तकें भी छप चुकी थीं। एक रचनाकार के रूप में वासुदेव बाबू मुझे जानते थे। एम. ए. की परीक्षा में मुझे शामिल करने की अनुमति प्रदान करते हुए उन्होंने प्रसन्नता व्यक्त की—"आप जैसे रचनाकार को तो विश्वविद्यालय सेवा में होना ही चाहिए। शिक्षक के रूप में ही आप अपने लेखन के लिए पर्याप्त समय और सुविधा पा सकेंगे...। आपके और सम्बन्धित विश्वविद्यालय दोनों के लिए यह बहुत अच्छा रहेगा...।"

डॉ. वासुदेवनन्दन प्रसाद ने जिस सत्र के एम. ए. की परीक्षा के लिए मुझे अनुमति दी, रामनाथ मिश्र उसी सत्र के नियमित छात्र थे। उस समय उनका क्लास चल रहा था। शायद विभागीय शिक्षकों से मेरे आने की जानकारी अन्तिम वर्ष के उन छात्रों को मिल चुकी थी। बस, क्लास समाप्त होते ही उनमें से तीन छात्र मुझसे मिलने आये। एक ने कहा—"धर्मयुग में चार किस्तों में प्रकाशित आपकी लम्बी कहानी 'नरेश बहू' मुझे खूब जँची है। मैं आपको पत्र लिखने वाला था। यह सुनकर कि आप आये हैं, मिलने चला आया। आप हमारे साथ एम. ए. की परीक्षा देंगे, इस सूचना से और खुशी हुई है। अब बराबर आपसे मुलाकात हो सकेगी...।"

दूसरे ने कहा—"आप ही की तरह मैं भी गाँव का रहने वाला हूँ। 'साप्ताहिक हिन्दुस्तान' में छपी आपकी कहानी 'शेष जिन्दगी' ने मन को छू लिया है। आज के गाँवों के परिवर्तित यथार्थ का सशक्त अंकन आपने किया है। वाकई आज के गाँव 'शेष जिन्दगी' के गाँव हो गये हैं...।"

रामनाथ मिश्र ने भी 'धर्मयुग' में प्रकाशित 'बाबूजी' कहानी पर अपनी प्रतिक्रिया दी। लेकिन सिर्फ इस प्रतिक्रिया तक ही वे सीमित नहीं रहे—"मैं आपके पास का ही रहने वाला हूँ। आपके गाँव बैसाडीह के निकट ही मेरा गाँव मिश्रकरमा है। आरा, महाराजा हाता के आपके निवास से होकर भी कई बार गुजरा हूँ। हर बार मन में इच्छा हुई कि आपसे मिलता चलूँ। लेकिन समयाभाव और संकोचवश

नहीं मिल सका। अच्छा हुआ कि आप स्वयं यहाँ आ गये...।''

अपने उन नये परिचितों से मुक्त हो जब चलना चाहा तो रामनाथ मिश्र आड़े आ गये—''अभी इस वक्त कहाँ जा रहे...?''

''रेलवे स्टेशन। आज ही आरा लौट जाने की मेरी योजना है...।''

''लेकिन अब देर हो गयी है। गया लाइन पर ट्रेनों के अनावश्यक विलम्ब से पूरी रात आप रास्ते में ही फँस सकते हैं। यहाँ मैंने डेरा ले रखा है। आज रात रुक जाइये। कल सुबह निकलने पर समय से आरा पहुँच जाइयेगा...।''

यह सुन प्रश्न सूचक दृष्टि से मिश्र जी की ओर देखा। जवाब में उन्होंने मेरी बाँह पकड़ ली—''आज मैं अपने साथ आपको रखना चाहता हूँ। आपके रहने से मुझे बहुत खुशी होगी...।''

गया लाइन पर ट्रेनों के अनियमित परिचालन से मैं परिचित था। उधर से आते हुए ताज़ा अनुभव भी हो चुका था। रास्ते में रात भर फँसे रहने की परेशानी लक्ष्य कर असमंजस का अनुभव करने लगा। बस, मेरी चुप्पी को मौन सहमति समझ मिश्र जी अब अपने साथ ले चले। चलने से पूर्व यूनिवर्सिटी कैंटीन में मुझे चाय-नाश्ता भी कराया। जब बिल का भुगतान मैंने करना चाहा तो उन्होंने हाथ पकड़ लिया—''यहाँ और इस अवसर पर नहीं। एक जवारी होने के नाते इतना अधिकार तो मेरा है ही...।''

गया के अनुग्रहपुरी कॉलोनी में मिश्र जी का डेरा था। वह एक लॉजनुमा घर था। उसमें छोटे-छोटे पाँच कमरे थे। हर कमरे में एक-एक छात्र। छात्रों के लॉज के रूप में ही उस घर का निर्माण हुआ था। एक नौकर रख संयुक्त रूप से वे अपना खाना बनवाते। वहाँ पहुँचते ही पूरे उत्साह के साथ मिश्र जी अपने साथ रहने वाले छात्रों का मुझसे परिचय कराने लगे। इस क्षण उनमें से एक ने कहा—''मिश्र जी बराबर आपकी चर्चा करते थे। कहते कि कथाकार मिथिलेश्वर मेरे यहाँ के हैं। इनकी वजह से आज हम भी आप से मिल सके...।''

इस दौरान मिश्र जी की खुशी और तत्परता देखते ही बनती थी। वे समझ नहीं पा रहे थे कि मुझे कहाँ बैठायें? कैसे रखें? क्या खिलायें? ऐसा लग रहा था जैसे इस क्षण मैं उनका अति विशिष्ट अतिथि हूँ। मैं समझ रहा था, सिर्फ पाठकीयता की यह स्थिति नहीं हो सकती। अपने गाँव-घर का मुझे जाना-माना लेखक समझ वे ऐसा कर रहे थे। गाँव के व्यक्ति का ऐसा संस्कार होता ही है। वे अपने ग्रामीण व्यक्ति का विकास अपना विकास समझते हैं तथा कहीं बाहर में अपने पास उस व्यक्ति की उपस्थिति को महत्त्वपूर्ण मानते हैं।

मिश्रजी के कमरे में उनके बिस्तरे पर हम दोनों साथ-साथ सोये। लेकिन हम सारी रात सो कहाँ सके? एक जैसी स्थितियों के मारे पूरी रात अपनी व्यथा एक-दूसरे से बाँटते रहे। मेरी तुलना में मिश्र जी का परिवार बड़ा था। तीन लड़के

और दो लड़कियाँ। मेरा परिवार तो रोजगार की तलाश में शहर आ गया था, जहाँ कुछ सुविधाएँ भी थीं। लेकिन गाँव में रह रहा उनका परिवार बिल्कुल असुविधाओं के बीच था। अपने माँ-बाप की वे अकेली सन्तान थे। उनकी शादी के तत्काल बाद ही उनके माँ-बाप गुजर गये। अब अपनी पत्नी और बच्चों के साथ अपने घर के वे अकेले अभिभावक थे। गाँव की उनकी खेती भी अत्यन्त छोटी थी। उस अल्प खेती पर मुश्किल से उनके घर का खर्च चल पाता। उनकी स्थिति से अवगत होते हुए मैंने कहा—"आपको भी स्वतन्त्र छात्र के रूप में ही एम. ए. करना चाहिए था। यहाँ रहने के अतिरिक्त खर्च से बच जाते...।"

"प्रारम्भ में ऐसा ही सोचा था। लेकिन बी. ए. आनर्स के मेरे गुरुजनों ने कहा, अच्छे अंक पाने और विषय की सही जानकारी के लिए नियमित विद्यार्थी होना आवश्यक है। आप चूँकि लेखक हैं इसलिए स्वतन्त्र छात्र के रूप में भी अच्छा कर सकते हैं...।"

"नहीं मिश्र जी। ऐसा नहीं है। मैं चाहते हुए भी गया रहकर नहीं पढ़ सकता। मेरे परिवार की ऐसी स्थिति नहीं...।"

"मेरी स्थिति भी गया रहने लायक नहीं मिथिलेश जी। लेकिन यह सोच कर ही रह रहा हूँ कि कुछ दिनों की ही तो बात है...। परीक्षा होते ही यह डेरा छोड़ दूँगा...।"

"गाँव पर आपकी अनुपस्थिति में खेती कैसे होती है...?"

"कुछ गोतिया-पट्टीदार हैं। वे देखते हैं। खेत जोतने वाले जो दे दें, उसी से सन्तोष करना पड़ता है...।"

"आप विश्वविद्यालय में रहते हैं। लेक्चररशिप में नियुक्ति को लेकर क्या चर्चा है...?"

"विश्वविद्यालय सेवा आयोग भंग हो जाने से अभी कहीं नियुक्ति नहीं हो रही। लेकिन राज्य सरकर की ओर से हर विश्वविद्यालय के लिए चयन समितियाँ बनाने की बात चल रही है। फिर तो सभी विश्वविद्यालयों में नियुक्तियाँ शुरू हो जायेंगी...।"

"निकट भविष्य में ऐसा होगा मिश्र जी...?"

"अवश्य होगा। कॉलेजों और विश्वविद्यालय के विभागों में बड़ी संख्या में रिक्तियाँ हैं। निरन्तर रिटायर करने वाले लोगों से वे रिक्तियाँ बढ़ती ही जा रही हैं। अगर नियुक्तियाँ नहीं होंगी तो फिर कॉलेजों और विश्वविद्यालयों में कौन पढ़ायेगा...? कैसे पढ़ाई होगी...?"

मैंने अपनी शंका व्यक्त की—"नियुक्तियों में पैरवी और पक्षपात को देखते हुए कभी-कभी चिन्ता होती है कि अगर लेक्चररशिप में हमारा नहीं हुआ तो फिर क्या करेंगे...?"

"क्यों नहीं होगा? अपने अच्छे रिजल्ट और अच्छी जानकारी के साथ हम प्रस्तुत होंगे तो वे किस आधार पर हमें छाँटेंगे...?"

"आप मुगालते में हैं मिश्र जी। नियुक्त करने और छाँटने के उनके आधार अलग-अलग होते हैं, उस पर वे बात नहीं करते। इसलिए हमारे पास और विकल्प होने चाहिए...।"

"तब हम बी. एड. कर लेंगे। फिर प्राथमिक से लेकर माध्यमिक स्कूलों तक सरकारी शिक्षक बनने का हमारा मार्गप्रशस्त हो जायेगा...।"

"निरन्तर बढ़ती बेरोजगारी के तहत बी. एड. में नामांकन आसान नहीं रह गया मिश्र जी। अब अधिकांश वे ही लड़के बी. एड. कर पा रहे हैं जो ऊँची रकम देने में समर्थ होते हैं। कहीं वह रकम डोनेशन के रूप में ली जाती है तो कहीं प्रबन्धन की ओर से गोपनीय माध्यमों से...।"

मेरी बात पर एक क्षण तक मौन रहने के बाद मिश्र जी का संघर्षचेत्ता व्यक्तित्व जाग उठा—"जरूरत पड़ने पर हम पीएच. डी. भी कर लेंगे। हिन्दी में एम. ए., पीएच. डी. के बाद देश भर के विभिन्न विभागों में हिन्दी अधिकारियों की नियुक्तियों में जा सकते हैं। फिर कहीं न कहीं हमें होना ही है...।"

मिश्र जी के इस संघर्षचेत्ता मन के विश्वास को अब और ध्वस्त करना उचित न समझ मैंने बात बदल दी। एक-दूसरे के जीवन एवं परिवार की विभिन्न समस्याओं से हम एक-दूसरे को अवगत करने लगे। इस प्रथम परिचय में ही जाने क्यों मुझे ऐसा लगने लगा था कि हम वर्षों के दोस्त हों। इस दौरान कब सुबह हो गयी, पता नहीं चला। अब जल्दी-जल्दी तैयार हो आरा के लिए चल पड़ा।

मेरे मना करने और रोकने के बावजूद मिश्र जी नहीं रुके। मुझे छोड़ने गया जंक्शन तक आये। फिर जब पटना जाने वाली गाड़ी में मैं बैठ गया और गाड़ी खुल गयी तब वापस हुए। अब रास्ते भर मैं उनके बारे में ही सोचता रहा कि इस प्रथम परिचय में ऐसे गहरे लगाव के साथ वे क्यों प्रस्तुत हुए? फिर मुझे लगा, शायद अपने गाँव-जवार के मेरे कथाकार होने के चलते! शायद एक विषय और एक सत्र के परीक्षार्थी के नाते! शायद एक जैसी समस्याओं के बीच हमारे रहने और उनकी मुक्ति के लिए एक जैसी राहों पर हमारे चलने की वजह से। हालाँकि इन एक-एक कारणों की अपेक्षा इन सबका समन्वित प्रभाव भी हो सकता है...। जो हो, एम. ए. करने की शुरुआत ने मुझे एक अच्छा मित्र दे दिया...।

उस मुलाकात के बाद रामनाथ मिश्र का मेरे यहाँ आना शुरू हो गया। गया से ट्रेन का मार्ग पटना होते हुए आरा तक ही था। आरा से बस पकड़ वे अपने गाँव जाते। लेकिन बस पकड़ने से पहले कुछ समय के लिए मेरे यहाँ अवश्य रुकते। आरा रेलवे स्टेशन से मेरा घर निकट होने के चलते उन्हें असुविधा भी नहीं होती। उनके आने पर मुझे बहुत खुशी होती। ऐसा लगता कि मेरे संघर्ष और गर्दिशों का

मेरा प्रिय साथी आ गया हो। मैं चाहता कि वे मेरे यहाँ एक-दो रात रुक जाया करें, लेकिन नहीं ठहरते—"घर पर पत्नी और बच्चे राह देख रहे होंगे। कैसे हैं? किस चीज की उन्हें जरूरत है। पूरे पन्द्रह दिनों पर जाता हूँ। इस बीच कहीं रुकना उचित नहीं...।"

लेकिन कुछ समय के लिए आने पर भी मिश्र जी मेरी पूरी मदद कर जाते—"इसकी फोटो कॉपी करा लीजिएगा। ये एम. ए. के ताज़ा नोट्स हैं। क्लास में हमारे विद्वान जो पढ़ा जाते हैं अपने कमरे में पहुँच उस आधार पर हम नोट्स तैयार करते हैं। आपके लिए वह लेते आया हूँ...।"

अक्सर छात्र अपने सहपाठियों को अपनी तैयारी का लाभ नहीं देते। एक-दूसरे से अच्छा अंक पाने की होड़ उनके बीच होती। लेकिन मेरे लिए मिश्र जी अपना वह नोट्स भी लेते आते...। उनमें यह अद्भुत उदारता थी। शायद अपने इन्हीं गुणों के चलते मेरे मन में वे गहरे उतरते गये कि अपने अन्तर की जो पीड़ा अपने घर-परिवार और पत्नी से भी मैं व्यक्त नहीं कर पाता, उनसे कह कर ही हल्का होता—"इस बार बनारस से एक भद्र सज्जन अपनी पत्नी तथा पाँच-सात साल की अपनी एक बच्ची के साथ मुझसे मिलने आ गये। वे दोनों पति-पत्नी मेरी कहानियों के प्रशंसक थे। सम्भव है, 'धर्मयुग', 'साप्ताहिक हिन्दुस्तान' और 'सारिका' जैसी पत्रिकाओं में मुझे निरन्तर छपते देख सम्पन्न और सुविधायुक्त लेखक समझते हों। लेकिन मेरी स्थिति ऐसी कि उन्हें मुश्किल से सिर्फ चाय ही पिला सका। चाय के साथ मीठा या नमकीन, कुछ भी नहीं दे सका। चूँकि वे पत्नी के साथ थे, इसलिए मैं भी अपनी पत्नी रेणु के साथ मिला। इस क्षण चाय के साथ उन्हें कुछ देने के लिए रेणु भी बेचैन हो गयी। जिज्ञासा भरी दृष्टि से मुझे घूरती रही। ऐसे अवसर के लिए कहानियों के पारिश्रमिक से कुछ पैसे बचा कर रखता था। लेकिन वे अल्प पैसे भी उस समय खत्म हो चुके थे। माँ के नाम पिताजी के पी. एफ. के कुछ संचित रुपये थे। उन्हें ही तोड़-तोड़ कर माँ घर चलाती थी। अब अपने आगन्तुकों पर खर्च के लिए भी माँ से माँगना मुझे उचित नहीं जान पड़ा। इस बीच वे जब तक हमारे यहाँ रहे, मेरी दूसरी बेटी विभा उनकी लड़की का फ्रॉक छू-छू कर देखती रही। जब वे चले गये तो छोटी बेटी विभा ने आकर मुझसे कहा—"वह जो रेखा आयी थी, उस जैसा फ्रॉक मुझे भी खरीद दीजिए पापा! उसका फ्रॉक कित्ता अच्छा था...।"

मैंने विभा को कोरा आश्वासन दिया—"तुम्हें भी खरीद दूँगा...। और सचमुच अन्दर से मैं ढह गया मिश्र जी...।"

"ऐसे अवसर पर हमें विचलित नहीं होना मिथिलेश जी। मेरी स्थिति आप से भी कष्टप्रद है। लेकिन अपने मन को कड़ा बनाये रखता हूँ। अचार के साथ माड़-भात खाने वाले मेरे बच्चे पड़ोस का खाना देख जब कह उठते हैं, हम भी दाल, भात, तरकारी खायेंगे पापा तो मैं कट कर रह जाता हूँ। लेकिन जल्द ही अपने मन

को समझा देता हूँ। दिन के बाद रात और रात के बाद दिन की तरह सुख के बाद दुःख और दुःख के बाद सुख को आना ही है। ऐसे में दुःख के बाद आया सुख ही अच्छा होता है। उसी सुख की सुखद अनुभूति हम कर पाते हैं...।''

सचमुच मिश्र जी की बातों से मुझे बहुत ढाढस मिलता। लगता, मैं अकेला नहीं, कोई मेरे साथ है। संघर्ष के रास्ते पर मन की शिथिलता और कमजोरी स्वतः समाप्त हो जाती।

जब एम. ए. की परीक्षाएँ शुरू हुईं तो मिश्र जी का गया का आवास मेरे लिए वरदान साबित हुआ। वहीं रुक-रुक कर मैंने एम. ए. के आठों पत्रों की परीक्षाएँ दीं। अपनी योजना के अनुसार परीक्षाएँ समाप्त होते ही मिश्र जी ने गया का वह डेरा छोड़ दिया। अब अपनी पत्नी और बच्चों के साथ वे गाँव पर रहने लगे। अपनी उखड़ी, बिखरी खेती-गृहस्थी को नये सिरे से सँभालने और व्यवस्थित करने में लग गये। इस दौरान बीच-बीच में वे आरा भी आते। तब सुबह एकदम तड़के आरा पहुँच कर शाम को वापस होते। ऐसे में पूरे दिन हम साथ रहते। मिश्र जी ग्रामीण जीवन में निरन्तर आती तब्दीलियों से मुझे परिचित कराते—''शहरी फरेब और चालबाजियों को अब हमारे गाँव के चोर-उचक्कों ने भी अपना लिया है। पहले जैसा चोरी-डकैती न कर, आँखों में धूल झोंक हाथ साफ करने लगे हैं...।''

मैं अपनी ताज़ा कहानी उन्हें सुनाता। नयी कहानी पर प्राप्त पाठकीय पत्रों से भी अवगत करता—''इस पत्र को पढ़िये मिश्र जी। एक प्रबुद्ध पाठक ने भेजा है। कहानी में मैंने जो कहना चाहा है उसकी बेबाक व्याख्या तो की ही है, कहानी की सीमाओं के भीतर और क्या कहा जा सकता है, इसका संकेत भी दिया है। इस पत्र ने मेरे कहानीकार मन को झकझोर दिया है...।''

फिर अपने घर-परिवार और आसपास के समाज पर हम बात करते। साथ ही रोजगार के सम्भावित स्थलों की तलाश भी...।

जिस अवसर की हमें प्रतीक्षा थी, एक दिन एम. ए. के रिजल्ट के साथ वह भी आ गया। हम दोनों अच्छे अंकों से उत्तीर्ण थे। हमारे लिए यह और सुखद था कि हम दोनों के अंक लगभग एक-दूसरे के समान थे। इस समानता से हमें खुशी हुई। हमारे मन को आश्वस्ति मिली। जिस उद्देश्य के तहत हमने एम. ए. किया था उस उद्देश्य के अनुसार अब सक्रिय हो गये। रोजगार के लिए अपना अभियान हमने सघन कर दिया। ऐसे समय गाँव रहना मुनासिब न समझ मिश्र जी भी आरा आ गये। विभिन्न अखबारों में रोजगार की विज्ञप्तियाँ देखना तथा समय से आवेदन देते जाना गाँव पर रहकर सम्भव नहीं। गया की ही तरह उन्होंने आरा में भी डेरा ले लिया। हालाँकि मैंने मना किया—''यहाँ आरा में मेरा घर होते हुए आपको अलग डेरा नहीं लेना। मेरे ही यहाँ रहना है...।''

लेकिन वे नहीं माने—''सिर्फ कहने और रात में सोने के लिए ही वह अलग डेरा

है मिथिलेश जी। दिन के पूरे समय तो हम दोनों को साथ ही रहना है। दो-चार दिन की बात होती तो यह कुछ नहीं था। जब तक रोजगार मिल नहीं जाता है तब तक की व्यवस्था है। इस स्थिति में मेरे जिम्मे एक ठहराव तो होना ही चाहिए...।"

अब तक मिश्र जी के व्यक्तित्व के इस पक्ष से मैं भली भाँति अवगत हो गया था कि वे किसी पर तनिक भी बोझ बनना नहीं चाहते, न ही दया और सहानुभूति के नाम पर किसी से कुछ भी सहायता लेना। गया के अपने कमरे में किताबों के आगे एक तख्ती पर महाभारत की यह पंक्ति लिख कर उन्होंने टाँग दी थी—'न दैन्यं, न पलायनम्'। मुझे यह कहने में हिचक नहीं कि इस पंक्ति के अनुरूप उनके चरित्र को मैं पा भी रहा था।

कम किराये पर आरा में सिर्फ एक कमरा उन्होंने लिया था। मेरे घर से वह निकट ही था। उस कमरे के आधे हिस्से में उन्होंने अपने रहने तथा स्टोव पर खाना आदि बनाने का इन्तजाम किया था तथा आधे हिस्से में उनकी पुस्तकें थीं। शास्त्रीय और गम्भीर साहित्य की पर्याप्त पुस्तकें उनके पास थीं। एक लेखक होने के बावजूद वैसी और उतनी पुस्तकें उस वक्त मेरे पास नहीं थीं। उन पुस्तकों पर नजर पड़ते ही मैंने कहा—"अभी इन किताबों को इत्मीनान से गाँव पर ही रखते। परीक्षाएँ समाप्त होने और एम. ए. कर चुकने के बाद फिलहाल इन्हें साथ क्या रखना...?"

मेरी इस बात पर मुझे आश्चर्य से घूरते हुए मिश्र जी ने कहा—"आप हिन्दी के एक सशक्त कथाकार होकर ऐसा कैसे कह रहे हैं? इन किताबों के बिना मेरा रहना तो कोई रहना ही नहीं...। लेक्चररशिप की हमारी मौखिकी में इन किताबों से ही प्रश्न पूछे जायेंगे। हम जहाँ नियुक्त होंगे वहाँ भी इनके बल पर ही छात्रों को उचित शिक्षा दे सकेंगे। इनसे दूर रहकर तो हम किसी लायक नहीं रहेंगे। ये तो जीवनपर्यन्त के हमारे साथी और सहायक हैं। शस्त्र और शास्त्र की ताजगी निरन्तर उन्हें फेरते रहने में ही होती है।

हमारे रिजल्ट के कुछ ही समय बाद नियुक्ति के लिए विज्ञप्तियाँ आने लगीं। मिश्र जी के कहे अनुसार राज्य सरकार ने चयन समिति के माध्यम से नियुक्ति का मार्ग प्रशस्त कर दिया था। अब हर विश्वविद्यालय ने अलग-अलग चयन समितियाँ बना लीं तथा अपने यहाँ की रिक्तियों के परिप्रेक्ष्य में आवेदन आमन्त्रित करने लगे। हमारा काम बढ़ गया। अब एक जगह बैठ कर हम आवेदन तैयार करने लगे। कभी मेरे यहाँ तो कभी मिश्र जी के कमरे में। राज्य के सभी विश्वविद्यालयों में अलग-अलग अपने आवेदन भेजने का निर्णय हमने किया था ताकि कहीं छूटने न पाये। सम्भव है, उन अनेक जगहों में हमारी भी जगहें निकल आयें।

ऐसे ही समय एक दिन हम अपने काम में लगे थे कि कुँवर सिंह कॉलेज, आरा के संस्थापक राजनाथ सिंह अपने दो-तीन सहयोगियों के साथ आ पहुँचे—"हमें सूचना मिल गयी है मिथिलेश्वर जी कि आप एम. ए. कर गये। हमारा कॉलेज

आपकी प्रतीक्षा कर रहा है। हम वहाँ ससम्मान आपको हिन्दी विभागाध्यक्ष बनाने आये हैं... ।''

मैं जानता था, आये दिन खुलने वाले नये कॉलेजों की तरह अभी कुछ ही रोज पहले कुँवर सिंह कॉलेज की स्थापना हुई थी। ऐसे कॉलेजों में कुछ नहीं मिलता तथा वहाँ निकट में कोई भविष्य भी नजर नहीं आता। मैंने संस्थापक के समक्ष हाथ जोड़ दिये—''मेरी आर्थिक स्थिति अभी ठीक नहीं सिंह साहब। एक बड़े परिवार की समस्याओं से त्रस्त हूँ। फिलहाल कुछ भी उपार्जन मेरा अभीष्ट है। किसी और को वहाँ रख लीजिए... ।''

''नहीं मिथिलेश्वर जी। आपके सिवा किसी और के बारे में हम नहीं सोच सकते। आपका नाम बड़ा है। 'धर्मयुग' के लेखक के रूप में पूरा शहर आपको जानता है। अभी अपने नये कॉलेज के लिए आपके नाम की हमें जरूरत है। आपके उपार्जन के रास्ते में हम आड़े नहीं आयेंगे। कहीं किसी अच्छी जगह आपका हो जायेगा तो चले जाइयेगा। जब तक आप कहीं नहीं होते तब तक सिर्फ एक-आध घंटे के लिए रोज आ जाया कीजिए। हमारे लिए यह आपका बहुत बड़ा सहयोग होगा... ।''

''नहीं सिंह साहब! मेरे लिए यह सम्भव नहीं। माफ कीजिएगा... ।''

''ऐसा मत कहिये मिथिलेश्वर जी। आप जैसे लोगों के सहयोग को ध्यान में रख कर ही हमने कुँवर सिंह कॉलेज की नींव रखी है। आपको कोई असुविधा नहीं होगी। बस, सिर्फ 'हाँ' कह दीजिए... ।''

इस पर असमंजस और द्वन्द में घिरा मैं मौन ही बना रहा। कुछ क्षण तक मेरे जवाब की प्रतीक्षा करने के बाद वे बोले—''लगता है, फिलहाल किसी उलझन और परेशानी में आप हैं। कल फिर हम आयेंगे। आपका 'हाँ' सुने बगैर नहीं मानने वाले... ।''

वे चले गये। अब पास बैठे मिश्र जी मेरी ओर मुखातिब हो गये—''दरवाजे पर आयी नियुक्ति को आप इस तरह क्यों झटक रहे...?''

''ऐसे कॉलेजों में काम करना न तो वर्त्तमान के लिए अच्छा होता है और न भविष्य के लिए! आरा में ऐसे दो कॉलेजों के कुछ शिक्षकों को मैं जानता हूँ मिश्र जी...!''

मेरी इस बात पर अब मिश्र जी ने मुझे समझाना शुरू कर दिया—''आपका ऐसा सोचना सही नहीं है। अभी इस आरा शहर में जितने अच्छे, स्थापित और महत्त्वपूर्ण कॉलेज हैं, वे सब एक दिन कुँवर सिंह कॉलेज की ही तरह सेक्रेटरी कॉलेज थे। फिर विश्वविद्यालय से अफलियेटेड हुए। बाद में विश्वविद्यालय के अंग हो गये। उनमें कार्यरत शिक्षक ही आज वरिष्ठ प्रोफेसर और विभागाध्यक्ष हैं... ।''

''वह समय दूसरा था मिश्र जी। आज इतने कॉलेज खुल रहे हैं कि उन्हें चाहते हुए भी विश्वविद्यालय अपनी अंगीभूत इकाई नहीं बना सकता... ।''

"क्यों नहीं बना सकता? वह प्रक्रिया तो अभी बन्द हुई नहीं। निरन्तर बढ़ती आबादी के अनुरूप खुलने वाले कॉलेज भी अधिक कहाँ हैं? इस शहर के हर नये कॉलेज में छात्रों की भरमार है...।"

विश्वविद्यालय के नियमित छात्र मिश्र जी कॉलेजों के बारे में अच्छी जानकारी रखते थे। अपनी बातों से उन्होंने मुझे निरुत्तर कर दिया। अब मुझे समझाते हुए कहा—"जब वे बाँधकर नहीं रख रहे, आवश्यकतानुसार छोड़ देने को तैयार हैं, तब उस जगह से मुख मोड़ना कदापि उचित नहीं। हितोपदेश में भी कहा गया है कि उपलब्ध को छोड़ कर अनुपलब्ध के पीछे भागना श्रेयस्कर नहीं होता...।"

अगले दिन मिश्र जी के परामर्श पर मैंने कुँवर सिंह कॉलेज ज्वायन कर लिया। हालाँकि इस दौरान विभिन्न विश्वविद्यालयों में आवेदन भेजने का हमारा क्रम जारी रहा। मैं घंटे-डेढ़ घंटे के लिए ही कॉलेज जाता। कभी-कभी तो मिश्र जी को भी साथ ले लेता। उस नये कॉलेज में छात्रों का नामांकन अभी शुरू ही हुआ था। क्लास प्रारम्भ होने में अभी देर थी।

बीतते समय के अनुसार विभिन्न विश्वविद्यालयों से इंटरव्यू पत्र भी आने लगे जिसकी हमें प्रतीक्षा थी। अब हमारी सजगता, सतर्कता और तत्परता बढ़ गयी। सबसे पहले मगध विश्वविद्यालय से पत्र आया। फिर राँची विश्वविद्यालय से। साक्षात्कार के लिए अब पूरी तैयारी के साथ हम दोनों मित्र चल पड़े। पहले मगध विश्वविद्यालय का साक्षात्कार गया में हुआ। वहाँ राजस्थान से प्रसिद्ध हिन्दी आलोचक डॉ. विश्वम्भरनाथ उपाध्याय तथा दरभंगा से डॉ. रामनाथ पाठक एक्सपर्ट के रूप में आये थे। क्रम के अनुसार पहले मुझे बुलाया गया। फिर मिश्र जी को। मुझसे अधिक पूछताछ नहीं हुई, क्योंकि तब तक हिन्दी के श्रेष्ठ प्रकाशनों से मेरी चार-पाँच पुस्तकें प्रकाशित हो चुकी थीं, जिनमें दो पुस्तकें क्रमशः अखिल भारतीय मुक्तिबोध पुरस्कार' तथा 'सोवियत लैण्ड नेहरू पुरस्कार' से पुरस्कृत भी हो चुकी थीं। अब चयन समिति का ध्यान मेरी उन पुस्तकों की ओर ही केन्द्रित रहा। मेरी पुस्तकों के बारे में जानने तथा मेरी रचना प्रक्रिया पर बात करते हुए ही मेरे साक्षात्कार की अवधि बीत गयी। हालाँकि मेरे जाते हुए डॉ. विश्वम्भरनाथ उपाध्याय ने आश्वस्त भी किया—"आप जैसे सक्रिय और मान्य कथाकार को तो विश्वविद्यालय सेवा में होना ही चाहिए...!"

मेरे बाद मिश्र जी का साक्षात्कार भी अच्छा रहा। उनसे 'कामायनी', 'गोदान', भाषा विज्ञान तथा काव्यशास्त्र से प्रश्न पूछे गये। अपने अध्ययन के अनुसार मिश्र जी ने सभी प्रश्नों का उत्तर दिया। उन्होंने मुझे बताया—"अपने जवाब से चयन समिति को मैंने सन्तुष्ट पाया है...।"

राँची विश्वविद्यालय के साक्षात्कार में जे. एन. यू. नयी दिल्ली से डॉ. नामवर सिंह तथा कलकत्ता विश्वविद्यालय से डॉ. कल्याणमल लोढ़ा एक्सपर्ट होकर आये

थे। वहाँ भी मेरे साहित्य सृजन को लेकर चयन समिति का रुख मेरे अनुकूल ही था तथा अपनी जानकारी एवं अध्ययन की वजह से मिश्र जी ने भी चयन समिति को अपने पक्ष में समझा।

इस सम्बन्ध में नियुक्ति पत्र की शुरुआत राँची विश्वविद्यालय से हुई। मेरे नाम डाक से राँची विश्वविद्यालय का जब नियुक्ति पत्र आया तो मेरी खुशी की सीमा न रही। जैसे मरुभूमि में एकाएक हरियाली छा जाय, मेरे घर की वही स्थिति हो गयी। राँची विश्वविद्यालय अन्तर्गत रामगढ़ कॉलेज, रामगढ़ (हजारीबाग) के लिए मुझे व्याख्याता नियुक्त किया गया था। लम्बी बेरोजगारी के बाद अब जाकर एक अनुकूल ठौर मिला। मेरी इस नियुक्ति से रामनाथ मिश्र भी खूब प्रसन्न थे–''एक लेखक के साथ-साथ अब आप विश्वविद्यालय शिक्षक भी हो गये। यह आपके लिए सोने में सुहागा की तरह है...।''

इस खुशी के दौरान हम रामनाथ मिश्र के नाम आने वाले पत्र की भी प्रतीक्षा करते रहे। हमें विश्वास था, उनके नाम भी पत्र आना चाहिए। मेरी तरह उनका पक्ष भी सबल था। लेकिन जब अपेक्षित समय तक वह पत्र नहीं आया तो अपने स्रोतों एवं सम्पर्कों से हमने जानकारी प्राप्त की। यह जान कर मुझे गहरा दुःख हुआ कि राँची विश्वविद्यालय के नियुक्ति-पैनल में ऊपर से नीचे तक कहीं उनका नाम नहीं था। इस बीच मगध विश्वविद्यालय का भी पैनल तैयार हो गया था। मिश्र जी के लिए हमने व्यग्रता से उसकी भी जानकारी ली। लेकिन उसमें भी उनका नाम नहीं। अब मेरी नियुक्ति से कायम खुशी और उत्साह के बीच अचानक एक गम्भीर मायूसी आ गयी। मिश्र जी को माध्यम बना कर मैं व्याख्याता नियुक्त हुआ और वे वंचित ही रह गये। अब उन्हें धैर्य बँधाने तथा अन्य विश्वविद्यालयों में पूरे मन से लग जाने के लिए मैंने परामर्श देना चाहा। लेकिन धैर्य की प्रतिमूर्ति मिश्र जी स्वयं बोल उठे–''हमें अधिक परेशान नहीं होना चाहिए मिथिलेश जी। इन दो विश्वविद्यालयों में नहीं हुआ तो कोई बात नहीं। अभी राज्य के कई विश्वविद्यालय बाकी हैं। उनमें कहीं न कहीं तो होना ही है...।''

अब इन दोनों विश्वविद्यालयों में उनके नहीं होने का हम अपनी-अपनी तरह से विश्लेषण भी करने लगे। मिश्र जी का कहना था–''यह ठीक है कि मेरी मौखिकी अच्छी हुई। लेकिन मेरी तरह अन्य अधिकांश छात्रों की भी तो अच्छी हुई होगी। फिर अन्त में मौखिकी के नम्बरों के आधार पर जब पैनल बन रहा होगा तो नियमतः उसमें बहुत अच्छे अंक वाले ही रह गये होंगे, मेरी तरह सिर्फ अच्छे अंक वाले नहीं...।''

लेकिन मेरी राय मिश्र जी से पृथक थी–''साक्षात्कार चाहे जिसका जैसा हो मिश्र जी, अधिकांश लोगों की नियुक्ति का आधार मुझे पैरवी और पहुँच ही जान पड़ता है। मैं भी अगर सामान्य विद्यार्थी रहता तो मेरा नहीं होता। लेकिन मेरी

पुस्तकों ने वहाँ मेरी पहुँच कायम कर दी थी... ।''

अपने शहर आरा से योगदान के लिए राँची जाते हुए मुझे दो कार्य आवश्यक जान पड़े। उसके अनुसार पहले मिश्र जी को पूरे मन से उत्साहित किया–''दो विश्वविद्यालयों के साक्षात्कार से आप जान गये कि किस तरह के प्रश्न पूछे जाते हैं? अच्छा हुआ कि अन्य विश्वविद्यालयों के साक्षात्कार विलम्ब से होने जा रहे हैं। आप तो तेजस्वी नियमित विद्यार्थी हैं। इस बार जमकर तैयारी कीजिए, यह लक्ष्य निर्धारित करके कि पैनल में सर्वोत्तम आना है। जब सर्वोत्तम का संकल्प लेकर चलियेगा, तभी एक से पाँच तक की संख्या के अन्दर अपनी जगह सुनिश्चित कर पाइयेगा। और यह निश्चय ही होगा। बस, इस दिशा में आपको थोड़ा और सक्रिय हो जाना है... ।''

दूसरा कार्य कुँवर सिंह कॉलेज में अपनी जगह पर उन्हें कायम कराने का किया। मेरी अनुपस्थिति में वे अन्यमनस्कता का शिकार न हों और मेरा अभाव उन्हें अधिक न खले इसके लिए यह आवश्यक था। अब वहाँ से अपने को मुक्त करते तथा रामनाथ मिश्र को प्रस्तुत करते हुए मैंने कॉलेज संस्थापक से कहा–''आपके यहाँ मैं नाम के लिए था। लेकिन अब काम के लिए मिश्र जी को रखिये। इनके जैसा विद्वान, मेहनती और उपयोगी शिक्षक इस पूरे क्षेत्र में आपको दूसरा नहीं मिलेगा... ।''

मेरे साथ वहाँ आते-जाते कॉलेज प्रबन्धकों में अधिकांश मिश्र जी को भी जानने लगे थे। मेरी अनुशंसा पर उन्हें सहज ही मेरे स्थान पर रख लिया गया। तब मैं नहीं जानता था कि उनकी वह नियुक्ति प्रथम और अन्तिम दोनों साबित होगी। काश! इसका तनिक भी आभास मुझे होता तो वहाँ उनकी नियुक्ति की अनुशंसा हर्गिज नहीं करता। तब अवश्य कहीं न कहीं अच्छी आय के स्त्रोत से वे जुड़ पाते।

नयी नौकरी, नयी जगह और नये समाज के बीच न चाहते हुए भी मुझे कई वर्ष गुजारने पड़े। अन्ततः अपने सघन अभियान द्वारा अन्तर विश्वविद्यालय स्थानान्तरण के माध्यम से एच. डी. जैन कॉलेज, आरा में आ गया। इस आरा वापसी पर अब सबसे पहले अपने मित्र रामनाथ मिश्र से मिलने पहुँचा। यह जान कर उन्हें भी काफी प्रसन्नता हुई कि अब मैं स्थायी रूप से आरा आ गया।

''यह बहुत अच्छा हुआ मिथिलेश जी। आपके लेखन एवं जीवन दोनों के लिए अनुकूल हो गया... ।'' लेकिन इन कुछ ही वर्षों में उनकी परिवर्तित स्थिति मेरे मन में चुभ गयी। वे कुछ दुबले हो गये थे तथा हैरान-परेशान भी दिख रहे थे। उनके चेहरे पर कुछ झुर्रियाँ भी उभर आयी थीं। इस बीच बिहार के प्रायः सभी विश्वविद्यालयों में पूरी तत्परता से वे साक्षात्कार दे चुके थे। लेकिन कहीं नियुक्त नहीं हुए। अब उनके जैसे धीरजयुक्त, आशावान व्यक्ति की राय भी बदल गयी थी–''सिर्फ योग्यता और अध्ययन की क्षमता आज के दौर में पर्याप्त नहीं। हाथी के खाने और दिखाने

वाले दाँतों की तरह योग्यता-क्षमता कुछ और होती है तथा नियुक्ति का आधार कुछ और। इस क्षेत्र में मैं अब तक अनुभवहीन था। लेकिन अब यथार्थ से अवगत हो गया। अब तो कहीं भी आवेदन देना मैंने बन्द कर दिया है। गलत तरीकों से वैसी जगहों पर पहुँचने की अपेक्षा हमारा यह कुँवर सिंह कॉलेज ही अच्छा है...। यहाँ अपने विद्यार्थियों के बीच मैं पूरी तरह सन्तुष्ट हूँ...।"

वहाँ मुझे यह जानकारी भी मिली कि इस दौरान कुँवर सिंह कॉलेज में छात्रों की संख्या निरन्तर बढ़ी है। मिश्र जी के अतिरिक्त हिन्दी में और दो शिक्षक आ गये थे। हिन्दी के छात्रों के बीच मिश्र जी की पूरी लोकप्रियता कायम थी। लेकिन इस जानकारी से मुझे दुःख हुआ कि आर्थिक दृष्टि से मिश्र जी की परेशानी और कठिनाई पूर्ववत् बनी हुई थी। कहीं से कोई राहत नहीं। विश्वविद्यालय और राज्य सरकार से किसी भी तरह के अनुदान से वंचित यहाँ के शिक्षक भविष्य के आसरे पर अवैतनिक ही थे। होली और दशहरे पर एक छोटी-सी त्योहारी राशि सबको दी जाती। मिश्र जी की आर्थिक स्थिति मुझसे छिपी नहीं थी। चलते वक्त पूछ ही दिया—"घर-परिवार का क्या समाचार है? पत्नी और बच्चे ठीक तो हैं न...?"

"ठीक ही हैं...। जैसे पहले चल रहा था वैसे ही चल रहा है...। हमारे कॉलेज में जिस पैमाने पर छात्र आ रहे हैं, उसके आलोक में इसे मान्यता मिलनी ही है...।"

मिश्र जी से मिल कर लौटते हुए मेरा मन चिन्तित हो उठा। इतने दिनों तक बिना वेतन के ये पढ़ाते रहे और गाँव में इनका परिवार गर्दिशों के बीच जीता रहा। मिश्र जी के लिए मुझे कुछ करना चाहिए। लेकिन समझ नहीं पा रहा था कि क्या करना चाहिए? घर पर जब रेणु को उनकी स्थिति से अवगत किया तो क्षण भर के लिए वह भी दुःखी हो गयी—"मिश्र जी आपके सच्चे मित्र और हितैषी हैं। उनके लिए जो भी बन पड़े, हमें पीछे नहीं हटना है...।"

इस सम्बन्ध में हम दोनों पति-पत्नी आपसी विमर्श के बाद भी किसी निर्णय पर नहीं पहुँच सके। काश, हम इस लायक होते कि किसी स्थापित स्कूल-कॉलेज या संस्थान में उन्हें व्यवस्थित करा पाते। लेकिन हममें ऐसी सामर्थ्य न तो तब थी और न अब है।

आरा में अपनी नयी नौकरी की व्यस्तताओं तथा घर-परिवार की समस्याओं के बीच मिश्र जी की परेशानी मेरे मन से कैसे ओझल होती गयी, मुझे पता तक नहीं चला। दरअसल, इस बीच मेरी बेटियाँ बड़ी हो चली थीं तथा माँ अधिक बीमार रहने लगी थी। मेरा पारिवारिक दायित्व निरन्तर बढ़ता चला गया। ऐसे में बीतते समय के अनुसार आरा के हाट-बाजार या गली-कूचे में जब कभी मिश्र जी से मुलाकात हो जाती तो उनके गिरते स्वास्थ्य और बदलते हुलिये को देख मेरा मन आहत हो उठता। तब हर बार मैं यह सोचता कि इनके लिए कुछ न कुछ मुझे करना चाहिए। लेकिन फिर वही यक्ष प्रश्न कि क्या करना चाहिए? मेरी क्षमता ही क्या...?

माँ की बीमारी और उसके निधन की पीड़ा के दौरान भी एक-दो बार मिश्र जी से मेरी मुलाकात हुई। लेकिन हर बार उनकी खराब होती स्थिति और गिरते स्वास्थ्य के एहसास ने मुझे आहत ही किया...। जब बेटियों की शादियों के दौरान मैं खुद हैरान-परेशान और भागदौड़ के बीच जीता रहा, तब भी यदा-कदा उनसे मुलाकात होती रही। एक बार उनकी असह्य स्थिति महसूस कर मैं अपने को रोक नहीं सका—"आप लाख छिपाने की कोशिश करते हैं मिश्र जी, लेकिन आपका कष्ट मुझसे छिप नहीं पाता है। आप मुझे गैर न समझें। आखिर मैं किस दिन-रात के लिए नौकरी करता हूँ? अपने इस आड़े समय में मुझे कुछ भी मदद करने दीजिए...!"—और कुछ रुपये मैंने उन्हें थमाने की कोशिश की। मन ही मन मैंने यह निर्णय कर लिया था कि अब अक्सर अपनी आय के कुछ रुपये उन्हें सौंपा करूँगा...।

लेकिन मिश्र जी ने लेने से इन्कार करते हुए अपनी हल्की नाराजगी भी जाहिर की—"ऐसा करके मुझे कमजोर मत कीजिए मिथिलेश जी। अपनी समस्याओं और सीमाओं के बीच हमने जीने की आदत डाल ली है। उधार-पैंच या सहयोग के नाम पर रुपये लेकर जीना मेरे लिए मरने के समान होगा...। आप अगर कुछ भी आर्थिक सहायता करना चाहते हैं तो अपने कॉलेज के मूल्यांकन केन्द्र पर परीक्षकों में मेरा नाम भी शामिल करा दिया कीजिए...।"

मिश्र जी की इस इच्छा के अनुसार अपना पूरा प्रयास लगा उन्हें परीक्षक बनवाने लगा। ऐसे अवसर पर उनकी खुशी देखते ही बनती थी। वे पूरी तत्परता से मूल्यांकन केन्द्र आते तथा पूरे मन से उत्तरपुस्तिकाओं का मूल्यांकन करते। उत्तरपुस्तिकाओं के मूल्यांकन का पारिश्रमिक तत्काल ही मिल जाता। उनके इस आर्थिक उपार्जन से मेरे मन को भी कुछ सुकून मिलता। लेकिन मूल्यांकन कार्य साल में दो बार से अधिक नहीं होता। उस पर भी परीक्षकों की ऐसी भीड़ कि चाहते हुए भी अधिक उत्तरपुस्तिकाएँ उन्हें नहीं दिला पाता। उत्तरपुस्तिकाओं की संख्या पर ही पारिश्रमिक की रकम निर्भर होती।

अपने उपन्यासों की रचना में लगे होने के कारण मूल्यांकन कार्य से मैं अपने को अलग रखता। जानता था, एक ओर कहीं खो कर ही दूसरी ओर कुछ पाया जा सकता था। अपने अनिवार्य दायित्व के चलते अपना क्लास मैं कभी नहीं छोड़ता। वहाँ की नियमितता पर ही मेरा जीवन एवं परिवार निर्भर था। वहाँ लेखन के नाम पर किसी भी तरह का समझौता मेरे मन को गवारा नहीं था। लेकिन सहकर्मियों और मित्रों के कहने पर भी मूल्यांकन कार्य में भाग नहीं लेता। एक अल्प रकम का मोह छोड़ यह समय मैं बचाता रहा था। पर मिश्र जी के चलते अब भाग लेने लगा था। अपने नाम प्राप्त उत्तरपुस्तिकाओं में से अधिकांश उन्हें सौंप देता। अपने जिम्मे सिर्फ परीक्षक बने रहने भर ही रखता। हालाँकि हमारे ऐसे प्रयास से भी एक अल्प रकम ही वे पाते। उस रकम की भूमिका जेब खर्च से अधिक कुछ भी नहीं होती।

इस दौरान मैं जानकारी लेता रहता, उनके कॉलेज के अंगीभूत होने की कोई सूचना नहीं होती। आगे चल कर विश्वविद्यालय से सम्बन्धन भी प्राप्त हुआ तो घोषित रूप से वित्तरहित के नाम पर। ऐसे सम्बन्धन से वहाँ कार्यरत शिक्षकों की स्थिति में कोई परिवर्तन नहीं हुआ।

इस दौरान जब वे पुनः मिले तो मैं अपने को रोक नहीं सका—"मेरी और कोई बात भले ही आप न मानें मिश्र जी, लेकिन आरा में अलग का अपना आवास छोड़ अब मेरे यहाँ आ जाइये। वहीं से अपने कॉलेज जाइयेगा। इधर अपने घर के ऊपर और दो कमरों का मैंने निर्माण किया है। अलग रहने के खर्च से अब आपको बचना चाहिए... ।"

लेकिन मेरी बात पूरी होते ही वे बोल उठे—"अभी पिछले ही दिनों अपना वह डेरा छोड़ दिया। अब कॉलेज में ही रहता हूँ। नये भवन में कॉलेज के चले जाने के बाद मेरे डेरे से उसकी दूरी अधिक थी। समय पर अपने क्लास लेने के लिए कॉलेज में ही रहना जरूरी हो गया... ।"

हालाँकि इस सम्बन्ध में भी मुझे जानकारी मिल गयी। आर्थिक परेशानियों से तंग आकर ही उन्होंने ऐसा किया था। पर वैसे कॉलेजों में आवासीय इन्तजाम तो होता नहीं। छात्रों के लिए खुले कमरे। शिक्षकों के लिए भी एक खुला स्टाफ रूम। शिक्षकेतर कर्मचारियों तथा प्राचार्य के लिए एक संयुक्त ऑफिस। उसी ऑफिस के एक कोने में अपनी किताबों के साथ मिश्र जी ने डेरा जमा लिया था। इस मामले में पूरे कॉलेज के वे अकेले शिक्षक थे जो ऑफिस में रहते थे। उनकी इस नयी आवासीय व्यवस्था में सघन परेशानियों और असुविधाओं को लक्ष्य कर चाहते हुए भी वहाँ से उन्हें हटा नहीं सका, क्योंकि इस मामले में अक्सर की भाँति उनके स्वाभिमान के समक्ष मुझे पराजित होना पड़ा।

इधर अभी हाल ही में अन्तिम बार उनसे मुलाकात स्टेशन रोड पर हुई। स्टेशन के सब्जी बाजार की ओर मैं आगे बढ़ रहा था कि सामने से आते हुए वे मिल गये। बेहद अस्त-व्यस्त, परेशान और अस्वस्थ लगे। उनके कन्धे पर लटकते झोले को देख मैं समझ गया—"गाँव से आ रहे हैं...?"

"हाँ... ।"

अपने गाँव से आते हुए बिहारी मिल बस ठहराव पर उतर कर स्टेशन के रास्ते ही वे कॉलेज जाते थे।

"क्या बात है ? आज इस तरह क्यों लग रहे हैं? घर-परिवार का समाचार तो ठीक है न...?"

इस पर उन्होंने अनिच्छा से ही जवाब दिया—"ठीके है... ।"—और बिना रुके आगे बढ़ते हुए कहा—"कॉलेज पहुँचना है। विलम्ब करने पर अँधेरा हो जाता है... ।"

लेकिन यह समझते मुझे देर नहीं लगी कि मुझसे अपनी पीड़ा छिपाने के लिए उन्होंने ऐसा किया है। शायद वे नहीं चाहते थे कि निरन्तर उनके बढ़ते दुःख-तकलीफ से मैं अवगत रहूँ...! अपने व्यक्तिगत जीवन के कष्टों को सुना कर किसी को भी व्यथित करना उनके स्वभाव में नहीं था तथा अपनी दीनता के नाम पर सहायता लेना भी नहीं। 'न दैन्यं न पलायनम्' को उन्हें मैं पूरी तरह जीते पाता था। कभी उनके व्यक्तित्व की यह विशेषता मुझे प्रभावित करती थी। लेकिन अब यह उनकी कमी और स्वयं पर ज्यादती जान पड़ने लगी थी। यह क्या कि बर्बादी के कगार पर पहुँच जायें तब भी अपने मित्रों शुभचिन्तकों से मदद न लें...।

घर आकर उनकी शोचनीय स्थिति से रेणु को भी अवगत किया। उसका मन भी दुःखी हो गया—"अवश्य मिश्र जी के जीवन की समस्यायें और परेशानियाँ बढ़ी हैं। वे हमसे बताना नहीं चाहते। लेकिन हमें उनके लिए कुछ करना चाहिए...।"

मगर फिर वही अनुत्तरित प्रश्न कि क्या करना चाहिए? अन्ततः हर बार की तरह हमारे पास कोई जवाब नहीं। ऐसे में वह सूचना आ ही गयी जिसकी सम्भावना से हम डर रहे थे। हम बराबर अपने मन को समझाते कि उनके साथ ऐसा कुछ भी नहीं होगा। वे जब भी मिलते तथा उनका स्मरण आता, हमारा मन उनकी सलामती के लिए स्वतः कामनारत हो जाता। लेकिन हमारी इच्छा और कामना से कुछ भी नहीं हुआ। उस दुःखद, असामयिक परिणति की चपेट में जाने से उन्हें नहीं रोका जा सका...।

मैं जिस समय की प्रतीक्षा कर रहा था, वह आ ही गया। मिश्र जी की याद में खोया मुझे समय का चेत भी नहीं था कि देखा, साढ़े चार बज रहे थे। रेणु के स्कूल की छुट्टी चार बजे होती थी। फिर वहाँ से आते हुए उसे बीस-पच्चीस मिनट लग जाते थे। कमजोर हृदय रेणु को सीधे-सीधे मिश्र जी की सूचना से अवगत करना उचित न समझ उसके तात्कालिक प्रभाव को कम करते हुए कहा—"मिश्र जी अपनी जिद पर अड़े रहे। हम मित्रों और शुभचिन्तकों से भी दूरी बना कर रहते थे। हम जब भी कुछ मदद करना चाहते तो भीष्म पितामह और हरिश्चन्द्र की तरह अपनी टेक पर अड़ जाते। जाने क्यों, असुविधाओं और समस्याओं के बीच जीने को ही सही मानते तथा सहायता-सहयोग को गलत...।"

मेरी इस बात पर अब रेणु के कान खड़े हो गये—"क्या हुआ मिश्र जी को...?"

मैं अन्दर से स्वयं दहल उठा था। इस सूचना को व्यक्त करते हुए मेरा मन व्यथित-विकल था। गला भी भर आया था। फिर भी अपनी आवाज़ को सहज बनाते हुए कहा—"क्या होगा ऐसे आदमी को...? इधर दस दिनों से मुलाकात नहीं हुई थी। इस बीच शायद बहुत बीमार पड़ गये थे। उन्हें पटना ले जाकर लोग इलाज करा रहे थे। लेकिन वहीं एक इंजेक्शन का रियेक्शन हो गया...!"

"तब...?"—रेणु की जिज्ञासा अब चरम पर पहुँच गयी। जवाब में उसकी

जिज्ञासा को असरहीन बनाते हुए कहा–"रियेक्शन बहुत गम्भीर था रेणु। वैसे रियेक्शन पर किसी को भी सँभाल पाना मुश्किल होता है...?"

"तो क्या हुआ ? सीधे-सीधे बताते क्यों नहीं...?"

"क्या होगा ऐसी स्थिति में, वे नहीं बच सके...।"

"क्या...?"–और रेणु का मुँह खुला का खुला रह गया। फिर क्षण भर बाद उसके मुँह से स्वतः निकल गया–"इस दुनिया में ऐसे सज्जन, कर्मठ और ईमानदार आदमी का यही हश्र होता है। चोर, लुटेरों और उचक्कों के साथ ऐसा कुछ भी नहीं होता...।"

मिश्र जी के इस प्रसंग पर कुछ और जानने की जिज्ञासा से रेणु मेरी ओर देखती रही। लेकिन इस सूचना से रेणु के सूखते, उखड़ते चेहरे को अब मैं शान्त कर देना चाहता था, इसलिए बात आगे न बढ़ाते हुए कहा–"अभी तुम स्कूल से थकी आ रही हो। जो होना होता है, वह होकर रहता है। उसे लेकर अधिक नहीं सोचना। अभी मैं उनके कॉलेज जाता हूँ। इस समय वहाँ मेरा जाना आवश्यक है। जल्द ही आ जाऊँगा...।"

और मैं चल पड़ा। उस सूचना पर अब और विलम्ब मेरे लिए असम्भव था।

मेरा घर शहर के इस छोर पर तो कुँवर सिंह कॉलेज बिल्कुल उस छोर पर, गांगी चौक से आगे। जैसा मेरा अनुमान था, कॉलेज बन्द हो चुका था। अवश्य मिश्र जी के निधन पर शोक सभा का आयोजन कर छुट्टी कर दी गयी होगी। वैसे भी जब मैं वहाँ पहुँचा, शाम हो गयी थी। उस समय कॉलेज के मुख्य पहरेदार को छोड़ वहाँ कोई नहीं था। कॉलेज की कुंजियाँ उसी के पास रहती थीं। वही कॉलेज खोलता और बन्द करता। कॉलेज की निगरानी में वहीं रहता था। मिश्र जी के साथ वहाँ आते-जाते मुझे पहचान गया था–"बहुत देर से आ रहे हैं सर। सुबह कहाँ थे? मिसिर जी को बक्सर ले जाकर हम 'प्रवाह' कर आये। कॉलेज के सभी प्रोफेसर लोग गये थे। उनके घर के लोग भी पहुँच आये थे। वे लोग उधर से ही अपने गाँव लौट गये...।"

इस पर मैंने कहा–"मुझे मिश्र जी के बारे में देर से पता चला। अभी कुछ ही देर पहले एक मित्र ने बताया। मुझे तनिक भी खबर होती तो सुबह के तड़के ही पहुँच आता। यहाँ से मुझे सूचना जानी चाहिए थी...।"

जवाब में पहरेदार ने सफाई दी–"उस बखत कॉलेज का माहौल अजब हो गया था सर! विद्यार्थी लोगन के जुटने से पहले ही उनकी लाश का दाह-संस्कार कर देना था। ऐसे में किसी को चेत नहीं था। उनके गोतिया-पटीदार और परिवार के आते ही सब उन्हें लेकर चल पड़े...।"

इस सूचना ने मेरे आहत-व्यथित मन को और पीड़ित कर दिया। एक क्षण तक गमगीन रहने के बाद पहरेदार से पूछा–"अचानक रात में क्या हो गया था उन्हें...?"

जवाब में पहरेदार ने बिना तनिक रुके और सोचे सारी बात तत्काल ही कह सुनायी। रात में वहाँ मिश्र जी के साथ सिर्फ वही रहता था। शायद, हर जिज्ञासु और आगन्तुक को वस्तुस्थिति की जानकारी उसी ने दी थी, इसीलिए पूरा विवरण उसे कंठस्थ था—"का बताऊँ सर, इधर पाँच-सात दिनन से एकदम परेशान रहते थे। पूछने पर भी कुछ नहीं बताते। उनका एक लड़का इधर खूब बीमार था। आरा के डॉक्टर लोगन से बीमारी नहीं पकड़ायी तो पटना ले जाकर दिखाये। हमको बुझाता है कि बेटे की बीमारी पर खर्च को लेकर ऊ अधिका चिन्तित थे। कल रात कुछ खाये भी नहीं। हमारे टोकने पर कह दिया, पेट ठीक नहीं। रोज से पहले ही जाकर सो गये। सुबह जब समय पर नहीं उठे तो देखने पहुँचा। ऊ तो भोर में ही उठते थे। बाकिर अब ऊ थे ही कहाँ कि उठें ! रात में ही गुजर चुके थे। बिछावन से नीचे जमीन पर गिर कर औंधे मुँह पड़े थे। उन्हें उठा कर बिस्तरे पर रखा। बाद में लोगन के जुटने और डॉक्टर के आने पर पता चला कि रात में ही उनका हाट फैल कर गया था...।"

इस सूचना से मेरा मन इस तरह दुःखी और आतंकित हो गया कि पहरेदार से अब और कुछ भी पूछने की हिम्मत जाती रही। अब सहज ही यह बात मेरे मन में उठ खड़ी हुई कि अभी इसी वक्त मुझे उनके गाँव पहुँचना चाहिए। एक मित्र के रूप में फिलहाल उनके यहाँ मेरी उपस्थिति आवश्यक है। लेकिन यह सवाल भी अब आड़े आ गया कि क्या इस गहराती शाम में अभी मैं उनके गाँव पहुँच सकता हूँ...? मेरे अन्दर से ही जवाब आया—'नहीं'। शाम पाँच बजे के बाद उस ग्रामीण क्षेत्र के लिए बसें नहीं मिलतीं। रात में तो वह ग्रामीण इलाका बियाबान हो जाता है।

इसके बाद तत्क्षण अब यह दूसरी बात मेरे मन में उठी कि फिलहाल अपने सारे कार्यों और सारी जरूरतों को एक ओर कर मिश्र जी के परिवार की सहायता में मुझे जुट जाना चाहिए। एक मित्र के रूप में इस आड़े वक्त उन्हें सँभालना और सहयोग करना मेरा दायित्व है। लेकिन यह सवाल भी खड़ा हो गया कि क्या मैं ऐसा कर सकता हूँ...? शायद हाँ। शायद नहीं। ऐसी स्थितियों में अक्सर घटना के तात्कालिक प्रभाव पर हमारा संवेदनशील मन सहज ही सहयोग के लिए आतुर हो उठता है। पर जल्द ही अपने जीवन एवं समस्याओं के बीच हम ऐसे घिर जाते हैं कि किसी और के लिए समय नहीं निकाल पाते। इस सम्बन्ध में अपने मन के निर्णय को दृढ़ करते हुए संकल्प लिया कि अन्य घटनाओं की तरह इस घटना पर सहयोग की अपनी भावना को मुझे सिर्फ तात्कालिकता तक ही सीमित होने नहीं देना है, बल्कि उसे सार्थक स्वरूप देना है...।

तीन

आज प्रो. के. डी. तिवारी की पाँचवीं पुण्यतिथि है। उनकी याद मेरे मन में ताज़ा है। अपने शहर आरा के जिन लोगों को मैं कभी भूल नहीं सकूँगा, प्रो. के. डी. तिवारी का स्थान उनमें रहा है।

राँची विश्वविद्यालय से स्थानान्तरित होकर एच. डी. जैन कॉलेज, आरा में जब मैं योगदान करने पहुँचा, प्राचार्य कक्ष में प्रो. के. डी. तिवारी मौजूद थे। शायद किसी कार्यवश वहाँ पहुँचे थे। योगदान के लिए स्थानान्तरण-पत्र जब प्राचार्य को मैंने दिया, निकट ही बैठे तिवारी जी अपनी प्रसन्नता और उत्साह व्यक्त करते हुए उठ खड़े हुए—"यह बहुत अच्छा हो गया प्रिंसिपल साहब...! मिथिलेश्वर जी जैसे साहित्यकार हमारे कॉलेज में आ गये। मिथिलेश्वर जी को बहुत-बहुत बधाई...!"—और तिवारी जी ने आगे बढ़ कर मुझसे हाथ मिलाना चाहा। लेकिन वे उम्र में मुझसे काफी बड़े थे। मेरे पिताजी के साथ कार्य कर चुके थे। बस, मैंने दोनों हाथ जोड़ दिये—"आपका आशीर्वाद चाहिए सर! आप मेरे अभिभावक की तरह हैं...।"

"अरे नहीं मिथिलेश्वर जी! अब आप मेरे कलिग मित्र हैं...।"—और उन्होंने खींच कर मेरा हाथ अपने हाथ में ले लिया।

प्राचार्य कक्ष से हिन्दी विभाग तक वे मेरे साथ आये। उनका अंग्रेजी विभाग भी हिन्दी विभाग के साथ ही सटा हुआ था। अपने अंग्रेजी विभाग के शिक्षकों से भी उन्होंने मुझे मिलाया। इस कॉलेज में लम्बे समय तक मेरे पिताजी के रहने के कारण अधिकांश लोगों से मेरा परिचय था। इस बीच जो नये प्राध्यापक आये थे, उनसे भी परिचय हो गया।

उसके बाद तिवारी जी से जहाँ कहीं भी मुलाकात होती, वे युवकोचित गर्मजोशी से मिलते। उन्हें बराबर मैं ताज़गी और उत्साह से लबरेज पाता। खादी का धोती-कुर्ता। माथे पर खादी की टोपी। कन्धे में लटकता खादी का झोला। पाँव में चप्पल। गौरांग बदन। चमकता ललाट। ललाट पर रक्तचंदन का गोल टीका। मिल कर कुशल-समाचार के बाद तेज-तेज चलते हुए आगे बढ़ जाते। वे अक्सर मुझे आरा की सड़कों पर पैदल चलते हुए ही मिलते। मुझे पता था, वे एक बड़ी राजनीतिक पार्टी के लोकप्रिय सदस्य थे। सम्भव है उनकी यह ताज़गी और सक्रियता

इसकी वजह से हो। इस सम्बन्ध में जब पूछा तो उन्होंने बताया—''ऐसी बात नहीं है मिथिलेश्वर जी। यह सब मेरी अपनी दिनचर्या और अपने दायित्व के प्रति मुस्तैद रहने का प्रभाव है...।''

आगे चल कर उनसे बढ़ती निकटता के तहत उनकी दिनचर्या से भी मैं परिचित हो गया। वे सुबह एकदम तड़के उठते। फिर स्नान, ध्यान और व्यायाम आदि से निपट पूरे मन से अपने कार्य में लग जाते। फिर रात सोने के समय ही बिस्तरे पर पहुँचते। इस सम्बन्ध में तिवारी जी की बात मुझे सही जान पड़ती। जिस किसी दिन अपने किसी कार्य विशेष के लिए समय से तैयार होकर मैं उसमें लग जाता, उस दिन अन्य दिनों की अपेक्षा अधिक ताज़गी और उत्साह का अनुभव करता। लेकिन जिस किसी दिन मेरी दिनचर्या अनियमित हो जाती तब स्वतः मेरे कार्य में शिथिलता आ जाती। फिर मैं आलस्य और अन्यमनस्कता का शिकार हो जाता।

तिवारी जी से कायम होती निकटता के उसी समय, एक रविवार घर के लिए कुछ आवश्यक सामान खरीदने निकला था। स्टेशन रोड से करमन टोला होकर गुजर रहा था कि सामने से आता एक जुलूस दिखा। आगे बढ़ते जुलूस के नारे भी अब सुनाई पड़ने लगे—''इन्कलाब...! जिन्दाबाद...जिन्दाबाद! महँगाई और भ्रष्टाचार पोषाक सरकार! मुर्दाबाद, मुर्दाबाद...। इस सरकार को हटाना है, हटाना है, हटाना है! बेहतर बिहार—बनाना है, बनाना है, बनाना है भ्रष्टाचार मिटाना है, मिटाना है, मिटाना है! लोकतन्त्र बचाना है...बचाना है, बचाना है...।''

मुझे लगा, किसी पार्टी का जुलूस है। नारों से समझना मुश्किल था कि किस पार्टी का काफिला है। इधर कई वर्षों से मैं अनुभव कर रहा था, लगभग सभी पार्टियों के नारे एक जैसे होते जा रहे थे। लेकिन जल्द ही उनके हाथों के झण्डे भी नजर आने लगे। बस, मैं पहचान गया, तिवारी जी की पार्टी का जुलूस था। तब मुझे लगा, अवश्य तिवारी जी भी होंगे। फिर लगा, नहीं, उनके जैसे प्रबुद्ध लोग पार्टी की वैचारिक गोष्ठियो में भाग लेते होंगे, सामान्य कार्यकर्ताओं के ऐसे जुलूस में नहीं...। लेकिन निकट पहुँचे जुलूस में यह देखकर मैं आश्चर्यचकित रह गया कि तिवारी जी न सिर्फ मौजूद थे, बल्कि अपनी ही तरह की वेशभूषा के कुछ वरिष्ठ सदस्यों के साथ उस जुलूस का नेतृत्व भी कर रहे थे।

सड़क के किनारे खड़ा मैं इस अवसर पर तिवारी जी से नजर बचा अपने गन्तव्य की ओर बढ़ जाना चाह रहा था। लेकिन चौकस नजरों ने मुझे पकड़ लिया—''मिथिलेश्वर जी! मिथिलेश्वर जी! एक मिनट सुनियेगा...!''—और लपक कर उन्होंने मेरी बाँह पकड़ ली तथा अपने साथ ले चलते हुए कहने लगे—''मैं अपनी पार्टी में आपको शामिल करने के लिए नहीं कह रहा। जिसे जो पार्टी जँचती है, उसी में वह शामिल होता है। यही होना भी चाहिए। फिलहाल मैं यह कह रहा कि जिन मुद्दों को लेकर हमने यह जुलूस निकाला है, वह किसी एक पार्टी के मुद्दे नहीं

हैं...। भ्रष्टाचार एवं महँगाई से हमारा पूरा राज्य त्रस्त और परेशान है। यह जनता की आवाज़ है। इसे हमने सिर्फ जुलूस का रूप दिया है, इसलिए इसमें सिर्फ हमारी पार्टी के सदस्य ही नहीं, नगर के प्रबुद्ध लोग भी हैं। संयोग से जब आप मिल गये तो इसमें अब आपको भी शरीक होना है...।''

तिवारी जी की बात पर जब मुड़ कर जुलूस को देखा तो सचमुच उसमें कई लोग मुझे ऐसे नजर आये जो उनकी पार्टी के सदस्य नहीं थे। उनमें हमारे कॉलेज के कुछ प्रोफेसर मित्र तो थे ही, शहर के मेरे कुछ परिचित भी थे। शायद मेरी ही तरह राह चलते तिवारी जी ने उन्हें शामिल कर लिया हो या फिर विशेष अनुरोध कर बुलवाया हो। तिवारी जी से बढ़ती निकटता के तहत उनके व्यक्तित्व के इस पक्ष से मैं अवगत था। अपनी वाणी, आचरण और व्यवहार से अपने सम्पर्क के लोगों को वे सहज ही अपनी ओर खींच लेते थे।

मैं देख रहा था, तिवारी जी मुड़-मुड़ कर जुलूस का अवलोकन भी करते जा रहे थे तथा अपने दोनों हाथ उठा सबकी सक्रियता बनाये रखने की कोशिश भी। पता नहीं, उनके अवलोकन में ऐसा क्या था कि वे जब-जब जुलूस को देखकर हाथ लहराते, जुलूस के नारे तेज हो जाते। जुलूस में जीवन्तता आ जाती। मुझे यह समझते देर नहीं लगी कि तिवारी जी के कुशल नेतृत्व ने ही जुलूस को इस तरह संगठित और संयोजित कर रखा है।

कुछ देर तक साथ चलने के बाद मैंने तिवारी जी से अनुरोध किया—''एक बहुत जरूरी काम से निकला हूँ, सर! कोई और अवसर होता तो पूरे समय तक आपका साथ देता। पर अभी छोड़ दीजिए...!''

मेरी इस बात पर उन्होंने अपनी पारखी नजरों से मुझे देखा। फिर कहा—''चुपके से किनारे हो जाइये। जुलूस को अभी हम एस. पी. कोठी और डी. एम. निवास होते हुए रमना मैदान ले जायेंगे...।''

तिवारी जी से मुक्त हो अपने कार्य के तहत मैं पुनः अग्रसर हो गया। लेकिन इस औचक घटना का प्रभाव मेरे मन पर बना रहा। तिवारी जी के इस पक्ष ने अब मेरे मस्तिष्क को उद्वेलित कर दिया था। तिवारी जी अंग्रेजी साहित्य के योग्य प्रोफेसर! प्रेमचन्द ने साहित्य को राजनीति के आगे मशाल लेकर चलने वाला बताया है। तिवारी जी अपने लेखन एवं विचारों से अपनी पार्टी को समृद्ध करते। अपना बौद्धिक सहयोग और मार्गदर्शन पार्टी को देते। लेकिन वे तो एक सामान्य कार्यकर्ता की तरह जुलूस का हिस्सा बनकर चल रहे थे। धूप में पसीना बहाते तथा जुलूस को बिखरने से रोकने के लिए तत्पर और सक्रिय...। अपनी पार्टी के लिए पूरी तरह समर्पित। लेकिन पार्टी में उनकी ऐसी ही जगह तो नहीं होनी चाहिए। फिर एक सामान्य कार्यकर्त्ता और उनके जैसे बुद्धिजीवी में अन्तर ही क्या रह जायेगा...?

तिवारी जी को लेकर मेरा यह मानसिक अन्तर्द्वन्द्व मुझे परेशान करता रहा।

लेकिन देर तक यह परेशानी कायम नहीं रह सकी। जल्द ही कॉलेज में वे मुझे मिल गये। उस समय हम दोनों फुर्सत में थे। बस, उनके साथ एक किनारे बैठ गया और अपने मन का पूरा उबाल व्यक्त कर उठा। जवाब में धैर्य और इत्मीनान के साथ तिवारी जी ने अपने पक्ष से मुझे अवगत किया—''साहित्य के प्रति मेरे मन में पूरा सम्मान है मिथिलेश्वर जी। प्रेमचन्द जी की बात मैं समझ रहा हूँ। उसे काटना भी नहीं चाहता। लेकिन किसी भी बात को उसके सन्दर्भ एवं प्रसंग से हटा कर नहीं देखना चाहिए। प्रेमचन्द जी ने जिस सन्दर्भ में कहा था, उस सन्दर्भ में उसकी प्रासंगिकता है और रहेगी। लेकिन हम राजनीति को जिस रूप में जानते तथा उससे जुड़े हैं, उस रूप में उसकी नियामक भूमिका से भी इनकार नहीं किया जा सकता... । दोनों का अपना अलग-अलग महत्त्व है मिथिलेश्वर जी। अलग-अलग भूमिकाएँ। दोनों में कौन श्रेष्ठ है तथा अगली पंक्ति का हकदार, इसका निर्धारण नहीं किया जा सकता। करना भी नहीं चाहिए। अपने-अपने प्रसंग में दोनों महत्त्वपूर्ण और अग्रणी हैं। यह ठीक है कि साहित्य लोगों को जागरूक बनाता है। मानवता और संवेदना का पाठ पढ़ाता है। लेकिन किसी देश को बनाने और चलाने की भूमिका राजनीति की ही होती है। जनता के सुख-दुःख की सीधी भागीदार वही बनती है। वही जनता को बदतरी से बेहतरी में लाती है। सत्ता कायम करने, उसे चलाने और उसे पलटने जैसी तीनों भूमिकाएँ राजनीति पर ही अवलम्बित होती हैं...। इस तरह राजनीति बहुत ताकतवर माध्यम है। लेकिन यह उससे जुड़े लोगों पर ही निर्भर है मिथिलेश्वर जी! अब जैसे चक्कू का प्रयोग कुछ लोग फल और सब्जी तराशने के लिए करते हैं, तो कुछ लोग दूसरों की हत्या करने के लिए। राजनीति की भी यही स्थिति है। हमारे यहाँ लोकतन्त्र तो है, विश्व का सबसे बड़ा लोकतन्त्र। लेकिन लोक, इस तन्त्र की सुविधा, सहयोग और सुख से वंचित है। बेहतरी का सपना इतने वर्षों बाद भी सपना ही बना हुआ है। यह बात हम सभी जानते हैं कि किसी राजनीतिक दल की कारगर भूमिका से ही यह सपना मूर्त्त रूप ले सकता है, अन्य किसी भी माध्यम से नहीं...।''

''कभी यह बात मेरे भी मन में आयी थी मिथिलेश्वर जी कि साहित्य का शिक्षक हूँ, साहित्य के दायरे में ही मुझे लिखना-पढ़ना चाहिए। इस रूप में ही लोगों के लिए जो कर सकता हूँ, करता रहूँ। फिर यह प्रश्न उठता कि तब लोकतन्त्र की बेहतरी का सपना कैसे मूर्त्त हो सकेगा? हमारे जैसे लोग लिखने-पढ़ने में लगे रहें तथा राजनीति में आने वाले अधिकांश लोगों का उद्देश्य सत्ता सुख भोग हो, तब फिर एक साहित्यकार के रूप में या फिर एक प्रोफेसर के रूप में या फिर एक नागरिक के रूप में इन स्थितियों के प्रति कहाँ तक तटस्थ रहा जा सकता है? मेरा मन कहता, नहीं रहा जा सकता। मुझे लगता, राजनीति में आकर ही सीधे-सीधे देश और समाज के लिए कुछ कर सकता हूँ। यह समय की पुकार थी, जिसे चाहते

हुए भी मैं अनसुनी नहीं कर सकता। वैसे मैं देख रहा था, राजनीति के लम्बे घने अँधेरे को प्रकाशमान कर देना इतना आसान नहीं। लेकिन ऐसा मुश्किल भी नहीं कि असम्भव बना रहे। अपनी सीमाओं के तहत एक कमरे का अँधेरा तो दूर कर ही सकता हूँ। बस, ऐसी ही भावनाओं एवं प्रेरणाओं ने मुझे एक सक्रिय राजनीतिक दल से जोड़ दिया...।

"अब आप जानना चाहेंगे कि इसी दल से क्यों जुड़ा? जुड़ने से पहले मेरे मन में भी यह अन्तर्द्वन्द्व रहा। लेकिन जब सभी पार्टियों को परखने और विचार करने लगा तो अपनी कुछ खास विशेषताओं के चलते इस पार्टी ने मुझे आकृष्ट किया। इसकी पहली विशेषता यह जान पड़ी कि यह राष्ट्रीय पार्टी है, क्षेत्रीय नहीं। दूसरी विशेषता यह कि यह पार्टी साम्प्रदायिक और जातिवादी भी नहीं। तीसरी विशेषता यह कि इस पार्टी का घोषणा पत्र मुझे लोकतन्त्र की अपेक्षाओं के अनुरूप जान पड़ा। वैसे तो लगभग सारी पार्टियों ने अपने-अपने घोषणा पत्र में आदर्श लोकतन्त्र बहाल करने की पेशकश की है। इस सन्दर्भ में अपने लिए चयनित इस पार्टी के साथ अपनी सम्बद्धता कायम कर ली...।"

तिवारी जी की बात सुनकर मेरे मन का सारा तूफान शान्त हो गया। वैसे वैचारिक धरातल पर उनके तर्कों को काटते हुए मैं उनसे बहस कर सकता था। लेकिन जिस विश्वसनीयता से उन्होंने अपना पक्ष रखा, उस पर अब कोई विवाद सम्भव नहीं था।

तिवारी जी के इस पक्ष ने भी उनके प्रति मुझे आकृष्ट कर रखा था कि राजनीति में अपनी सक्रिय भागीदारी के बावजूद साहित्य से वे जुड़े हुए थे। मेरे लेखन का भी वह युवा और तूफानी दौर था। प्रायः हर महीने 'धर्मयुग', 'साप्ताहिक हिन्दुस्तान', 'सारिका' आदि किसी न किसी पत्रिका में मेरी कोई नयी कहानी अवश्य प्रकाशित होती तब प्रबुद्ध अध्येता तिवारी जी की नजरों से वह बच नहीं पाती। 'धर्मयुग' के तो वे नियमित ग्राहक थे ही। घूमते हुए विभिन्न बुक स्टालों पर अन्य पत्र-पत्रिकाएँ भी देख लेते थे। फिर मुझे ढूँढ़ कर अपनी प्रतिक्रिया व्यक्त करते। इस सन्दर्भ में वे अक्सर मेरे हिन्दी विभाग में आ जाते—"'धर्मयुग' में नयी कहानी के लिए बहुत-बहुत बधाई मिथिलेश्वर जी! बहुत अच्छे विषय पर अच्छी प्रस्तुति आपने दी है। जरूरत आज ऐसे ही सार्थक लेखन की है...।"

फिर मेरे विभागीय कलिग मित्रों की ओर भी मुखातिब हो जाते—"क्या आप लोगों ने 'धर्मयुग' के नये अंक में मिथिलेश्वर जी की कहानी पढ़ी है...?"

जवाब में अधिकांश सदस्य चुप हो जाते। अपवाद स्वरूप एक-दो सदस्य कहते—"देखी है, लेकिन अभी पढ़ी नहीं है...।"

इस पर तिवारी जी आग्रह करते—"आप लोग अवश्य पढ़िये...। मैं नहीं जानता, हिन्दी कहानी का नया ट्रेंड क्या है? लेकिन यह कहानी अपने नयेपन का

भरपूर एहसास कराती है। मन पर अपना अमिट प्रभाव छोड़ती है... ।''

यह सुन कुछ पुराने सदस्य प्रसन्न होते, लेकिन मेरे हमउम्र नाक-भौं सिकोड़ लेते। पर तिवारी जी को इसकी परवाह न थी। उन्हें जो बात जँचती, वे कह ही देते।

उन्हीं दिनों एक शाम तिवारी जी का फोन आया–''आज रात के खाने पर हमारे यहाँ आपको आना है मिथिलेश्वर जी...!''

''क्या कोई आयोजन है, सर! कौन-सा विशिष्ट अवसर है...?''

''ऐसा कुछ नहीं है मिथिलेश्वर जी। पार्टी के सदस्यता-अभियान में राज्य इकाई के तीन-चार सदस्य आये हैं...। इस अवसर पर जब भोज का आयोजन कर रहा हूँ तो यहाँ के मेरे अपने तीन-चार बौद्धिक मित्रों को भी इसमें होना चाहिए... ।''

मेरे मन में आया, मना कर दूँ–पार्टी के सदस्यों के साथ मुझे खाने पर मत बुलाइये सर! पार्टी से अलग आपसे जो मेरा व्यक्तिगत सम्बन्ध है, वही काफी है। लेकिन जानता था, यह सुन तिवारी जी दुःखी हो जायेंगे। वे मुझे जितना मानते थे और उनसे मेरा जैसा सम्बन्ध बन गया था कि उनके मन को मैं व्यथित करना नहीं चाहता था। परिणामतः सहमत हो गया।

लेकिन तिवारी जी के यहाँ के उस भोज ने मुझे पुनः विस्मित और उद्वेलित कर दिया। मेरे घर के निकट ही कतिरा मोड़ पर उनका बड़ा-सा तीन मंजिला मकान। नीचे के दो मंजिल उन्होंने किराये पर दे रखे थे और ऊपर के मंजिल में स्वयं रहते थे। ऊपर का मंजिल कुछ विस्तारयुक्त और सुविधाजनक था। उसी ऊपरी मंजिल की खुली बाल्कनी में उन्होंने भोज का आयोजन किया था।

उस भोज में तिवारी जी की पार्टी के राज्य इकाई, जिला इकाई और हम परिचितों के साथ उपस्थित लोगों की कुल संख्या पन्द्रह थी। उनकी पत्नी, पुत्री, भतीजी, भतीजे पूरा परिवार इस भोज को सफल बनाने में जी-जान से जुटा था। घर के मुखिया के रूप में तिवारी जी की व्यस्तता और सजगता-सक्रियता अलग परिलक्षित हो रही थी। हर सदस्य को समान आतिथ्य और संतुष्टि प्राप्त हो सके, तिवारी जी और उनके परिवार का यह उद्देश्य ध्वनित हो रहा था। लग रहा था, जैसे उनके यहाँ शादी-ब्याह जैसा आयोजन हो... ।

उस भोज की सबने तारीफ की। वास्तव में सारे व्यंजन सुरुचि सम्पन्न और स्वादिष्ट थे। ऐसे अच्छे व्यंजन की सराहना से मैं भी अपने को रोक नहीं सका। लेकिन मैं समझ नहीं पा रहा था कि तिवारी जी ने अपने घर पर यह पारिवारिक आयोजन क्यों किया? पार्टी कार्यालय में करते या फिर किसी होटल या गेस्ट हाउस में, तो इस तरह सपरिवार परेशान नहीं होते। मेरी जानकारी के तहत किसी भी पार्टी के ऐसे आयोजन वैसे सार्वजनिक स्थलों पर ही होते रहे हैं। तिवारी जी से अन्तरंगता एवं आत्मीयता के तहत उनके और उनके परिवार की अतिशय और अकारण व्यस्तता मुझे खटक रही थी। खिला कर हमें विदा करने तक वे अपने

परिवार के साथ परेशान बने रहे।

उनसे इजाजत ले जब हम चले, अपने दरवाजे खड़े तिवारी जी हाथ हिलाते हुए हमें विदा करते रहे। वहाँ से मैं सीधे अपने घर की ओर उन्मुख हो गया। पार्टी की गाड़ी से पार्टी-सदस्य भी गेस्ट हाउस चल पड़े जहाँ वे ठहरे थे। लेकिन उस रात चाहते हुए भी मैं सो नहीं सका। तिवारी जी से सम्बन्धित प्रश्न मुझे आक्रोशित-आवेशित करते रहे।

यह क्या कर रहे तिवारी जी ! पार्टी और राजनीति के प्रति उनकी यह अतिशय भावुकता नहीं तो और क्या है? यह भावुकता उन्हें कहाँ ले जायेगी? यह तो तय है कि इस भोज के लिए पार्टी से उन्होंने पैसे नहीं लिये। पार्टी से पैसे लेकर वे घर पर भोज देते ही नहीं। तब किसी सार्वजनिक स्थल पर ही यह भोज होता! तब हमारे जैसे अपने परिचितों-मित्रों को भी वे शामिल नहीं करते। तब पार्टी सदस्यों की संख्या और अधिक होती...। लेकिन तिवारी जी तो राजनीति के नाम पर घर फूँक तमाशा देखो वाली कहावत चरितार्थ कर रहे थे। इस शहर के वे मेरे सबसे बड़े शुभचिन्तक थे, इस दृष्टि से उनके घर के इस अनावश्यक भोज पर उनकी परेशानी और खर्च से मेरा मन क्षुब्ध हो उठा था।

संयोगवश अगले ही दिन कॉलेज में मिल गये तिवारी जी। अब मैं कहाँ मानने वाला...? अपने मन का सारा सन्ताप उगल दिया। बस, मुझे स्नेह और प्यार से समझाते हुए उन्होंने बाँहों में भर लिया—"आप मेरे अपने छोटे भाई से तनिक भी कम नहीं हैं मिथिलेश्वर जी, तभी तो मेरा इतना ख़याल रखते हैं। मैं भाग्यशाली हूँ कि आप जैसे प्रतिष्ठित साहित्यकार के मन में मेरे लिए ऐसी जगह है...।"

फिर इत्मीनान से एक जगह बैठ कर समझाना शुरू किया—"मैं जिस किसी भी काम से जुड़ता हूँ, पूरे मन से, आधे-अधूरे मन से नहीं। मैं बाहर से कहीं और रहूँ और भीतर से कहीं और, यह मैंने जाना ही नहीं। आपकी तरह मेरे मन में भी यह बात थी कि पार्टी के कार्य से आये पार्टी-सदस्यों को घर पर क्या भोज देना? ऐसे कार्य के लिए तो पार्टी का फंड खुला रहता है। कार्यालय सचिव और कोषाध्यक्ष को फोन कर देता, बस, किसी अच्छे होटल में सारा इन्तजाम हो जाता। लेकिन ऐसा करके बाहर से आये सदस्यों को पार्टी के प्रति अपनी गहरी सम्बद्धता से मैं अवगत नहीं करा पाता। मैं तो राज्य इकाई और राष्ट्रीय इकाई को यह बताना चाहता हूँ कि पार्टी की साख जिस तरह कमजोर हुई है और उसका जनाधार कम हो रहा है उसकी एक बड़ी वजह सदस्यों का बाह्य रूप में ही पार्टी को अपनाना है, सिर्फ साधन के रूप में। जरूरत बाह्य और आन्तरिक दोनों स्तरों पर पार्टी से पूर्ण जुड़ाव का है, तभी हम अपनी पार्टी को व्यापक विश्वसनीयता प्रदान कर सकते हैं। तभी लोग इसे देख कर प्रेरित और प्रभावित हो सकेंगे। पार्टी के लिए इस रूप में एक अच्छा मैसेज भी जायेगा। इसके लिए अगर मेरा व्यक्तिगत कुछ खर्च हुआ

और आयोजन करना पड़ा तो कोई बात नहीं। जिस पार्टी को लेकर जीने-मरने का निर्णय किया है, उसके लिए हुए खर्च की क्या परवाह! जैसे अपने परिवार पर खर्च करता हूँ, वैसे ही अपनी पार्टी पर भी कर दिया...।''

तिवारी जी की यह बात सुन मैं उनका मुँह ताकता रह गया। मुझे अपने कानों पर विश्वास नहीं हो रहा था। लेकिन तिवारी जी का शान्त-सहज चेहरा मुझे इस बात की प्रतीति करा रहा था कि उस खर्च को लेकर उनके मन में कोई मलाल नहीं, बल्कि उचित अवसर पर अपने इस उचित कार्य की आश्वस्ति से वे भरे थे। तिवारी जी के इस पक्ष ने अब नये सिरे से उनके बारे में सोचने के लिए मुझे बाध्य कर दिया। वे सिर्फ उतने भर ही नहीं जितना मैं उन्हें जानता था। अपनी पार्टी के प्रति उनकी ऐसी सम्बद्धता मेरे लिए विस्मयकारी थी। अपने उस वक्त तक के जीवन में मेरी जानकारी के तहत पार्टी से जुड़े लोग सिर्फ पाते और उगाहते थे। पार्टी उनके लिए दुधारू गाय से कम नहीं। पार्टी से वे जुड़ते ही थे नाम, पैसा, पद और प्रतिष्ठा पाने के लिए, अपने घर का गँवाने के लिए नहीं...।

इस सन्दर्भ में भारतीय राजनीति के कुछ दुर्लभ चरित्र मुझे स्मरण आ गये जिनके व्यक्तित्व ने अपनी पार्टी को विशिष्ट पहचान और व्यापक विश्वसनीयता प्रदान की थी। लेकिन परिवर्तित समय में अपनी खास नस्ल के वैसे दुर्लभ चरित्र भारतीय राजनीति से विलुप्त होते चले गये। तिवारी जी अब मुझे उसी विलुप्त प्रजाति की नस्ल जान पड़े।

उस दिन अपनी इस खासियत के चलते पूरे समय तक तिवारी जी मेरे मानस में बने रहे। वह पार्टी धन्य है जिसके सक्रिय सदस्य और कार्यकर्त्ता हैं तिवारी जी! हालाँकि मुझे लग रहा था, लोकतन्त्र की भारतीय राजनीति जिस तरह वंशवादी, जातिवादी, अवसरवादी और स्वार्थ लोलुप हो गयी है, उसमें तिवारी जी जैसे एक-दो चरित्र क्या कर सकेंगे? शायद नक्कारखाने में तूती की आवाज़ बन जायेंगे। फिर मुझे लगा, नहीं। माचिस की तीली तो अकेली ही होती है, लेकिन जलते ही भीषण आग का सूत्रपात कर देती है। जलता दीपक समूल अन्धकार को खत्म तो नहीं करता, लेकिन अपने दायरे में अन्धकार को रहने भी नहीं देता। जाहिर है, ऐसी शक्तियाँ ही परिवर्तन की नियामक बनती हैं, भले ही उनकी संख्या कम क्यों न हो। इस दृष्टि से तिवारी जी का महत्त्व मेरी नजर में और बढ़ गया।

अब तिवारी जी को लेकर मेरे मन में सपने जन्म लेने लगे। वे जिस दिन सांसद या विधायक बन जायेंगे, अपने कर्मभूमि वाले हमारे इस क्षेत्र की समस्यायें अवश्य दूर करेंगे। राजधानी से दूर छोटे स्थल की वजह से हमारे इस क्षेत्र में समस्याओं और परेशानियों ने लोगों को त्रस्त कर रखा था। सरकारी योजनाओं में यहाँ के विकास पर भी कार्य और खर्च दिखाये जाते रहे। लेकिन यहाँ की जनता उससे वंचित रही। इस क्षेत्र के सांसद एवं विधायक को यहाँ की समस्याओं से लोग

निरन्तर अवगत कराते रहे। लेकिन कोरे आश्वासनों के सिवा यहाँ के लोग कुछ भी ठोस नहीं पा सके। कुछ सांसदों एवं विधायकों ने अगर अपवाद स्वरूप कुछ किया भी तो अपने निहित स्वार्थ के तहत सीमित दायरे में। दानापुर रेल मंडल के अन्तर्गत अधिक राजस्व देने वाले आरा स्टेशन पर अधिकांश गाड़ियों का ठहराव न होना इस जनपद की उपेक्षा को और गहराता रहा।

अब तिवारी जी मुझे जहाँ भी नजर आते, राजनीति के देवदूत जान पड़ते। उनके अन्दर के सांसद एवं विधायक का पूर्व एहसास अब मेरे मन को अभिभूत कर देता। मुझे लगता, अगर तिवारी जी की पार्टी की सरकार बनेगी तो उनके व्यक्तित्व से प्रभावित पार्टी उन्हें निश्चय ही मंत्रीपद देगी। फिर तो हमारा यह क्षेत्र धन्य हो जायेगा। हम विकास की मुख्य धारा में अपने को समाहित पायेंगे।

देखते ही देखते वह समय भी नजदीक आ गया जिसकी प्रतीक्षा मेरे मन को थी। केन्द्र में कार्यरत लोकसभा की निर्धारित अवधि पूरी होते ही, नयी लोकसभा के गठन के लिए चुनाव की अधिसूचना जारी कर दी गयी। तिवारी जी को भी तो जैसे इसी अवसर की प्रतीक्षा थी। अब उनकी सक्रियता एवं व्यस्तता देखते ही बनती थी। कॉलेज में सिर्फ अपने क्लास लेने भर आते और वहीं से चुनाव प्रचार में निकल जाते। चाहते हुए भी मैं उनसे नहीं मिल पाता। उनके साथ बैठ कर साहित्य, समाज या राजनीति पर बात करना मुझे बहुत अच्छा लगता था। इसके लिए फुर्सत के क्षणों में उनके निवास पर भी जा पहुँचता। लेकिन चुनाव घोषणा की उस अवधि में जब भी जाता, मुलाकात नहीं होती। उनकी अतिशय व्यस्तता से उनकी पत्नी भी चिन्तित मिलती–"यह चुनाव क्या आ गया, इनका जीना हराम हो गया है। न समय से नाश्ता लेते हैं, न खाना। सुबह तैयार होकर भागते हैं तो रात सोने के समय ही लौटते हैं! जल्दी-जल्दी टिफिन तैयार कर उनके झोले में डाल देती हूँ। पता नहीं, समय पर टिफिन भी लेते हैं या नहीं। एक सप्ताह के अन्दर ही कैसे दुबले हो गये हैं...।"

उन्हीं दिनों एक दिन मैं यू. पी. कॉलेज, वाराणसी से लौट रहा था। यू. जी. सी. के राष्ट्रीय सेमिनार में 'समकालीन हिन्दी कहानी : दशा और दिशा' पर अपनी राय जाहिर करने के लिए मुझे आमन्त्रित किया गया था। मेरे रचनाकार मित्र कृष्ण कुमार भी साथ थे। आयोजन के दूसरे दिन हम जिस कार से वापस हो रहे थे, वह यू. पी. की सीमा तक एकदम ठीक रही। अपनी रफ्तार से हमें आश्वस्त करती रही कि समय से आरा पहुँचा देगी। लेकिन बिहार की सीमा में प्रवेश करते ही उसकी स्थिति खराब होती चली गयी। पहले घरघराहट की आवाज़ आनी शुरू हुई। फिर रफ्तार में कमी। फिर अचानक रुक जाने की बीमारी से ग्रस्त। ड्राइवर हर बार उतर कर उसे दुरुस्त करता और आगे बढ़ाता। लेकिन कुछ दूर तक चल कर फिर घरघराहट की आवाज़ के साथ रुक जाती। अपने अथक प्रयास से ड्राइवर ने उसे

भोजपुर की सीमा में प्रवेश करा दिया। उसके बाद एक गाँव के किनारे पहुँच कर वह ऐसी रुकी कि ड्राइवर चाहते हुए भी उसे अब और आगे नहीं बढ़ा सका। वह भाड़े की गाड़ी थी। अपने माथे से पसीना चुआता वह परेशान ड्राइवर अब हाथ जोड़ कर हमारे सामने खड़ा हो गया–"ससुरी गाड़ी ने जवाब दे दी। अब बिना मेकेनिक के यह सलाम नहीं सुनेगी। या तो किसी मेकेनिक को ही यहाँ लाना पड़ेगा या किसी गाड़ी के सहारे इसे खींच कर किसी मेकेनिक की दूकान में ले जाना होगा। इसमें अब काफी समय लग जायेगा। अब मैं कुछ कर नहीं सकता। पहले से गाड़ी एकदम ठीक थी। इसमें कुछ भी खराबी होती तो मैं इसे लाता ही नहीं। इस गाड़ी ने मुझे किसी लायक नहीं छोड़ा...।"

ड्राइवर की बात सुन आश्चर्य से हमारी आँखें बड़ी-बड़ी हो गयीं। कृष्ण कुमार अब मुझे देख रहे थे और मैं उनको! अब हम क्या करेंगे? फिर क्षण भर बाद ड्राइवर को भाड़ा चुका हम सड़क के किनारे आ गये। हमने तय किया, सड़क से गुजरने वाली गाड़ियों को रोकने का प्रयास करेंगे। सम्भव है, कोई न कोई गाड़ी रुक जाय, फिर हम आरा पहुँच जायेंगे लेकिन हमारी योजना कारगर नहीं हो सकी। आने वाली गाड़ियाँ या तो भरी होतीं या फिर रिजर्व। हमारे हाथ हिलाने का उन पर कोई असर नहीं होता।

वह मई का महीना था। दुपहरी तप रही थी। धूप की कड़वाहट और गर्म हवा के झोंके हमें निरन्तर परेशान कर रहे थे। हम सड़क के किनारे महुआ के एक पेड़ के नीचे खड़े थे, फिर भी उमस से त्रस्त और बेहाल। अब अपनी तीव्र आवश्यकता के तहत मैंने कृष्ण कुमार से कहा–"मुझे जोरों की प्यास लगी है। निकट के गाँव में चलकर हमें पानी पीना चाहिए। यहाँ और देर तक हम ऐसे ही खड़े रहे तो हमारी तबीयत खराब हो सकती है...!"

जवाब में कृष्ण कुमार ने तत्क्षण अपनी सहमति जतायी–"चलिये...चलिये मुझे भी प्यास लगी है। पानी पीकर वहीं गाँव में कहीं बैठा जायेगा। अब दोपहर के बाद ही सड़क पर आना ठीक रहेगा। इस मौसम में वही समय गाड़ियों के अधिक आने-जाने का होता है...।"

बस, हम सड़क के सामने दिख रहे गाँव की ओर बढ़ गये। हम जहाँ खड़े थे, वहाँ का सबसे निकटतम गाँव वही था। खेत की पगडंडियों के सहारे तेज़-तेज़ चलते हुए हम जल्द ही गाँव के पास पहुँच गये। जो पहला घर मिला, उसी के दरवाजे खड़े हो गये। देखा, अपनी दालान के ओसारे में चौकी पर बैठा एक व्यक्ति अपनी तलहथी पर खैनी मल रहा था। वह कुछ गम्भीर और चिन्तित दिख रहा था। पास ही एक काली गाय बैठी थी, जो रह-रह कर पूँछ पटकती। मैंने उस आदमी से अनुरोध किया–"हम आरा के हैं। बनारस से लौट रहे थे। गाड़ी खराब हो जाने से यहाँ फँस गये। गर्मी की वजह से हमें जोरों की प्यास लगी है। आप हमें ठंडा पानी

पिला दीजिए। बड़ा उपकार होगा...।"

जवाब में वह आदमी यथावत् बना रहा, जैसे सुनकर भी अनसुना कर रहा हो। हमें आश्चर्य हुआ, गाँव का आदमी तो ऐसा नहीं होता! क्या यह बहरा है या सिरफिरा या अमानवीय? लेकिन देखने से तो ऐसा नहीं लगता। हमारी आवाज़ पर नजरें उठा कर हमें देखा भी। इससे पहले कि हम पुनः अनुरोध करते या आगे बढ़ते, वह बोल उठा—"मेरी गाय बीमार है। मैं बहुत परेशान हूँ! आपलोग आगे किसी दरवाजे पर पानी पी लीजिए...।"

ठीक इसी समय मुझे माइक पर बोलते के. डी. तिवारी की आवाज़ सुनाई पड़ी। शायद किसी मंच का संचालन कर रहे थे। अपने संचालन में जोरदार ढंग से किसी को प्रस्तुत करने की उनकी आकर्षक आवाज़ थी। अब उस व्यक्ति से मैं तत्क्षण पूछ उठा—"यह माइक की आवाज़ कहाँ से आ रही है...?"

उसने अनिच्छा से ही जवाब दिया—"बरगद के नीचे गाँव की आम सभा हो रही है। आरा से तिवारी जी अपनी पार्टी के साथ आये हैं...।"

अब मेरे मुँह से स्वतः निकल गया—"के. डी. तिवारी न! वे हमारे बिल्कुल अपने हैं। कहाँ है बरगद? अब हम सीधे वहीं जायेंगे...।"

मेरी यह बात सुनते ही वह व्यक्ति चौकी से उतर कर पूरी मुस्तैदी से हमारी ओर मुख़ाबित हो गया। उसकी सारी निष्क्रियता अब जाती रही—"रुकिये आपलोग। अभी ठंडा पानी पिलाता हूँ। आप लोगों को पहले ही बताना चाहिए था कि आप लोग के. डी. तिवारी जी से जुड़े हैं...।"

जवाब में मैं कह उठा—"हम क्या जानते थे कि के. डी. तिवारी जी का नाम लेने पर ही पानी मिलेगा...।"

तिवारी जी से हमारे सम्पर्क की जानकारी मात्र से ही उस आदमी का यह औचक परिवर्तन हमें विस्मित कर रहा था। उसने कहा—"अरे नहीं भाई लोगो। मुझे माफ कीजिएगा। मैं उस आम सभा से ही आ रहा हूँ और फिर वही जाऊँगा। बीमार गाय को दवा देने बीच में आ गया था...।"

इसके बाद हमारे ना-ना कहने के बावजूद उसने आदर से हमें अपनी दालान में बैठाया। फिर घर के चापाकल का ताज़ा ठंडा पानी लाया। साथ में गुड़ की भेली भी। गुड़ का देसी स्वाद लेते हुए हम पानी पीने लगे। इस दौरान वह व्यक्ति अपने उद्गार व्यक्त करता रहा—"तिवारी जी हमारे गाँव के लिए किसी देवता से कम नहीं। आगे गाँव में जो डाकखाना आप लोग देखेंगे वह तिवारी जी के प्रयास से ही कायम हुआ है। गाँव में जो पाँच सरकारी चापाकल लगे हैं, वह तिवारी जी के चलते ही। हमारे इस गाँव के लिए तिवारी जी बराबर तत्पर रहते हैं। हम उनकी नेकी का बदला नहीं चुका सकते। चुनाव आ गया है। सभी पार्टी वाले आ रहे हैं। बाकिर हमारा पूरा गाँव झार कर तिवारी जी की पार्टी में ओट देगा। किसी और के

बहकावे में हम नहीं आ सकते। यहाँ तिवारी जी आम सभा नहीं भी कराते तब भी हमारे गाँव का कोई बहकने वाला नहीं...।''

ठंडा पानी पीकर हम तरोताज़ा हो गये। अब उस आदमी द्वारा बताये रास्ते से हम सीधे सभा स्थल की ओर चल पड़े। इस गाँव में समय व्यतीत करने का सबसे उपयुक्त स्थल हमें वही जान पड़ा। जिस गली से हम जा रहे थे, उसके अन्तिम छोर पर ही वह स्थल था। गली के मुहाने पर पहुँचते ही सभास्थल का नजारा सामने आ गया। एक विशाल वट वृक्ष के नीचे वह आम सभा चल रही थी। एक किनारे मंच बना था जिस पर अपने कुछ पार्टी जनों के साथ तिवारी जी मौजूद थे। उनकी पार्टी के कोई वरिष्ठ सदस्य ग्रामवासियों को सम्बोधित कर रहे थे। मंच के आगे बड़ी संख्या में ग्रामवासी बैठे थे। मंच पर तिवारी जी जहाँ उपस्थित थे, वह संचालक की जगह थी, बीच में बैठे पार्टी वक्ताओं के एक किनारे। जो बुजुर्ग बोल रहे थे वह अपनी पार्टी की ग्राम विकास योजनाओं पर प्रकाश डाल रहे थे।

मंच के निकट बढ़ते हम दोनों पर तिवारी जी की चौकस निगाहें शीघ्र ही चली आयी। बस, सुखद आश्चर्य से वे पुलकित हो उठे। फिर तत्क्षण किनारे से मंच से उतर तेज-तेज कदम बढ़ाते हुए हमें बाँहों में भर लिया—''इस वक्त इस गाँव में कैसे और कहाँ से आप लोग आ गये मिथिलेश्वर जी? कृष्ण कुमार जी? यह तो बहुत अच्छा हुआ...।''

जवाब में मैंने सारी बात बता दी। अब तिवारी जी ने हमें मंच के निकट लाकर बैठा दिया—''धूप तेज है। आप लोगों को प्यास लगी होगी...।''

''नहीं सर! हमलोग अभी पानी पी चुके हैं...।''

लेकिन तिवारी जी नहीं माने। उनके संकेत पर शीघ्र ही तीन ग्रामीण जलपान की सामग्री ले हमारे समक्ष आ गये। एक के हाथ में लड्डू थे, दूसरे के हाथ में पानी तथा तीसरे के हाथ में लस्सी। लड्डू, पानी और लस्सी के बाद हमारी सारी थकान दूर हो गयी। हम इत्मीनान और सुकून का अनुभव करने लगे। यहाँ के ग्रामवासियों पर तिवारी जी का ऐसा प्रभाव देख हम दंग थे। उस वरिष्ठ वक्ता के बाद अपने एक अन्य वक्ता को प्रस्तुत करने के लिए जब तिवारी जी माइक के पास आये तो उपस्थित ग्रामवासियों से मेरा परिचय देने लगे। मेरे साहित्यिक परिचय को उन्होंने ऐसी शब्दावली में प्रस्तुत किया कि ग्रामवासियों की निगाहें बरबस मुझ पर चली आयी। इसके बाद तिवारी जी द्वारा प्रस्तुत उनके एक और वक्ता का भाषण शुरू हो गया।

मुझे लगने लगा था, सम्भव है, मेरे परिचय से अवगत ग्रामीण मेरी बात सुनने के लिए आग्रह न कर दें ! तब? राजनीतिक पार्टियों की सभाओं में मैं बोलना नहीं चाहता था। मेरा विश्वास सार्थक मूल्यों और प्रगतिशील विचारधाराओं में था। सत्ता की होड़ में अपने यहाँ की पार्टियों को जिस तरह मूल्यों एवं विचारधाराओं से दूर

होते मैं पा रहा था, उसने दलगत राजनीति के बारे में नये सिरे से सोचने के लिए मुझे बाध्य कर दिया था। मेरा मन ऐसी पार्टी की प्रतीक्षा में था जो सही अर्थों में मूल्यों और विचारधाराओं से संचालित हो। मेरे जानते वैसी ही पार्टी लोकतन्त्र की संवाहक हो सकती है।

जिस बात की आशंका मुझे सता रही थी वह घटित हो ही गयी। मंच पर बोल रहे वक्ता का भाषण समाप्त होते ही आगे बैठे एक ग्रामीण ने प्रस्ताव रख ही दिया—"जब साहित्यकार मिथिलेश्वर जी यहाँ आ गये हैं तो हम उनकी भी बात सुनना चाहेंगे...।"

इस पर तिवारी जी ने मुझे मंच पर आमन्त्रित कर दिया। ऐसे अनेक अवसरों की भाँति अब तत्क्षण अपने मन का असमंजस दूर कर वह बात कहने के लिए मैं तत्पर हो गया, जो महसूस कर रहा था—"भाइयो एवं बहनो! जैसा कि तिवारी जी से आप जान चुके हैं, यात्रा की औचक परेशानी के तहत यहाँ हमारा आगमन हो सका है। मैं साहित्य का आदमी हूँ। साहित्य के क्षेत्र में लिखता-पढ़ता हूँ। राजनीतिक सभाओं में बोलने का मुझे अनुभव नहीं। मेरे जानते राजनीति की भूमिका सत्ता संचालन की होती है। देश का वर्त्तमान और भविष्य राजनीति पर ही निर्भर करता है। लेकिन लोगों के अन्दर नैतिकता, संवेदना और मानवता का संचार सिर्फ साहित्य करता है। इस दृष्टि से मैं साहित्य को राजनीति का पूरक मानता हूँ। कभी हमारे देश की राजनीति साहित्यिक मूल्यों से संचालित थी। तब साहित्य की तरह राजनीति भी पाने, उगाहने और कुछ बनने का नहीं, देश और समाज सेवा के तहत अपने को समर्पित करने का माध्यम थी। लेकिन बाद में मूल्यों से कटती राजनीति साहित्य से दूर होती चली गयी। ऐसे में पार्टियाँ विश्वसनीय नहीं रहीं। इस सम्बन्ध में बदलते समय की यह माँग है कि हमें किसी भी राजनीतिक पार्टी पर नहीं, व्यक्ति पर जाना चाहिए। योग्य व्यक्ति को विजयी बना कर ही राजनीति के पतन को हम रोक सकते हैं...।

"यहाँ यह देखकर मुझे खुशी हुई है कि तिवारी जी के प्रति आप लोगों के मन में श्रद्धा के भाव हैं। तिवारी जी का व्यक्तित्व ऐसा है कि मैं स्वयं इन्हें तहेदिल से चाहता हूँ। लम्बे समय के बाद इनके आदर्श व्यक्तित्व ने मेरे रचनाकार मन को प्रभावित किया है। मेरा ऐसा विश्वास है कि अच्छे राजनेताओं से ही अच्छी पार्टियाँ बनती हैं। मैंने प्रायः अधिकांश राजनीतिक पार्टियों का घोषणा पत्र देखा है। कुछ परिवर्तनों के साथ सबका मूल भाव प्रायः देश और समाज का सर्वांगीण विकास ही रहा है। लेकिन उनकी सार्थकता उनसे जुड़े व्यक्तियों पर ही निर्भर करती है। जब जिस पार्टी में सही नेता आते हैं, उस पार्टी का महत्त्व बढ़ जाता है। मेरे जानते तिवारी जी का व्यक्तित्व भी ऐसा ही है कि जिस पार्टी में रहेंगे, वह पार्टी महत्त्वपूर्ण बन जायेगी। भारतीय लोकतन्त्र को फिर से पटरी पर लाने के लिए आज तिवारी जी जैसे राजनेताओं की जरूरत है...। हमारे नेता सत्ता में आने के बाद हमें पहचानते

नहीं। लेकिन तिवारी जी ऐसे नहीं हो सकते। हमारे समय के राजनीतिक परिदृश्य के बीच ये अपवाद की तरह हैं। हमारे लिए वरदान बन कर राजनीति में आ गये हैं। मेरा अनुरोध है कि आप लोग इन्हें भारी मतों से विजयी बनाइयेगा। ये कभी बदलने वाले नहीं...।''

मेरी बात पर ग्रामवासियों ने जोरदार तालियाँ बजायीं। शायद उनके मन की बात मैंने कह दी थी। जब बोल कर मंच से उतरने लगा तो तिवारी जी ने मुझे बाँहों में भर लिया। मेरे प्रति उनके चेहरे पर कृतज्ञता के भाव झलक रहे थे। उन्होंने भरे गले से सिर्फ इतना ही कहा—''मैं वैसा नहीं मिथिलेश्वर जी, जैसा आपने बताया है। आप स्वयं अच्छे व्यक्ति हैं। जो अच्छे होते हैं उन्हें ही दूसरों में अच्छाइयाँ नजर आती हैं...।''

मुझसे मुक्त हो तिवारी जी पूर्ववत् संचालक की भूमिका का निर्वाह करने लगे। पास ही बैठे एक कार्यकर्ता से मुझे जानकारी मिल गयी कि यह तिवारी जी का तूफानी दौरा है। इस गाँव के बाद और तीन-चार गाँवों की आम सभाओं में उन्हें जाना है। हम समय व्यतीत करने के जिस उद्देश्य से यहाँ आये थे उसकी पूर्त्ति के बाद अब तिवारी जी ने हमारी शेष यात्रा को परेशानी मुक्त कर दिया। उनकी पार्टी की एक गाड़ी हमें लेकर आरा चल पड़ी। उस खराब हुई गाड़ी को भी निकट के मेकेनिक तक पहुँचा देने के लिए उनके दो-तीन कार्यकर्ता भिड़ गये। रास्ते भर तिवारी जी की लोकप्रियता के बारे में हम बात करते रहे। सच्चे जन प्रतिनिधि के प्रति आमजन का कैसा लगाव होता है, यह उस गाँव में हम देख आये थे। हमारे मन का विश्वास अब दृढ़ से दृढ़तर हो गया कि सांसद और मन्त्री बनने के बाद तिवारी जी हमारे इस क्षेत्र का अवश्य कायाकल्प कर देंगे।

बीतते समय के अनुसार प्रायः सभी पार्टियों ने पार्टी टिकट पर चुनाव लड़ने के लिए अपने उम्मीदवारों के नामों की घोषणा शुरू कर दी। तिवारी जी के हम समर्थक आश्वस्त थे कि हमारे संसदीय क्षेत्र के लिए उनकी पार्टी उन्हें निश्चय ही टिकट देगी। अपनी पार्टी के लिए तिवारी जी इस क्षेत्र के सर्वाधिक अव्वल प्रतिनिधि थे। पार्टी के अन्दर उनके मुकाबले में ठहरने लायक कोई और यहाँ था ही नहीं। लेकिन तिवारी जी की पार्टी ने जब उनकी जगह अमीरचन्द अमर को योग्य उम्मीदवार बताते हुए उनके नाम की घोषणा की तो हम भौचक हो उठे। आश्चर्य से हमारे मुँह खुले के खुले रह गये...।

अपने शहर के अमीरचन्द अमर को मैं लम्बे समय से जानता था। उसका प्रारम्भिक आधा जीवन हत्या, अपहरण, लूट और तस्करी में व्यतीत हुआ। इस कार्य में अपने बचाव के लिए कुछ राजनेताओं को उसने साध रखा था। बदले में उन राजनेताओं के इशारे पर उनके दुश्मनों के सफाये से लेकर चुनाव में उन्हें विजयी बनाने के लिए बुथ लूट तक के कार्य को अंजाम देता रहा। इस माध्यम से पर्याप्त

धन अर्जित करने के बाद सामाजिक प्रतिष्ठा के लिए अब उसने राजनीति की शरण ले ली। राजनेताओं के सम्पर्क में रहकर उनके मान-सम्मान, प्रभाव और पहुँच को वह देख चुका था। लोकसभा के इस चुनाव के लिए तिवारी जी की पार्टी फंड में चंदे की सबसे बड़ी रकम उसी ने प्रदान की। ऐसा कर एक प्रतिष्ठित पार्टी में राजनेता बनने का मार्ग उसने प्रशस्त कर लिया।

आकाशवाणी और दूरदर्शन से जब यह सूचना मुझे मिली, शाम हो गयी थी। घर पर मेरे जिम्मे कुछ आवश्यक कार्य थे। लेकिन इस सूचना ने मेरे मन को इतना उद्विग्न, आहत और विकल कर दिया कि चाहते हुए भी मैं घर पर नहीं रह सका। तिवारी जी के यहाँ भाग चला। तिवारी जी की पीड़ा का एहसास कर मैं जल्द से जल्द उनके पास पहुँच जाना चाहता था ताकि उन्हें सान्त्वना दे सकूँ। यह कह सकूँ कि आज की राजनीति आप जैसे लोगों लायक नहीं रह गयी। आप साहित्य के शिक्षक हैं। साहित्य की दुनिया में ही बने रहिये। वहाँ ऐसे छल और विश्वासघात नहीं। पाठकों के बीच साहित्य के माध्यम से अपनी बात कहते जाना राजनेताओं के कार्य से अधिक महत्त्वपूर्ण होता है। सूर, कबीर, तुलसी, टैगोर, प्रेमचन्द जैसे साहित्यसर्जकों का मुकाबला न तो किसी राजनेता ने किया है और न भविष्य में कर सकते हैं...।

तिवारी जी के यहाँ जब मैं पहुँचा, पाँच-सात की संख्या में उनके निकटतम कार्यकर्ता और शुभचिन्तक वहाँ मौजूद थे। मुझसे पहले ही वहाँ आ चुके थे। अपने खुले बरामदे में तिवारी जी पूर्ववत् अपनी मेज के एक किनारे अपनी कुर्सी पर बैठे थे। अपने बैठके में वही उनकी जगह थी। मेज के दूसरे किनारे उपस्थित कार्यकर्ता और शुभचिन्तक, ठीक उनके सामने। तिवारी जी ने अपने इस बरामदे के लिए लम्बी-सी मेज बनवा रखी थी। उनके यहाँ पहुँचने पर हम यहीं बैठते थे।

यह देखकर मुझे आश्चर्य हुआ कि तिवारी जी के चेहरे पर चिन्ता, तनाव और निराशा की रेखाएँ नहीं। वे पूर्ववत् सहज-सामान्य दिख रहे थे। इसके विपरीत एकत्रित शुभचिन्तक मेरी ही तरह उद्विग्न, बेचैन और परेशान। वहाँ उपस्थित दिवाकर जी शायद अपनी प्रतिक्रिया व्यक्त कर रहे थे। मुझे देखते ही मेरी ओर मुखातिब हो गये—“आइये मिथिलेश्वर जी, हम आपकी प्रतीक्षा कर रहे थे। पार्टी ने सर के खिलाफ जो निर्णय किया है, वह बेहद आपत्तिजनक है। पूरे शहर में पार्टी के इस फैसले से हमारे समर्थक, साथी और सहयोगी नाराज हैं। हमारे इस क्षेत्र में पार्टी की गिर चुकी साख अपने अथक प्रयास से सर ने ही कायम की है। सर से पहले हमारे क्षेत्र में पार्टी की क्या स्थिति थी, यह किसी से छिपी नहीं। अपने बूते पार्टी के लिए कितना बड़ा काम किया सर ने। इसके लिए पार्टी सर को सम्मानित करती, लेकिन उलटे सर की जगह अमीरचन्द अमर को उसने टिकट दे दी। सर ने फसल तैयार की, अब उस फसल को काटने अमीरचन्द अमर आ गये। हमारी राय है कि सर

को इसी वक्त पार्टी से इस्तीफा दे देना चाहिए। तब हम देखेंगे कि कैसे अमीरचन्द अमर जीतते हैं? सर के इस्तीफा देने की खबर जैसे ही पूरे क्षेत्र में पहुँचेगी, चुनावी लहर बिल्कुल बदल जायेगी। तब लाख प्रयास करके पार्टी अमीरचन्द अमर के पक्ष में मतदाताओं को कायम नहीं रख सकेगी। तब पार्टी को पता चलेगा कि सच्चे जनप्रतिनिधि की उपेक्षा का क्या हश्र होता है...?''

मैं देख रहा था, तिवारी जी शान्त-सहज भाव से दिवाकर की बात सुन रहे थे। शायद दिवाकर से पहले अन्य मित्रों की बातें भी तिवारी जी ने ऐसे ही सुनी हों। तिवारी जी की यह चुप्पी और शान्त-सहज भाव अब मुझे खलने लगा था। यह कैसी शान्ति और चुप्पी। बस, मैं अपने को रोक नहीं सका। उबल पड़ा—''पार्टी ने यह ऐसा कार्य किया है सर कि इस पर चुप नहीं रहा जा सकता! पार्टी की ऐसी कार्रवाई पर शान्त, सहज बने रहना अपने आप के साथ ज्यादती है। राजनीतिक प्रसंगों पर मैं नहीं लिखता। अब तक नहीं लिखा है। लेकिन आपकी इस घटना पर अब लिखने जा रहा हूँ। देशभर की जिन पत्र-पत्रिकाओं से जुड़ा हूँ, सबमें इस घटना को ले जाऊँगा। पूरे देश में पार्टी के इस गलत निर्णय को पहुँचाऊँगा। आपके प्रति मेरे मन में जो जगह है, बगैर ऐसा किये मैं नहीं रह सकता। पार्टी ने सोचा होगा कि एक क्षेत्र के उसके निर्णय पर कहीं कोई बवाल नहीं होगा। बात आयी गयी हो जायेगी...। पर पार्टी को अब पता चलेगा...!''

मेरी यह बात सुनते ही तिवारी जी की चुप्पी टूट गयी—''आपको ऐसा नहीं करना है मिथिलेश्वर जी। आप मेरे छोटे भाई की तरह हैं। आपसे मेरी यह गुजारिश है कि भूल कर भी ऐसा मत कीजिएगा। ऐसा करने से सुख की जगह मुझे दुःख ही होगा। पार्टी ने जिस विचार के तहत ऐसा किया है, वह पार्टी का अधिकार क्षेत्र है। मैं इस्तीफा देने के लिए स्वतन्त्र हूँ। इस्तीफा देकर चाहूँ तो निर्दलीय सदस्य के रूप में चुनाव लड़ भी सकता हूँ। लेकिन एक बड़ी राष्ट्रीय पार्टी का सदस्य इसीलिए नहीं बना। इसके पीछे मेरा यह स्पष्ट दृष्टिकोण रहा है कि पार्टी के स्तर पर ही हम किसी बड़े परिवर्तन को अंजाम दे सकते हैं, अकेले नहीं। 'संघे शक्ति कलियुगे' तुलसी के रचना मानस का निर्णायक निष्कर्ष है। ऐसे में पार्टी से अलग होना या पार्टी के निर्णय को चुनौती देना किसी भी दृष्टि से उचित नहीं। पार्टी ने सोच-विचार कर ही ऐसा किया होगा। ऐसे ही अवसरों पर सदस्यों की परीक्षा होती है। पार्टी में हमें रहना है तो पार्टी के अनुशासन को हर स्थिति में मानना है। पार्टी का निर्णय हर सदस्य से ऊपर होता है, चाहे उस सदस्य की अपने क्षेत्र में जो स्थिति हो। पार्टी के निर्णय का सम्मान कर ही हम पार्टी को संचालित कर सकते हैं। पाने-खोने की त्वरित राजनीति दीर्घकालिक और सार्थक नहीं होती। लम्बी पारी की राजनीति के लिए धैर्य की आवश्यकता होती है। ऐसा करके ही दलगत राजनीति को हम एक मुकाम तक पहुँचा सकते हैं तथा स्वयं पहुँच सकते हैं...। पार्टी की विसंगतियों

को पार्टी के भीतर रहकर ही दूर किया जा सकता है, पार्टी से अलग होकर नहीं। हमारा भारतीय लोकतन्त्र भी तो ऐसा ही है। सदियों के प्रयास के बाद एक बेहतर शासनतन्त्र के रूप में लोकतन्त्र की स्थापना हुई है। अब लोकतन्त्र जिन विकृतियों का शिकार हो रहा है, उससे लोकतन्त्र के भीतर रह कर ही निपटा जा सकता है, लोकतन्त्र से बाहर जाकर नहीं... ।"

तिवारी जी की प्रतिक्रिया ने वहाँ उपस्थित हम सबको निरुत्तर कर दिया। तिवारी जी का यह धैर्य देख हम दंग रह गये। तिवारी जी इतने धैर्यवान भी हैं, यह उसी अवसर पर मैंने जाना।

इस घटना के बाद मुझे लगा कि सिद्धान्त रूप में तिवारी जी ने चाहे जो तर्क दिया, पार्टी की गतिविधियों में उनकी सक्रियता अवश्य कम हो जायेगी। वे ईश्वर नहीं हमारी ही तरह इन्सान हैं। अवहेलना तथा उपेक्षा का असर उनके मन पर जरूर हुआ होगा। मानव-मनोविज्ञान के अनुसार इसी प्रतिक्रिया के तहत उनकी गतिविधियों में परिवर्तन आना ही है। लेकिन अपनी पार्टी के चुनाव प्रचार में उन्हें पूर्ववत् देख मुझे पुनः आश्चर्य हुआ। फिर एक सभा में अमीरचन्द अमर को भारी मतों से विजयी बनाने की अपील पर तो मेरा रचनाकार मन कुपित हो उठा। उसके बाद समाचार-पत्रों तथा आकाशवाणी एवं दूरदर्शन के स्थानीय प्रसारणों में यह सूचनाएँ मेरे मन को पीड़ित करती रहीं कि प्रो. के. डी. तिवारी ने अपनी पार्टी के प्रत्याशी अमीरचन्द अमर को विजयी बनाने के लिए एड़ी-चोटी का पसीना एक कर दिया है। मेरे स्वाभिमानी रचनाकार मन को ऐसा समझौता कतई गवारा नहीं था। मैंने सुना था, राजनीतिक महत्त्वाकांक्षाएँ गर्हित और नपंसुक समझौते करवाती हैं। अब इसे महसूस भी कर रहा था।

तिवारी जी को विजयी देखने की जितनी प्रबल आकांक्षा मेरे मन में थी, अब उसी अनुपात में अमीरचन्द अमर को मैं पराजित देखना चाहता था। पता नहीं, यह समय का निर्णय था या मेरे मन का विश्वास, अमीरचन्द अमर काफी मतों से पराजित घोषित हुआ। मेरे मन को लगा, तिवारी जी के अपमान का परिणाम पार्टी को मिल गया। इस पराजय पर अपने मन में खुशी लिये मैं तिवारी जी के यहाँ पहुँचा। लेकिन यह देखकर मुझे फिर आश्चर्य हुआ कि तिवारी जी के चेहरे पर चिन्ता और पीड़ा की रेखाएँ उभर आयी थीं। ऐसे अवसरों की भाँति उस वक्त भी तिवारी जी के तीन-चार निकटस्थ कार्यकर्ता और मित्र वहाँ जुट आये थे। इस अवसर पर तिवारी जी की मनोदशा की परवाह किये बगैर अपने मन की तीव्र प्रतिक्रिया व्यक्त करने से अपने को रोक नहीं सका—"पार्टियाँ समझती हैं कि लोगों को उल्लू बना कर उनका मत हासिल कर लेंगी। लेकिन लोग अब वैसे नासमझ नहीं रहे। आपके नाम पर पूरे क्षेत्र में उत्साह की लहर थी। लेकिन जैसे ही पार्टी ने आपकी जगह अमीरचन्द अमर को प्रत्याशी घोषित किया, लोगों का रुझान बिल्कुल बदल गया।

देखिये, बदले रुझान का यह परिणाम भी आ गया...।''

लेकिन तिवारी जी मेरी इस बात से सहमत नहीं–''ऐसा नहीं है मिथिलेश्वर जी। मेरा तो यह मानना है कि मैं भी उम्मीदवार रहता तो यही परिणाम आता। मुझे यह स्वीकार करने में कोई आपत्ति नहीं कि हमारा प्रदर्शन अच्छा नहीं रहा। हम जनता का विश्वास हासिल नहीं कर सके। इस जनादेश ने हमें यह सबक दिया है कि पहले की अपेक्षा अपनी जनता से हमें और सरोकार बढ़ाना है। जनता के लिए और उपयोगी होना है...।''

तिवारी जी के प्रति सम्मान भाव के चलते उनकी यह बात मैं काट नहीं सका। लेकिन उनकी यह निष्ठा अब मेरे मन को प्रभावित नहीं कर सकी।

लोकसभा चुनाव के बाद तिवारी जी की पार्टी का ध्यान अब विधानसभा चुनाव पर केन्द्रित हो गया था। यह संयोग ही था कि लोकसभा चुनाव के कुछ ही समय बाद विधानसभा चुनाव की बारी थी। इस सम्बन्ध में तिवारी जी पूर्ववत् सक्रिय रहे। अपने चुनाव प्रचार या चुनाव सभाओं में वे जहाँ कहीं भी नजर आते, लोकसभा चुनाव से कम सजग, सतर्क और मुस्तैद नहीं जान पड़ते। ऐसा लगता, राजनीति के समर्पित व्यक्ति हों। मैं समझ गया, सम्भव है, पार्टी विधानसभा चुनाव के लिए तिवारी जी को प्रत्याशी घोषित करे। लोकसभा में प्रत्याशी न बनाने तथा अमीरचन्द अमर की हार के बाद पार्टी अब विधानसभा से उन्हें वंचित नहीं कर सकती। इस सम्बन्ध में तिवारी जी के निकटतम कार्यकर्ता रमेश ने मेरी सम्भावना को पुष्ट कर दिया–''इस बार तिवारी जी को छोड़ने की गलती पार्टी नहीं करेगी प्रोफेसर साहब। पार्टी के उच्चपदस्थ सूत्रों से हमें संकेत मिला है, राज्य इकाई से ही तिवारी जी की शुरुआत होगी। राज्य में अपनी सरकार बनाने के लिए पार्टी कोई कसर नहीं छोड़ेगी। फिर विधायक के बाद तिवारी जी का मन्त्री बनना तय है। एक बार तिवारी जी पार्टी के टिकट पर सत्ता में आ जायँ, फिर अपने प्रभाव से पार्टी का नेतृत्व स्वतः हासिल कर लेंगे...।''

बीतते समय के अनुसार मेरा मन अब विधानसभा चुनाव की भी प्रतीक्षा करने लगा था। तिवारी जी का जनाधार देखते हुए मुझे इस बात का पूरा विश्वास था कि टिकट मिलने पर वे अवश्य विजयी होंगे। लेकिन पुनः जब टिकट की घोषणा हुई तो मैं हतप्रभ रह गया। विधानसभा के लिए भी तिवारी जी की जगह शहर के एक प्रसिद्ध तथा धनाढ्य चिकित्सक डॉ. मित्तल को अव्वल प्रत्याशी घोषित किया गया। इस सूचना से मैंने अपने को आसमान से जमीन पर गिरा महसूस किया। अब यह कैसे हो गया? रमेश की सूचना और मेरे रचनाकार मन की सम्भावना पर यह कैसा वज्रपात ! तिवारी जी की पार्टी यह किस तरह की राजनीति कर रही है? ऐसी घटना पर अब तिवारी जी का मोह भंग स्वाभाविक है। इस घटना से उनके मन पर कितनी चोट पहुँची होगी, यह सोच कर मैं पुनः उनके यहाँ भाग चला।

डॉ. मित्तल को हमारे शहर का बच्चा-बच्चा जानता था। एक सामान्य चिकित्सक से शुरुआत कर अपने कुशल एवं पेशेवर प्रचारकों के सहयोग से शहर के सर्वप्रसिद्ध चिकित्सक की हैसियत प्राप्त की। एक से एक तेजस्वी चिकित्सक बैठे रहे और डॉ. मित्तल का कारवां आसमान छूता रहा। एक छोटे क्लिनिक से दो-दो भव्य अस्पतालों के निर्माता। धन की वर्षा के विपुल स्रोत। धन की अधिकता से परोपकार के तहत स्कूल और धर्मशाला का निर्माण। फिर सामाजिक प्रतिष्ठा के लिए सामाजिक गतिविधियों में भागीदारी। अब अपनी बढ़ती महत्त्वाकांक्षा के तहत राजनीति में आने का जैसे ही मन बनाया, तिवारी जी की पार्टी ने गर्मजोशी से स्वागत किया। पार्टी सदस्यता के कुछ ही दिनों बाद अब विधानसभा की उम्मीदवारी का टिकट।

जैसा कि मुझे विश्वास था, तिवारी जी के यहाँ मेरे पहुँचने से पहले ही उनके कुछ निकटतम कार्यकर्ता और मित्र उपस्थित हो गये थे। सम्भव है, उनमें से टिकट को लेकर किसी ने कुछ कहा था जिसकी प्रतिक्रिया में तिवारी जी बोल रहे थे। मेरी उपस्थिति पर भी वे पूर्ववत् बोलते रहे—"अपने सभी मित्रों से मैं यह कहता रहा हूँ मिथिलेश्वर जी कि राजनीति में पद, प्रभाव और पैसे से त्वरित पाने की इच्छा रखने वाले देर तक नहीं टिकते। जैसे छूटती बन्दूक की तरह आते हैं, वैसे ही परिदृश्य से गायब हो जाते हैं। लम्बी समाज सेवा के बाद आदमी राजनीतिक नेतृत्व का अधिकारी बनता है। भारतीय राजनीति के आदर्श चरित्रों को देखें तो पता चलेगा कि अपना पर्याप्त समय समाज सेवा में लगाने के बाद ही उन्होंने राजनीतिक मुकाम हासिल किया। हमारे जैसे लोगों को तो अभी ज्यादा से ज्यादा जनसेवा करके अपनी उपयोगिता साबित करनी है। संसद या विधानसभा में जाने के लिए तो पूरा जीवन शेष है। इसीलिए अभी मेरे नाम टिकट की कामना तथा टिकट न मिलने पर रोष एकदम वाजिब नहीं। पार्टी के उच्चपदस्थ अधिकारी टिकट का फैसला समूचे राजनीतिक परिदृश्य को ध्यान में रखकर करते हैं। पार्टी के इस फैसले पर उंगली उठाना संगठन के प्रति अपना विश्वास खोना है। पार्टी से जुड़े किसी भी निष्ठावान कार्यकर्ता के लिए यह सम्भव नहीं, इसीलिए टिकट बँटवारे से मेरा मन तनिक भी विचलित नहीं। आप मित्रों से भी मेरी गुजारिश है कि आप भी इसे अन्यथा न लें... ।"

तिवारी जी की इस बात को सुनकर अब मेरे मन का सारा उबाल मन में ही रह गया। ऐसे तर्क के बाद अब मैं क्या कहता? सम्भवतः वहाँ उपस्थित तिवारी जी के सभी शुभचितन्कों की यही स्थिति हो गयी। हमें चुप कराकर तिवारी जी अब हमें सहज बनाना चाह रहे थे, इसीलिए अपने घर संकेत देकर चटनी के साथ गर्म-गर्म पकौड़ियाँ मँगवायी। चने की पकौड़ियों के साथ कच्चे आम और पुदीना की चटनी से हमारा मन प्रफुल्लित हो गया। ऊपर से स्पेशल चाय। तिवारी जी के इस जोरदार नाश्ते ने सचमुच हमें सहज बना दिया। जब तिवारी जी को ही इस बात

की परवाह नहीं तो हम परवाह करके क्या करेंगे! हालाँकि उनके यहाँ से वापस होते हुए तिवारी जी की एक पिछली बात याद आ गयी, जिसमें लम्बी पारी की राजनीति का संकेत उन्होंने किया था। शायद वे लम्बी पारी की राजनीति के लिए ही पार्टी के प्रति अपना ऐसा धैर्य और ऐसी निष्ठा बनाये हुए थे।

इस घटना के बाद तिवारी जी से कॉलेज या शहर में जहाँ कहीं भी मुलाकात होती, साहित्य और राजनीति को लेकर कुछ बात हो जाती। अपनी गतिविधियों में तिवारी जी की संलिप्तता पूर्ववत् कायम दिखती। हमारे इस क्षेत्र की जनता का विश्वास जीतने के लिए उनकी समस्याओं से तिवारी जी जूझते रहे। उनका जन सरोकार देखते हुए कभी-कभी ऐसा लगता कि राजनीति उनके लिए साधन है और जनसेवा साध्य। उस समय एच. डी. जैन कॉलेज, आरा के हिन्दी विभाग में मेरे एक मित्र गुप्तेश्वर नाथ सिंह भी थे। तिवारी जी के व्यक्तित्व से वे मुझसे कहीं अधिक प्रभावित थे। उन्होंने तिवारी जी को पूरे शहर में 'शाहाबाद का गाँधी' नाम से प्रचारित कर दिया था। पहले हमारा जिला शाहाबाद ही था। बाद में तीन हिस्सों में बँटकर तीन जिले बन गये—भोजपुर, रोहतास और बक्सर। तिवारी जी की व्यापक लोकप्रियता को देखकर ही गुप्तेश्वर नाथ सिंह ने उन्हें अविभाजित शाहाबाद जिले का गाँधी कहा था। हालाँकि इस पर गुप्तेश्वर जी को मैंने सुझाव दिया था—" तिवारी जी के गाँधी व्यक्तित्व को सिर्फ शाहाबाद तक ही हमें सीमित नहीं करना। 'एक और गाँधी' या 'दूसरे गाँधी' की उपाधि से उन्हें विभूषित करना है।

इस पर गुप्तेश्वर जी ने भी अपनी सहमति व्यक्त की थी—"आगे चलकर यही होगा मिथिलेश्वर भाई। फिलहाल तिवारी जी के कार्यक्षेत्र शाहाबाद होने के चलते ही मैंने ऐसा कहा है। राष्ट्रीय परिदृश्य में अपनी उपस्थिति के बाद वे स्वतः दूसरे गाँधी समझे जाने लगेंगे... ।"

तिवारी जी के गाँधी व्यक्तित्व की विशेषताओं में उनकी व्यापक सामाजिकता मुझे विलक्षण जान पड़ती। एकदम निचले तबके से लेकर ऊपर के तबके तक समान रूप से उनका प्रभाव देखा जा सकता था। एक अवसर विशेष पर उनके इस प्रभाव का मैं माध्यम और साक्षी भी था। वह समय मेरी दूसरी पुत्री की शादी का था। वर पक्ष ने कन्या के गहनों का दायित्व मुझे ही सौंप दिया था। इस सम्बन्ध में अपने शहर के प्रसिद्ध स्वर्ण व्यवसायी 'एच. कुमार एण्ड सन्स' के यहाँ अपेक्षित गहनों की खरीद के लिए पहुँचा। लेकिन उन गहनों की पूरी रकम तत्काल न दे आधी रकम देते हुए अनुरोध किया—"जिस को-आपरेटिव सोसायटी से मैंने लोन के लिए प्रयास किया है, उसका चेक एक सप्ताह के अन्दर ही मुझे मिल जायेगा। फिर शेष रकम मैं तत्क्षण दे जाऊँगा! आप तो मुझे जानते ही हैं। यहाँ के जैन कॉलेज में प्रोफेसर हूँ तथा महाराजा हाता मुहल्ले में मेरा घर है। वर पक्ष को ये गहने मुझे अभी ही देने हैं... ।"

यह वह समय था जब बिहार के हम कॉलेज शिक्षक यू. जी. सी. के नये वेतनमान से वंचित अल्प वेतन भोगी थे। मेरे अनुरोध के जवाब में स्वर्ण व्यवसायी ने अपने हाथ खींच लिये—"मैं आपको जानता हूँ मिथिलेश्वर जी। इस शहर में आपको कौन नहीं जानता! लेकिन दुनियादारी-दुकानदारी और सम्पर्क-सम्बन्ध अलग-अलग होते हैं। हमारे यहाँ ऐसा नहीं होता। मैं चाहते हुए भी ऐसा नहीं कर सकता। अपने किसी मित्र या रिश्तेदार से लेकर दे दीजिए, लोन मिलते ही उन्हें चुका दीजिएगा। हमारे इस व्यवसाय का स्वामित्व सिर्फ मेरे जिम्मे नहीं। हर शाम हिसाब होता है। हमारे लिए यह एकदम असम्भव है...।"

उस व्यवसायी की बात ने मुझे खाली हाथों वापस कर दिया। एक सप्ताह के लिए अब किससे उधार-पैंच लूँ, इस विचार में लग गया। अगर परिचित मित्र भी उस व्यवसायी की ही तरह हाथ झाड़ दें तब? विकल्प के रूप में पत्नी, पुत्री और बहन के गहनों की ओर मेरा ध्यान चला गया, जिसे उस व्यवसायी के यहाँ बन्धक रख खरीदे गये गहने प्राप्त कर वर पक्ष को सौंप सकता था। लेकिन इस सम्बन्ध में कठिनाई यह हुई कि पत्नी के गहने अत्यन्त अल्प थे तथा ब्याहता बड़ी पुत्री के गहने उसकी सास ने अपने पास सँजो कर रखे थे। इस स्थिति में बहन उर्वशी के गहने मैं आसानी से पा सकता था। वह इनकार करने वाली बहन नहीं थी। बहनोई सुरेश प्रसाद अनुकूल थे।

बस, मैं बहन उर्वशी के घर चल पड़ा। उर्वशी के घर का रास्ता तिवारी जी की गली के मोड़ से होकर ही गुजरता था। तिवारी जी शायद अपनी पार्टी कार्य से कहीं जा रहे थे। मुझ पर नजर पड़ते ही आवाज़ देकर रोक लिया—"कहाँ जा रहे हैं मिथिलेश्वर जी? कैसे हैं...?"

मैंने बहाना बनाने की कोशिश की—"ठीक हूँ सर। एक आदमी से मिलने जा रहा हूँ...।"

लेकिन तिवारी जी की पारखी नजरों ने मुझे पकड़ लिया—"आप ठीक नहीं हैं मिथिलेश्वर जी। आपका चेहरा बता रहा है कि किसी गम्भीर चिन्ता से परेशान हैं...।"

और तिवारी जी ने मुझे इस तरह पकड़ा कि मैं अपने को रोक नहीं सका। उस आकस्मिक संकट पर अपनी व्यथा किसी आत्मीय से कहकर ही हल्का हो सकता था। इस सम्बन्ध में मेरे लिए तिवारी जी परम आत्मीय और सहृदय दोनों थे। बस, मैं फट पड़ा। लेकिन सुनते ही तिवारी जी बोल उठे—"इतनी छोटी बात के लिए ऐसी चिन्ता। अभी मेरे साथ एच. कुमार एण्ड सन्स के यहाँ चलिये। एक सप्ताह क्या, एक माह के बाद भी शेष रकम आप दे सकते हैं...।"

तिवारी जी के साथ जब पुनः एच. कुमार एण्ड सन्स के यहाँ पहुँचा, यह देखकर दंग रह गया कि वह आभूषण व्यवसायी उन्हें देखते ही हाथ जोड़ कर खड़ा

हो गया—"प्रणाम सर! बैठिये सर! कैसे आना हुआ...?"

इस पर तिवारी जी ने मेरी ओर संकेत कर कहा—"यह मिथिलेश्वर जी, मेरे अपने छोटे भाई की तरह हैं। इनकी समस्या मेरी समस्या है...।"

लेकिन उस व्यवसायी ने तिवारी जी को अब और कुछ कहने नहीं दिया—"यह मैं नहीं जानता था सर। प्रो. मिथिलेश्वर जी ने यह बताया भी नहीं कि आपके इतने घनिष्ठ हैं। एक सप्ताह क्या, दो-चार सप्ताह बाद भी ये बकाया दे सकते हैं। आपने हमारे लिए जो किया है सर, उसका बदला तो हम कभी चुका ही नहीं सकेंगे...!"

उस व्यवसायी से गहने दिलवा तिवारी जी पार्टी कार्यालय की ओर चले गये और मैं घर आ गया। लेकिन उस व्यवसायी की यह बात मेरे कानों में गूँजती रही, 'आपने हमारे लिए जो किया है सर, उसका बदला हम कभी नहीं चुका सकेंगे...।' यानी एक सच्चे जन प्रतिनिधि की भूमिका का निर्वाह करते हुए तिवारी जी ने आमजन की भाँति उस आभूषण व्यवसायी की समस्या का समाधान भी किया है।

इसके बाद इसी तरह तिवारी जी से मुलाकातें होती रहीं। साहित्य और राजनीति को लेकर बातें भी हो जातीं। कॉलेज में अध्यापन के साथ-साथ साहित्य-रचना के अभियान में मैं जोर-शोर से लगा रहा। तिवारी जी भी अध्यापन के साथ अपने राजनीतिक अभियान को उत्कर्ष देते रहे। इस बीच एक कार्यकर्ता और जनप्रतिनिधि के रूप में उन्होंने व्यापक लोकप्रियता अर्जित की। इस सम्बन्ध में दूसरी पार्टियों के कार्यकर्ता भी उनकी तारीफ करने से नहीं हिचकते—"तिवारी जी की निष्ठा और सक्रियता अद्भुत है। हमारी पार्टी में होते तो अब तक शीर्ष पर पहुँच गये रहते। लेकिन एक बड़ी राष्ट्रीय पार्टी के नाम पर धूल फाँक रहे...।"

तिवारी जी से सम्बन्धित ऐसी प्रतिक्रियाएँ मेरे मन को सुकून प्रदान करतीं। दूसरी पार्टी वालों का यह तर्क कि वे धूल फाँक रहे, उनकी नासमझी थी। सम्भवतः पिछली लोकसभा एवं विधानसभा के चुनावों में उन्हें टिकट न मिलने को ध्यान में रख कर ही ऐसी प्रतिक्रियाएँ थीं। लेकिन इस बार मैं लक्ष्य कर रहा था, तिवारी जी अपनी भूमिका से पार्टी के अन्दर ऐसी मजबूत जगह बना चुके थे, जहाँ से स्थायी और भविष्य की राजनीति का मार्ग प्रशस्त होता था। अब इस मजबूत जगह से कोई उन्हें वंचित नहीं कर सकता।

हम समय बीतने की प्रतीक्षा करते हैं तो लगता है कि समय बीत ही नहीं रहा और जब अपने कार्य में दत्तचित्त हो कर लग जाते हैं तो पता ही नहीं चल पाता कि कब समय बीत गया। हमारे और तिवारी जी दोनों के साथ ऐसा ही हुआ। एक लेखक के रूप में 500 पृष्ठों का उपन्यास मैंने पूरा कर दिया तथा तिवारी जी ने भी अपनी उल्लेखनीय भूमिका के साथ पुनः नयी लोकसभा के गठन के लिए अपनी मजबूत दावेदारी कायम कर ली। यह सूचना हमारे लिए सुखद आश्चर्य से कम नहीं थी। पिछली लोकसभा का कार्यकाल पूरा होते ही नयी लोकसभा के गठन

के लिए पुनः चुनाव की अधिसूचना जारी की गयी। राजनीतिक पार्टियों के बीच हलचल मच गयी। उत्साह, सक्रियता एवं सरगर्मी की लहर छा गयी। तिवारी जी की सक्रियता एवं व्यस्तता अब देखते ही बनती थी। इस बीच पार्टी में उनका कद इतना बड़ा हो गया था कि उनके नाम टिकट को अवश्यसंभावी माना जा रहा था। पार्टी की ओर से विधिवत् औपचारिक घोषणा से पहले ही पार्टी प्रत्याशी के रूप में उनका नाम प्रचारित हो गया। पूरे क्षेत्र में तिवारी जी के समर्थकों ने इस सूचना को गर्मजोशी से लिया। कई जगह तो तिवारी जी के नाम की जयकारी भी बोली जाने लगी—"के.डी. तिवारी...।"

"जिन्दाबाद! जिन्दाबाद...!"

लेकिन इस बार की लोकसभा के चुनाव का समीकरण पूरी तरह बदल चुका था। अब वह पहले वाला परिदृश्य नहीं रह गया था। लोकतन्त्र में बगैर सेवा और त्याग के आसानी से सत्ता पर काबिज होने के लिए ऐसे मार्गों का अनुसन्धान कर लिया गया था जिसमें सफलता असन्दिग्ध थी। ऐसे मार्गों में दलित वर्ग को, स्त्री को, जातिगत चेतना को और धर्म-सम्प्रदाय को सर्वाधिक उपयुक्त समझा गया। सदियों से उपेक्षित दलित वर्ग में घूम-घूम कर यह बात प्रचारित की गयी कि अब तक उनका उद्धार इसलिए नहीं हो सका कि उनके नाम की राजनीति गैर दलित करते रहे। जब तक कोई दलित नेता सत्ता में नहीं आयेगा, उनके साथ न्याय नहीं होगा। इसलिए दलित नेता को ही उन्हें विजयी बनाना है। ऐसा न कर वे अपने पैरों में कुल्हाड़ी मारेंगे और सदियों की भाँति ऐसे ही उपेक्षित बने रहेंगे...। इसलिए जरूरत अपने नेता को पहचानने और उन्हें विजयी बनाने की है।

स्त्री की उम्मीदवारी पर यह तर्क दिया गया कि देश की आधी आबादी वही हैं। पुरुष वर्ग सत्तासीन होने पर सारे नियम-कानून अपने पक्ष में बनाते हैं। महिलाओं की बुनियादी समस्याओं को वे कभी दूर करना नहीं चाहते। महिलाएँ चूल्हे-चौके से बँधी रहें तथा बच्चे जन कर घर को वारिस दें...। अपनी सेवा और समर्पण से पुरुषों को सन्तुष्ट करती रहें। पति उनके लिए परमेश्वर बने रहें और वह परमेश्वर की सेविका। सामन्ती मानसिकता को स्वयं महिलाएँ ही बदल सकती हैं, इसलिए यह समय की माँग है कि अपनी मुक्ति के लिए महिलाओं को स्वयं आगे आना है। उन्हें चुनाव में भाग लेना तथा अपने समाज की महिला उम्मीदवार को ही विजयी बनाना है, तभी पुरुष वर्ग की दासता से वे मुक्त हो सकेंगी।

जाति की पक्षधरता के लिए जातिवादी चेतना जगायी गयी। हालाँकि विकास की धारा में जातियाँ मिट चली थीं। अन्तर्जातीय समाज बसने और विस्तृत होने लगे थे। अन्तर्जातीय विवाह को समाज की व्यापक स्वीकृति मिल चुकी थी। ऐसे में लोकतन्त्र के सत्ता कामियों ने सत्ता प्राप्ति के लिए जाति की उपयोगिता लक्ष्य कर जाति का आह्वान किया। कि अपनी जाति के आदमी से बढ़ कर सच्चा शुभचिन्तक

कोई और हो ही नहीं सकता। कि अपनी जाति के रस्मो-रिवाज के बीच ही आदमी को जीना-मरना है। कि जब तक हमारी जाति का आदमी सत्ता में नहीं आयेगा, दूसरी जाति के नेता हमारी समस्या का समाधान नहीं कर सकते। कि समाज में हमारी जाति इसीलिए पिछड़ी रही कि हमने राजनीति में जाति के महत्त्व को समझा ही नहीं। कि अब हमें पूरे मन से अपनी जाति के प्रति समर्पित हो जाना है तभी सरकार में हमारी जाति की मजबूत भागीदारी कायम होगी। तभी हमारी जाति का विकास हो सकेगा।

बदलते समय की चुनावी सफलता में धर्म सम्प्रदाय की भूमिका को भी निर्णायक और अहम माना जाने लगा। पार्टियों और राजनेताओं का ध्यान इस ओर भी खास तौर पर आकृष्ट हुआ। हिन्दू धर्म को फिर से संगठित करने की बात की जाने लगी ताकि हिन्दू मतों को आकृष्ट किया जा सके। इस सम्बन्ध में मुस्लिम मत को सर्वाधिक महत्त्वपूर्ण माना जाने लगा। इसके लिए बड़ी संख्या में मदरसों की स्थापना करने, उर्दू भाषा को विशेष महत्त्व देने, मुस्लिम समाज के धार्मिक प्रतीकों की रक्षा करने, मुस्लिम समाज को आरक्षण देने तथा उन्हें अपनी पार्टी का प्रत्याशी घोषित कर नेता मन्त्री बनाने तक की पेशकश की जाने लगी।

ऐसे परिवर्तित माहौल में पार्टियों ने भी अपनी प्राथमिकताएँ बदल लीं। अब इसी आलोक में उन्होंने अपने प्रत्याशियों के नामों की घोषणा शुरू की। हमारा ध्यान तो तिवारी जी की पार्टी की घोषणा की ओर लगा था। पार्टी के लिए उनकी अनिवार्यता और सबल दावेदारी से उनके हम समर्थक शुभचितन्क आश्वस्त थे। लेकिन जब पार्टी ने पुनः पिछली बार की तरह तिवारी जी की जगह फूल कुमारी 'फूल' को अपना प्रत्याशी घोषित किया तो क्षणभर के लिए मेरा मन आहत, व्यथित और आवेशित हो गया। लेकिन परिवर्तित परिदृश्य के यथार्थ ने मुझे नये सिरे से विचार करने के लिए बाध्य कर दिया।

तिवारी जी ने मूल्य आधारित राजनीति कर व्यापक समर्थन अर्जित किया था। सम्पूर्ण समाज और पूरे देश का वह सर्वांगीण विकास चाहते थे। उनके दायरे में बड़े-छोटे, ऊँच-नीच, अमीर-गरीब, स्त्री-पुरुष, हिन्दू-मुस्लिम सब थे। सबको उनसे आशाएँ और अपेक्षाएँ थीं। सब उन्हें अपना नेता मानने लगे थे। लेकिन राजनीति के माहिर खिलाड़ियों ने ऐसी हवा चला दी कि तिवारी जी के समर्थक विचलित होने से अपने को रोक नहीं सके। दलित मतदाताओं को लगने लगा, तिवारी जी चाहे कितने भी अच्छे क्यों न हों, वे स्वयं दलित तो हैं नहीं। फिर दलित समाज के लिए किसी दलित उम्मीदवार की तरह कैसे उपयोगी हो सकते हैं? जाति के प्रभाव में आये उम्मीदवारों को भी लगने लगा था कि तिवारी जी उनकी जाति के नहीं, इस स्थिति में उनके हक की लड़ाई वे क्यों लड़ेंगे? उनकी जाति का उम्मीदवार ही अपनी जाति के लोगों के सुख-दुःख का ख़याल रख सकता है। दूसरे धर्म और सम्प्रदाय के लोग

साम्प्रदायिक भावना के तहत तथा महिला मतदाताओं ने महिला के नाम पर तिवारी जी से हाथ खींचना शुरू कर दिया। सम्भवतः तिवारी जी की पार्टी ने ऐसा लक्ष्य कर लिया था, इसीलिए फूल कुमारी 'फूल' के नाम की घोषणा की।

फूल कुमारी 'फूल' को मैं अच्छी तरह जानता था। तिवारी जी की पार्टी की वह सामान्य सदस्य थी, लेकिन इस अवसर विशेष पर विशिष्ट बन गयी थी। वह एक साथ तीन वर्गों को आकृष्ट करने की क्षमता रखती थी। दलित होने की वजह से दलित वर्ग को, दलित वर्ग की होते हुए भी एक जाति की होने के चलते उस जाति को तथा स्वयं महिला होने के चलते महिला मतदाताओं को। पार्टी ने बहुत सोच-समझकर उसे अपना उम्मीदवार घोषित किया था।

मुझे लगा, मेरी तरह तिवारी जी के अन्य मित्रों और शुभचिन्तकों का ध्यान भी इस पक्ष की ओर गया होगा। लेकिन जो हो, तिवारी जी के साथ तो यह अन्याय ही हुआ था। पिछले पाँच वर्ष की प्रतीक्षा के बाद पार्टी ने अमीरचन्द अमर को प्रत्याशी घोषित कर दिया और अब उसके पुनः पाँच वर्ष बाद फूल कुमारी 'फूल' को। कोई आदमी पूरे दस वर्षों तक किसी क्षेत्र में सक्रिय और समर्पित रहे, इसके बाद भी वह हाशिए पर बना रहे तो उसकी पीड़ा समझी जा सकती है। तिवारी जी चाहे कुछ कहें या न कहें, पार्टी का यह फैसला उनके मन पर किसी आघात से कम नहीं होगा। इस अवसर पर मुझे उनके साथ होना चाहिए। बस, मैं उनके यहाँ चल पड़ा। अमीरचन्द 'अमर' की उम्मीदवारी पर सहज-सामान्य बने रहकर तिवारी जी ने हमें समझाया था। इस बार तो हमें समझाने के लिए उनके पास पर्याप्त तर्क थे। इस स्थिति में वे सहज-सामान्य ही होंगे।

तिवारी जी के यहाँ जब मैं पहुँचा, उनके दो कार्यकर्ता आ चुके थे। अन्य मित्र और शुभचिन्तक भी आ रहे थे। दो-तीन मित्र तो मेरे साथ ही अलग-अलग दिशाओं से पहुँचे। यह देखकर मुझे आश्चर्य हुआ कि तिवारी जी का चेहरा उखड़ा-उखड़ा और आवेशित लग रहा था। उनके चेहरे पर खीझ, पीड़ा और नाराजगी के ऐसे भाव मैंने पहले कभी नहीं देखे थे। मुझ पर नजर पड़ते ही वे फट पड़े—"अब राजनीति हमारे जैसे व्यक्ति के लिए नहीं रही मिथिलेश्वर जी। पिछली बार आप मित्र जो कह रहे थे, वह सब मैं समझ रहा था। लेकिन धैर्य के साथ प्रतीक्षा करना उचित समझा। अपने विचारों और मूल्यों के तहत मैं राजनीति में आया था। लेकिन राजनीति अब मूल्य आधारित रही ही नहीं। लोकतन्त्र की राजनीति का यह उद्देश्य कि किसी भी तरह विजयी हुआ जाय, मेरी समझ से परे है। ऐसे विजय को लेकर हम क्या करेंगे जो विचारों, सिद्धान्तों और मूल्यों से निर्देशित और परिचालित न हो। ऐसे विजय में विजयी बनाने वाले आधार ही मुख्य हो जाते हैं, जैसे जाति के आधार पर विजयी प्रत्याशी उस जाति के लिए ही उपयोगी बना रहता है। धर्म-सम्प्रदाय के आधार पर विजयी उम्मीदवार उस धर्म-सम्प्रदाय के प्रति। ऐसे में देश और समाज का मूल्यपरक

विकास कभी नहीं हो पाता। ऐसी राजनीति देश को कहाँ ले जायेगी, यह सोच कर चिन्ता होती है। काश ! इसका आभास मुझे पहले हुआ होता! खैर, देर आयद, दुरुस्त आयद की तरह अब मैंने इसे अच्छी तरह पहचान और परख लिया...।

अब मैं आपकी इस बात से पूरी तरह सहमत हूँ मिथिलेश्वर जी कि मेरे जैसे व्यक्ति को शिक्षा और साहित्य की दुनिया में ही रहना चाहिए। लोकतन्त्र में जिस बेहतरी का सपना लेकर मैं आया था, वह मेरी भूल थी। एक अनियंत्रित बाढ़ को मैं रोकना चाहता था। लेकिन अपने तूफानी प्रवाह में उसने मुझे ही किनारे पर फेंक दिया और स्वयं अपने गन्तव्य की ओर बढ़ती चली गयी। मूल्यहीन, दिशाहीन और भटकाव के गर्त्त में फँसी यह राजनीति अब कभी पटरी पर आ सकेगी भी या नहीं, यह सोच कर हैरत होती है...।''

तिवारी जी की व्यथा लक्ष्य कर अब मैं तत्क्षण बोल उठा—''अपने लोकतन्त्र की इस राजनीति को मैं लम्बे समय से समझने का प्रयास कर रहा हूँ, सर। ऊपर से सहज-सामान्य दिखता हमारा यह तन्त्र अन्दर से इतना कुटिल और परिवर्तनशील है कि इस पर कभी कोई निर्णायक राय नहीं बन पाती। एक बार इसमें बेहतरी के प्रयास के तहत एक बड़ा उपन्यास 'सुरंग में सुबह' रच डाला, जो पूरी तरह इसी तन्त्र पर आधारित रहा। उस वक्त मुझे लगा कि इस उपन्यास में लोकतन्त्र के सारे पक्षों का अन्वेषण करते हुए उसकी बेहतरी के अपने सपने को एक सार्थक दिशा अन्वेषित कर दिया है। लेकिन जब अपना एक दूसरा बड़ा उपन्यास 'माटी कहे कुम्हार से' लिखने लगा तो पुनः यह लोकतन्त्र परिवर्त्तित स्थितियों में मेरे समक्ष आ गया। फिर नये सिरे से इस पर लिखना पड़ा...।''

मेरी बात सुन वहाँ उपस्थित दिवाकर जी बोल उठे—''हमारे सत्तालोलुप नेताओं ने इसे भटका दिया है, प्रोफेसर साहब। इसे वे इतना जटिल और कुटिल बनाते जा रहे हैं कि हर चुनाव में यह रंग बदलती रहती है। इसके बावजूद इसकी सबसे बड़ी विशेषता हर पाँच वर्ष पर इसमें सरकारों का बदलते जाना है। यह ऐसी विशेषता है जिसने सारे शासनतन्त्रों में इसे श्रेष्ठ बनाये रखा है। लेकिन इसका सबसे कमजोर पक्ष संख्या बल पर आधारित होना रहा है। उस संख्या बल को ही अपने पक्ष में लाने के लिए उसे भरमाने, भटकाने तथा खरीद-फरोख्त के तहत इसकी सारी विशेषताओं को कुंद कर दिया गया है...।''

दिवाकर जी का यह तर्क सुन अब मैं पुनः अपने को रोक नहीं सका—''संख्या बल का प्रावधान भी गलत नहीं दिवाकर जी। संख्या बल पर आधारित होना ही लोकतन्त्र की सबसे बड़ी विशेषता मानी जाती है। सरकार कुछ लोगों की सहमति और भागीदारी से नहीं, अपने समस्त नागरिकों की सहमति और भागीदारी से बने इस तर्क को काटा नहीं जा सकता है। लेकिन समस्या यह है कि हमारी बहुसंख्यक जनता अशिक्षा, अज्ञान और अन्धविश्वास से ग्रस्त रही है। ऐसे में राजनीति के

माहिर कलाबाज थोड़े-से प्रयास में उनका मत हासिल कर लेते हैं। इस स्थिति में बहुसंख्यक जनसमुदाय के नाम पर बनी सरकार बहुसंख्यक जनसमुदाय की नहीं, विजयी नेताओं के प्रयासों की होती है...।"

यह सुन तिवारी जी अब पुनः बोल उठे—"मिथिलेश्वर जी एकदम सही कह रहे दिवाकर चौबे। हमारे इस विशाल देश की जनता का बहुसंख्यक समुदाय जिस तरह निरक्षर, पिछड़ा, उपेक्षित और अभावग्रस्त है कि उसे आसानी से ठगा, बहकाया और फुसलाया जा सकता है। मैंने मूल्यों और विचारों के तहत लोगों को जागरूक और संगठित करने की कोशिश की थी। लेकिन चुनाव आते ही वे ऐसे-ऐसे नारे लेकर आ गये कि लोग अपने पूर्व के निर्णय पर टिके नहीं रह सके। पता नहीं, हमारे ये लोग कब अपना हित-अहित तथा शत्रु और मित्र पहचान सकेंगे...?"

इस पर छूटते ही मैं कह उठा—"कभी नहीं पहचान सकेंगे सर ! इन्हें भरमाकर और मुगालते में रख सत्ता पाने वाले इतने कच्चे खिलाड़ी नहीं कि सत्ता में जाकर इन्हें शिक्षित, विकसित और जागरूक बना दें। अगर वे ऐसा कर देंगे तो फिर अगले चुनाव में इन्हें कैसे भटका, भरमा सकेंगे...! मुद्दों को लेकर पिछले चुनाव में जो प्रत्याशी विजयी हुए उनके क्षेत्र में जाकर देखने पर साफ पता चल जाता है कि अपनी जाति एवं सम्प्रदाय के चंद विशिष्ट जनों को लाभान्वित करने के अलावे अपनी जाति और सम्प्रदाय की समस्याओं का उन्होंने कोई निराकरण नहीं किया, बल्कि उनके निराकरण के नाम पर और गहराया है, ताकि वे उनके लिए बराबर उपयोगी बने रहें। अपनी जाति और सम्प्रदाय के जिन चंद लोगों को वे लाभान्वित करते भी हैं, वे कोई और नहीं, उनके चुनाव अभियान के सबल समर्थक और सहयोगी होते हैं...।"

मेरी इस बात पर तिवारी जी बोल उठे—"आप लेखक आदमी हैं मिथिलेश्वर जी, बिल्कुल पते की बात कह रहे। आज के नेताओं का अन्तर्निहित सच यही है। मुझ पर तो अपने मूल्य और विचार इतने हावी थे कि मैं सारे परिदृश्य को उसी नजर से देख रहा था...।"

तिवारी जी की इस बात पर दिवाकर चौबे अब चुप न रह सके—"सर जैसे लोग जो प्रोफेसर हैं, देश और समाज को उन्नत, विकसित तथा खुशहाल बनाने के विचार रखते हैं, ऐसे लोग जब राजनीति में नहीं रहेंगे तब राजनीति सिर्फ वैसे लोगों की चरागाह बनी रहेगी जिनका उद्देश्य किसी भी तरह सत्ता पाना और सत्ता का सुख भोगना रहेगा, जैसा आज है...।"

दिवाकर जी की इस बात ने अब मुझे पुनः बोलने के लिए बाध्य कर दिया—"हमारे प्रारम्भिक नेताओं को इस बात का आभास था दिवाकर जी। वे दूरदर्शी थे। राजनीति में सिर्फ राजनीतिक कलाबाज और उस्ताद ही नहीं, विभिन्न क्षेत्रों के विशेषज्ञ और बुद्धिजीवी भी रहें, इसके लिए जब देश के संविधान में

द्विसदनीय संसद की उन्होंने व्यवस्था की तो यह तय किया कि इसके सदस्य समाज के उन विशिष्ट वर्गों के लोग होंगे जो अपने-अपने क्षेत्र में विशेषज्ञता और अनुभव रखने के बावजूद दलगत चुनावी राजनीति से पृथक हों। संविधान के अनुसार इसके लिए साहित्य, विज्ञान, कला और सामाजिक सेवाओं के क्षेत्र में विशेषज्ञता अथवा व्यावहारिक अनुभव रखने वालों को राज्यसभा के सदस्य के रूप में मनोनीत करने का प्रावधान किया गया। इस मनोनयन का मकसद यह माना गया कि विशेष ज्ञान अथवा व्यावहारिक अनुभव रखने वाले लोगों की क्षमताओं का लाभ देश और समाज को मिले। प्रारम्भ में ऐसा किया भी गया। रामधारी सिंह दिनकर, हरिवंश राय बच्चन, श्रीकान्त वर्मा तथा पृथ्वीराज कपूर जैसी हस्तियों को राज्यसभा में लाया गया। लेकिन बाद के दिनों में सत्ता के धुरन्धरों ने इस मनोनयन को भी अपनी चुनावी रणनीति का हिस्सा बना लिया। किसी भी तरह आम जन को आकृष्ट करने वाले व्यक्ति चाहे देश और समाज के विकास का कोई अनुभव और विचार उनके पास न हो, उन्हें उपयुक्त जान पड़ते। आम जन को अपने नाच, गान और अभिनय से आकृष्ट करने वाले ऐसे व्यक्तियों की लोकप्रियता को अपने चुनाव के वक्त भुनाने में वे राजनेता माहिर रहे हैं, इसी के चलते पिछले काफी समय से समाजशास्त्रियों, वैज्ञानिकों तथा सामाजिक यथार्थ के चितेरे साहित्यकारों का मनोनयन उन्होंने स्थगित कर रखा है। ऐसे सदस्यों को राज्यसभा में लाकर अपना उल्लू वे सीधा नहीं कर सकते...।''

मेरी इस बात के समर्थन में तिवारी जी पुनः बोल उठे—''राज्यसभा के मनोनयन पर मेरे मन में भी ऐसे सवाल उठते रहे हैं मिथिलेश्वर जी कि क्या यही विभिन्न क्षेत्रों के विशेषज्ञ हैं और अपनी विद्वता से देश और समाज को लाभ पहुँचा सकते हैं? लेकिन फिर पार्टी कार्यों के तहत मेरे मूल्य और विचार मुझ पर इस तरह हावी हो जाते कि मुझे लगता पूरी दुनिया को बदल दूँगा। यह मेरे मूल्यों एवं विचारों का अतिशय भावात्मक उद्वेग था, जिसे मैं उस वक्त समझ नहीं सका था...।''

इस पर दिवाकर चौबे ने कहा—इस मूल्यहीन राजनीति ने आपके बीस वर्ष बर्बाद कर दिये, सर! खैर, देर आयद दुरुस्त आयद...।''

इस पर तिवारी जी ने तत्क्षण हस्तक्षेप करते हुए कहा—''ऐसा नहीं है चौबे जी। मैं स्वयं भी ऐसा नहीं मानता। राजनीति ने मुझे जो अनुभव दिया है, मेरे लिए वह किसी उपलब्धि से कम नहीं। अनुभव से बड़ी पूँजी हमारे लिए कुछ और नहीं होती। हमारे समाज के बुजुर्ग उम्र गँवाकर अनुभव ही तो पाते हैं। हमारा वह अनुभव सम्बन्धित विषय के प्रति हमें आश्वस्त रखता है, इसलिए अनुभव का संचय कभी व्यर्थ और निरर्थक नहीं जाता...।''

उस दिन तिवारी जी के यहाँ से लौटते हुए मुझे खुशी और निराशा दोनों का अनुभव हो रहा था। मैं खुश इसलिए था कि तिवारी जी राजनीति के दलदल में और गहरे धँसने से बच गये थे। अभी उनका कुछ खास नहीं बिगड़ा था। लेकिन

निराशा इस बात को लेकर थी कि मूल्य आधारित उनकी निष्ठा को न तो उनकी पार्टी ने ही महत्त्व दिया और न सरोकारी जनता ने। जन समाज के प्रति उनके समर्पण और गहरी संपृक्ति को बदलते राजनीतिक समीकरण ने क्षण भर में ही मखौल बना कर रख दिया।

इस घटना के कुछ ही समय बाद तिवारी जी का कथन सार्थक साबित हुआ। राजनीति ने उनका महत्त्व नहीं समझा। लेकिन उनके राजनीतिक अनुभव का महत्त्व हमारे शिक्षक समाज ने सहज ही जान लिया। शिक्षक संघ के चुनाव का समय आते ही सबका ध्यान तिवारी जी की ओर चला आया। अपनी राजनीतिक व्यस्तता के चलते तिवारी जी संघ का कोई दायित्व वहन नहीं करते थे। लेकिन सबको पता था, अब वे राजनीति को अलविदा कर आये थे। उनकी मूल्य-निष्ठा से पूरा शिक्षक समाज अवगत था। इस स्थिति में तिवारी जी को बिना चुनाव के निर्विवाद, ध्वनिमत से शिक्षक संघ का अध्यक्ष चुन लिया गया।

फिर क्या था, तिवारी जी ने शिक्षक संघ में जान डाल दी। शिक्षक संघ की सक्रियता ने सबका ध्यान आकृष्ट कर लिया। शिक्षक संघ की बैठकों में मैं यदा-कदा भाग लेता था, सिर्फ कोरम पूरा करने और एक शिक्षक के रूप में अपनी उपस्थिति का एहसास कराने के लिए। लेकिन उसी संघ की बैठकें अब हमारे लिए अनिवार्य बन गयी थीं। अब वे बैठकें हमें ऊर्जस्वित और उत्साहित करती थीं। संघ के स्तर पर हर शिक्षक की वाजिब अपेक्षाओं को पूरा कराने के लिए तिवारी जी कटिबद्ध थे। तब हमारे शिक्षक संघ को जैसे पंख लग गये थे। विश्वविद्यालय की लापरवाही और अफसरशाही की उसने लगाम कसनी शुरू कर दी थी। ऐसे में तेजी से गुजरता समय कहाँ पहुँच गया था, किसी को एहसास नहीं हुआ। बस, वह दिन आ ही गया जिसे आना ही था। वह तिवारी जी की सेवानिवृत्ति का दिन था। वे सेवानिवृत्त हो गये। हम चाहते हुए भी उन्हें रोक नहीं सके। इस स्थिति में तिवारी जी को हमारे शिक्षक संघ से भी मुक्त हो जाना पड़ा।

लेकिन सेवानिवृत्ति के बाद तिवारी जी की सांगठनिक क्षमता कुंद होने की बजाय और बढ़ गयी थी। कार्यरत शिक्षक-संघ की सफलता ने उनके विश्वास को चरम पर पहुँचा दिया था। बस, उन्होंने सेवानिवृत्त शिक्षक संघ की बागडोर सँभाल ली। इस स्थिति में निष्क्रिय सेवानिवृत्त शिक्षक संघ अब दौड़ चला था। संगठन को पूरा समय देने के लिए तिवारी जी अब स्वतन्त्र थे। बस, उनके नेतृत्व में सेवानिवृत्त शिक्षक संघ ने अपनी सबल, जोरदार और जुझारू दावेदारी से अपनी खास जगह कायम कर ली। पहले विश्वविद्यालय प्रशासन कार्यरत शिक्षक संघ को अधिक महत्त्व देता था। लेकिन अब सेवानिवृत्त शिक्षक संघ की प्रखर भूमिका का तल्ख एहसास उन्हें हो गया था। तिवारी जी ने उन्हें इस बात के लिए बाध्य कर दिया था कि सेवानिवृत्त शिक्षकों की समस्याओं के निदान के बाद ही वे कोई दूसरा

कार्य कर सकते हैं।

उन दिनों तिवारी जी को देखने पर लगता ही नहीं कि वे सेवानिवृत्त शिक्षक हों। खादी का धवल धोती कुर्ता पहने, चमकते ललाट पर रक्तचंदन का गोल टीका लगाये तथा कन्धे में खादी का झोला डाले विश्वविद्यालय कैम्पस में वे बराबर नजर आते रहते। पहले की अपेक्षा अधिक स्वस्थ, तरोताज़ा और सक्रिय। मैं समझ रहा था, तिवारी जी जैसे लोगों की जगह राजनीति में नहीं थी। देर आयद, दुरुस्त आयद की तरह उन्होंने अपनी असली जगह पा ली थी। अब मेरा ध्यान भी अपनी सेवानिवृत्ति पर रहने लगा था, ताकि तिवारी जी के संघ में शामिल हो सकूँ।

हम बहुत कुछ करना चाहते हैं लेकिन हो कुछ और जाता है। इसके मूल में समय की नियामक भूमिका होती है। समय की भूमिका पर किसी का जोर और वश नहीं चलता। ईश्वरीय तेज के साथ उत्पन्न राम और कृष्ण की लीलाएँ भी समय के दायरे में ही बँधी थीं और समय आने पर समाप्त हो गयीं। तिवारी जी का भी समय आ गया था, जिसका कतई एहसास हमें नहीं था। विश्वविद्यालय कैम्पस में जब वे लगातार अनुपस्थित रहने लगे, तब मुझे पता चला, वे बीमार हैं। बस, एक शाम उनके यहाँ जा पहुँचा। उस वक्त वे अन्दर के कमरे में थे। मुझे लग गया, निश्चय ही बीमार हैं। स्वस्थ रहते हुए वे बाहर के खुले बरामदे में ही रहते थे। मैं जब भी पहुँचता था, बरामदे में ही उन्हें पाता था। लेकिन यह सूचना मिलते ही कि मैं आया हूँ, वे कमरे से बरामदे में आ गये—''मैं ठीक हूँ मिथिलेश्वर जी। स्वास्थ्य में उतार-चढ़ाव होता ही रहता है। उम्र का भी असर है। कुछ समय आराम कर लेता हूँ। फिर दौड़ने लगूँगा। अभी संघ के बहुत सारे कार्य हैं...।''

लेकिन मैं पा रहा था, तिवारी जी रुग्न दिख रहे थे। कुछ ही समय में दुबले भी हो गये थे। उनके चेहरे की चमक, ताजगी और बुलन्दी गायब थी। उनका यह परिवर्तन मेरे मन को कचोट गया। लेकिन इसके बारे में कह कर उन्हें हतोत्साहित करना नहीं चाहता था—''आपको ठीक ही रहना है सर। मैं आपको अस्वस्थ देखना नहीं चाहता। मेरी सेवानिवृत्ति भी नजदीक है। फिर तो मैं आपके संघ का सदस्य हो जाऊँगा...।''

मेरी बात पर अब तिवारी जी पुनः बोल उठे—''वरिष्ठ नागरिक के रूप में केन्द्र और राज्य सरकार ने हमारे पक्ष में कई निर्णय किये हैं। लेकिन विश्वविद्यालय को लगा था कि हम सेवानिवृत्त शिक्षक क्या कर सकते हैं? हम तो विवश-लाचार हैं। लेकिन अपने संघ की ताकत और हैसियत का हमने उन्हें एहसास करा दिया है। चांसलर तक यह बात निर्धारित हो गयी है कि हमारे अधिकार का कोई हनन नहीं कर सकता। जैसे शासन और समाज के लिए हम वरिष्ठ नागरिक हैं, वैसे ही हमारी वरिष्ठता को ध्यान में रख कर विश्वविद्यालय स्तर पर भी हमारे कार्य को प्राथमिकता मिलनी चाहिए। आप भी सेवानिवृत्त होने जा रहे हैं मिथिलेश्वर जी,

तो इस बार सेवानिवृत्त शिक्षक संघ का कोई दायित्व सँभालियेगा। उससे आपके लेखन में व्यवधान नहीं पड़ेगा। इस बार सिर्फ सदस्य नहीं, मैं आपको कार्यकारिणी में ले आऊँगा...।"

मेरे मन में आया कि कह दूँ, समय आने पर देखा जायेगा। लेकिन मैं उन्हें तनिक भी निराश करना नहीं चाहता था—"ठीक है सर...!"

उसके बाद उनके स्वास्थ्य को देखते हुए मैं देर तक वहाँ नहीं रह सका। अपने घर चला आया। जानता था, मेरी उपस्थिति में तिवारी जी आराम नहीं कर पाते। इसके तीन-चार दिन बाद ही वह खबर आ गयी, जिसे हम सुनना नहीं चाहते थे। लेकिन नौकरी की सेवानिवृत्ति की तरह जिन्दगी की सेवानिवृत्ति भी आती ही है। वह भी रुकने वाली नहीं थी और उसे रोका भी नहीं जा सकता था। लेकिन मेरे मन में यह कसक शेष ही रह गयी कि तिवारी जी के साथ सेवानिवृत्त शिक्षक संघ में शामिल नहीं हो सका...।

चार

जीवन के वार्धक्य में यह मेरा अनुभवसिद्ध यथार्थ रहा है कि अड़चनों, परेशानियों, कठिनाइयों एवं विघ्न-बाधाओं के बावजूद पूरे मन और पूरी चेतना से हम जिस कार्य में लगे होते हैं, उसे पूरा होने से कोई रोक नहीं पाता। इस सन्दर्भ में यह कथन मुझे बिल्कुल प्रासंगिक जान पड़ता है—"जा को जा से सत्य सनेहू, ता वह मिलै न कछु सन्देहू...।"

कहने की आवश्यकता नहीं कि पारिवारिक, सामाजिक और विभागीय स्तर पर संघर्ष कर लेखन के लिए जो समय मैं बचाता रहा, यह उसी का परिणाम हुआ कि कहानी, उपन्यास, आत्मकथा, निबन्ध, लोककथा, बाल साहित्य आदि विधाओं में मेरी दो दर्जन से अधिक पुस्तकें प्रकाशित हो चुकी हैं।

अपनी रचनाओं को लेकर इस तथ्य से भी मैं भलीभाँति अवगत हो चुका हूँ कि हम जो जीवन जीते हैं, हमारा जो आचरण होता है, हम जिस तरह के विचार रखते हैं, हमारी धारणाएँ, आस्थाएँ, विश्वास, हर्ष-विषाद, विजय-पराजय, जीवन-मूल्य जैसे होते हैं, नाम, पात्र, स्थान और घटनाओं के परिवर्तन के बावजूद हम उसे ही रचते रहते हैं। अपनी विभिन्न रचनाओं में विभिन्न रूपों में हम ही होते हैं। हम जो करना चाहते थे और नहीं कर सके, वह सब अपनी रचनाओं में करके दिखाते हैं। अपने मन की भटकन और उड़ान को भी अपनी रचनाओं में ही हम व्यक्त कर पाते हैं। इस सम्बन्ध में आत्मकथा लेखन हमें बिल्कुल अनुशासित और नियंत्रित रखता है। लेखकीय कल्पना की कोई उड़ान यहाँ नहीं होती। रचनाकार मन की स्वतन्त्रता यहाँ बिल्कुल बाधित। किसी आदर्श और विचार से भी परिचालित नहीं। तलवार की धार पर चलने जैसा कार्य। सफल-असफल, सही-गलत जैसा भी जीवन हमने जिया होता है, उसे ही प्रस्तुत करना पड़ता है, कुछ-कुछ इतिहास लेखन की तरह। अपने जीवन का ऐसा ही इतिहास 'पानी बीच मीन पियासी' तथा 'कहाँ तक कहें युगों की बात' नामक अपनी आत्मकथा की दो पुस्तकों में लिख चुका हूँ।

आत्मकथा लेखन ने जब मेरे मन पर दस्तक दी तो सहज ही यह प्रश्न उठ खड़ा हुआ कि क्या मुझे आत्मकथा लिखनी चाहिए। मेरी उम्र अधिक नहीं, साठ पार की थी। फिर यह स्वतः स्मरण आ गया कि हिन्दी के अनेक प्रसिद्ध रचनाकार

केवल यह सोचकर ही रह गये कि आगे अपनी आत्मकथा लिखेंगे, अभी नहीं। लेकिन वे कभी नहीं लिख सके, दिवंगत हो गये। बाद में दूसरे लोगों ने उनकी जीवनियाँ लिखीं जो आत्मकथा का स्थान तो हर्गिज नहीं ले सकतीं।

जब मैं लिख रहा था, अतीत की स्मृतियाँ मेरे मन में ताज़ा थीं। बढ़ती उम्र के साथ यह आशंका भी उठने लगी थी कि कहीं विस्मृति का शिकार न हो जाऊँ! फिर तो मेरे जीवन का वह कालखण्ड, जिसने समय, समाज और सच से मुझे साक्षात्कार कराया, अनाम ढंग से कहीं गुम हो जायेगा। चौदह भाषाओं के ज्ञाता राहुल सांकृत्यायन जीवन के अन्तिम मोड़ पर सारी भाषाएँ भूल गये थे। इस सन्दर्भ में मेरा रचनाकार मुझे निरन्तर प्रेरित कर रहा था कि समय से अपनी आत्मकथा मुझे लिख डालनी चाहिए। मेरा जीवनगत यथार्थ तथा अनुभव संसार अपने तीखे-नुकीले कोनों के साथ समग्रता में अपनी अभिव्यक्ति के लिए मुझे प्रेरित कर रहा था, जिसके बढ़ते दबाव ने मुझे रचनारत कर ही दिया।

मेरी आत्मकथाओं का प्रकाशन एक साल के अन्तराल पर ही हुआ—भारतीय ज्ञानपीठ से 'पानी बीच मीन पियासी' का प्रकाशन वर्ष 2010 में तथा नेशनल बुक ट्रस्ट, इंडिया से 'कहाँ तक कहें युगों की बात' का वर्ष 2011 में। लेकिन इसका यह अर्थ नहीं कि एक के बाद दूसरी की रचना मैंने इतनी जल्दी कर डाली। एक के प्रकाशन में काफी विलम्ब और दूसरे के शीघ्र प्रकाशन ने उनके बीच के अन्तराल को पाट दिया, जबकि सच्चाई यह रही है कि 'पानी बीच मीन पियासी' के तीन वर्ष बाद 'कहाँ तक कहें युगों की बात' की रचना कर सका। इस सम्बन्ध में मेरे सुधी पाठक मुझसे यह पूछते भी रहे कि बड़े कलेवर की दो आत्मकथाओं की रचना इतनी जल्दी मैं कैसे कर सका? इसलिए यहाँ उनके रचना-काल के अन्तराल को स्पष्ट कर देना मुझे वाजिब जान पड़ा है।

'पानी बीच मीन पियासी' जब मैं लिख रहा था और उसका कलेवर बढ़ता जा रहा था तभी मैंने तय कर लिया कि इसकी रचना आत्मकथा के पहले खण्ड के रूप में नहीं, अपने आप में पूर्ण आत्मकथा के रूप में करनी है। 'कहाँ तक कहें युगों की बात' के साथ भी ऐसा ही किया। मुझे खुशी है कि पाठकों ने भी इन्हें इसी रूप में लिया। अलग-अलग पढ़ कर भी सन्तुष्ट तथा एक साथ पढ़ कर और सन्तुष्ट। आत्मकथा की यह जो तीसरी पुस्तक लिख रहा हूँ, इसको लेकर भी मेरा यही प्रयास है कि अपने आप में यह पूर्ण भी हो तथा दोनों खण्डों का तीसरा भाग भी।

मेरे लिए यह सुखद आश्चर्य का विषय है कि घटती पाठकीयता के जिस दौर में मेरी आत्मकथाएँ प्रकाशित हुईं उसमें मेरा मन सशंकित था कि मेरी आत्मकथाएँ कितनी पढ़ी जायेंगी। लेकिन उनकी व्यापक पाठकीयता ने मुझे चमत्कृत कर दिया। मेरी कहानियों और उपन्यासों से भी आगे बढ़कर गर्मजोशी से उनका स्वागत किया गया। ऐसे अनेक पाठकों के मुझे फोन आये जो कई-कई बार इन्हें पढ़ चुके तथा

अपनी इच्छा पर फिर-फिर पढ़ते रहे। ऐसे पाठक इन्हें लेकर अनेक प्रश्न एवं जिज्ञासाएँ भी व्यक्त करते रहे कि मैंने इनकी रचना कैसे की? अपने जीवन का क्या छोड़ा और क्या लिया? जीवन की घटनाओं के बीच मेरे चयन का आधार क्या रहा? क्या वास्तव में मेरे जीवन की पृष्ठभूमि ऐसी रही है? इधर नये संस्करण के अवसर पर प्रूफ आदि की त्रुटियों को दुरुस्त करते हुए इनसे होकर पुनः मुझे गुजरना पड़ा, परिणामतः सारी स्मृतियाँ अब ताज़ा हो गयी हैं। इस सम्बन्ध में अपने सभी पाठकों की जिज्ञासाओं का शमन करने के लिए उसकी पृष्ठभूमि उजागर कर देना मुझे उचित जान पड़ रहा है।

'पानी बीच मीन पियासी' की रचना जब मैंने शुरू की तभी यह अहम सवाल मेरे सामने आ गया कि अपने जीवन यथार्थ और अनुभव संसार के बीच मुझे क्या लिखना चाहिए और क्या छोड़ना? ग्रामीण जीवन के जिस जमीनी सच के बीच मैं पैदा हुआ और पला-बढ़ा उसकी विभिन्न छवियाँ अपने पूरे विस्तार के साथ मेरे मन में अंकित थीं, जिसे चाहते हुए भी मैं पूरी तरह प्रस्तुत नहीं कर सकता और वह मेरी आत्मकथा के लिए उचित भी नहीं। इस सम्बन्ध में मेरे रचनाकार ने स्वतः यह मार्ग सुझाया कि अपने जीवन के यादगार और प्रेरक प्रसंगों को ही मुझे रचना है, जिससे पाठक प्रेरित और लाभान्वित हो सकें। इस निर्णय के तहत मेरा रचनाकार हंस के नीर क्षीर विवेक की भूमिका में आ गया।

'पानी बीच मीन पियासी' की शुरुआत में बचपन का वह प्रसंग मुझे बरबस याद आ गया जिसने मेरे बालमन को काफी आहत-पीड़ित किया था। तब हम बैसाडीह नामक अपने गाँव में रहते थे। हमारे पिताजी आरा के एच. डी. जैन कॉलेज में प्रोफेसर थे। वे आरा ही रहते। प्रत्येक शनिवार को गाँव आते और सोमवार की सुबह आरा वापस हो जाते। हमारे परिवार के वे अकेले अभिभावक थे। उनके कोई भाई-बन्धु नहीं। अपनी नौकरी के चलते उन्हें आरा रहना पड़ता था तथा गाँव के पुश्तैनी खेतों की अगोरिया के लिए माँ के साथ हम छोटे भाई-बहनों को गाँव पर। गाँव में जाति के स्तर पर हम अल्पसंख्यक थे। हमारी अल्पसंख्यक और असुरक्षित स्थिति को ध्यान में रख कर ही गाँव के असामाजिक तत्त्वों ने एक रात हमें लूट लिया। आधी रात को हमें भाले की नोक से जगा कर जब उन्होंने यह क्रूर आदेश दिया कि हम चुपचाप बिस्तरे पर पड़े रहें, कुछ भी न बोलें, बोलते ही वे हमारी हत्या कर देंगे, तो हम चुपचाप अपने घर को उन्हें लूटते देखते रहे। अगले दिन सूचना पर आरा से गाँव पहुँचे पिताजी ने भी कुछ नहीं किया। पानी में रहकर मगर से बैर उन्हें उचित प्रतीत नहीं हुआ। तब मेरे बाल सखा जीनर का यह कथन मैं आज तक भूल नहीं सका हूँ—"तुम लोगों को लाला (कायस्थ) समझ कर ही चोरों ने लूटा है। सब जानते हैं कि इस गाँव में लाला सिर्फ दो घर हैं। उनकी हिम्मत हो तो हमारे घर चोरी करके देख लें। गाँव में ढूँढ़ कर हम उनका कचूमर न निकाल दें तो असल की औलाद नहीं...।"

यह बात मेरी माँ के मन में भी थी। वह अक्सर पिताजी से कहती रहती थी कि हमारे पुरखे कैसे थे जो दूसरी जाति बहुल गाँव में आकर बसे। आज मैं देखता हूँ, हर जगह अपनी जाति को लक्ष्य कर ही लोग बसते हैं। मैं अपने आरा शहर के वैसे दर्जनों मुहल्लों को जानता हूँ जो जाति के आधार पर ही बसे हैं। मैं इसे सही नहीं मानता। किसी भी दृष्टि से इसे उचित नहीं कहा जा सकता। अपनी असुरक्षा को ध्यान में रखकर ही लोगों ने ऐसा किया है। इसके मूल में जातिगत द्वेष की भावना भी लोगों के मन में रही है।

गाँव पर अकेली माँ हम छोटे भाई-बहनों को संबल प्रदान करने के लिए हमें खूब लोककथाएँ सुनाती। साथ ही अतीत की अपनी आपबीती से भी हमें अवगत कराती रहती। माँ के अनुसार जब वह दुल्हन बन कर इस घर में आयी थी तो यहाँ कुछ भी नहीं था। घर की माली हालत शोचनीय थी। पिताजी अपने माँ-बाप के अकेले थे। उनकी माँ का निधन बचपन में ही हो गया था। उनके वृद्ध पिता पटवारी का काम कर नाम मात्र का उपार्जन करते थे। तब हमारे पुश्तैनी खेत थे। लेकिन साधन और सुविधा के अभाव में बंजर पड़े थे। उस वक्त उन्नत और विकसित खेती का आविष्कार नहीं हुआ था। मेरे नाना ने मेरी माँ की शादी इस घर में पिताजी की पढ़ाई देखकर की थी। वे अत्यन्त तेजस्वी तथा होनहार छात्र थे। पूरे स्कूल में न सिर्फ अव्वल आते थे बल्कि स्कूल के छात्रों को ट्यूशन पढ़ा कुछ उपार्जन भी करते थे। नाना को पिताजी का भविष्य उज्ज्वल नजर आया इसलिए घर की खस्ताहाल स्थिति पर उन्होंने ध्यान नहीं दिया।

तब मैट्रिक की परीक्षा में पूरे जिले में अव्वल आने के बाद उच्च शिक्षा के लिए पिताजी ने राजेन्द्र कॉलेज, छपरा में जाकर एडमिशन ले लिया। वहाँ उनकी तेजस्विता को जैसे असीमित आकाश मिल गया। प्रथम राष्ट्रपति डॉ. राजेन्द्र प्रसाद की तरह ही परीक्षकों ने उनकी उत्तर पुस्तिका पर भी लिखा—"इग्जामिनी इज बेटर दैन दी इग्जामीनर...।"

पिताजी अब छपरा से दो-तीन माह पर एक बार घर आते। लेकिन हर सप्ताह माँ के पास पत्र जरूर भेजते। वह टेलीफोन युग नहीं था। उस वक्त समाचारों के आदान-प्रदान में पत्र ही सर्वोपरि माध्यम थे। माँ उनके पत्रों को अपने बक्से में सँभाल कर रखती तथा उन्हें पढ़-पढ़ कर आश्वस्त होती रहती। एक बार पिताजी ने एक पत्र में कविता लिख भेजी थी। उस कविता ने माँ को बहुत संबल प्रदान की। उस कविता को माँ बिल्कुल सत्य मानती थी, क्योंकि उस कविता के अनुसार माँ के दिन भी फिरे। माँ ने वह कविता इतनी बार हमें सुनायी थी कि हम सभी भाई-बहनों को आज तक वह कविता कंठस्थ है—

"अगर काटने बाद केला फलेगा
अगर बुझने पर दीया फिर जलेगा

अगर शाम के बाद होता सवेरा
भला क्यों न दिन ई फिरेंगे हमारे
दमकते मिले जब कि डूबे सितारे
सदा ही न चमका किसी का सितारा
विपद से सका कर न कोई किनारा
वही आज जो राज को था चलाता
वही कल पड़ा धूल में है दिखाता।''

पता नहीं, किस कवि की यह कविता है, पिताजी ने कवि का नामोल्लेख नहीं किया था। लेकिन इस कविता से माँ स्वयं आश्वस्त होते हुए हमें भी आश्वस्त करती रहती थी। आज भी गर्दिशों और विपरीत परिस्थितियों में यह कविता हमें ढाढस बँधाती और हमारे अन्दर आशा का संचार करती है। आज कविता पर बोलने वाले कविता की पंक्तियों के सहारे जीवन काट देने की बात नहीं कहते। लेकिन मैं कविता के इस सर्वाधिक सबल और प्रबल पक्ष से अवगत हूँ। शायद आज की कविता अब वैसी नहीं रही, इसलिए कविता की परिभाषाएँ और व्याख्याएँ बदल गयी हैं।

राजेन्द्र कॉलेज छपरा से बी. कॉम. करने के बाद पिताजी गाँव आ गये। इस बीच हमारे गाँव के निकटतम शहर आरा में एच. डी. जैन कॉलेज की स्थापना हो गयी थी। पिताजी की तेजस्विता को ध्यान में रखकर उन्हें बी. कॉम. के बाद ही व्याख्याता नियुक्त कर लिया गया। लेकिन माँ को जीवन भर इस बात का अफसोस रहा कि जिस काबिलियत के चलते पिताजी को व्याख्याता नियुक्त किया गया, उसका तनिक भी विकास न कर अपनी प्रतिभा उन्होंने खेती में झोंक दी। माँ उन्हें अन्य प्रोफेसर मित्रों की तरह आरा में परिवार साथ रखने की बात कहती रही—''आपके प्रोफेसर मित्र आरा में परिवार साथ रख कर हम से अच्छा खा-पी रहे और अपने बाल-बच्चों को पढ़ा रहे। गाँव पर हमारा जीवन तो दुःख धन्धे में ही बीतता है। रात में हम डरे-सहमे अच्छी तरह सो भी नहीं पाते। केवल खेतों के मालिक होने से क्या हुआ...?''

लेकिन जवाब में पिताजी माँ को समझा देते—''नौकरी करके हमारे वे शहरिया मित्र खेत कभी नहीं खरीद सकते। लेकिन हम एक बीघा खेत बेच कर उनके जैसा जीवन जब चाहें पा सकते हैं। सबसे बड़ी बात यह है कि उनकी सामर्थ्य सिर्फ दोनों जून खाना जुटाने भर ही है। उनके पुरखों ने विरासत में उन्हें कुछ छोड़ा ही नहीं, जबकि हमारे पुरखे पुश्तैनी खेत छोड़ गये हैं...।''

45 वर्ष की अल्पायु में ही पिताजी के निधन को माँ उनका गलत फैसला मानती रही। शहर की नौकरी और गाँव की खेती दोनों को एक साथ अंजाम देने का उनका निर्णय न सिर्फ अव्यावहारिक था, बल्कि हमारे परिवार के परिप्रेक्ष्य में बिल्कुल गलत था। उन्होंने नये सिरे से खेती की व्यवस्था कायम की थी। हमारे

यहाँ बैल, बनिहार और चरवाह रहने लगे थे। उस समय ट्रैक्टर का आगमन नहीं हुआ था। बनिहार, बैलों के सहारे खेतों में हल चलाते। चरवाह बैलों को सानी-पानी देता और उन पर तत्पर रहता। पिताजी आरा से गाँव आ-आकर खेती की व्यवस्था और खेतों की निगरानी करते जाते।

इस सम्बन्ध में सिंचाई की समस्या जब पिताजी के समक्ष आयी तो वे शहर से रहट लेते आये। तब रहट का नया-नया आविष्कार हुआ था। वह भारी-भरकम रहट जब मेरे कुएँ पर लगायी गयी तो सारा गाँव उसे देखने पहुँचा। रहट से हमारे खेतों की पटवन देख लोग दंग रह गये। ईर्ष्यालु लोग अन्दर से कुपित भी हुए कि यह प्रोफेसर नौकरी करते और अल्पसंख्यक होते हुए भी खेती में हमसे बाजी मार रहा। बस, एक रात वह भारी-भरकम रहट हमारे कुएँ से गायब थी। इतनी बड़ी और भारी-भरकम रहट को चोर कहाँ ले गये पिताजी समझ नहीं पा रहे थे। बगैर सात-आठ आदमी के लगे वह रहट उठ ही नहीं सकती और न कहीं जा सकती थी।

रहट चोरी पर पिताजी बहुत चिन्तित रहने लगे थे। सफल खेती के उनके प्रयास पर जैसे विराम लग गया था। उनकी यह स्थिति उनके एक प्रिय शिष्य विजय से छिप नहीं सकी। वह हमारे इलाके के ही एक गाँव का निवासी था। पिताजी से जानकारी प्राप्त कर वह अपने गाँव पहुँचा। फिर जल्द ही पिताजी के पास आकर यह सूचना दी—"आपकी रहट आपके गाँव में ही है सर। लेकिन कहाँ है, उन्होंने नहीं बताया है। आपके गाँव के चोरों के बुलावे पर इलाके के कुछ चोर भी उसमें शामिल रहे हैं। मेरे पिताजी ने एक आदमी को लगाया था, वही जानकारी लेकर आया है। उसकी बीचवानी पर वे रहट देने को तैयार हो गये हैं। लेकिन पनहा के रूप में रहट की आधी रकम माँग रहे हैं...।"

विवश-लाचार पिताजी ने आधी रकम देकर पुनः अपनी रहट प्राप्त की। इस अवसर पर विजय के पिता ने कहा—"इस गाँव में आप उजियाने नहीं पायेंगे प्रोफेसर साहब। यहाँ के चोर-बदमाश आपको नहीं छोड़ेंगे। वे सब जान रहे हैं कि घर-परिवार और जाति से आप अकसरूआ हैं। आप दो-चार सवांग होते या लड़ने-भिड़ने पर उतर जाते तो फिर किसकी मजाल कि आपके यहाँ चोरी करे...।"

लेकिन पिताजी ने जैसे माँ की बात नहीं मानी थी वैसे ही विजय के पिता की बात पर भी ध्यान नहीं दिया। उनके ऊपर तो नौकरी के साथ-साथ सफल खेती की धुन सवार थी। पनहा से प्राप्त रहट की रखवाली का दायित्व इस बार उन्होंने गाँव के एक दबंग किसान को भी दे दिया, इसके एवज में रहट से उसे मुफ्त पटवन की छूट भी दे दी। लेकिन चंद दिनों के बाद ही सारघर से हमारे दोनों बैल गायब हो गये। पुनः पनहा पर ही बैलों की वापसी। अब बैलों की अगोरिया के लिए बनिहार-चरवाह को और मुस्तैद कर दिया। पर एक रात हमारे खलिहान से धान के काफी बोझे ढो लिए गये। उस वक्त गाँव में जिसकी लाठी उसकी भैंस कहावत बिल्कुल चरितार्थ थी।

इस स्थिति में माँ ने पिताजी से स्पष्ट कहा था—"यहाँ गाँव के लोग आपको रहने देना नहीं चाह रहे और आप हैं कि गाँव छोड़ने को तैयार नहीं... ।"

सचमुच माँ के इस कथन के अनुसार अन्तर्द्वन्दों से घिरे पिताजी चिन्ता और तनाव के शिकार होते गये। इस दौरान भागदौड़ के बीच उनका जीवन भी अस्त-व्यस्त और असन्तुलित रहा। परिणामतः अनेक व्याधियों के वे शिकार हो गये। पहले ब्लड प्रेशर, फिर शुगर, फिर ब्लड यूरिया, फिर किडनी डैमेज, फिर हृदय रोग। ऐसे में चिकित्सकीय इलाज और माँ की पूजा-उपासना का कोई असर नहीं हुआ। 45 वर्ष की अल्पायु में ही अकेली माँ के जिम्मे हम भाई-बहनों को छोड़ वे गुजर गये।

'पानी बीच मीन पियासी' की जब रचना कर रहा था तो बरबस यह प्रश्न मेरे समक्ष उठ खड़ा हुआ था कि पिताजी के इस प्रसंग को मुझे देना चाहिए या नहीं। फिर इस प्रसंग से प्राप्त सबक पर ध्यान जाते ही अपने पाठकों के लिए पूरे यथार्थ के साथ इसे प्रस्तुत करना मुझे वाजिब जान पड़ा। कि एक साथ दो नाव पर पैर रखकर नहीं चला जा सकता। कि अपनी सीमाओं और सामर्थ्य का हमें अतिक्रमण नहीं करना चाहिए। कि अपना सन्तुलन बिगाड़ कर बहुत कुछ पाने की कामना सब कुछ खोने में भी तब्दील हो जाती है। कि जिस मार्ग पर हमें सफलता मिली है, उसे छोड़ कर नये मार्ग का अनुसन्धान हमें भटकाता है। कि एक साधे सब सधै, सब साधे सब जाये वाली कहावत की सत्यता हमें याद रखनी चाहिए।

खेतों की अगोरिया के लिए गाँव पर गुजरा मेरा बचपन गाँव की आदिम प्रवृत्तियों से जुड़ता चला गया था। तब गाँव के ऐसे दोस्तों की मुझे संगति प्राप्त हुई थी कि हिंसक जीव-जन्तुओं को भी हम क्षण भर में पकड़ लेते थे। दोस्तों की संगति ने मेरे बालमन को इस विश्वास से भर दिया था कि विषैले जन्तुओं को हमें वहाँ पकड़ना है जिसके बाद चाहते हुए भी वह हमें डँस न सके, जैसे साँप को उसकी गर्दन के पास दबोचना, बिच्छू के डंक को पकड़ लेना, हड्डा, ब्रिहणी को उनके बीचों बीच कमर के पास पकड़ना। इस दौरान हमारे हाथ इतने मुस्तैद और अभ्यस्त होते गये थे कि उस जन्तु के सँभलने से पहले ही उसे दबोच लेते। यह देखकर माँ का मुँह विस्मय से खुला रह जाता। लेकिन मुझे इस कला में महारत हासिल हो चुकी थी।

जीव-जन्तुओं को तो हम निरूद्देश्य पकड़ते थे, बाल-जिज्ञासा के तहत अपना हाथ साफ करने तथा अपने दोस्तों के बीच अपनी क्षमता के इजहार के लिए। लेकिन मछली पकड़ने का कार्य हम सोद्देश्य करते थे। मछली पकड़ने का जुनून तो मुझ पर इस तरह सवार हो गया था कि गाहे-ब-गाहे वंशी डाल कर तालाब के किनारे घंटों बैठा रहता। तब मेरी चेतना इस बात के लिए बिल्कुल एकनिष्ठ होती कि बड़ी से बड़ी मछलियाँ मेरी वंशी में आ फँसें और छड़ी उछाल कर मैं उन्हें पकड़ सकूँ। अक्सर ऐसा होता भी। तब मेरे द्वारा फँसायी मछलियाँ देख माँ बहुत खुश हो उठती—"इतनी मछलियाँ तूने पकड़ी है... ।"

फिर माँ तत्क्षण उन्हें पकाती। तब हम भाई-बहन खूब प्रेम से खाते।

'पानी बीच मीन पियासी' में यह प्रसंग भी यह सोच कर मैंने दिया कि माहौल और संगति के प्रभाव से आदमी कुछ की जगह कुछ बन जाता है। एक प्रोफेसर का लड़का शहर में रह रहा होता तो विकसित शिक्षा से जुड़ता, लेकिन गाँव में गँवारू बच्चों की संगति ने उसे विषैले जीव-जन्तुओं को मारने वाला व्याध तथा मछली पकड़ने वाला मछेरा बना दिया था। मेरे जीवन के इस प्रसंग से यह बात भी प्रमाणित होती है कि सचमुच हमारा बचपन हरे बाँस की कच्ची टहनी की तरह होता है, जिसे जैसे चाहे मोड़ कर मनचाहा स्वरूप दिया जा सकता है।

लेखन की शुरुआत मैंने तभी कर दी थी जब अपने ग्रामीण स्कूल में मैट्रिक का विद्यार्थी था। आज सोचता हूँ कि उस माहौल में मेरे अन्दर लेखकीय संस्कार कहाँ से पैदा हुए तो मेरा ध्यान सीधे माँ की लोककथाओं की ओर चला जाता है। मुझे यह स्वीकार करने में तनिक भी हिचक नहीं कि बचपन में लोककथाएँ सुना-सुना कर माँ ने ही मेरे अन्दर कथाकार के बीज बोये थे। इस सम्बन्ध में स्कूल पुस्तकालय से प्राप्त प्रेमचन्द के उपन्यास 'रंगभूमि' ने मेरे मन में पैदा हुए रचनाकार के अन्दर जैसे जीवनी शक्ति प्रदान कर दी। फिर तो मैं गाहे-ब-गाहे लिखने लगा। लेखन की बेहतरी और प्रकाशन पर ध्यान केन्द्रित न कर पन्ने के पन्ने रँगता चला गया। यहाँ तक कि जब मैट्रिक की मेरी परीक्षा थी तब भी साहित्य लिखने से बाज नहीं आया। माँ की लाख मनाही तथा मित्रों के सुझाव के बाद भी नहीं माना। मेरे अन्दर तो जैसे ज्वार-भाटा फूट गया था जिसे किसी न किसी रूप में मैं निकाल देना चाहता था। इस स्थिति में मैं अच्छा विद्यार्थी तो नहीं बन सका, लेकिन अच्छा, बुरा जैसा भी हो सका, लेखक तो बन ही गया।

पिताजी मुझे साइंस पढ़ा कर डॉक्टर या इंजीनियर बनाना चाहते थे। माँ भी उच्च शिक्षा से जोड़ कर मुझे किसी बेहतर पद पर देखना चाहती थी। लेकिन मुझे जो बनना था, बन गया। जीवन के इस मोड़ पर अपनी प्रारम्भिक शिक्षा को लेकर अपनी आत्मकथा में जब मैं विचार करने लगा तो मुझे स्पष्ट लगा कि बाहरी प्रयास या दबाव हमें कुछ नहीं बना पाते। हमारी आन्तरिक इच्छा और प्रेरणा ही हमें जो बनना होता है, बना देती है।

बचपन में मेरे गाँव की जिन दो स्थितियों ने मेरे किशोर मन को आहत-पीड़ित किया था, उसे 'पानी बीच मीन पियासी' में देना मुझे उचित जान पड़ा। पहली स्थिति जोर-जबर्दस्ती, अनाचार-अत्याचार तथा शोषण-जुल्म की थी। गाँव के समर्थ और ताकतवर, असमर्थ और निर्बलों के साथ मनमाना व्यवहार करते थे। यह बात पारिवारिक और जातिगत दोनों स्तरों पर थी। जिसके परिवार में जितने लाठीधारी होते थे गाँव में उसकी शान-शौकत उसी रूप में कायम रहती थी। जातिगत आधार पर भी गाँव की बहुसंख्यक जाति के लोग अल्पसंख्यक जाति को बिना किसी गलती

के दबाते-सताते थे। गाँव में अगड़े-पिछड़े का संघर्ष भी इसी रूप में होता था। जिस गाँव में जिसकी संख्या अधिक होती थी, उस गाँव में उसी का वर्चस्व कायम रहता था। यहाँ शोषण, अत्याचार और ज्यादती देखने वाला कोई नहीं। मेरे विचार से उस समय का हमारा गाँव जंगल की संस्कृति से ही परिचालित था। 'पानी बीच मीन पियासी' में तो इसका यथार्थ प्रस्तुत किया ही, 'यह अन्त नहीं' तथा 'माटी कहे कुम्हार से' नामक अपने उपन्यासों में इसके अनियन्त्रित विस्तार की भयावह परिणति उजागर करने की कोशिश की है।

हमारे समय के गाँव की दूसरी स्थिति लड़के और लड़कियों में भयंकर भेदभाव को लेकर थी। जहाँ लड़कों को आकाश कुसुम समझा जाता वहाँ लड़कियों को पाँवों की धूल। गरीब से गरीब घरों में भी पुत्र जन्म पर उत्सव होते तथा सोहर जैसे मंगल गीत गाये जाते, जबकि पुत्री जन्म पर मातम जैसा दृश्य। लड़के-लड़कियों की परवरिश में यह अन्तर और कष्टकर होता। लड़कों के खाने-पीने, ओढ़ने-पहनने और पढ़ने-लिखने के प्रति पूरा परिवार तत्पर। लेकिन इसके विपरीत लड़कियों को बचा-खुचा, बासी, जूठा और उपेक्षित खाना दिया जाता तथा कपड़े एकदम सस्ते। पढ़ने-लिखने से तो लगभग उन्हें वंचित ही रखा जाता। अब स्थिति बदल गयी है। लेकिन हमारे समय की यह स्थिति मेरे मन में एक दर्द की तरह कायम है। तब गाँव में लड़कियों की पाबन्दी पर जो तर्क दिये जाते थे उसे चाहते हुए भी मैं आज तक भूल नहीं सका हूँ–

''लड़कियों को खूँटे पर बाँध कर रखनी है। गाय ही खूँटे पर बाँधी जाती है, साँड़ नहीं...।''

''लड़कियों का चटोरपन ठीक नहीं होता। बिगड़ी नार जो खाय मिठाई, गये मरद जो खाय खटाई...।''

''लड़कियों को अधिक पढ़ाना-लिखाना क्या! चिट्ठी-पत्री लिखना-बाँचना जान गयीं, काफी है...।''

''क्वांरी लड़कियों का साज-शृंगार कैसा? क्वांरियों का बनना-ठनना तो उसकी बदचलनी है...।''

''लड़कियों का नहाना और खाना कोई देख ले, तब फिर उनका नहाना-खाना क्या...?''

''लड़कियों की देह में असकत कैसी? उन्हें तो सबसे पहले जागना और सबसे आखिर में सोना है। असकत होने पर तो लड़कियों का बेड़ा गर्क। फिर न घर की, न घाट की...।''

''लड़कियों को घर-गृहस्थी के सारे कामों में पारंगत होना है। वे परायी चीज हैं। कहीं भी जाने पर किसी को यह कहने का अवसर न मिले कि इसकी माता ने इसे कुछ नहीं सिखाया...।''

इन पाबन्दियों के आलोक में ही उनका जीवन व्यतीत होता। प्रायः हर घरों में वे बोझ समझी जातीं। इस स्थिति में उनकी शादी के तहत दहेज न देना पड़े इसके लिए उन्हें अनमेल विवाह का शिकार होना पड़ता। लड़की पन्द्रह-सोलह की तो लड़का पचास-साठ का। विधुर और वंशहीन बुजुर्ग ऐसी शादी के लिए लड़की के पिता को गोपनीय रूप से पैसे भी देते थे। लेकिन गाँव के भेदिये इसकी थाह लगा ही लेते। फिर दबी जुबान उस लड़की के पिता को लक्ष्य कर यह चर्चा भी शुरू हो जाती कि यह तो बेटी बेचवा है। मोटी रकम लेकर एक बूढ़े के हाथों अपनी लड़की भाट रहा। लड़कियों की इस नारकीय स्थिति से हमारे समय के लोक गायक, लोक नाटककार, लोक रंगकर्मी तथा लोक नर्त्तक भिखारी ठाकुर ने इससे द्रवित होकर बेटी बेचवा नामक नाटक लिखा तथा जगह-जगह उसे मंचित किया। उस नाटक का मुख्य गीत हमारे गाँवों में खूब लोकप्रिय हुआ। भिखारी ठाकुर द्वारा रचित वह गीत हमारी भोजपुरी भाषा के लोग आज तक भूल नहीं सके हैं—

"रोपेया गिनाइ लिहल
पगहा धराइ दिहल
चेरिया से छेरिया बनवल ए बाबूजी!
अइसन खोजऽल वर
देखत लागेला डरऽ
जमते महुरवा चटइत हो बाबूजी!
मुहंवा में दाँत नइखे
हलुआ घोंटात नइखे
पाकुर-पाकुर मुहंवा चलावेला हो बाबूजी...!"

मरने से पहले बाबूजी ने बड़ी दीदी और बड़े भैया की शादियाँ कर दी थी। शायद अपनी गम्भीर बीमारी को देखते हुए ही पिताजी ने ऐसा किया था। इसके मूल में माँ का अतिशय दबाव तथा हमारे टोला-पड़ोस का सुझाव, संकेत भी था। लेकिन यह बात स्वीकार करने में मुझे कोई आपत्ति नहीं कि एक प्रोफेसर की पुत्री होने के बावजूद गँवई माहौल की संगति में मेरी बड़ी बहन को लड़की होने के अभिशाप से गुजरना पड़ा। 'पानी बीच मीन पियासी' में इस यथार्थ को मैंने अनदेखा नहीं किया है।

पिताजी के निधन के बाद अब शादी की बारी मेरी तथा मुझसे छोटी बहन उर्वशी की थी। लेकिन इसके बारे में मैंने सोचा भी नहीं था। बड़े भैया तो पिताजी के जीवन काल में ही कॉलेज छात्र बन आरा रहने लगे थे। शादी के बाद भी वे पन्द्रह-बीस दिनों पर ही एक रात के लिए गाँव आते। इस स्थिति में माँ के साथ छोटे भाई-बहनों का औचक दायित्व मुझ पर आ गया था। खेती की देखभाल के साथ घर-गृहस्थी की व्यवस्था के प्रति भी सतर्क। इस स्थिति में युवा उम्र के सरस

अनुभव की जगह अभिभावक की बुजुर्गियत का मैं शिकार होता गया। किस खेत का मनी नहीं मिला? किस खेत की मालगुजारी और पनीवट की रसीद बाकी है? किस मनीदार को बदलना है? साथ ही घर में नमक-तेल, आटा-चावल, साग-सब्जी से लेकर छोटे भाई-बहनों की पढ़ाई-लिखाई, बीमारी पर इलाज तथा कपड़े-लत्ते तक की व्यवस्था का दायित्व। इसमें घर के अन्दर माँ मेरे साथ तत्पर रहती थी, लेकिन बाहर की सारी जिम्मेवारी तो मेरे ही ऊपर थी। जब मैं छोटा था और पिताजी जीवित थे तो कितना निश्चित था। लेकिन पिताजी के निधन और बड़े भैया के शहरवासी होने ने घर-परिवार, गाँव-घर तथा खेत-बधार के मोर्चे पर मुझे अनायास खड़ा कर दिया था।

तब मैं मैट्रिक पास कर आई. ए. का विद्यार्थी था। अपने गाँव के ही निकटतम ए. एस. कॉलेज, विक्रमगंज में पढ़ता था। अपने गाँव से ही प्रतिदिन विक्रमगंज आता-जाता था। बड़े भैया की तरह मैं आरा रहकर नहीं पढ़ सकता था। माँ एवं छोटे भाइयों को गाँव पर छोड़ मुझसे ऐसा हो ही नहीं सकता था। चूँकि भैया, पिताजी के समय से ही आरा रह रहे थे और उच्च शिक्षा से जुड़ते गये थे, इस स्थिति में आरा रहना उनकी अनिवार्यता थी।

यही वह समय था जब मेरी शादी के लिए अगुये आने लगे थे। उस समय शादी के लिए लड़के की योग्यता किसी नौकरी से जुड़ा होना नहीं, जमीन-जायदाद वाले घर का वंशज होना था। यह स्थिति मुझे लड़की के भाग्य पर की जाने वाली शादी लगती थी। लोग यह मानकर चलते थे कि लड़की के भाग्य में सुख होगा तो सुख मिलेगा और दुःख होगा तो दुःख।

अपनी शादी एवं अपने दाम्पत्य जीवन के प्रसंग को 'पानी बीच मीन पियासी' में विस्तार से रचने की आवश्यकता मैंने इसलिए महसूस की, क्योंकि शादी के बाद ही मेरे जीवन में एक नया मोड़ आया। मेरे जीवन का वास्तविक संघर्ष शादी के बाद ही शुरू हुआ। इस पक्ष को अपनी आत्मकथा में न देता तो मेरी आत्मकथा अधूरी ही रह जाती।

गाँव पर घर-परिवार का अघोषित अभिभावक होने के बावजूद गाँव-घर की मान्यता तथा लोक लाज के तहत आने वाले अगुओं से अपनी शादी की बात मैं स्वयं नहीं कर सकता था। सम्भवतः इस तथ्य की जानकारी उन्हें थी इसलिए वे माँ से बात करते तथा रविवार को पहुँचते जब भैया आरा से गाँव आये रहते। इस सम्बन्ध में गाँव की परम्परा और प्रतिष्ठा के अनुसार भैया आगन्तुकों से दहेज की माँग करते। उन्होंने तय कर लिया था कि जो ज्यादा से ज्यादा दहेज देगा, उसी के यहाँ मेरी शादी करेंगे।

शादी के नाम पर मैं बहुत उत्साहित नहीं था क्योंकि अपने घर में भाभी की स्थिति देख रहा था। भाभी की कोई भी इच्छा भैया पूरी नहीं कर पाते थे। पिताजी

के निधन के बाद आय का बाहरी स्रोत बन्द था। उस वक्त बिहार के कॉलेजों में पेंशन आदि की कोई व्यवस्था नहीं थी। खेतों से सिर्फ दोनों जून का खाना भर ही मुहैया हो पाता था। उस पर भी चावल, दाल, रोटी, सब्जी और बजका, भुंजिया नहीं, आमतौर पर सिर्फ चावल-सब्जी। हमारे खेतों के मनीदार जो चावल देते थे, वही हम खाते थे। हमारे खेतों में चावल के साथ-साथ वे बूंट-पियाज भी पैदा करते। फिर तो चावल और बूंट-प्याज की सब्जी हमारे परिवार का मुख्य आहार था। ऐसे में खाते-पीते किसी अच्छे घर की लड़की को इस घर में डालना उसके साथ अन्याय ही तो था। लेकिन समय, समाज और पारिवारिक दबाव ने इस अन्याय के लिए मुझे भी सहमत कर दिया। मैं समझ रहा था, भैया की माँग पर ज्यादा से ज्यादा दहेज देने वालों की नजर में हमारे खेत-बधार के साथ-साथ मुझे एक प्रोफेसर का पुत्र होना भी था। एक नामी प्रोफेसर के रूप में पिताजी हमारे पूरे इलाके में ख्यात थे। ऐसे में लड़कियों की शादी के लिए प्रयासरत अभिभावकों की नजर मुझ पर विशेष रूप से चली आती थी। तब माँ से परामर्श कर भैया इस स्थिति को भुनाना चाह रहे थे। अन्ततः उन्होंने अधिक से अधिक दहेज देने वाले एक परिवार की लड़की से मेरी शादी तय करना निश्चय कर लिया। लेकिन इस सूचना पर विक्रमगंज कॉलेज के मेरे एक मित्र सहपाठी रामायण तिवारी ने मेरा ध्यान मजबूती के साथ हसनबाजार के पोस्टमास्टर की लड़की रेणु की ओर आकृष्ट करना शुरू कर दिया।

अपने गाँव से हसनबाजार होते हुए ही हम विक्रमगंज कॉलेज जाते थे। हसनबाजार में मुख्य मार्ग पर ही डाकघर था। वह एक बड़े मकान के निचले हिस्से में था। एक कमरे में डाकघर चलता था, उसके शेष हिस्से में पोस्टमास्टर साहब का परिवार रहता था। उस बड़े मकान में और किरायेदार थे। दो किरायेदार विक्रमगंज में नौकरी भी करते थे जो हमारे साथ आते-जाते हुए हमारे भी परिचित हो गये थे। मेरी शादी की चर्चा पर वे दोनों भी इस बात के लिए मुझे उत्साहित करने लगे थे कि तिलक-दहेज के चक्कर में न पड़ मैं रेणु से शादी कर लूँ। उन किरायेदारों और मेरे सहपाठी रामायण के अनुसार उन्होंने अपने जीवन में रेणु जैसी रूपवती लड़की कहीं दूसरी नहीं देखी थी। अनिंद्य सुन्दरी के साथ-साथ उसका शील-स्वभाव भी बहुत अच्छा था। रामायण तो हसनबाजार हाई स्कूल में रेणु का सहपाठी था। उस वर्ग के पूरे लड़कों के आकर्षण का केन्द्र रेणु ही थी। वह वर्ग की सबसे अव्वल छात्रा थी। मैट्रिक परीक्षा में भी अपने पूरे वर्ग में उसने सर्वोच्च अंक हासिल किये थे। लेकिन एक बड़े परिवार के स्वामी अल्पवेतन भोगी पोस्टमास्टर साहब चाहते हुए भी उसे आगे न पढ़ा उसकी शादी कर देना चाहते थे। जमीन-जायदाद से वंचित वे तिलक-दहेज देने में असमर्थ थे, इसीलिए चाहते हुए भी मेरे यहाँ नहीं आ पा रहे थे।

पोस्ट ऑफिस वाले घर के किरायेदारों और मेरे सहपाठी रामायण ने धीरे-धीरे अपनी बातों से मेरी मानसिकता राजा रत्नसेन वाली बना दी, जब हीरामन तोते द्वारा

पद्‌मिनी के रूप की प्रशंसा सुन रत्नसेन अपना राजपाट छोड़ उसे पाने के लिए चल पड़ा था। मेरे पास कोई राजपाट नहीं था। लेकिन अपनी सीमाओं में मेरा निर्णय निर्णायक था। बड़े भैया से कुछ भी कहना उचित न समझ अपने निर्णय से मैंने माँ को अवगत कर दिया कि हर हालत में रेणु से ही मैं शादी करूँगा, किसी अन्य लड़की से नहीं। मेरे इस निर्णय से भैया काफी नाराज हुए। पूरे गाँव में यह बात फैल गयी कि कॉलेज आते-जाते पोस्ट मास्टर साहब की लड़की से मैं फँस गया, इसीलिए उसी से शादी की जिद पर अड़ा हूँ। लेकिन किसी की टीका-टिप्पणी पर मैंने ध्यान नहीं दिया। अन्ततः रेणु से ही मेरी शादी हुई। फिर तो रेणु को देख कर न सिर्फ मैं अभिभूत रहा, बल्कि मेरे पूरे गाँव ने दाँतों तले अंगुली दबा ली। मेरे पूरे गाँव में उस जैसी सुन्दर न तो किसी की लड़की थी और न किसी की बहू। गाँव में बहुरिया बनकर आयी दुल्हन को देखने के लिए 'कन्या दिखाई' की रस्म होती है, उसी रस्म ने इस सच का खुलासा कर दिया। साथ ही मेरे उस निर्णय का भी कि मैं क्यों रेणु से शादी के लिए अड़ा था।

उस समय की मेरी स्थिति आप समझ सकते हैं। गाँव का एक बेरोजगार युवक। रेणु के लिए कुछ भी करने में असमर्थ। फिर भी पहली रात उससे मिलते ही मैंने दृढ़ निश्चय कर लिया कि ऐसी विलक्षण सुन्दरी के लिए मुझे कुछ करना है। हमारे यहाँ अपने मायके से यह अधिक सुख-सुविधा पा सके, इसके लिए मुझे सदैव प्रयत्नशील रहना है। लेकिन सोचना और निर्णय करना और बात है तथा अपनी परिस्थितियों को तत्काल बदल पाना और बात।

उस वक्त मेरे गाँव में मिल न होने के चलते धान और चावल की कुटाई घर पर ही होती थी। प्रायः हर घरों में लकड़ी का एक भारी-भरकम ढेंका बना होता था जिसे गाँव की परम्परा के अनुसार महिलाएँ ही चलाती थीं। रेणु ने ढेंका नहीं देखा था, इसलिए पहली बार उसे देखकर चौंक गयी। लेकिन उसके चौंकने से उसकी जान बचने वाली नहीं थी। माँ, भाभी एवं मेरी बहनों की तरह उसे भी ढेंके पर चढ़ना पड़ा। पर भारी ढेंका चलाते हुए चन्द मिनटों में ही वह पसीने से भीग गयी। रात में उसे कहंरते हुए भी मैंने सुना। ढेंका चलाने से उसके दोनों पैर दर्द कर रहे थे। सुबह लँगड़ाते हुए उसे चलते देख माँ ने समझाया—"जब खेतिहर परिवार में आयी हो तो ढेंका-जांता चलाना ही पड़ेगा। धीरे-धीरे सहने लगोगी...।"

नौकरीजीवी परिवार के चलते उसके यहाँ दोनों जून खाने-पीने की अच्छी व्यवस्था थी। उस तुलना में हमारे यहाँ चावल और बूंट-प्याज की सब्जी उससे खाया नहीं जाता। पेट भरने के लिए वह जबरन खाती। इसके बावजूद मेरे घर की प्रतिकूल व्यवस्था के खिलाफ उसके व्यवहार में क्षोभ और गुस्से का इजहार मैं नहीं पाता। शायद यह सोच कर वह तालमेल बैठाने की कोशिश करती कि अब तो इसी घर में रहना है। इस सम्बन्ध में सिर्फ एकबार उसने मुझसे कहा—"आपके घर-परिवार के

बारे में सुनते आ रही थी कि आपलोग काफी धनाढ्य हैं। बहुत सुखी-सम्पन्न हैं। आपके यहाँ बहुत खेत-बधार हैं, किसी चीज की कमी नहीं...।''

जवाब में मैंने उसे सच बता दिया–''ऐसा है रेणु, हमारे जैसे गाँव के प्रायः सभी खेतिहरों का जीवन हाथी के दाँत की तरह खाने वाला और तथा दिखाने वाला और होता है...। हमारे जैसे खेतिहर कुछ भी खा कर तथा कैसा भी ओढ़-पहन कर इस अहंकार में जीते हैं कि वे कुछ खेतों के स्वामी हैं। कोई नौकरी वाला उनका मुकाबला नहीं कर सकता, जबकि नौकरीजीवी के जीवन का सुख-आराम उन्हें सपने में भी नसीब नहीं...।''

मेरी बात पर रेणु आश्चर्य से मुझे देखती रह गयी। उसके बाद अब और विलम्ब न कर अपने मन के निर्णय के अनुसार मैंने अपना अभियान तेज कर दिया। बी. ए. की पढ़ाई के साथ-साथ मैट्रिक और आई. ए. स्तर की नौकरियों के लिए जी-जान से जुट गया। लेकिन शीघ्र सफलता का जो ख्वाब लेकर चला था, यथार्थ की जमीन पर वह चकनाचूर होता गया। आज की अपेक्षा उस समय बेरोजगारी कम नहीं थी। आज तो अनेक क्षेत्रों में नौकरी की सम्भावनाएँ कायम हो गयी हैं। उस वक्त तो नौकरियाँ सीमित थीं। प्रयासोपरान्त रोजगार से नहीं जुड़ने के चलते मैं निराश रहने लगा। ऐसे में लेखन भी छूट चला, जिससे कहीं गहरे में जुड़ा था। तब रेणु ने ही मुझे लेखन के प्रति उत्साहित किया–''तत्काल नौकरी न मिलने से आप निराश न होइये। प्रारम्भ से जिस काम में लगे थे उसे मत छोड़िये। सम्भव है, उसी लेखन में बरकत मिले...।''

और सचमुच, किसी नौकरी से जुड़ने से पहले ही मई 1973 की 'सारिका' में प्रकाशित 'अनुभवहीन' कहानी के लिए मुझे 125 रु. पारिश्रमिक मिला। मेरी पहली आय। लेकिन यह रकम महीनों अपनी जेब में लेकर मैं घूमता रहा कि माँ को दूँ या पत्नी को? पूरा घर माँ चलाती थी, इसी से उसे देना वाजिब जान पड़ता। लेकिन दूसरे ही क्षण नयी ब्याहता पत्नी की आकृति भी सामने आ जाती। शादी के बाद अभी तक उसे कुछ भी तो नहीं दे सका था। अपनी निजी आवश्यकताओं के तहत वह किससे माँगेगी? अन्ततः माँ का पलड़ा भारी देख मैंने उसे ही सौंप दिया। मेरी पहली आय देख माँ खुशी से गद्‌गद हो उठी–''तूने अपनी पहली कमाई मुझे दी है, तेरा घट कभी खाली नहीं रहेगा...।''

लेकिन माँ ने वह रकम तत्क्षण रेणु को सौंप दी–''इसकी ज्यादा जरूरत फिलहाल तुम्हें ही है मिथि बहू, इसे तुम्हीं रखो...।''

इस प्रसंग को तथा इसकी पृष्ठभूमि को 'पानी बीच मीन पियासी' में विस्तार से देना मैंने आवश्यक समझा। इस बात के लिए मुझे काफी पश्चात्ताप रहा कि माँ को देने में मैंने इतना विलम्ब क्यों किया था?

युवावस्था, सुन्दर पत्नी तथा बेरोजगारी में रात-दिन साथ रहने ने हमारी सारी

वर्जनाएँ तोड़ दीं। गर्भनिरोधकों की बाह्य सामग्री भी अनुपयुक्त साबित हुई। ऐसे में जो हम नहीं चाहते थे, वही हुआ। पहले बड़ी बच्ची शोभा का जन्म हुआ, फिर उसके एक ही वर्ष के अन्तराल पर दूसरी बच्ची विभा का। कहाँ रेणु को बेहतर जीवन देने का निश्चय किया था, लेकिन वह बदतर जीवन की शिकार हो गयी। गृहस्थ जीवन के श्रम साध्य कार्य तथा अर्थाभाव के बीच दो-दो बच्चियों की परवरिश।

आवश्यकता आविष्कार की जननी होती है, इस बात की सत्यता का एहसास मुझे उसी वक्त हुआ। जल्द से जल्द किसी न किसी रोजगार से जुड़ने के लिए मेरा ध्यान अब अपने निकटतम शहर आरा की ओर चला गया। यहाँ गाँव में हम स्वयं खेती न कर, अपने खेतों को मनी और बँटाई पर बन्दोबस्त करते थे। इस स्थिति में गाँव में हमारा रहना कोई अर्थ नहीं रखता था। शहर में रहकर भी अपने खेतों की ऐसी व्यवस्था हम कर सकते थे। यहाँ गाँव के बन्द परिवेश की अपेक्षा शहर का खुलापन निश्चय ही हमारे लिए कारगर हो सकता है। यहाँ गाँव में चाहते हुए भी हम कुछ नहीं कर पा रहे थे। यहाँ हमारे करने लायक कोई कार्य था भी नहीं।

पिताजी ने माँ की जिद पर आरा शहर के महाराजा हाता में कुछ जमीन ले रखी थी। गाँव की जमीन का एक टुकड़ा बेच कर वहाँ शहर में मकान बना हम रह सकते हैं। फिर हमें उड़ने के लिए खुला आसमान मिल जायेगा। अपनी इस योजना से जब रेणु, माँ एवं छोटे भाई-बहनों को अवगत किया तो सब खुशी से उछल उठे। माँ की लाख इच्छा पर पिताजी ने जीवन पर्यन्त उसे शहर में नहीं रखा था, इस बात का मलाल उसके मन में बना हुआ था। अब इस रूप में उसकी क्षतिपूर्त्ति ने उसके मन को आश्वस्त किया। रेणु और छोटे भाई-बहनों के मन में भी ऐसे किसी अवसर की प्रतीक्षा थी जिसे मैंने शब्द दे दिया था।

उस वक्त तक उच्च शिक्षा उपरान्त बड़े भैया स्टील सिटी बोकारो में कार्यरत हो अपनी पत्नी और बच्चों के साथ वहीं रह रहे थे। इस स्थिति में अब पूरा दायित्व मेरे ऊपर आ गया था। लेकिन परिवार के आन्तरिक, हार्दिक एवं पूर्ण सहयोग ने मुझे दौड़ा दिया। फिर तो गाँव की कुछ जमीन बेच कर शहर में मकान बनाने जैसे समय साध्य कार्य और लम्बी प्रक्रिया को इस उत्साह के साथ अंजाम देता रहा, जैसे शहर में घर बना कर रहते ही हमारी दुनिया बदल जायेगी। लेकिन मैं मुगालते में था। रोजगारशुदा लोगों के लिए ही शहर था। गाँव से आये बेरोजगारों के लिए शहर में मजदूरी के सिवा दूसरा अनुकूल कार्य काफी मुश्किल। फिर भी इस मुश्किल को आसान बनाने के लिए हम संघर्षरत हो गये।

मैंने अनुभव किया है, हमारे जीवन में समस्याएँ और परेशानियाँ हमारे गर्दिश के दिनों में ही अधिक आती हैं। उस वक्त भी हमारे साथ यही हुआ। शहर में रह कर भी हम गाँव का ही खाते रहे। फिर यहीं पर माँ का हार्ट भी ब्लाक करने लगा। माँ के हार्ट ब्लाक की इस बीमारी का इलाज पेसमेकर लगाना था, जिसे हमने गाँव

के खेत बेचकर ही सम्भव किया। हमारे साथ शहर आयी और बड़ी हो चुकी सबसे छोटी बहन उर्मिला की शादी का समय भी आ गया था। अब उसकी शादी के लिए भी हमें कुछ खेत हटाने पड़े। इस तरह हमारे खेत अब नहीं के बराबर बच गये। इसी गर्दिश में उस वक्त की मेरी सबसे छोटी पुत्री आरती का निधन बचपन में ही हो गया, जिसने हमें तोड़ दिया। आरती की औचक मृत्यु ने हम दोनों पति-पत्नी पर ऐसा वज्रपात किया कि हम अपने को एकदम असहाय, निरुपाय और विवश महसूस करने लगे। तब अपने सारे सपनों को हमने चकनाचूर होते पाया 'पानी बीच मीन पियासी' में अपने गर्दिश के उस समय और अपने संघर्ष से पाठकों को पूरी तरह अवगत करना मैंने आवश्यक समझा, क्योंकि अभावजन्य दुःख-तकलीफ और उस कष्ट-पीड़ा ने ही हमें नये जीवन की राह सुझाई।

इस दौरान मेरे छोटे भाई कामेश्वर और ब्रजेश्वर ने ऐसे ही विपरीत समय से संघर्ष करते हुए बी. एससी. के बाद बी. एड. कर विज्ञान शिक्षक बनने की अनिवार्यता हासिल कर ली। गाँव पर रेणु ने मेरे लिए जो कहा था, सचमुच मेरे साथ वही हुआ। मुझे सफलता अपने लेखन कार्य में ही मिली। इस बीच न सिर्फ पत्र-पत्रिकाओं में मैं छाया रहा, बल्कि मेरी छह पुस्तकें भी प्रकाशित हो चुकी थीं—'बाबूजी', 'बन्द रास्तों के बीच', 'दूसरा महाभारत' और 'मेघना का निर्णय' नामक चार कहानी-संग्रह तथा 'झुनिया' और 'युद्धस्थल' नामक दो उपन्यास। साथ ही इसी अवधि में श्रेष्ठ लेखन के लिए साहित्य के दो सर्वमान्य और प्रतिष्ठित पुरस्कार भी मुझे प्राप्त हुए 'अखिल भारतीय मुक्तिबोध पुरस्कार' तथा 'सोवियत लैण्ड नेहरू पुरस्कार'। पूरे शहर के पढ़े-लिखे लोगों के बीच मेरा महत्त्व स्थापित हो गया। उस समय मेरे जीवन की यह अजीब विडम्बना रही कि अपने घर में कष्ट और अभावों के बीच व्यथित-पीड़ित रहता तथा बाहर एक प्रतिष्ठित लेखक के रूप में सर्वत्र सराहनीय एवं प्रशंसनीय बना होता। ऐसे ही समय में मुझसे मिलने आने वाले लेखकों एवं पाठकों के बीच उस समय लेखन की शुरुआत करने जा रहे शिवमूर्त्ति मुझसे मिलने तथा अपनी जिज्ञासाओं का समाधान पाने एक शाम मेरे यहाँ आ पहुँचे। उस समय वे बलिया (उ. प्र.) में बिक्रीकर अधिकारी थे। तब चाहते हुए भी उन्हें घर पर चाय न पिला, बगल की दूकान पर ले जाकर पिलायी। उसके बाद वे अक्सर मेरे यहाँ आते और रुकते तथा अपने अग्रज लेखक के रूप में मेरे अनुभवों को जानते-समझते रहे। मेरे ऐसे ही प्रशंसकों ने सुझाव दे-देकर मुझे एम. ए. करा दिया, जिससे व्याख्याता की योग्यता मुझे भी हासिल हो गयी।

इस अवधि में मैं मात्र 50 रु. मासिक पर एक स्कूल में पढ़ाता रहा तथा मेरे छोटे भाई ट्यूशन आदि पढ़ा कर कुछ कमाते रहे। हालाँकि वह आय हमारी आवश्यकताओं के तहत नगण्य थी।

इसी अवधि में रेणु ने भी समस्याओं और परेशानियों से त्राण पाने के लिए

छोटी बच्चियों की परवरिश और घर-गृहस्थी के बीच समय निकाल-निकाल कर बी. ए. की शिक्षा के बाद शिक्षिका की ट्रेनिंग भी ले ली ताकि स्वयं उपार्जन से जुड़कर गाँव से शहर आने की सार्थकता हासिल कर सके।

अब सबसे पहले मेरे छोटे भाइयों को नौकरियाँ प्राप्त हुईं। विज्ञान शिक्षक बनकर अपने गर्दिशों से लड़ने में अब वे समर्थ हो गये। मेरी साहित्यिक उपलब्धियों को देख मेरे एम. ए. करते ही उस समय के साहित्यकार सांसद शंकर दयाल सिंह मुझे पटना स्थित अपने बी. डी. इवनिंग कॉलेज में लेते गये। लेकिन अल्पवेतन के चलते वहाँ कुछ माह से अधिक मैं नहीं रह सका। इस दौरान राजकीय प्राथमिक शिक्षकों के पैनल में रेणु का नाम भी दर्ज हो गया। फिर मेरे भाग्योदय का वह समय भी आ पहुँचा जिसने मेरी दुनिया बदल दी। राज्य सरकार ने बिहार के विभिन्न विश्वविद्यालयों में शिक्षकों की शीघ्र नियुक्ति के लिए चयन समितियों को हरी झंडी दे दी।

प्रारम्भ में अपने जिस लेखन कार्य के लिए अपने घर-परिवार से तोहमतें और उलाहने पाता रहा कि इस कार्य ने मेरा जीवन बर्बाद कर दिया, लेकिन बाद में इसी कार्य से मेरा जीवन आबाद हुआ। व्याख्याता के अपने पहले साक्षात्कार के लिए जब मैं मगध विश्वविद्यालय, बोधगया पहुँचा तो अपनी छह पुस्तकों और दो प्रतिष्ठित पुरस्कार प्रमाणों के साथ सभी छात्रों से अलग पड़ गया। पूरी चयन समिति एक छात्र के रूप में मेरी ऐसी उपलब्धि देख हतप्रभ रह गयी। यही स्थिति राँची विश्वविद्यालय की चयन समिति की भी हुई। लेकिन बिहार के विश्वविद्यालयों में सबसे पहले नियुक्तियाँ राँची विश्वविद्यालय ने ही की। मेरे नाम भी जब उनका नियुक्ति पत्र आया तो अचानक लगा, जैसे मेरे पाँवों के नीचे अब मजबूत जमीन आ गयी। उस समय मेरे जनपद के प्रसिद्ध आलोचक तथा प्रोफेसर डॉ. नागेश्वर लाल राँची विश्वविद्यालय में ही थे। वहाँ मेरी नियुक्ति से उन्हें बहुत प्रसन्नता हुई। राँची में अपने ही साथ रहने के लिए उन्होंने मुझे आमन्त्रित भी किया।

इससे पूर्व भी हमारे समय के विशिष्ट अग्रज साहित्यकारों का पूरा सहयोग मुझे मिलता रहा था। उन दिनों बाबा नागार्जुन ने मुझे काफी उत्साहित किया था। फणीश्वर नाथ रेणु ने भी अपनी सबल अनुशंसा के द्वारा बिहार राष्ट्रभाषा परिषद् से मुझे आर्थिक अनुदान दिलवाया था। अब राँची में डॉ. नागेश्वर लाल मेरे साथ खड़े हो गये थे कि नयी जगह में मुझे किसी असुविधा का सामना करना न पड़े।

डॉ. नागेश्वर लाल के साथ आरा से राँची चलते हुए जहाँ एक ओर मैं बहुत खुश था कि अब इत्मीनान और भरोसे के एक नये जीवन में प्रवेश पाने जा रहा हूँ, जहाँ से अपने घर-परिवार की कष्टसाध्य समस्याओं को दूर कर सकूँगा। कभी गृहस्वामिनी रह चुकी माँ का अर्थाभाव में विवश-लाचार जीवन तथा उचित खानपान और शिक्षा से वंचित मेरी पुत्रियों की स्थिति अब पहले जैसी नहीं रह पायेगी। लेकिन दूसरी तरफ अपने सृजन क्षेत्र आरा को छोड़ कर आदिवासी क्षेत्र राँची जाते हुए मैं

दुःखी भी था। इस नियुक्ति से मेरे लेखन पर अच्छा प्रभाव नहीं पड़ सकता। लेकिन फिलहाल स्थायी स्रोत से जुड़ा व्यवस्थित जीवन मेरे लिए सर्वोपरि था।

पहली यात्रा मैंने अकेले ही की, यह सोचकर कि राँची में ज्वायन करने और आवास आदि ढूँढ़ने के बाद ही परिवार को ले जाना मुनासिब होगा। इस दौरान सचमुच नागेश्वर बाबू का भरपूर सहयोग मुझे मिला। राँची में एक माह तक परिवार से अलग रहने का अभाव मुझे महसूस नहीं होने दिया। और जब पहले वेतन के रूप में मुझे 1117 रु. मिले तो मैंने अपने को आकाश में उड़ते हुए पाया, जैसे मुझे पंख उग आये हों...। वह दिसम्बर 1981 का समय था। उस वक्त बड़ी रकम के रूप में 1117 रु. मेरी जेब में थे।

वेतन के साथ ही लगभग एक सप्ताह के लिए बड़े दिन की छुट्टी की विज्ञप्ति भी जारी हो गयी। बस, मैं आरा चलने की तैयारी में जुट गया। अब मैं पहले वाला अभावग्रस्त लेखक मिथिलेश्वर नहीं था, विश्वविद्यालय व्याख्याता के रूप में आत्मनिर्भर था...। अब राँची के बाजार से मैंने अपने घर के हर सदस्य के लिए उपयुक्त सामग्री खरीद ली। मेरे घर के हर सदस्य को यह लगना चाहिए कि अब मैं व्याख्याता हो गया हूँ। अगली सुबह राँची एक्सप्रेस से वापसी का मैंने निर्णय किया। लेकिन उस रात सारी रात मैं सो नहीं सका...। बचपन में बैसाडीह के जीवन से आरा तक के लम्बे संघर्ष के उपरान्त अब जाकर एक ठौर के रूप में राँची पहुँचा था। इस रूप में अतीत की सघन स्मृतियाँ तथा नये जीवन के विचित्र अनुभव मुझ पर हावी रहे...।

'पानी बीच मीन पियासी' का समापन मैंने यहीं पर किया। यहाँ आकर आत्मकथा के इस प्रथम खण्ड की पूर्णता का एहसास भी मुझे हुआ...। लम्बी लड़ाई के बाद मंजिल पर पहुँचने की आश्वस्ति। इस दौरान इस आत्मकथा की पृष्ठ संख्या भी 500 से अधिक हो गयी थी, कलेवर और रचना दोनों दृष्टियों से अब मुझे अपनी यह आत्मकथा अपने आप में पूर्ण कृति प्रतीत हुई। मुझे खुशी है कि इसे पढ़ने वाले पाठकों को भी ऐसी ही पाठकीय तृप्ति महसूस होती रही है...।

पाँच

अपनी आत्मकथा के प्रथम खण्ड 'पानी बीच मीन पियासी' का प्रारम्भ मैंने अपने गाँव बैसाडीह से किया था। लेकिन दूसरे खण्ड 'कहाँ तक कहें युगों की बात' का प्रारम्भ मुझे राँची से करना पड़ा। अपने चिर-परिचित स्थान से जब हम नये स्थान में पहुँचते हैं तो जो समस्या हमें ज्यादा परेशान करती है, वह बीमारी आदि की औचक समस्या होती है। आरा में वर्षों से रह रहे हम अच्छी तरह जानते थे कि किस चिकित्सक का क्लिनिक कहाँ है तथा किसी बीमारी के आकस्मिक हमले पर हमें कहाँ पहुँचना है। रात-विरात इमरजेंसी चिकित्सा पर कहीं जाने के लिए रिक्शे या टेम्पू भी हमें उपलब्ध थे, क्योंकि हमारा घर आरा रेलवे स्टेशन के निकट था। इस दृष्टि से राँची आते हुए माँ ने हमारा ध्यान आकृष्ट किया था कि नयी जगह में जीवन की सभी अनिवार्य अपेक्षाओं एवं आवश्यकताओं से सम्बन्धित जानकारी लेकर ही हमें रहना चाहिए, लेकिन नयी जगह की नयी व्यस्तता और नयी नौकरी के आकर्षण में हम ऐसा नहीं कर सके। परिणामतः एक रात संकट से घिर ही गये।

उस रात अचानक अपेंडिसाइटिस के दर्द का भयानक अटैक मुझ पर हुआ। आरा से ही मैं इस बात से अवगत था कि मुझे अपेंडिसाइटिस की बीमारी है। लेकिन ऐसा तेज पेट दर्द मैंने पहले कभी महसूस नहीं किया था। उस समय राँची में यूनिवर्सिटी कॉलोनी, बरियातू के क्वार्टर नं. 12/6 में रहता था। वह आधी रात का समय था। दर्द जब मेरे लिए असह्य हो गया तो पत्नी रेणु को जगाया। मेरी कराह और चीख से बेटियाँ भी जग गयीं। उस वक्त तक मेरी चारों बेटियों का जन्म हो चुका था शोभा, विभा और रम्भा का आरा में तथा रश्मि का राँची में। लेकिन वे सब छोटी थीं। घर में जो दर्द निवारक दवाएँ थीं, उसे ले चुका था। लेकिन उससे तनिक भी राहत नहीं।

मुझे पता था, गम्भीर अटैक पर अपेंडिसाइटिस भ्रष्ट भी कर जाता है। तब शीघ्र ऑपरेशन करके ही मरीज को बचाया जाता है। लेकिन मैं समझ नहीं पा रहा था कि इस नयी जगह और गहरी रात में क्या करूँ...?

मुझे पता था, उस समय बरिआतू के यूनिवर्सिटी कॉलोनी से वहाँ का राजेन्द्र मेडिकल कॉलेज अस्पताल अधिक दूर नहीं था। लेकिन उस समय रात में यूनिवर्सिटी

कॉलोनी से कोई सवारी नहीं मिलती थी। शाम घिरते ही यूनिवर्सिटी कॉलोनी वीरान हो जाती थी। जिसके पास कार या स्कूटर आदि थे, वे ही रात में कहीं आ-जा सकते थे। पर अभी डॉक्टर नागेश्वर लाल को छोड़कर किसी भी व्यक्ति से मेरा वैसा सम्पर्क-संसर्ग नहीं था कि उससे सहयोग ले सकूँ। डॉक्टर नागेश्वर लाल के यहाँ मेरी तरह ही कोई सवारी नहीं। माँ के आग्रह करने पर जब नागेश्वर लाल से पूछा था तो उन्होंने कहा—"आप ऐसा कह रहे हैं मिथिलेश्वर जी! यहाँ इस तरह कोई नहीं सोचता। यहाँ सुबह तो होती ही है। चाहे इलाज की बात हो, या अन्य कार्य, हम सुबह होने पर ही निकलते हैं...।"

इस स्थिति में विवश-लाचार उस रात मैं भी सुबह की प्रतीक्षा करता रहा। लेकिन दर्द की रात जल्द कटती भी तो नहीं। अन्ततः उस भयावह रात के बाद सुबह हुई। फिर अपनी पत्नी के साथ दूसरी पुत्री विभा को लेकर चल पड़ा। घर पर बड़ी पुत्री, शोभा के जिम्मे दो अबोध छोटी पुत्रियों रम्भा एवं रश्मि को छोड़ दिया...। लेकिन राजेन्द्र मेडिकल कॉलेज पहुँच मुझे गहरी निराशा हुई। मेरी गम्भीर स्थिति पर वहाँ आपात-चिकित्सा की कोई तात्कालिक सुविधा उपलब्ध नहीं...। उससे तो अच्छा हमारे शहर आरा का सदर अस्पताल था, जहाँ इमरजेंसी की तात्कालिक सुविधा प्राप्त थी...। अब प्राइवेट उपचार के लिए मैं चिकित्सकों के आवासीय स्थल की ओर चल पड़ा ताकि तत्काल दर्द से राहत पा सकूँ...। इसी परेशानी और कष्ट के क्षणों में एक जगह चक्कर खाकर गिर पड़ा, जहाँ शहर के सभ्य जनों की अपेक्षा एक ग्रामीण ने मुझे अपना भरपूर सहयोग प्रदान किया। उसकी पत्नी राजेन्द्र मेडिकल अस्पताल में भर्ती थी। किसी चीज की आवश्यकता पर वह सुबह-सुबह निकला था। अपने ग्रामीण संस्कार की वजह से हमें रास्ते में असहाय महसूस कर वह हमारे साथ ऐसे लग गया, जैसे मैं उसके घर का ही मरीज हूँ। एक चिकित्सक ने अपने आवास पर तत्काल देने के लिए मुझे जो इंजेक्शन लिखा था उसे दिलवा कर उसने मुझे दर्द मुक्त किया। फिर हमें हमारे आवास तक पहुँचा कर ही वापस हुआ। मैंने उसका एहसान जताते हुए कहा—"मैं यहाँ राँची विश्वविद्यालय में शिक्षक हूँ। भविष्य में मेरे लायक जो भी कार्य हो मुझे सहयोग का अवसर दीजियेगा...।"

लेकिन भविष्य में कभी कोई कार्य लेकर वह मेरे पास नहीं आया। उसने अपने नैसर्गिक स्वभाव के तहत सहयोग किया था, कुछ पाने के उद्देश्य से नहीं।

'कहाँ तक कहें युगों की बात' में अपने जीवन की इस घटना को प्रस्तुत करने के पीछे इस तथ्य से मेरा मन परिचालित रहा कि नयी जगह के नयेपन में आपातकालीन व्यवस्था के प्रति हमें मुस्तैद रहना चाहिए, तभी हम औचक उत्पन्न समस्याओं से आसानी से निपट पाते हैं। दूसरी बात यह कि मेडिकल कॉलेज के नाम पर बड़े अस्पताल और उसमें सुसज्जित आधुनिक उपकरणों की सार्थकता तब तक नहीं हो सकती जब तक आम आदमी की तात्कालिक परेशानी का त्वरित

निदान उसके पास न हो। तीसरी बात यह कि पढ़े-लिखे तथा सभ्य-सम्पन्न दिखने वाले हमारे समाज के व्यक्ति किसी को आहत, पीड़ित और परेशान देख कर भी उसे अनदेखा कर आगे बढ़ जाते हैं। लेकिन गाँव-देहात के व्यक्ति नहीं। ऐसा मानवीय पक्ष उनके स्वभाव में शुमार होता है। इसे वे अपने सामाजिक जीवन की अनिवार्यता समझते हैं...।

सभ्यता और विकास के नाम पर हम इतने आगे बढ़ जायँ कि हमारे अन्दर मानवता के भाव शेष ही न रहें, तो क्या हमारा विकास श्रेयस्कर हो सकता है? मेरे जानते हमारी आधुनिक शिक्षा-व्यवस्था इसके लिए कम उत्तरदायी नहीं...। उसकी उन्नत वैज्ञानिक तकनीकी शिक्षा को भी हमें अपने गुरुकुल परम्परा की आदर्श जमीन से जोड़ना होगा, तभी विकास के साथ हम मानवीय भी बने रह पायेंगे...।

उस रात की भयावह पीड़ा के बाद राँची में अपेंडिसाइटिस का ऑपरेशन मैंने करा लिया। राँची के मेरे परम शुभचिन्तक, विद्वान प्रोफेसर एवं पहुँचे हुए आध्यात्मिक साधक पंडित विभूति मिश्र तथा कुशल सर्जन डॉक्टर आर. बी. सिन्हा के सबल आश्वासन ने ऑपरेशन के लिए मुझे तैयार कर दिया। आरा में जिस ऑपरेशन से वर्षों भागता रहा, राँची में वह सफलता के साथ सम्पन्न हो गया। इस दृष्टि से राँची ने जहाँ नौकरी देकर मुझे नया जीवन प्रदान किया, वहीं अपेंडिसाइटिस जैसी जानलेवा बीमारी से मुक्त कर मेरे जीवन को संकटरहित बना दिया। 'कहाँ तक कहें युगों की बात' के प्रारम्भ में ही जब इस बीमारी का उल्लेख कर चुका था, तब फिर अपने पाठकों को इसके निदान तक की यात्रा में सहभागी बनाना मुझे उचित जान पड़ा। इस घटना ने इस अनुभव से भी मुझे सम्पन्न बनाया कि जिस बीमारी का एकमात्र इलाज ऑपरेशन हो उससे बचने के लिए संयम-नियम से रहना तथा दूसरे माध्यमों के उपयोग के तहत समय व्यतीत करना शुतुरमुर्ग की तरह समस्याओं को अनदेखा करना है, जो अपने आप से धोखा करने से कम खतरनाक नहीं...! राँची निवास के प्रारम्भ में ही दो ऐसे व्यक्तियों से मेरी मुलाकात हुई 'कहाँ तक कहें युगों की बात' में उनका उल्लेख करना मुझे आवश्यक प्रतीत हुआ। इस मुलाकात ने साहित्यिक एवं पारिवारिक दोनों स्तरों पर मुझे ऊर्जस्वित एवं उल्लसित किया...।

पहली मुलाकात हिन्दी के प्रख्यात साहित्यकार अज्ञेय जी से हुई। उस समय राँची विश्वविद्यालय ने 'सृजन-प्रक्रिया' पर एक राष्ट्रीय सेमिनार का आयोजन किया था, जिसके उद्‌घाटन के लिए अज्ञेय जी की स्वीकृति हिन्दी विभाग को मिल गयी थी। उन्होंने इस शर्त पर अपनी स्वीकृति प्रदान की थी कि प्लेन से उनके आने-जाने तथा वातानुकूलित होटल में ही उनके ठहरने की व्यवस्था हो। साथ ही उद्‌घाटन के अतिरिक्त उन्हें रोका न जाय...। अज्ञेय जी का नाम इतना बड़ा था कि विभाग ने उनकी शर्त्त सहर्ष स्वीकार कर ली। सम्भवतः उनके इस आभिजात्य व्यक्तित्व से विभाग आतंकित था, इसलिए एक रचनाकार समझकर विभाग ने मुझे यह दायित्व

सौंपा कि अज्ञेय जी को हवाई अड्डे से वातानुकूलित होटल तक ले जाने तथा होटल से समय पर उद्घाटन स्थल तक पहुँचाने का कार्य मुझे ही करना है। मैंने यह जिम्मेवारी सहर्ष स्वीकार कर ली। अज्ञेय जी को मैंने पढ़ा था लेकिन कभी मिल नहीं सका था। अब इसी बहाने मेरी वह इच्छा भी पूरी होने वाली थी।

उस आयोजन में डॉक्टर विद्यानिवास मिश्र, डॉक्टर देवेन्द्र नाथ शर्मा, डॉ. केसरी कुमार से लेकर राष्ट्रीय स्तर के अनेक विद्वान एवं आचार्य आ रहे थे। लेकिन उनको लेकर विभाग को कोई परेशानी नहीं थी। विभाग के राष्ट्रीय सेमिनारों में वे पहले भी आ चुके थे...।

हवाई अड्डे पर जब पहली बार अज्ञेय जी को मैंने देखा तो वे मुझे साहित्यकार कम, साधु-संन्यासी ज्यादा लगे। बाल-दाढ़ी, रंग-रूप, कद-काठी से एकदम वैसे ही। सचमुच पहली नजर में ही सामान्य इंसान की जगह विशिष्ट व्यक्ति अधिक जान पड़े। शायद अपने इस विशिष्ट व्यक्तित्व के अनुसार ही उनका रहन-सहन था, इसलिए उन्होंने राँची आने के लिए अपनी शर्त रखी थी।

हवाई अड्डे से कार पर बैठाकर अज्ञेय जी को जब मैं होटल ले चलने लगा तो डॉ. नागेश्वर लाल ने मुझसे उन्हें परिचित कराते हुए बता दिया कि ये हिन्दी विभाग के नये शिक्षक मिथिलेश्वर जी हैं। राँची में आपके सहयोगी की जिम्मेवारी इन्हें ही सौंपी गयी है। इस पर अज्ञेय जी के मुँह से तत्क्षण निकल गया—"बाबूजी वाले कथाकार मिथिलेश्वर...!"

यह सुन क्षण भर के लिए मुझे अपने कानों पर विश्वास नहीं हुआ। फिर मुझे लगा, 'धर्मयुग' में छपी मेरी कहानी 'बाबूजी' व्यापक रूप से चर्चित रही है। शायद इसीलिए अज्ञेय जी उसे जानते हैं। उस कहानी ने ही नये लेखक के रूप में मेरी अलग पहचान कायम की थी। नागेश्वर लाल ने भी उनकी जिज्ञासा को शान्त कर दिया—"हाँ, ये वही मिथिलेश्वर हैं...।"

कार जब चलने लगी तो अज्ञेय जी ने कहा—"आप तो महाराजा हाता, आरा में रहते थे...।"

मैं समझ गया, उनकी यह जानकारी भी 'धर्मयुग', 'साप्ताहिक हिन्दुस्तान' और 'सारिका' की व्यापकता का ही परिणाम हो सकती है। उन पत्रिकाओं में मेरी दर्जनों कहानियाँ प्रकाशित हो चुकी थीं और हर कहानी के अन्त में महाराजा हाता, आरा का ही मेरा पता छपता था।

इस पर अज्ञेय जी ने कहा—"आरा की तुलना में यह स्थान परिवर्तन आपके लेखन के लिए भी बहुत अच्छा रहेगा...।" मैं जानता था, वे यायावर लेखक के रूप में प्रसिद्ध थे। लेकिन विनम्रतापूर्वक उनकी बात से मैंने अपनी असहमति व्यक्त की—"मुझे ऐसा नहीं लगता...। अपने सृजन क्षेत्र भोजपुर से यहाँ आना मेरे लेखन के लिए अनुकूल नहीं रहा है। एक यायावर के रूप में मैं लिख ही नहीं सकता।

अपने जिए-भोगे, जाने-सुने और देखे-परखे क्षेत्र, वहाँ की समस्याएँ तथा वहाँ के लोगों पर ही लिख पाता हूँ...।''

मेरी इस बात पर अज्ञेय जी ने अपनी गम्भीर आँखों से मुझे देखा। शायद मेरी यह राय उन्हें न जँची हो। शायद जँची हो! जो हो, उद्घाटन के बाद अज्ञेय जी तत्क्षण वापस हो गये। लेकिन उनसे उस मुलाकात की वह याद आज तक मेरे मन में ताज़ा है...।

राँची में दूसरी मुलाकात मेरे एक विस्मृत चाचा से हुई। मेरे पिताजी को कोई भाई-बन्धु नहीं, वे अकेले थे। रिश्ते में भी उनके एक मौसेरे भाई को छोड़ कर कोई और भाई नहीं...। लेकिन उनके उन एकमात्र मौसेरे भाई को भी हमने कभी देखा नहीं था, सिर्फ माँ से सुना था। पिताजी के निधन के बाद अकेली माँ गाँव पर रहते हुए हम छोटे भाई-बहनों की परवरिश करती रही, लेकिन किसी रिश्ते-नाते से हमें कोई सहयोग नहीं मिला। इस दृष्टि से धीरे-धीरे हमारे सम्बन्ध सिमटते चले गये, सिर्फ अपनी ससुरालों तक की परिधि में। लेकिन माँ जब मेरे साथ राँची पहुँची तो चाचा की खोज का अभियान उन्होंने शुरू कर दिया। उन्हें पता था, अपने गाँव की जमीन-जायदाद बेच चाचा ने राँची में ही घर बनाया था। ऐसे खोजी अभियानों में माँ की गहरी रुचि थी। हम जब गाँव से आरा आये थे तो आरा में भी उन्होंने हमारे कई पुराने और दूर के रिश्तेदारों की खोज की थी।

राँची में जहाँ एक ओर मैं कॉलेज के लिए निकलता, वहीं दूसरी ओर माँ राँची के विभिन्न मुहल्लों में। उन्हें सिर्फ इतनी ही जानकारी थी कि फिरायालाल चौक के पास के किसी मुहल्ले में चाचा का घर है। बस, एक दिन माँ ने उन्हें ढूँढ़ ही लिया। फिर तो उनसे मिलकर न सिर्फ खुशी से मैं चमत्कृत हो उठा, बल्कि यही स्थिति चाचा की भी रही। स्टेट्समैन के तेजस्वी और प्रख्यात पत्रकार मोहन जी सहाय मेरे चाचा हैं, यह जानकारी मेरे लिए किसी सुखद रहस्य से कम नहीं। चाचा भी लगभग यही महसूस कर रहे थे कि प्रसिद्ध युवा कथाकार मैं उनका अपना भतीजा हूँ। हम दोनों एक-दूसरे के नाम एवं लेखन से परिचित थे, लेकिन हम चाचा-भतीजा हैं, इस जानकारी से अनभिज्ञ थे, इसलिए इस औचक जानकारी ने हमारे पाँवों के नीचे की जमीन को और मजबूती प्रदान की। ऐसा मैंने बम्बइया फिल्मों में देखा था, लेकिन यह मेरे खुद के पारिवारिक जीवन का सच था...। 'कहाँ तक कहें युगों की बात' में इसे रखना मैंने इसलिए आवश्यक समझा कि संयोग के ऐसे पक्ष को हमें सदैव काल्पनिक नहीं समझना चाहिए। रचना और जीवन दोनों में संयोग की अनिवार्यता को हम नकार नहीं सकते।

हम जहाँ लम्बे समय से रह रहे होते हैं तथा रागात्मक रूप से जहाँ से जुड़े होते हैं, जो जमीन हमारे सुख-दुःख, संघर्ष और सफलता-विफलता की साक्षी होती है, उससे हम अधिक समय तक दूर नहीं रह पाते। सम्भव है, और लोग रह लेते

हों, पर मेरी स्थिति वैसी नहीं...।

राँची में कुछ समय तक रह चुकने के बाद अब मेरा सृजन क्षेत्र आरा मुझे पुकार रहा था। उस उर्वर जमीन में ऐसा कोई माह नहीं गुजरता था जब मेरी कलम से कोई नयी रचना पैदा न हो। लिखने की ही तरह छपने की भी वहाँ नियमितता थी। हर महीने किसी न किसी पत्रिका में मेरी कोई नयी रचना अवश्य प्रकाशित होती थी। असल में छपना, लिखने से ही जुड़ा होता है, इसीलिए दोनों की रफ्तार समान होती है। लेकिन यहाँ राँची में चाहते हुए भी मैं कुछ लिख नहीं पा रहा था। बहुत प्रयास के बाद आदिवासी संस्कृति पर सिर्फ एक कहानी लिख सका—सिंबोंगा की वापसी'। अपनी सृजन भूमि भोजपुर में मेरे साथ ऐसा कभी नहीं होता था। विपरीत परिस्थितियों में भी वहाँ मैं रचनारत रहता। अब मुझे ऐसा एहसास होने लगा कि अगर लम्बे समय तक राँची रह गया तो मेरा लिखना छूट जायेगा। फिर मेरी अपनी पहचान गायब हो जायेगी। एक लेखक के रूप में ही मुझे नौकरी मिली थी तथा यहाँ सर्वत्र एक लेखक के रूप में ही जाना जाता था...।

अपने लेखन को लेकर आरा के लिए छटपटाने वाला मेरा मन बीतते समय के अनुसार अब आरा के जीवन राग के लिए बेचैन रहने लगा। आरा की हवा, आरा का पानी, आरा का मौसम, वहाँ का हाट-बाजार, वहाँ के मेरे परिचित-मित्र, सबके संग-साथ के लिए अब मैं तड़पने लगा। सम्भव है, आरा के प्रति आपको यह मेरी भावुकता और कमजोरी जान पड़े। लेकिन उस समय मेरे साथ ऐसा ही था। राँची की नौकरी, यूनिवर्सिटी कॉलोनी का क्वार्टर और वहाँ के मान-सम्मान के बावजूद अब पुनः स्थायी रूप से मैं आरा वापस हो जाना चाहता था। इस सम्बन्ध में नौकरी छोड़ कर आरा जाने की कल्पना से मेरा मन दहल उठता। बेरोजगारी की जो मारक पीड़ा झेल चुका था अब मैं वैसा हर्गिज नहीं चाहता था...। इस स्थिति में अब नौकरी के साथ ही मुझे आरा वापस होना था...।

मुझे लगता है, मनुष्य का मस्तिष्क बुनियादी रूप से आविष्कारक और खोजी होता है। लेकिन उसकी खोज और आविष्कार भावना उसकी अपनी निजी आवश्यकता से परिचालित होती है। आरा वापसी की प्रबल आवश्यकता पर अब निरन्तर मैं इसी फिराक में रहने लगा कि नौकरी के साथ वहाँ पुनः वापस कैसे हो सकता हूँ? अब जिस किसी से मिलता इस जानकारी के लिए प्रयासरत रहता। जहाँ जाता, जानकारी के लिए मेरे पास यही मुद्दा होता...। अन्ततः मेरे खोजी मन को सुराग मिल ही गया। बिहार के राज्यपाल, बिहार के सभी विश्वविद्यालयों के कुलाधिपति थे। उस समय राँची (झारखण्ड) बिहार का ही हिस्सा था। उनको यह अधिकार था कि एक विश्वविद्यालय के शिक्षक को दूसरे विश्वविद्यालय में स्थानान्तरित कर सकें।

इस जानकारी पर अब मैं तत्काल राजभवन पहुँचा। लेकिन निराश होकर लौट आया। पता चला, अन्तरविश्वविद्यालय स्थानान्तरण का प्रावधान हैं। पर इधर कुछ

समय से वह स्थगित हो गया है। अब फिर कब शुरू होगा, इसकी कोई निश्चित जानकारी नहीं!

मेरा मस्तिष्क अब दूसरे माध्यम की तलाश में लग गया कि जब तक अन्तर विश्वविद्यालय स्थानान्तरण का कार्य शुरू नहीं हो जाता है तब तक के लिए आरा कैसे वापस हुआ जा सकता है? फिर 'जिन ढूढ़ा तिन पाइयाँ गहरे पानी पैठ' की तरह मुझे रास्ता मिल ही गया। मैंने पी. एच. डी. नहीं किया था। यू. जी. सी. में वैसे शिक्षकों के लिए 'टीचर फेलोशिप एवार्ड' के तहत पीएच. डी. करने की सुविधा प्राप्त थी। इसके अन्तर्गत अगर आरा के किसी शिक्षक को मैं अपना गाइड बना लूँगा तो आरा जाकर शोध-कार्य करने के लिए मुझे तीन वर्षों का सवैतनिक अवकाश मिल जायेगा। फिर उस अवधि में अन्तरविश्वविद्यालय स्थानान्तरण का रुका कार्य प्रारम्भ हो ही जायेगा।

मैं शोध-कार्य नहीं करना चाहता था। शोध-कार्य में समय व्यतीत करने की अपेक्षा अपने लेखन को मुझे अपेक्षित विस्तार देना था। व्याख्याता से रीडर, फिर रीडर से प्रोफेसर बनने की प्रक्रिया में अपने लेखन को सीमित या स्थगित करने के पक्ष में मैं कदापि नहीं था। लेकिन आरा लौटने के नाम पर इस शोध-कार्य के लिए मैं तैयार हो गया। फिर तो आरा के डॉ. लक्ष्मीकान्त सिन्हा, विभागाध्यक्ष, एच डी. जैन कॉलेज, आरा को गाइड बना लिया। इस तरह शोध-कार्य के नाम पर यू. जी. सी. से टीचर फेलोशिप एवार्ड प्राप्त करने के लिए पूरी तरह प्रयत्नशील हो उठा।

यह कार्य भी कम मुश्किल और जटिल नहीं था। शायद एक नये व्याख्याता के रूप में इसमें मैं सफल नहीं हो पाता। लेकिन जिस तत्परता और मनोयोग से इसमें लगा रहा कि सभी मुश्किलें आसान बनती चली गयीं। आरा के भौतिकी विभाग के तेजस्वी शिक्षक अमिताभ घोष से टीचर फेलोशिप की जानकारी मुझे प्राप्त हुई थी। वे एच. डी. जैन कॉलेज, आरा से 'टीचर फेलोशिप एवार्ड' के तहत ही दिल्ली में रहकर शोध-कार्य कर रहे थे। मेरे लिए टीचर फेलोशिप एवार्ड का मजमून उन्होंने ही तैयार किया। फिर मैंने उसे राँची विश्वविद्यालय से अग्रसारित करा कर यू. जी. सी. को भिजवा दिया...।

उस समय तक के अपने अनुभव के आधार पर मैं यह जानता था कि किसी भी कार्यालय में अपने कार्य के पीछे नहीं लगने पर कार्य सम्पन्न नहीं हो पाता। लेकिन समस्या यह थी कि राँची में रह कर दिल्ली स्थित यू. जी. सी. कार्यालय में अपने कार्य के लिए मैं क्या कर सकता था? मानसिक स्तर पर अपने कार्य के लिए अब मैं निरन्तर मार्ग के अन्वेषण में लगा रहा। शायद मेरी आन्तरिक कामना का ही यह परिणाम था कि उस समय एक पत्रिका में कवि केदार नाथ कोमल की एक कविता प्रकाशित हुई। कविता के अन्त में कवि का पता छपा था—'अनुभाग अधिकारी, यू. जी. सी. नयी, दिल्ली।' बस, मेरा मन उत्साहित हो उठा। वह मोबाइल-फोन का

युग नहीं था। मैंने तत्काल कोमल जी के नाम पत्र प्रेषित किया। फिर तो समानधर्मा कोमल जी का पूरा सहयोग मुझे प्राप्त हुआ। अन्ततः कुछ प्रक्रियाओं के बाद वह अवसर आ ही गया जिसकी प्रतीक्षा मैं व्यग्रता से कर रहा था। जिस दिन यू. जी. सी. का पत्र मुझे मिला, वह राँची प्रवास का मेरा सबसे सुखद और खुशनुमा दिन था। पत्र लेकर सीधे अपने क्वार्टर की ओर भागा। मुझे अतिशय प्रसन्न देख रेणु चौंक उठी—"क्या बात है, आज इतने खुश लग रहे...!"

"अब हम फिर स्थायी रूप से आरा रह सकते हैं रेणु...।"

"क्या? कोई मजाक तो नहीं कर रहे...? "

"नहीं रेणु...।"

इस पर बेटियाँ भी अपनी सुखद जिज्ञासा व्यक्त कर उठीं—"सचमुच पापा...!"

"हाँ, बेटे...।"—और मैंने पत्र निकाल कर रेणु को दिखा दिया। फिर तो हमारा वह क्वार्टर रेणु के अनुपम मुस्कान और बेटियों की मीठी हँसी से गुंजायमान हो गया। पिछले कुछ समय से हमारे जिस क्वार्टर में उदासी और मायूसी पसरी थी, वहाँ अब हँसी-खुशी का मधुर उजास फैल गया।

यू. जी. सी. के इस पत्र के बाद मेरे पैरों में तो जैसे पंख उग आये। उस पत्र के आधार पर आरा जाकर शोध-कार्य करने के लिए मैंने राँची विश्वविद्यालय से तीन वर्षों का सवैतनिक अवकाश दो दिनों के अन्दर ही प्राप्त कर लिया। मुश्किल से प्राप्त यूनिवर्सिटी कॉलोनी के अपने क्वार्टर में तत्काल इन्टर लॉक लगवाया। फिर अपना क्वार्टर अच्छी तरह बन्द कर पड़ोसियों को निगरानी के लिए अनुरोध कर दिया। उस दिन जब हम आरा जाने के लिए राँची एक्सप्रेस में बैठे तो वैसी ही अपार और आन्तरिक खुशी का अनुभव हमें हुआ जैसी खुशी नियुक्ति पत्र मिलने पर हुई थी। अपनी नौकरी के साथ तीन वर्षों के लिए मैं अपने घर वापस हो रहा था। लेकिन मेरे मन में इस बात का पक्का विश्वास था कि इस तीन वर्ष की अवधि में अन्तर विश्वविद्यालय स्थानान्तरण कार्यालय से भी मेरा कार्य होना है...। अपनी जीवन यात्रा के इस प्रसंग को अपनी आत्मकथा 'कहाँ तक कहें युगों की बात' में देना इस दृष्टि से मुझे वाजिब जान पड़ा कि हम पूरे मन से लग जायँ तो असम्भव प्रतीत होने वाले कार्य को भी सम्भव कर सकेंगे। मानस की यह चौपाई हमें स्मरण रखनी चाहिए—"जा को जा से सत्य सनेहू, ता वह मिलै न कछु सन्देहू...।"

यह काव्य उक्ति भी हमें नहीं भूलनी चाहिए कि 'जिन ढूँढ़ा तिन पाइयाँ गहरे पानी पैठ, जो बौरा डूबन डरा, रहा किनारे बैठ...।'

आरा पहुँच कर मैंने अपनी दिनचर्या को पूर्ववत् कर लिया। नौकरी में जाने से पहले के मेरे सर्जक जीवन ने अब पुनः अपनी रफ्तार पकड़ ली। अब मेरे मन को पहले की अपेक्षा अधिक आश्वस्त और इत्मीनान का एहसास था, क्योंकि अल्प ही सही, नियमित आय के स्रोत से जुड़ गया था। उस वक्त बिहार के कॉलेज शिक्षकों

की आय नगण्य थी। लेकिन बेरोजगारी की तुलना में वह हमारे लिए किसी वरदान से कम नहीं। अब पुनः अपने सृजन क्षेत्र में मेरी कलम दनादन कथाएँ उगलने लगी। मेरे पास विषय की कमी तो थी ही नहीं। जिस गाँव से, जिस क्षेत्र से तथा जिस परिवार से मैं सम्बद्ध था वहाँ की समस्याओं और लोगों की पीड़ाओं तथा उनके निदान हेतु एक रचनाकार की भावनाओं से लबरेज असंख्य रचनाओं के विषय की खान में मैं था। ऐसी स्थिति में मुझे अब लिखते ही जाना था।

'बाबूजी', 'बन्द रास्तों के बीच', 'दूसरा महाभारत' और 'मेघना का निर्णय' नामक चार कहानी-संग्रहों तथा 'झुनिया' और 'युद्धस्थल' नामक दो उपन्यासों के प्रकाशन के बाद मैं राँची विश्वविद्यालय में शिक्षक नियुक्त हुआ था। इस दौरान 'तिरिया जनम' संग्रह का प्रकाशन राँची निवास की अवधि में ही हुआ तथा 'हरिहर काका' का प्रकाशन आरा आगमन के बाद। अब पुनः तैयार नयी कहानियाँ जब एक संग्रह भर हो गयीं तो 'एक में अनेक' संग्रह बना दिया। इसके बाद तैयार कहानियाँ 'एक थे प्रो. बी. लाल' नामक संग्रह के रूप में। इसी अवधि में 'प्रेम न बाड़ी ऊपजै' उपन्यास भी पूरा किया, जिसे नौकरी से पहले ही लिख रहा था, लेकिन अधूरा था।

'कहाँ तक कहें युगों की बात' में अपने समय की अपनी उन रचनाओं को प्राप्त विषय तथा रचना प्रक्रिया के तहत ढल कर स्वरूप ग्रहण करने तक की उनकी पहचान का उल्लेख भी मुझे इसलिए आवश्यक जान पड़ा, क्योंकि उन्हें मैं अपने से कतई पृथक नहीं मानता। उनके माध्यम से अपना ही सुख-दुःख, विजय-पराजय, हर्ष-विषाद, संघर्ष-संकल्प, आशाओं-आकांक्षाओं को वाणी देता रहा। मेरे समय और मेरे जीवन-संघर्ष को उनसे अलग कर नहीं जाना जा सकता। सच तो यह है कि अगर मैं अपनी आत्मकथा नहीं भी लिखता तो पाठक मेरी रचनाओं के माध्यम से मेरी जीवन-यात्रा को समझ जाते। लेकिन अपने पाठकों की सुविधा को ध्यान में रखकर उनकी माँग तथा अपने अन्तःकरण की प्रेरणा के तहत आत्मकथा की रचना मुझे करनी पड़ी।

जैसा कि मुझे विश्वास था और मैं चाहता था, वैसा ही घटित हुआ। 'टीचर फेलोशिप एवार्ड' की तीन वर्ष की अवधि में ही अन्तरविश्वविद्यालय स्थानान्तरण का स्थगित कार्य शुरू हो गया। बस, मैं अपने अभियान के तहत सक्रिय हो उठा। इस सम्बन्ध में राज्यपाल के रजिस्ट्रार एस. के. सिन्हा का पर्याप्त सहयोग मुझे मिला। साहित्य में उनकी गहरी रुचि थी। समय-समय पर अपने अन्तरमन की अभिव्यक्ति के लिए वे कविताएँ लिखते थे। इस क्रम में काफी कविताओं की वे रचना कर चुके थे। अपने कार्य के सिलसिले में जब मैं पहुँचता तो उनमें से चुनी हुई कविताएँ वे सुनाते। मैं कहता—"इन्हें प्रकाशित कराइये सिन्हा जी, ताकि पाठकों के बीच पहुँच कर ये अपनी मंजिल पा सकें। आपकी संवेदना, भाव एवं विचार में

सनी-पगी कविताएँ मेरे मन को छूती हैं...। मुझे विश्वास है, पाठकों को भी आपकी कविताएँ जँचेगी...।"

इस पर सिन्हा जी कहते–"आप तो स्वयं रचनाकार हैं मिथिलेश्वर जी, आपको क्या बताना ! मेरे लिए लिखना जितना सुखकर है, प्रकाशित कराकर पाठकों तक पहुँचाने का कार्य उतना ही दुष्कर। प्रकाशक पैसा माँगते हैं। पैसा लेकर छापने वाले साहित्य का वे प्रचार भी नहीं करते। जितनी रकम लेते हैं उतनी ही पुस्तकें थमा देते हैं। अब लिखना छोड़ कर उन्हें बेचना और प्रचारित करना मुझ जैसे व्यक्ति के लिए सम्भव नहीं...। आप स्थापित कथाकार हैं, इसलिए सब आपको छापते और बेचते हैं...।"

सिन्हा जी की बात मैं समझ रहा था। ऐसे अनेक लोगों को मैं जानता था, जो लिखते थे और लिख-लिख कर रखते जाते थे, उनमें उत्कृष्ट साहित्य भी होता था। लेकिन प्रकाशक उन्हें छाप कर रिस्क उठाना नहीं चाहते। हिन्दी के अधिकांश प्रकाशक किसी अज्ञात लेखक को छाप कर मूल्यांकन कराने की अपेक्षा चर्चित और प्रचारित नामों को ही छापना चाहते हैं। सिन्हा जी के लिए अपने प्रकाशकों से मैंने बात की। लेकिन वे तैयार नहीं हुए। रकम लेकर अल्प प्रतियाँ छापने की ही बात...। सचमुच हिन्दी के प्रकाशन जगत की यह स्थिति शोचनीय है। मेरी जानकारी के तहत हिन्दी साहित्य के सिमटते परिदृश्य की एक वजह यह भी है...।

अपने जीवन में साहित्य के माध्यम की सार्थकता से मैं अवगत हो चुका था। राँची में नौकरी पाने, घर हासिल होने, 'टीचर फेलोशिप एवार्ड' मिलने से लेकर इलाज आदि तक में सहयोग पाने की ही भाँति अपने साहित्य की वजह से ही अन्तर-विश्वविद्यालय स्थानान्तरण के तहत राँची से अपने शहर आरा के मशहूर एच. डी.जैन कॉलेज में आ गया। वैसे तो 'टीचर फेलोशिप एवार्ड' के तहत आरा पहुँच कर अपने लेखन कार्य को मैंने सँभाल लिया था। लेकिन निरन्तर अपने ऊपर एक लटकती हुई तलवार महसूस करता था कि फेलोशिप की अवधि बीत जाने पर मुझे पुनः राँची जाना पड़ेगा। राँची रहने के दौरान डॉ. नामवर सिंह से मेरा सम्पर्क हो चुका था। उस समय वे जे. एन. यू. में हिन्दी विभाग के अध्यक्ष थे। पत्राचार के तहत अपने निर्देशन में 'टीचर फेलोशिप एवार्ड' के अन्तर्गत शोध-कार्य करने के लिए उन्होंने अपनी सहमति मुझे लिख भेजी थी। मैं जानता था, नामवर जी के साथ जे. एन. यू. में रहकर मैं बहुत कुछ पा सकता था। लेकिन अपने लेखन के लिए जे. एन. यू. की अपेक्षा अपने सृजन क्षेत्र भोजपुर (आरा) में आना पसन्द किया। इस स्थिति में राँची से आरा के लिए स्थायी स्थानान्तरण ने अब मुझे पूर्णतः इत्मीनान करा दिया था, अपने लेखन एवं जीवन दोनों स्तरों पर।

मेरे जानते किसी लेखक की आत्मकथा सिर्फ उसके व्यक्तिगत जीवन को ही ध्वनित नहीं करती, उस लेखक के समय की मुख्य चिन्ताओं से भी रू-ब-रू

होती है। इस दृष्टि से वर्ष 1984 में अपने दो सिक्ख अंगरक्षकों द्वारा तत्कालीन प्रधानमन्त्री इन्दिरा गाँधी की हत्या की घटना की दुखद चर्चा 'कहाँ तक कहें युगों की बात' में मुझे समय की माँग जान पड़ी। वह 31 अक्टूबर 1984 का दिन था। प्रधानमन्त्री इन्दिरा गाँधी की हत्या दिल्ली में हुई। उस हत्या पर दिल्ली में तत्काल भड़के हिन्दू-सिक्ख दंगे की लहर ने तत्क्षण हमारे छोटे शहर आरा को भी हिला दिया, जिससे मेरा रचनाकार मन आहत हो उठा...।

जीवन की यात्रा किसी सरल रेखा की तरह नहीं होती, हमारे व्यक्तिगत जीवन में उतार-चढ़ाव के साथ-साथ हमारे अनुभव हमें बहुत कुछ समझाते-बताते तथा जमीनी सच्चाइयों से अवगत कराते हैं। अपने वैसे अनुभव जगत में से अविस्मरणीय और प्रेरक प्रसंग हमसे रचनात्मक प्रस्तुति की माँग करते हैं। अपनी आत्मकथा 'कहाँ तक कहें युगों की बात' में भी वैसे कुछ प्रसंगों को उनके यथार्थ के साथ प्रस्तुत करना मुझे वाजिब जान पड़ा। उनमें से एक प्रसंग मेरी बड़ी पुत्री पिंकी के अपेंडिसाइटिस के ऑपरेशन से जुड़ा रहा।

पिंकी के असह्य पेट दर्द पर आरा के एक प्रायवेट अस्पताल में उसका अपेंडिक्स तत्काल निकलवाना पड़ा। इस दौरान पुत्री के साथ उस कस्बाई अस्पताल में एक सप्ताह तक रहते हुए मैं तीन ऐसी घटनाओं का साक्षी बना, जिसे आज तक भूल नहीं सका हूँ। इन तीनों घटनाओं पर अलग-अलग तीन कहानियाँ लिखी जा सकती हैं। लेकिन समय और प्रसंग के अनुसार 'कहाँ तक कहें युगों की बात, में' उसे उजागर कर देना प्रासंगिक जान पड़ा...।

उस समय हमारे कस्बाई शहर आरा का वह अस्पताल सुविधाओं से वंचित कस्बाई मानसिकता का सूचक था, जहाँ एक हॉलनुमा बड़े कमरे में मरीजों को अलग-अलग बेड प्राप्त थे। हर बेड के नीचे मरीजों के परिजन। हॉल के एक कोने में गुसलखाना तथा दूसरे कोने में कंपाउण्डरों के रात्रि विश्राम का एक कमरा। बाहर खाना बनाने की खुली जगह।

पहली घटना गाँव से आयी एक साँवली सलोनी लड़की को लेकर घटी। उसकी माँ को गोल ब्लाडर के स्टोन का ऑपरेशन हुआ था। उस लड़की के कृशकाय और बुजुर्ग पिता भी साथ थे। उन्हें सहयोग के लिए पड़ोस का एक लड़का भी आया था। लेकिन उस लड़के की हरकत देख पहली ही नजर में मुझे लग गया कि सहयोग के नाम पर उस लड़की का पीछा करते हुए वह यहाँ तक पहुँचा था। उस लड़की की माँ का बेड हॉल के किनारे मेरी आँखों की सीध में था, जिससे उनका कुछ भी मुझसे छिप नहीं पाता था।

उस साँवली सलोनी लड़की में गजब का आकर्षण था। कच्ची उम्र की तरुणाई ने उसके रूप-यौवन की मोहकता बढ़ा दी थी, किसी वन्य प्रदेश के झाड़-झंखाड़ के बीच खिले ताज़े फूल की तरह। वह लड़की जब बाहर खाना बनाने जाती तो वह

लड़का भी साथ जाता और जब अन्दर हॉल में आती तो वह साथ ही आ जाता। सहयोग के नाम पर वह हर वक्त लड़की के स्पर्श की कोशिश में रहता तथा तनिक भी एकान्त का अनुभव होने पर कोई बात उससे मनवाना चाहता जिसे कभी तुनक कर तो कभी हँस कर वह लड़की टाल देती। लेकिन एक रात उस लड़के को अपने प्रयास में सफलता मिल ही गयी। शायद गाँव पर कभी ऐसा अवसर उसे नहीं मिला था।

उस रात, रात गहरा जाने पर जब मरीजों के परिजन या तो सो गये थे या ऊँघ रहे थे, उस लड़के के संकेत पर वह लड़की गुसलखाने की ओर चल पड़ी। ऐसे अस्पतालों में किसी को किसी और से मतलब नहीं होता। सब अपने मरीज और अपनी समस्याओं में खोये-सिमटे होते। लेकिन रचनाकार मन ने मुझे अनिद्रा का शिकार और खोजी बना दिया था। उस लड़की के गुसलखाने तक पहुँचते ही वह लड़का भी दबे पाँव वहाँ चल पड़ा। कच्ची उम्र में लड़की की यह भटकन देख मेरा मन अनिष्ट की आशंकाओं से भर गया। एक क्षण के लिए मुझे लगा कि इस स्थिति में मैं क्या कर सकता हूँ? फिर मेरे अन्दर से ही जवाब आया, साक्षी होने के दोष से बचने के लिए मुझे हस्तक्षेप करना चाहिए...।

बस, मैं चल पड़ा। लेकिन गुसलखाने पहुँच कर पाया, वे वहाँ नहीं थे। मेरी निगाहें उन्हें ढूँढ़ने लगीं कि वे चले कहाँ गये? उस गुसलखाने की बगल में कचरे के ढेर के पास उस हॉल के पीछे की सँकरी गली थी। उधर कोई नहीं जाता था। लेकिन यह देखकर मेरी आँखें खुली की खुली रह गयीं। उसी सँकरी गली में लड़की बिछी हुई थी और वह लड़का उससे ऐसे चिपका था, जैसे किसी वृक्ष से चमगादड़। उनकी यह स्थिति अब मेरे हस्तक्षेप से परे थी। मैं खिन्न और दुःखी मन वापस आ गया।

सुबह होते ही लड़के को एकान्त में पकड़ा। मेरी नाराजगी और तीखे सवालों पर झिझकते हुए लड़के ने कहा—"अगर गर्भ ठहर जायेगा तो गर्भ गिरवा दूँगा...।"

उसे अब दुबारा ऐसा न करने की नसीहत दे लड़की को भी एकान्त में पकड़ा। रहस्योद्घाटन से डरी-सहमी मेरे प्रश्नों के जवाब में उसने कहा कि वह मुझसे प्रेम करता है, मुझसे शादी करेगा। लेकिन जब लड़के की प्रतिक्रिया से उसे अवगत किया तो उसकी आँखें फटी की फटी रह गयीं। उसके बाद उस अस्पताल में वे जब तक रहे, लड़की उस लड़के से दूरी बना कर गम्भीर बनी रही। यह देख अपना प्रयास मुझे सार्थक जान पड़ा...।

उस अस्पताल की दूसरी घटना भी गाँव से आये एक मरीज की पत्नी को लेकर घटी। वह कोई नयी उम्र की लड़की या स्त्री नहीं, एक भरी-पूरी छैल-छबीली नार थी। कमर लचकाते और आँखें मटकाते हुए वह चलती थी। उसके सुडौल मांसल उभार युवा पुरुषों के ध्यान खींचने लायक थे। उसके पति के पेट में अल्सर था।

उनका कोई निकटस्थ उन्हें भर्ती करा गया था। वह आकर देख लेता था, लेकिन रात में वहाँ नहीं रुकता था। उस अस्पताल में रात की ड्यूटी वाले दोनों अनुभवी कंपाउण्डरों ने आते ही उस नार को परख लिया। फिर या तो उसके पति को देखने के बहाने उस नार के पास पहुँच जाते या उस कक्ष के एक किनारे कायम अपनी मेज-कुर्सी के पास उसे इशारे से बुला लेते। इस क्रम में वे जल्द ही अपने उद्देश्य में सफल हो गये।

वह बारिश की रात थी। रात गहराने पर उस कक्ष के मरीजों के सोने, ऊँघने के वक्त उस नार को जगा कर एक कंपाउण्डर रात्रि विश्राम वाले अपने कमरे में उसे लेकर चला गया। कुछ देर बाद वह कंपाउण्डर तृप्त-प्रसन्न बाहर आ पूर्ववत् अपनी मेज के पास जम गया। अब प्रतीक्षारत बेकरार दूसरा कंपाउण्डर उस कमरे में चला गया। एक समय विशेष के अन्तराल पर वह दूसरा भी वापस आ गया। फिर कुछ क्षण बाद वह नार भी उस कमरे से बाहर आयी। लेकिन उसकी लस्त-पस्त और मस्त स्थिति सब कुछ बता रही थी। वह अपनी जगह आकर पूर्ववत् लेट गयी। अल्सर के दर्द की वजह से उसके पति को नींद की गोलियाँ दी जा रही थीं...।

सुबह मैं अपने को रोक नहीं सका। एकान्त में कंपाउण्डरों से मुखातिब हो अपनी सख्त नाराजगी जाहिर की। जवाब में यह कह कर उन्होंने मुझे चुप करा दिया—''अस्पताल जैसी नीरस जगह में जहाँ रोज जिन्दगी और मौत के बीच हम रहते हैं, अगर ऐसी मन फेरवन चीजें न मिलें तो हम यहाँ रह ही नहीं पायेंगे...।''

उन्होंने मुझे धमका भी दिया—''अगर आप कहीं मुँह खोलेंगे तो समझ लीजिए, उस महिला द्वारा हम आप पर ही आरोप लगवा देंगे...।''

तीसरी घटना गाँव से ज़ख्मी होकर आये एक व्यक्ति को लेकर घटी। लेकिन पिछली दोनों घटनाओं से बिल्कुल पृथक थी। वह एक किसान था। बिल्कुल मामूली बात, बारिश में ढह गयी पगार को फिर से कायम करने के प्रयास पर उसके पड़ोसी किसान परिवार ने उसे गोली मार दी थी। उसकी गम्भीर स्थिति देख डॉक्टर उसका ऑपरेशन करना नहीं चाहते थे। लेकिन उसकी बूढ़ी माँ की आर्त्त गुहार और गिड़गिड़ाहट पर उन्होंने उसे हाथ लगाया, पर उसे बचा नहीं सके। वह अपने परिवार का अकेला था। उसकी मृत्यु पर उसकी माँ एवं पत्नी के करुण क्रन्दन ने वहाँ उपस्थित सबको मर्माहत कर दिया। अज्ञान, अशिक्षा और ईर्ष्या-द्वेष की वजह से गाँवों में आज भी 'जिसकी लाठी उसकी भैंस' मुहावरा अपने यथार्थ के साथ बना हुआ है। उस अकेले किसान की दुनिया को एक मामूली बात की क्रूर-हिंसा ने वीरान कर दिया।

मेरी आत्मकथा 'कहाँ तक कहें युगों की बात' में मेरी जीवन-यात्रा के प्रसंग में अंकित इन तीनों घटनाओं को मेरे पाठकों ने खूब पसन्द किया...। मुझे लगता है, हमारे अनुभव भी हमारे जीवन की सम्पदा ही हैं।

मेरी इस आत्मकथा का समय वर्ष 1985 के आसपास था। मेरी साहित्यिक यात्रा में वर्ष 1985 का अलग महत्त्व था। उस वर्ष जहाँ एक ओर उ. प्र. हिन्दी संस्थान की ओर से तत्कालीन प्रधानमन्त्री राजीव गाँधी के हाथों अपने कहानी संग्रह 'मेघना का निर्णय' के लिए मुझे 'यशपाल पुरस्कार' प्राप्त हुआ, वहीं दूसरी ओर शाहजहाँपुर (उ. प्र.) से साहित्य की सशक्त पत्रिका 'संदर्श' का 'मिथिलेश्वर अंक' प्रकाशित हुआ।

मेरी रचना यात्रा के प्रारम्भिक दौर में ही क्रान्तिकारियों पर लिखने वाले सूझ-बूझ सम्पन्न 'संदर्श' सम्पादक सुधीर विद्यार्थी ने मुझ पर विशेषांक दिया। उस वक्त से लेकर आज तक सुधीर विद्यार्थी से कभी मेरा कोई व्यक्तिगत सम्बन्ध नहीं रहा है, रचनात्मक स्तर पर ही हम एक-दूसरे से जुड़े रहे हैं...। हमारे बीच पत्राचार भी कम रहा और फोन पर बातचीत तो नहीं के बराबर। सुधीर विद्यार्थी जैसे सम्पादक अब आज के दौर में कहीं नहीं मिल सकते, जिनकी नजर में किसी रचनाकार का महत्त्व उसकी रचनाओं को लेकर था, उससे व्यक्तिगत सम्बन्ध को लेकर नहीं..।

वर्ष 1985 में मुझसे सम्बन्धित दूसरी साहित्यिक घटना उ. प्र. हिन्दी संस्थान द्वारा 'यशपाल पुरस्कार' पाना था। उस समय उ. प्र. हिन्दी संस्थान के कार्यकारी उपाध्यक्ष डॉ. शिवमंगल सिंह सुमन थे। वहाँ जिन लोगों के साथ मैं पुरस्कृत हुआ उनमें जैनेन्द्र कुमार, हरिवंश राय बच्चन, भवानी प्रसाद मिश्र, गिरिजा कुमार माथुर, प्रभाकर माचवे, द्विजेन्द्रनाथ मिश्र निर्गुण, त्रिलोचन शास्त्री, नरेश मेहता, भीष्म साहनी, जगदीश गुप्त आदि थे। उस बड़े और विशिष्ट साहित्यिक आयोजन के अवसर पर जैनेन्द्र कुमार और त्रिलोचन के जीवन के दो प्रसंगों की जानकारी ने मुझे अभिभूत कर दिया। पहला जीवन-प्रसंग जैनेन्द्र जी से सम्बन्धित रहा। लखनऊ के राजकीय अतिथिशाला में हम साथ-साथ ठहरे थे। सम्मान समारोह से पहले जैनेन्द्र जी से मिलने मैं उनके कमरे में पहुँचा। वे सपरिवार आये थे। उस अच्छे अवसर पर उन्हें उदास देख मेरा मन जिज्ञासु हो उठा। उस आयोजन के सबसे बड़े सम्मान 'भारत भारती' की एक बड़ी रकम उन्हें ही प्राप्त होने वाली थी। फिर कुछ ही समय की बातचीत के बीच उनकी पुत्री ने मेरे मन की जिज्ञासा शान्त कर दी। उन्होंने बताया—"पिताजी को मिलने वाले इस पुरस्कार की रकम की जिन्हें ज्यादा प्रतीक्षा थी वे माँ अब नहीं रहीं...।"

मैं जानता था, पुरस्कार घोषणा के लम्बे समय बाद उसका वितरण हो रहा था। प्राप्त जानकारी के अनुसार घोषणा के समय जैनेन्द्र जी की पत्नी जीवित थीं। इस बड़ी रकम को लेकर उनके मन में अनेक योजनाएँ थीं। लेकिन वितरण में अत्यधिक विलम्ब के दौरान उनका निधन हो गया। अपनी पत्नी से जैनेन्द्र जी के इस लगाव ने उनके प्रति मेरी पूरी धारणा बदल दी।

1 सितम्बर 1974 के 'धर्मयुग' में मेरी एक कहानी प्रकाशित हुई थी 'बाबूजी'। उस कहानी ने ही अपने लेखन के प्रारम्भिक दौर में मुझे पर्याप्त प्रसिद्धि प्रदान की

थी। 'धर्मयुग' के उसी अंक में जैनेन्द्र जी के एक महत्त्वपूर्ण वक्तव्य 'पत्नी घर में प्रेयसी मन में' को लेकर एक व्यापक परिचर्चा आयोजित की गयी थी। जैनेन्द्र जी के उस वक्तव्य ने उनके प्रति मेरे मन को शंकित बना दिया था। लेकिन लखनऊ में पुरस्कार के अवसर पर पत्नी के लिए उनकी सघन उदासी ने मेरे मन की सारी शंका दूर कर दी। वह वक्तव्य सिर्फ जैनेन्द्र जी का वक्तव्य भर था, उनके जीवन का यथार्थ नहीं...।

लखनऊ के उस अतिथिशाला में त्रिलोचन जी से उनकी आपबीती सुनकर भी मैं दंग रह गया। एक बार एक ट्रेन यात्रा के दौरान त्रिलोचन जी के सीने में दर्द हुआ। उन्हें काफी पसीना आया। कमजोरी भी महसूस हुई। साँस लेने में कठिनाई का अनुभव हुआ। लेकिन उसे गैस का दर्द समझ अपने मजबूत आत्मबल से उसका सामना करते रहे। यात्रा की उस औचक परेशानी ने उन्हें पस्त नहीं किया। अपना स्टेशन आने पर अपने सामान स्वयं उठा वे ट्रेन से उतरे। घर आने पर जब चिकित्सक से उन्हें दिखाया गया तो रास्ते की वह परेशानी गम्भीर हार्ट अटैक साबित हुई। लेकिन अपने आत्मबल से त्रिलोचन जी उस दौरे से बच गये। उसके बाद काफी समय तक जीवित रहे। अपनी आत्मकथा 'कहाँ तक कहें युगों की बात' में अपने पाठकों को इन प्रेरक घटनाओं से अवगत करना मुझे वाजिब जान पड़ा।

बेरोजगारी से कॉलेज शिक्षक होने के बाद कष्टप्रद आर्थिक समस्याओं से कुछ निजात जरूर मिला था। लेकिन अभाव अभी भी बना हुआ था। उस समय बिहार में कॉलेज शिक्षकों की आय स्कूल शिक्षकों से भी कम थी। उस कम आय का भी नियमित भुगतान नहीं हो पाता था। ऐसे भविष्य को ध्यान में रखकर ही मेरी पत्नी रेणु ने शिक्षिका का प्रशिक्षण प्राप्त किया था। अब समय और अवसर के अनुसार वर्ष 1988 में जिले के एक राजकीय मध्य विद्यालय के लिए रेणु को शिक्षिका का नियुक्ति पत्र मिल गया। कहने की आवश्यकता नहीं कि इससे हमारा घर खुशियों से भर उठा। मैं जानता था, मेरी आय की तुलना में रेणु के नियमित भुगतान से हमें बहुत राहत मिलेगी। रेणु जब शिक्षिका की ट्रेनिंग ले रही थी उसी समय से हम इस अवसर की प्रतीक्षा में थे। अब देर आयद, दुरुस्त आयद की तरह इस नियुक्ति–पत्र ने हमारे मन को सुखद एहसास से भर दिया...।

लेकिन खोदा पहाड़, निकली चुहिया की भाँति रेणु की जिस आय को हम सहज और आसान समझ रहे थे, उसे पाने की प्रक्रिया और उससे जुड़ने की दुनिया उतनी ही कठिन और जटिल। पहले प्राथमिक शिक्षकों की आय को मैं सुगम समझ रहा था। आराम की नौकरी में नियमित आय का सुख। सम्भव है, कभी ऐसा रहा हो, तभी समाज में यह धारणा भी व्याप्त थी। लेकिन मेरा अनुभव इससे सर्वथा पृथक रहा।

रेणु को योगदान कराने जब पहुँचा तो यह जानकर हैरत और आश्चर्य में पड़

गया कि उस प्रखण्ड में उस नाम का कोई विद्यालय नहीं। मुझे लगा था कि योगदान के दिन रेणु के साथ जाना उचित रहेगा। फिर तो वह स्वयं स्कूल आती-जाती रहेगी। लेकिन यहाँ तो स्थिति ही दूसरी थी। अब यह संघर्ष सिर्फ रेणु के वश का नहीं था। जिस लम्बी प्रतीक्षा के बाद यह नियुक्ति पत्र मिला था, उसे कारगर बनाने के लिए हम पूरे मन से लग गये। फिर उस प्रखण्ड से लेकर डी. एस. ई. (जिला शिक्षा अधीक्षक) कार्यालय तक हमारी भागदौड़ तेज़ हो गयी। डी. एस. ई. कभी गायब रहते तो कभी कार्याधिक्य का बहाना कर किसी और दिन आने को कहते। हम वहाँ जब भी पहुँचते, कुछ दलाल और मुस्टंड शिक्षकों से घिरे होते। उनमें से एक-दो शिक्षकों ने हमें संकेत भी किया, कुछ ले-देकर कार्य करा लीजिए, अन्यथा दौड़ते ही रह जायेंगे। लेकिन ईमानदारी का जीवन जीते हुए सामाजिक विषमता और भ्रष्टाचार को खत्म करने के लिए जिस साहित्य को अपनाया था, उससे जुड़े होकर गलत समझौता करना मेरे लिए हर्गिज मुमकिन नहीं था। इस स्थिति में मेरा जीवन और साहित्य ही अस्त्र बना। यह जान चुकने के बाद कि यहाँ के एक मशहूर कॉलेज में मैं व्याख्याता हूँ तथा अपने साहित्य के माध्यम से लगभग अधिकांश पत्र-पत्रिकाओं से जुड़ा हूँ, विवश होकर डी. एस. ई. को अपना आदेश बदलना पड़ा। कोई स्कूल निर्धारित नहीं होने तक क्षेत्र शिक्षा पदाधिकारी के यहाँ योगदान करने का आदेश उन्होंने दिया।

इस आदेश के तहत रेणु ने योगदान कर लिया। अब वह सड़क पर नहीं, शिक्षिका के पद पर थी। लेकिन इस जानकारी के बाद कि बगैर स्कूल प्राप्त हुए उसे वेतन नहीं मिल सकता, हमने अपना संघर्ष कायम रखा। अब दलालों की और डी. एस. ई. कार्यालय की दृष्टि मेरे प्रति कुपित हो गयी। उनकी बनी-बनायी व्यवस्था को धत्ता बता कर मैं आगे बढ़ रहा था। इस स्थिति में बगैर किसी चढ़ावे के रेणु को स्कूल उपलब्ध न कराने के लिए वे खुलेआम असहयोग पर उतर गये...।

मैं जानता था, जिले के दो अधिकारियों—डी. एम. और डी. डी. सी. के हाथ में पूरे जिले की लगाम होती है। बस, मैंने तत्कालीन डी. एम. से सम्पर्क किया। वे युवा और तेजस्वी जिलाधिकारी थे। जब जे. एन. यू. के छात्र थे, तभी धर्मयुग, साप्ताहिक हिन्दुस्तान, सारिका आदि पत्रिकाओं में मेरी कहानियाँ पढ़ चुके थे तथा मेरे प्रशंसक थे। इस स्थिति में रेणु को तत्काल विद्यालय उपलब्ध करवा कर डी. एस. ई. से स्पष्टीकरण भी पूछा। अब रेणु शहर के एक मान्य विद्यालय की शिक्षिका हो गयी थी। यहाँ अपने साहित्य की शक्ति का मुझे पूरा एहसास हो गया। समाज को जागरूक बनाने वाला मेरा अस्त्र कभी निष्फल नहीं हो सकता...। उसके पारखी मुझे मिलते रहेंगे और सत्य के मार्ग पर मेरा सहयोग करते रहेंगे...।

रेणु की ओर से आश्वस्त हो अपने लेखन और कॉलेज में अध्यापन की ओर अब मैं पुनः उन्मुख हो गया। मैं जानता था, समय की पाबन्द और अपने कर्त्तव्य

के प्रति उत्तरदायी रेणु जल्द ही एक योग्य शिक्षिका के रूप में अपनी पहचान कायम कर लेगी। लेकिन यह मेरी भूल थी। जिला प्रशासन से नियन्त्रित और परिचालित प्राथमिक शिक्षा के शिक्षा माफिया जो चाहते थे, वही होता था। अब उनकी दृष्टि सीधे रेणु पर केन्द्रित थी। यह उनके पक्ष में हुआ कि राजनीतिक कारणों से उस जिलाधिकारी का स्थानान्तरण तत्काल हो गया। बस, उस अधिकारी का स्थानान्तरण होते ही रेणु का स्थानान्तरण एक दूर के ऐसे ग्रामीण स्कूल में कर दिया जहाँ आरा से उसका आना-जाना मुश्किल था। महिला का स्थानान्तरण उसके गृह प्रखण्ड में ही करना है, इस नियम के आलोक में अब हमारा संघर्ष फिर जारी हो गया। लेकिन जैसे मिटाने में देर नहीं लगती, बनाने में ही देर होती है। वैसे ही उनके लिए ट्रांसफर का आदेश निर्गत करना मामूली बात थी, लेकिन हमारे लिए उसे निष्फल बनाना समय साध्य, श्रम साध्य और तनावपूर्ण था। एक स्थानान्तरण से हम जैसे ही निपटते कि किसी मिथ्या आरोप के तहत पुनः स्थानान्तरण। प्राथमिक शिक्षा में स्थानान्तरण इस तरह और इतनी तेजी से कैसे हो जाता है, इस रहस्य को मैं कभी समझ नहीं सका। एक बार तो उनके स्थानान्तरण आदेश को निरस्त कराने में हमें छह माह लग गये। इस छह माह के वेतन का भुगतान लम्बे समय तक नहीं हो सका। बाद में रेणु के इ. एल. और मेडिकल अवकाश की अवधि से उसका सामंजन किया गया।

यह देख कर कि बगैर उनके समक्ष हथियार डाले हम संघर्ष पर अड़े हुए हैं, हमें परेशान करने के लिए स्थानान्तरण के साथ निलम्बन की कार्रवाई भी उन्होंने शुरू कर दी। प्राथमिक शिक्षा में बिना किसी खास कारण के और बिना स्पष्टीकरण पूछे किसी भी शिक्षक को निलम्बित किया जा सकता है, इस बात ने हमारे संघर्ष को और कठिन बना दिया। अब स्थानान्तरण के साथ निलम्बन की गलत कार्रवाई के खिलाफ भी हम लड़ने लगे। लेकिन उनकी सामर्थ्य यहीं तक नहीं थी, जिला प्रशासन द्वारा गैर शिक्षकीय कार्यों में स्कूल से विरमित कर रेणु के नाम कार्य आवंटित किया जाने लगा, जैसे जनगणना कार्य, आर्थिक गणना, पल्स पोलियो अभियान का कार्य, बी. एल. ओ. का कार्य, बाल पंजी के लिए सर्वेक्षण कार्य, चुनाव ड्यूटी, परीक्षा ड्यूटी आदि...। ऐसे में बच्चों की पढ़ाई राम भरोसे चलती। सरकारी स्कूलों की यह स्थिति देखकर ही मैं यह जान सका कि पैसे वाले अभिभावक इसी वजह से अपने बच्चों को प्राइवेट स्कूलों में पढ़ाते हैं तथा इसी वजह से निरन्तर प्राइवेट स्कूल खुलते और विस्तार पाते जा रहे हैं...।

रेणु की आय से जो सुख हमें महसूस होना चाहिए था, उसकी तुलना में प्राथमिक शिक्षा के भ्रष्टाचार, अराजकता और माफियागीरी ने हमारे मन को निरन्तर पीड़ित और परेशान रखा। रेणु की एक समस्या से हम अभी निपट ही रहे होते कि अपने नाम प्राप्त कोई नया आदेश लेकर वह पुनः आ जाती। अपने पाठकों

को अपने जीवन की इस तल्ख सच्चाई से अवगत करा देना मुझे वाजिब जान पड़ा कि मेरे जीवन का एक बड़ा भाग प्राथमिक शिक्षा की कारगुजारियों से लड़ने में ही व्यतीत हो गया, इसलिए अपनी आत्मकथा 'कहाँ तक कहें युगों की बात' में इस प्रसंग को संक्षिप्त करते हुए भी इस पर मुझे पचास पृष्ठ लिखने पड़े।

उच्च शिक्षा का चुनाव और उसमें आने का निर्णय मैंने अपने लेखन को ध्यान में रखकर ही किया था। राँची विश्वविद्यालय की सेवा में शिक्षक नियुक्त होने से पहले मेरी चार-पाँच पुस्तकें प्रकाशित हो चुकी थीं। अपने इस लेखन कार्य को मुझे कायम रखना था। मैं जानता था, किसी विश्वविद्यालय में शिक्षक नियुक्त होकर ही अपने लेखन को पर्याप्त समय दे सकूँगा। मेरे पिताजी जीवन पर्यन्त मगध विश्वविद्यालय के शिक्षक थे, इसलिए इस तथ्य से मैं अवगत था। सृजन और अध्यापन के कार्य एक-दूसरे से जुड़े होते भी हैं।

और सचमुच अपने उद्देश्य में मैं कारगर रहा। कहानी, उपन्यास, आत्मकथा और विचार साहित्य के तहत जो लिखा उसकी सहूलियत विश्वविद्यालय शिक्षक की वजह से ही पा सका। किसी दूसरे विभाग में कार्यरत होकर अपने लेखन के लिए इतना समय मैं कभी नहीं दे सकता।

गाँव से लेकर नगर तक जिस जीवन-संघर्ष का मैं सामना करते आ रहा था और जो अनुभव मुझे प्रेरित और उद्वेलित कर रहे थे उन्हें रचनात्मक स्वरूप देना अपने समय के जिये-भोगे और देखे-सुने यथार्थ से रू-ब-रू होना था। इस दृष्टि से मैंने जो रचनाएँ कीं वे मेरी संवेदना, मेरे विचार और मेरे अनुभवों की सम्पदा रही। परिणाम स्वरूप 'कहाँ तक कहें युगों की बात' में उस काल खण्ड के अन्तर्गत लिखी गयी रचनाओं की पृष्ठभूमि से अपने पाठकों को अवगत करना मुझे वाजिब जान पड़ा, क्योंकि हम जो लिखते हैं, मानसिक या भौतिक रूप से उसे जीते भी हैं।

अपने उद्देश्य के तहत उच्च शिक्षा में आकर मैंने लिखा जरूर, लेकिन इसके लिए मुझे निरन्तर संघर्षरत बने रहना पड़ा। उच्च शिक्षा में आने के बाद इस जानकारी ने मेरे मन को आहत किया कि अध्ययन-अध्यापन और ज्ञान के केन्द्र विश्वविद्यालय में रचनात्मक लेखन का कोई महत्त्व नहीं। राँची विश्वविद्यालय से लेकर मगध विश्वविद्यालय और वीर कुँवर सिंह विश्वविद्यालय तक जब मुझे जहाँ कायम किया गया, वहाँ अल्पसंख्यक ही बना रहा। इस दृष्टि से मेरी रचनात्मक उपलब्धियाँ विभागीय सहकर्मियों के मन में मेरे प्रति ईर्ष्या पैदा करती रहीं। उस ईर्ष्या ने मेरे खिलाफ उन्हें साजिशरत भी कर दिया। शुरुआत क्लास अधिक देने से हुई ताकि मुझे लिखने का समय कम मिल सके...। फिर रुटीन में एक क्लास के बाद दूसरे और तीसरे के बीच इतना गैप रखा जाने लगा कि मेरा पूरा दिन विश्वविद्यालय में ही व्यतीत हो जाय। इस बात को लेकर मेरी उपेक्षा भी की जाने लगी कि भले ही कहानी, उपन्यास की मेरी दर्जनों पुस्तकें प्रकाशित हों, लेकिन जब तक मैं स्वयं

शोध-कार्य नहीं कर लेता मुझे योग्य शिक्षक नहीं माना जा सकता। शोध वाली उनकी बात को लेकर पूरा विश्वविद्यालय उनके पक्ष में होता।

विश्वविद्यालय सेवा में आने के बाद से ही मैं अनुभव कर रहा था कि अध्ययन-अध्यापन का संचालन सृजन पर अवलम्बित होने के बावजूद यहाँ सृजन का कोई महत्त्व नहीं। यू. जी. सी. जैसे उच्च शिक्षा के सर्वोच्च संस्थान में शोध-कार्यों के लिए विभिन्न प्रकार के अनुदान थे, लेकिन रचनात्मक लेखन के लिए कोई अनुदान या कोई प्रोत्साहन नहीं। सम्भवतः इसी पक्ष ने शिक्षकों और छात्रों का ध्यान शोध-कार्यों की ओर आकृष्ट किया था। यह बात मैं आज तक समझ नहीं सका कि मेरे साहित्य पर विभिन्न विश्वविद्यालयों में शोध-कार्य कर अनेक छात्रों एवं शिक्षकों ने पी. एच. डी. की उपाधियाँ हासिल कीं। लेकिन एकेडेमिक स्तर पर इसका कोई लाभ मुझे नहीं मिला। जब मैंने स्वयं शोध-कार्य किया तभी मेरी प्रोन्नति हुई और मेरे वेतन में वृद्धि की गयी...।

ऐसे विपरीत माहौल में जहाँ छात्रों की योग्यता और मेधा की पहचान उनकी आलोचनात्मक और शोध-दृष्टि में ही मानी जाती रही इसीलिए हम शिक्षक भी उन्हें इसी मार्ग पर गतिशील बनाते रहे। फिर भी अपनी कक्षाओं में मैं उन्हें सृजन की प्रेरणा देता रहा। इस क्रम में मैं पर्याप्त सफल तो नहीं रहा, लेकिन कुछ छात्रों को रचनात्मक लेखन से अवश्य जोड़ सका।

उस समय विश्वविद्यालय का एक बाह्य या भौतिक कार्य भी हमारी परेशानी का कारण था। जब मैं राँची विश्वविद्यालय से स्थानान्तरित होकर आरा के एच. डी. जैन कॉलेज में आया तब आरा नगर के सभी कॉलेजों का मुख्यालय मगध विश्वविद्यालय, बोधगया था। इस स्थिति में अपने अधिकांश मुख्य कारणों के चलते हमें विश्वविद्यालय कार्यालय, बोधगया जाना पड़ता। लेकिन उस समय आरा से बोधगया जाने का कार्य कितना मुश्किल और परेशानी भरा होता, यह हम गया जाने वाले ही जान पाते।

आरा से पटना जाने तक हमें कोई परेशानी नहीं होती, क्योंकि वह ट्रेन का मुख्य मार्ग था। लेकिन पटना से गया की यात्रा किसी पर्वत की चढ़ाई से कम नहीं थी। पटना से गया तक की सिंगल लाइन पर उस समय ट्रेनों की अनियमितता अपने चरम पर थी। दो घंटे की यात्रा में दस-बारह घंटे लगना आम बात थी। गाड़ी जैसे ही पटना से खुलती कि हौज पाइप काटना प्रारम्भ हो जाता। कोई अपने किसी परिचित की प्रतीक्षा में या अपने गाँव से कोई सामान लाने के लिए हौज पाइप काट कर लेता जाता और जब गाँव से लौटता तब हौज पाइप जोड़ कर गाड़ी खुलवाता..। ऐसी अराजकता के खिलाफ बोलना उनके हाथों मार खाना होता जो उस क्षेत्र के सरगना होते। उस पूरे इलाके में उनका वर्चस्व था। शायद उस समय रेल प्रशासन ने भी ज्ञात-अज्ञात कारणों से इस ओर से आँखें मूँद लिया था। मैं

समझ नहीं पाता कि बोधगया के अन्तर्राष्ट्रीय तीर्थ स्थल होने के बावजूद इस मार्ग की ऐसी स्थिति क्यों थी...?

एक बार तो उस यात्रा में ही मुझे रात गुजारनी पड़ी। हौज पाइप कटने के साथ-साथ उस दिन उस सिंगल लाइन पर इंजन में भी खराबी आ गयी। बियाबान में खड़ी ट्रेन की अँधेरी बोगियों में रात गुजारने को हम विवश थे। लेकिन मच्छरों के प्रकोप से बोगियों में रात भी कहाँ गुजार सके। त्रस्त और बेचैन होकर हमें ट्रेन की छत पर चढ़ना पड़ा। संकट की वह रात शायद जल्द कटने वाली भी नहीं थी। रात के अन्तिम पहर यह सोच कर कि शायद ट्रेन सुबह होने के बाद भी जल्द न खुले अनेक यात्री किसी बस पड़ाव की ओर चल पड़े। उस अज्ञात स्थल पर आगे जा रहे यात्रियों की पगध्वनि के अनुसार मैं भी अँधेरे में खेतों के रास्ते बढ़ चला। लेकिन असामाजिक तत्त्वों ने मुझ अकेले और असुरक्षित यात्री को पहचान लिया। बस, क्षण भर में ही मैं उनका शिकार हो गया। मेरे पास जो भी था, सब लेकर वे चम्पत हो गये। गनीमत थी कि उन्होंने मेरी हत्या नहीं की। 'कहाँ तक कहें युगों की बात' में उच्च शिक्षा से सम्बन्धित अपने अनुभवों का जब मैं जिक्र कर रहा था तो विश्वविद्यालय कार्य से गया जाने की इस यात्रा का जिक्र भी मुझे आवश्यक जान पड़ा, क्योंकि इस घटना को मैं आज तक भूल नहीं सका हूँ, शायद इसीलिए आरा में जब वीर कुँवर सिंह विश्वविद्यालय की स्थापना हुई और विश्वविद्यालय कार्य से गया-यात्रा पर विराम लग गया तो मैंने आन्तरिक और हार्दिक प्रसन्नता महसूस की।

बेटियाँ जब सयानी हो चलीं और रेणु ने उनकी शादियों की ओर मेरा ध्यान आकृष्ट किया तो क्षण भर के लिए मुझे ऐसा लगा, जैसे मेरी लेखकीय साधना में किसी ने विघ्न उपस्थित कर दिया हो। राँची से स्थानान्तरित होकर आरा आते ही मैं अपने लेखन की दुनिया में रम गया था। घर-गृहस्थी को रेणु और बेटियों ने सँभाल लिया था। लेकिन जब रेणु ने हमारे पारिवारिक जीवन के इस गम्भीर पक्ष की ओर मेरा ध्यान आकृष्ट किया तो मुझे एहसास हो गया कि जीवन हमारे तय कार्यक्रम से संचालित नहीं होता, उसकी बागडोर समय के हाथ में होती है...।

अब मैं बड़ी पुत्री, शोभा के लिए वर-खोज अभियान में लग गया। लेखकीय दुनिया के अपने विकसित और अत्याधुनिक मित्रों की इस राय से मैं सहमत नहीं था कि पढ़ी-लिखी बेटियाँ स्वयं अपने लायक जीवन साथी ढूँढ़ लेंगी। जिस माहौल, जिस परिवार और जिस संस्कार के साथ मेरी बेटियाँ पली-बढ़ी थीं, उसमें अभिभावक द्वारा कायम सम्बन्ध ही उनके लिए सर्वोपरि था। बस, लेखन-कार्य स्थगित कर मैं इस नये अभियान में जुट गया।

इस क्षेत्र के लिए मैं अनभिज्ञ और नया था। यह क्षेत्र कितना दुरूह, जटिल और परेशानी भरा था, इससे गुजरते हुए ही जान सका। सम्भव है, पहले ऐसा न

रहा हो। लेकिन मेरे समय में इसके स्वरूप ने मेरे मन को काफी आहत और त्रस्त किया...। शोभा लायक योग्य वर की जानकारी जहाँ मुझे मिलती, अपने अनुजवत् साहित्यिक मित्र कृष्ण कुमार के साथ वहाँ चल देता। हमारी अपेक्षा सिर्फ नौकरीशुदा दुर्गुणों से रहित लड़के मात्र को लेकर थी। लेकिन वर पक्ष की अपेक्षा की कोई सीमा नहीं। उन्हें शिक्षित, गृह कार्य में दक्ष तथा अत्यन्त सुन्दर लड़की के साथ-साथ लड़की के परिवार का प्रतिष्ठित होना तथा लड़की की ओर से पर्याप्त दहेज का प्रस्ताव चाहिए था। ऐसे में चाहते हुए भी हम कहीं सफल नहीं हो पाते।

वैवाहिक सम्बन्धों के निर्धारण पर बाज़ार इस तरह हावी हो गया था, इसका ऐसा कटु आभास हमें नहीं था। इस स्थिति का फायदा उठाते हुए नौकरीशुदा लड़कों के अभिभावक शादी के लिए अपने यहाँ आने वाले लड़की वालों के बीच ऐसी ज्यादतीपूर्ण प्रतियोगिता का संचालन करते, जिससे लड़की वालों के बीच वे सर्वश्रेष्ठ पा सकें। इसके लिए वे हर लड़की वाले से एक साथ चार चीजें माँगते— 1. लड़की की कुण्डली, 2. लड़की का बायोडाटा, 3. लड़की की तस्वीरें तथा 4. शादी में खर्च करने की सामर्थ्य (दहेज) का स्पष्ट विवरण। इनमें से किसी भी एक के न रहने पर वे प्रस्ताव स्वीकार नहीं करते। यह अन्धी दौड़ थी। ऐसी माँगों का मैं घोर विरोधी था। वैचारिक स्तर पर इससे कतई सहमत नहीं। लेकिन अपनी पुत्रियों के अनुकूल घर-वर की तलाश के चलते विवश था...। इस दौरान अनेक जगहों पर अनेक तरह के मानसिक क्लेश और सन्ताप मुझे झेलने पड़े। अनेक जगहों की अनेक बार की यात्राओं ने खूब थकाया और परेशान किया। जिस लड़की की ओर का प्रस्ताव उन्हें अपनी चारों अपेक्षाओं के अनुकूल जँचता उसे बातचीत के लिए आमन्त्रित कर शेष को लम्बी प्रतीक्षा के बाद सिर्फ एक वाक्य कह कर वापस कर देते कि कुण्डली मेल नहीं खायी...। लड़की वाले प्रस्ताव देने के बाद से ही पूछते रहते कि कुण्डली मेल खाने की सूचना तो दे दीजिए। लेकिन वे नहीं देते। प्रस्ताव वापसी का उनका अचूक और निर्विवाद पक्ष उनके लिए कुण्डली न बैठना ही होता। ऐसा करके वे लड़की की तस्वीर, बायोडाटा, परिवार और दहेज पसन्द न आने के अप्रिय कथन से भी बच जाते। इस क्रम में उन्हें जबतक अपने मनोनुकूल प्रस्ताव प्राप्त नहीं हो जाता, शेष को रोके रहते...। लड़की वालों द्वारा लड़के की कुण्डली माँग कर स्वयं मिलान कराने की बात पर वे अपनी सख्त आपत्ति व्यक्त करते कि इसका मतलब तो यह कि मेरी बात पर आपको विश्वास नहीं, तब फिर बात आगे बढ़ाने से क्या फायदा!

इस अन्धी-दौड़ में जब हताशा और निराशा से मैं ग्रस्त था, तीन वर्षों के सघन अभियान के बाद प्रथम पुत्री शोभा की शादी तय हुई। इस शादी के लिए मैं जितना व्यग्र-बेचैन था, पुत्री शोभा की विदाई के अवसर ने उससे कहीं हजार गुना अधिक मेरे मन को आहत, पीड़ित और चरम दयनीय स्थिति में पहुँचा दिया। पुत्री

की विदाई का अवसर पिता के लिए ऐसा होता है, यह मैंने सिर्फ सुना और पढ़ा था। लेकिन अब इस असह्य सन्ताप का स्वयं भुक्तभोगी था। पुत्री की शादी की परिणति का ऐसा आघात मेरे मन पर लगेगा शादी की व्यस्तता में इसका भान मुझे नहीं था। मेरा मन ऐसी गहन पीड़ा और अवसाद से भर उठा था कि सारा किया-कराया अब मुझे निरर्थक जान पड़ने लगा था। शायद पुत्रियों से अतिशय लगाव की ही यह परिणति थी। इस पीड़ा से उबरने में मुझे समय लगा।

शोभा की शादी के बाद मैं कुछ समय तक इत्मीनान की साँस लेना चाहता था। लेकिन शोभा की पीठ पर सयानी हो चुकी विभा को लेकर अब पुनः वर खोज अभियान में मुझे निकलना था। इसलिए बिना विराम लिये मैं सक्रिय हो गया। इस स्थिति में तय किया कि इस अभियान के साथ-साथ अब अपने लेखन कार्य को भी मुझे कायम रखना है। मेरे चाहने से जल्द शादी होने वाली नहीं। मेरा अधिकार योग्य लड़कों की जानकारी पर अपना प्रस्ताव उनके यहाँ जमा करना तथा लगातार उनके यहाँ पहुँच-पहुँच कर अपने प्रस्ताव के पक्ष में उनका ध्यान आकृष्ट करना था। ऐसे में कई वर्ष भी लगने थे। इन वर्षों को सिर्फ शादी के नाम पर गँवाना संघर्ष से भागना था। मेरा लेखन संघर्ष से उपजा तथा संघर्ष के बीच ही जारी था, जिसे स्थगित करना अब उचित नहीं जान पड़ा। इसलिए शादी अभियान के साथ-साथ अपने छूटे हुए लेखन की बागडोर भी सँभाल ली। पुत्री शोभा की शादी तक मेरे तीन छोटे उपन्यास प्रकाशित हुए थे–'झुनिया', 'युद्धस्थल' और 'प्रेम न बाड़ी ऊपजै' तथा नौ कहानी संग्रह बाबूजी, बन्द रास्तों के बीच, दूसरा महाभारत, मेघना का निर्णय, तिरिया जनम, हरिहर काका, एक में अनेक, एक थे प्रो. बी. लाल तथा भोर होने से पहले। लेकिन विभा, रम्भा और रश्मि की शादियों में व्यतीत लगभग दस वर्ष की अवधि के दौरान तीन बड़े उपन्यासों की रचना की। ये तीनों उपन्यास लगभग पाँच-पाँच सौ पृष्ठ के बने–'यह अन्त नहीं', 'सुरंग में सुबह' तथा 'माटी कहे कुम्हार से' साथ ही 'चल खुसरो घर आपने' तथा 'जमुनी' नामक दो कहानी संग्रह भी तैयार हुए।

शोभा की ही तरह अन्य पुत्रियों की शादियों में भी मुझे खूब दौड़ना और परेशान होना पड़ा। लड़के वालों के नये-नये नखरों, पैंतरों और चालबाजियों से अवगत हुआ। इस दौरान प्राप्त अनुभव की धार ने लड़की के पिता होने के मेरे विवश और लाचार भाव को भी खत्म कर दिया। वे जब किसी भी तरह अपनी शर्त्तों से इधर-उधर होने वाले नहीं तो अपने विचारों के साथ मुझे भी समझौता नहीं करना चाहिए। फिर तो कई लड़के वालों के दुराग्रहपूर्ण प्रस्ताव पर उन्हें ऐसी खरी-खोटी सुनायी कि उनके होश ठिकाने लग गये। उन्हें बता दिया कि पुत्री का पिता होना किसी भी दृष्टि से विवश-लाचार होना नहीं है। शोभा की शादी में मैं जान चुका था कि लड़की की योग्यता के साथ मेरे प्रतिष्ठित लेखक होने की भूमिका निर्णायक थी। उसी समय मुझे लग गया कि आगे अन्य पुत्रियों में भी मेरे यही दो अस्त्र कारगर

होने वाले हैं। इस स्थिति में 'न दैन्यं, न पलायनं' की चेतना ने विपरीत परिस्थितियों में भी मुझे पर्याप्त दृढ़ता प्रदान की।

समय से तथा योग्य वर के साथ चारों पुत्रियों की शादी का मेरा लक्ष्य एक था, लेकिन चारों की शादियों से गुजरने का अनुभव अलग-अलग। परेशानियां, कठिनाइयाँ और पीड़ाएँ अलग-अलग। साथ ही वैवाहिक परिप्रेक्ष्य में सामाजिक विद्रूपताओं के रूप भी अलग-अलग। इसलिए अपने जीवन से अभिन्न चारों पुत्रियों के वैवाहिक प्रसंगों पर 'कहाँ तक कहें युगों की बात' में लिखना मुझे आवश्यक जान पड़ा।

पुत्रियों की शादियों में जिस पक्ष ने मुझे सर्वाधिक मर्माहत, पीड़ित और कमजोर बनाया, वह उनकी विदाइयों का प्रसंग रहा। जन्म से लेकर सयानी होने तक जिस गहन रागात्मकता से वे मुझसे जुड़ी थीं कि एक-एक कर उनके जुदा होने के प्रसंग ने मुझे तोड़ कर रख दिया। अपने लेखकीय जीवन में जो संयम, संघर्ष और सक्रियता मैंने बना रखी थी, मेरी पुत्रियाँ भी लगभग उसकी प्रतिमूर्त्ति थीं। पढ़ाई से लेकर घर-गृहस्थी तथा माँ-बाप की सेवा और सहयोग के प्रति उनकी तत्परता ने ही हमारे जीवन में उनकी ऐसी अनिवार्यता कायम कर दी थी कि उनसे अलग होना हमारे लिए असह्य था। लेकिन अलग होना ही पड़ा। अपनी इस आन्तरिक व्यथा को 'कहाँ तक कहें युगों की बात' में यथार्थतः रख देना चाहता था। लेकिन कुछ स्थितियाँ ही ऐसी होती हैं, जिनका जैसा अनुभव हम करते हैं, चाहते हुए भी उन्हें उस रूप में दर्ज नहीं कर पाते...। वे अभिव्यक्ति की हमारी सामर्थ्य से परे होती हैं...। मेरी पुत्रियों की विदाई का करुण प्रसंग लगभग ऐसा ही रहा है।

हिन्दी में अच्छी साहित्यिक पत्रिका का अभाव मैं लम्बे समय से महसूस कर रहा था। लेकिन अपने लेखन को स्थगित कर या कम कर पत्रिका निकालने के पक्ष में नहीं था। लेकिन वर्ष 2002 तक जब साहित्यिक पत्रकारिता की अवसरवादिता, गलत पक्षधरता, बाजारूपन और व्यक्तिवादिता सिर चढ़कर बोलने लगी तो पत्रिका निकालने के लिए मैं बाध्य हो गया। विभूति नारायण राय ने उस समय की खास साहित्यिक पत्रकारिता को 'कीचड़ उछालू पत्रकारिता' का नाम दिया था। लेकिन मेरी राय में वह सिर्फ कीचड़ उछालू ही नहीं, साहित्य की सामाजिक भूमिका में प्रबल अवरोध भी थी। वह लेखकीय गुट बनाने तथा लेखकों के बीच ही उठा-पटक कायम रखना चाहती थी। उसके विमर्श भी सामाजिक संसर्ग से पृथक सिर्फ लेखकीय वक्तव्यों में ही जीवित थे। इस स्थिति की घनीभूत प्रतिक्रिया के तहत एक मुकम्मल साहित्यिक पत्रिका की परिकल्पना मेरे मन में आकार लेने लगी। बस, जल्द ही 'मित्र' नामक पत्रिका के सम्पादन-प्रकाशन का निर्णय मैंने ले लिया। अपने समय की सबसे बड़ी चिन्ता को 'मित्र' का आर्ष वाक्य बनाया—'साहित्य की सामाजिकता का रचनात्मक अभियान'।

अपने साहित्यिक अनुभव और गहन चिन्तन के आधार पर 'मित्र' के लिए मैंने

ग्यारह स्तम्भ निर्धारित किये—'अनुभव', 'आकलन', 'साहित्यिक पत्रकारिता', 'आलोचना', 'कहानी', 'कविता', 'अनुवाद', 'समाज', 'विचार', 'पुस्तक' और 'मंत्रणा'।

मैंने 'मित्र' के मुख्य सम्पादकीय के साथ उसके हर स्तम्भ का सम्पादकीय लिखा, स्तम्भों के परिप्रेक्ष्य में अपना अभिप्राय स्पष्ट करते हुए ताकि रचनाकार साहित्यिक पत्रकारिता के मेरे उद्देश्य को समझ सकें। और मेरी योजनाओं के अनुसार लिख सकें। उस समय अनेक पत्रिकाएँ बिना किसी सम्पादकीय दृष्टि के सिर्फ रचनाओं के संकलन मात्र के रूप में प्रकाशित होती थीं। ऐसी सुविधाजनक साहित्यिक पत्रकारिता के स्थान पर सम्पादकीय टिप्पणियों के साथ 'मित्र' का प्रवेशांक प्रकाशित हुआ तो सर्वत्र उसकी व्यापक सराहना शुरू हो गयी। उसके आगमन को साहित्यिक पत्रकारिता में सार्थक हस्तक्षेप माना गया। पाठकों की माँग पर प्रवेशांक का हमें दो-दो बार पुनर्मुद्रण कराना पड़ा। हमारी आशा एवं अपेक्षा से कहीं अधिक सफलता 'मित्र' के पहले अंक से ही हमें प्राप्त हो गयी।

इस तरह मैंने 'मित्र' के चार अंक और एक 'मित्र' पुस्तिका का प्रकाशन किया। प्रारम्भ में मुझे लगा था कि इस मार्ग में आर्थिक कठिनाइयाँ अवरोध बनेंगी। लेकिन हमारा अनुमान सही नहीं था। अच्छे और सार्थक प्रयास के इतने सहयोगी और समर्थक मिल जाते हैं कि अर्थ वहाँ अवरोध बन ही नहीं पाता। मित्र के सम्पादन, प्रकाशन ने इस अनुभव से मुझे अवगत कर दिया कि तेजी से बदलते समय में बेहतर साहित्यिक पत्रकारिता अर्थाभाव के चलते स्थगित नहीं हो सकती। प्रथम अंक के बाद से ही मुझे साहित्यिक संस्थाओं तथा लेखकों से 'मित्र' के लिए पर्याप्त आर्थिक सहयोग प्राप्त होने लगा था। अगर मैं 'मित्र' के माध्यम से जीविकोपार्जन करना चाहता तो उसका भी मार्ग प्रशस्त पा रहा था। लेकिन मेरा उद्देश्य पत्रिका से कमाना-खाना नहीं, उसे किसी भी तरह का व्यावसायिक माध्यम नहीं बनाना था। जीविकोपार्जन के लिए विश्वविद्यालय शिक्षक का कार्य तो मैं कर ही रहा था। साहित्यिक पत्रकारिता को उसके अन्तर्निहित मूल्यों से स्खलित नहीं कर सकता...।

इस स्थिति में 'मित्र' के सम्पादन-प्रकाशन को लेकर किसी भी बाह्य अवरोध की अपेक्षा मेरा अपना रचनाकार ही अवरोध बनकर खड़ा हो गया। अब इस बात का अनुभव मुझे शिद्दत से होने लगा था कि साहित्यिक पत्रकारिता के क्षेत्र में मेरी अलग पहचान विस्तार लेने लगी है, लेकिन इस दौरान पहले से पहचान कायम कर चुका मेरा कथाकार अपने विस्तार को सिमट गया पा रहा था...। जीवन और समाज के वे तल्ख विषय जिन्हें 'मित्र' के सम्पादन-प्रकाशन के चलते मैंने स्थगित कर रखा था, अब अपनी रचना के लिए मेरे मन में चुभने लगे थे। अपने रचनाकार की अपेक्षाओं को मूर्त्त रूप देने के लिए ही मैंने 'मित्र' का प्रकाशन शुरू किया था, अपने रचनाकार को स्थगित करने के लिए नहीं...। अब जहाँ एक ओर 'मित्र' के अगले अंक के लिए फोन और पत्रों का ताँता लग जाता, वहाँ मेरे अन्तर में अब मेरे कथाकार और सम्पादक के बीच द्वन्द्व छिड़ जाता...। क्या अपने लेखन को

स्थगित कर या कम कर इसी तरह 'मित्र' निकालता रहूँ या पुनः अपने लेखक की व्यग्र इच्छा पर सक्रिय हो जाऊँ...? अब तक इस तथ्य से मैं अवगत हो चुका था कि सम्पादन कार्य के सम्यक् निर्वाह के लिए भी मुझे पूरा समय देना है। इस दौरान चाहते हुए भी अपेक्षित लेखकीय कार्य नहीं किया जा सकता। इस सम्बन्ध में इस तथ्य से भी मैं वाकिफ था कि मेरी वास्तविक पहचान कथाकार के रूप में ही है और उसी रूप में रहेगी। 'मित्र' का सम्पादन मेरे कथाकार की एक विशेषता मात्र समझी जायेगी। अन्ततः इस द्वन्द्व में मुझे अपने कथाकार के पक्ष में ही खड़े होना पड़ा। 'मित्र' का प्रकाशन अपने अगले निर्णय तक के लिए स्थगित कर दिया। अगर ऐसा नहीं करता तो 'माटी कहे कुम्हार से' जैसा बड़ा उपन्यास तथा 'पानी बीच मीन पियासी' और 'कहाँ तक कहें युगों की बात' जैसी आत्मकथाओं के दो बड़े खण्ड तैयार नहीं कर पाता। 'कहाँ तक कहें युगों की बात' में इसका उल्लेख मुझे प्रासंगिक जान पड़ा।

'पानी बीच मीन पियासी' नामक आत्मकथा का अन्त गर्दिशों, परेशानियों और लम्बी बेरोजगारी के बाद विश्वविद्यालय शिक्षक की नौकरी पाने के सुखद एहसास से किया था। मेरे जीवन में उस आत्मकथा के कालखण्ड की सबसे बड़ी घटना जीविकोपार्जन से जुड़ना था, इसलिए सुखद अनुभूतियों ने उस आत्मकथा को सुखांत बना दिया...। लेकिन इसके विपरीत 'कहाँ तक कहें युगों की बात' के कालखण्ड में मेरे जीवन की सबसे बड़ी दुर्घटना या सबसे बड़ा हादसा माँ का निधन रहा। इस स्थिति में न चाहते हुए भी माँ के निधन के पूरे प्रसंग से इस आत्मकथा को समाप्त करना पड़ा। अगर ऐसा नहीं करता तो माँ के निधन की असह्य पीड़ा को कम नहीं कर पाता। माँ से सम्बन्धित लम्बे और कारुणिक प्रसंग ने ही इस आत्मकथा को दुखान्त बना दिया।

यह मेरा सौभाग्य रहा कि अपने अन्य भाई-बहनों की अपेक्षा माँ की ममता की प्रबल छाया मुझ पर विशेष रही। इसकी पहली वजह 'सतवांस' (मात्र सात माह में ही पैदा होने वाले) बच्चे के रूप में मेरा जन्म तथा मेरा कमजोर स्वास्थ्य था। इस वजह ने बचपन से ही मेरे प्रति माँ को अतिशय सतर्क और मुस्तैद रखा। दूसरी वजह पिता की अपेक्षा माँ से मेरे लम्बे सान्निध्य को लेकर था। मेरे जीवन का एक बड़ा भाग सिर्फ माँ के स्नेह-संरक्षण में व्यतीत हुआ, बल्कि समय-समय और अवसर-अवसर पर वे मेरा मार्गदर्शन भी करती रहीं।

मेरे पिताजी अपने परिवार के अकेले पुरुष पात्रा थे। कॉलेज शिक्षक के रूप में वे आरा शहर में नौकरी करते थे, इस दृष्टि से शहर में रहना उनकी अनिवार्यता थी। परिणामतः गाँव के खेतों की अगोरिया के लिए माँ के साथ हम बच्चों को वे गाँव पर ही रखते थे। गाँव में जाति-बिरादरी के स्तर पर अल्पसंख्यक हम निरन्तर अपने को असुरक्षित और उपेक्षित महसूस करते। हमारे बालमन पर असुरक्षा और उपेक्षा के भाव से हमारे व्यक्तित्व का स्वाभाविक विकास बाधित न हो इसके लिए

माँ खूब लोककथाएँ सुनाया करती। उसके पास लोककथाएँ का भंडार था। और सचमुच माँ की वे लोककथाएँ विपरीत परिस्थितियों में भी हमारे अन्दर आशा, विश्वास और उत्साह का संचार करती रहीं। मुझे यह स्वीकर करने में कोई आपत्ति नहीं कि लोककथाएँ सुना-सुना कर माँ ने ही मेरे अन्दर कथाकार के बीज बोये थे। इस रूप में माँ ही मेरी कथा गुरू भी थी...।

पिताजी के निधन के बाद हमारे बढ़ते परिवार का भरण-पोषण गाँव की अल्प खेती से सम्भव न देख रोजगार के लिए माँ के साथ हम शहर आ गये! फिर तो जीवन के पग-पग पर विकट परिस्थितियों का सामना हम माँ के स्नेह-संरक्षण और सुझाव के बल पर करते रहे।

पिताजी का निधन 7 अगस्त 1967 को हुआ तथा माँ का निधन 8 मई 2003 को। यानी पिताजी के निधन के बाद 36 वर्षों तक माँ का स्नेह-संरक्षण हम पाते रहे। पिताजी ने सिर्फ बड़े भैया और बड़ी दीदी की शादी की थी। लेकिन उनके बाद हम तीन भाइयों और दो बहनों की शादियाँ माँ ने की। हम चारों भाइयों के बड़े परिवार को उन्होंने अपने संरक्षण में संयुक्त बनाये रखा। हमारे बच्चों की परवरिश हमारी पत्नियों के साथ मिलकर की। हारी-बीमारी एवं अभावों में अपने स्वामित्व एवं तजुर्बे से हमें सम्बल प्रदान करती रहीं। शहर में आकर हम रोजगारशुदा हो सकें, इसके लिए वे सदैव हमें सहयोग करते हुए हमारा हौसला बुलन्द करती रहीं। जब हमारे बच्चे बड़े हुए तो समय से तथा अच्छे जीवन साथी के साथ उनकी शादियों के लिए हमें प्रेरित और निर्देशित करती रही। माँ की उपस्थिति से हमें एक बहुत बड़े सम्बल का एहसास होता रहा। ऐसा लगता, जैसे हम अकेले नहीं, माँ हमारे साथ है। माँ के रहते हमारा कुछ नहीं बिगड़ सकता। कोई भी समस्या हमें पराजित नहीं कर सकती। बचपन से लेकर जीवन के उत्तरार्द्ध तक कायम इस एहसास से अचानक वंचित होने ने हमें तोड़कर रख दिया। ऐसा लगा, जैसे हमारे पाँवों के नीचे से जमीन खिसक गयी हो। जैसे हम अनाथ और बेसहारा हो गये हों। जैसे हमारी सारी शक्ति निचुड़ गयी हो। जैसे हम कुछ भी करने लायक नहीं रहे हों। माँ की चिता को अग्नि प्रदान कर श्मशान भूमि से लौटते हुए मैं ऐसा महसूस कर रहा था जैसे, मेरा सब कुछ लुट गया हो। मेरे पास अब कुछ भी शेष न हो। माँ के निधन की इस अथाह व्यथा से शायद मैं उबर नहीं पाता। लेकिन इस पूरे प्रसंग को अपनी आत्मकथा में व्यक्त करके कुछ हल्का हो गया। 'कहाँ तक कहें युगों की बात' नामक यह आत्मकथा जब छपी तो पाठकों की इस प्रतिक्रिया से मेरे हताशा मन को बहुत बल मिला कि इस प्रसंग ने न सिर्फ उन्हें मर्माहत किया, बल्कि उन्हें अपनी माताओं की याद भी ताज़ा कर दी...।

छह

एक लम्बे समय बाद किसी बीमारी ने मुझे इस तरह अवश कर दिया कि खाटशयी होना पड़ा। इससे पूर्व जो भी बीमारियाँ आतीं वे मेरी दिनचर्या को अधिक प्रभावित नहीं करती थीं। उनके साथ जीने का सिलसिला मैं कायम कर लेता था। फिर समय के अनुसार वे स्वतः चली भी जाती थीं। उनमें एक ब्लड प्रेशर को छोड़ कोई दूसरी मेरे साथ टिक नहीं सकी। पर उसने भी कभी मेरी दिनचर्या बाधित और स्थगित नहीं की। लेकिन इस नयी बीमारी ने तो...।

आज तीसरा दिन था। पिछले दो दिनों की भाँति मुश्किल से सुबह हाथ-मुँह धो कर चाय आदि ले सका। उसके बाद चाहते हुए भी मुझसे न बैठा जा सका और न खड़ा हुआ। निर्जीव की भाँति बिस्तरे पर लेट जाना पड़ा। अपने को एकदम कमजोर, सुस्त और शिथिल पा रहा था। लग रहा था, जैसे सभी अंगों की शक्ति निचुड़ गयी हो। बिस्तरे पर चुपचाप पड़े रहने में ही राहत का अनुभव कर रहा था।

पूरे घर में मेरे और रेणु के अतिरिक्त और कोई नहीं था। चारों बेटियाँ अपनी-अपनी ससुराल में। सभी बाल-बच्चेदार। यहाँ आरा में मेरे निकट दोनों छोटे भाइयों कामेश्वर एवं ब्रजेश्वर का परिवार। मुझसे ठीक सटे पश्चिम ब्रजेश्वर का घर तथा पूरब कामेश्वर का। बीच वाला घर मेरा। लेकिन वे दोनों भाई भी अपने जीवन और परिवार की विविध समस्याओं में व्यस्त और परेशान...।

पिछले दो दिनों से मेरी स्थिति पर चिन्तित-व्यथित रेणु इस तीसरे दिन अपने को रोक नहीं सकी। रोज की भाँति पास ही सोफे पर बैठ दुःखी मन से कहा—"इस तरह आपको पड़े हुए मुझसे अब और नहीं देखा जाता। पहले दिन से ही कह रही हूँ कि किसी डॉक्टर से दिखाना जरूरी है? क्यों ऐसा हो रहा है? आप हरारत, परेशानी और लू का असर समझ रहे थे। लेकिन वैसा यह नहीं। यह अवश्य कोई गम्भीर मर्ज है। आपको इस तरह लापरवाही नहीं करनी चाहिए...।"

"मुझे ऐसा कुछ भी नहीं हुआ रेणु। तुम बेकार चिन्ता कर रही हो। मुझे कहीं कोई दर्द और तकलीफ नहीं। सिर्फ सुस्ती और कमजोरी है। धीरे-धीरे वह भी दूर हो जायेगी। अब अवस्था भी तो हो गयी...।"

"कुछ अवस्था नहीं हुई। आज के युग में साठ-पैंसठ की उम्र अधिक नहीं

मानी जाती। सत्तर-पचहत्तर के लोग दौड़ते-फिर रहे हैं। आप तो खुद नामवर सिंह का उदाहरण देते हैं। इस तरह आँख मूँद कर आपके पड़े रहने से यह घर मुझे काटने दौड़ रहा है। अम्मा जी ठीक ही कहती थीं कि सिर्फ बेटियों से जीवन नहीं कटता। एक बेटे का होना जरूरी है। बेटियाँ तो परायी चीज थीं। शादी के बाद अपने-अपने घर चली गयीं। बेटा होता तो अपनी बहू के साथ यहीं रहता। तब आपकी बीमारी पर मुझे इस तरह अकेले झखना नहीं पड़ता... ।''

''ऐसा मत सोचो रेणु। कोई जरूरी नहीं कि बेटा रहता तो हमारे-तुम्हारे पास ही बैठा होता। जहाँ उसकी नौकरी होती वहीं रहता। और फिर बेटियाँ तो बेटों से अधिक संवेदनशील होती हैं। अभी तुम फोन करके देख लो, जिस लड़की को खबर दोगी वह भागते हुए पहुँचेगी। मैंने तो जानबूझ कर उन्हें सूचना देने से मना किया है कि अकारण वे परेशान न हों। कभी जरूरत होगी तो देख लेना। सबसे पहले वे ही पहुँचेंगी... ।''

मेरी इस बात पर रेणु का ध्यान अब मेरे भाई परिवारों की ओर चला गया—"यहाँ आरा में हम जिनके बीच रह रहे हैं, उन्हें भी तो देखभाल करनी चाहिए। रोग-बीमारी पर अकेलापन बहुत खलता है। आने वाला बीमारी हर ले, ऐसा नहीं। लेकिन उससे बहुत बल मिलता है। आप पूरे दिन आँख बन्द कर पड़ जाते हैं तब इस घर में निपट अकेली! मुझ पर क्या बीतती है, यह मैं ही जानती हूँ... ।''

''कामेश्वर एवं ब्रजेश्वर को मेरी इस हालत की जानकारी नहीं होगी रेणु। हमारी ही तरह सब अपनी समस्याओं से घिरे हैं। हम ही कहाँ जान पाते हैं कि उनके यहाँ कब कौन बीमार पड़ा...?''

''सब जान पाते हैं। आप झूठी दलील मत दीजिए। हम एक-दूसरे के इतने पास-पास रहते हैं कि एक-दूसरे के घर का कुछ भी हमसे छिप कहाँ पाता है...?''

''ऐसा नहीं है रेणु। तुम अभी कामेश्वर, ब्रजेश्वर को बता कर देख लो, वे अगर दौड़ते हुए नहीं आ गये तो फिर जो कहोगी मैं मान लूँगा। लेकिन मुझे लगता है कि अभी उन्हें भी परेशान करना उचित नहीं। यह बीमारी जैसे आयी है वैसे ही चली जायेगी। हमें अधिक घबड़ाना नहीं, धैर्य से रहना चाहिए... ।''

लेकिन मेरी इस बात से भी रेणु की चिन्ता और पीड़ा कम नहीं हुई। मेरी बीमारी के साथ-साथ इस दौरान अकेलेपन के दंश से भी वह त्रस्त थी। इस अवधि में हनुमान जी की तस्वीर के पास उसे यह कहते हुए भी मैं दो-तीन बार सुन चुका था—"हे महावीर जी! ये ठीक रहते हैं तो मुझे किसी बात की चिन्ता नहीं होती। दो आदमी पर ही यह घर स्वर्ग बना रहता है। लेकिन इनके गिरते ही यह घर भयावह हो उठता है। इन्हें जल्द ठीक करें महावीर जी। हमारे घर-परिवार का संकट दूर करें... ।''

तब मैं रेणु को शान्त-सहज बनाने के लिए कहता—"अब और मुझे प्रतीक्षा नहीं करनी रेणु। दो-तीन दिन देख लिया। मुझे लगा था कि अचानक स्वास्थ्य में

कुछ परिवर्तन आया है, वह स्वतः ठीक हो जायेगा। बात-बात पर डॉक्टर के पास जाना मुझे उचित नहीं जान पड़ता। लेकिन आज शाम डॉक्टर मिथिलेश जी से दिखाऊँगा। तुम अब अधिक चिन्ता मत करो। अपनी दिनचर्या में लगो। अभी तक तुमने हाथ-मुँह भी नहीं धोये। डॉ. मिथिलेश जी शाम में बैठते हैं। उनसे पता चल जायेगा कि मुझे क्या हुआ है...?"

मेरे इस निर्णय पर रेणु के दुःख का उफान कुछ थम गया। अब वह हाथ-मुँह धोने चल पड़ी। इस समय अपनी दिनचर्या के साथ-साथ उसे घर के कार्य भी अकेले ही करने थे। इधर चाहते हुए भी गृहकार्य में मैं हाथ नहीं बँटा पाता था। हालाँकि आँख बन्द कर पड़े होने के बावजूद घर में उसकी उपस्थिति और सक्रियता महसूस करता रहता। अकेलेपन की पीड़ा से व्यथित रेणु के मन को शान्त-सहज बनाने के लिए मैंने उसे समझाने की कोशिश भी की, जबकि सच यह था कि मुझे भी यह अकेलापन डँस रहा था। मेरा मन भी चाह रहा था कि बीमारी की इस स्थिति में कोई आकर मेरा हाल-समाचार लिया करता। कुछ समय तक मेरे पास बैठ कर बीमारी से हारते-टूटते मेरे मन को संबल प्रदान करता। मेरे माथे और हाथों पर अपना स्नेहिल स्पर्श देता। पहले अक्सर ऐसा होता था। घर-परिवार, रिश्ते-नाते तथा परिचितों-मित्रों का ऐसा ही स्नेह-सहयोग मिलता था। इसलिए अब यह अनपेक्षित पीड़ा हमें अधिक कष्टप्रद जान पड़ने लगी थी। मेरे मित्र कृष्ण कुमार ने अपने पुत्र पुष्कर को मेरे जिम्मे लगा दिया था। लेकिन आरा से बाहर की नौकरी में व्यस्त पुष्कर को भी पर्याप्त समय नहीं मिल पाता...।

मुझे लग रहा था, पारिवारिक स्तर पर माँ के निधन से ही यह नयी स्थिति कायम हुई थी। माँ जब तक जीवित रही, हम भाइयों का परिवार एक-दूसरे से बिल्कुल जुड़ा रहा। हालाँकि माँ के जीवन काल में ही हमारा परिवार जब बहुत बढ़ गया, एक छोटे घर में साथ-साथ रहना तथा एक रसोई में सबका खाना बनना असम्भव हो गया तो हमने अपने घर को बाँट लिया। फिर अपनी आवश्यकता के अनुसार अपने हिस्से के घर को किंचित विस्तार भी दिया। अब हमारे घर एक-दूसरे के पास होते हुए भी बिल्कुल अलग और स्वतन्त्र थे। आरा में नौकरी के चलते हम तीन भाई—कामेश्वर, ब्रजेश्वर और मैं यहीं बस गये। दूर की नौकरी की वजह से बड़े भैया नर्बदेश्वर को स्टील सिटी बोकारो में रहना पड़ा।

हालाँकि आरा में एक जगह अलग-अलग घरों में हमारे रहने के बावजूद माँ ने हमें अलग कहाँ रहने दिया था। उसकी वजह से हमारे बीच कोई दूरी या तटस्थता कायम ही नहीं होती। विश्वविद्यालय से लौट कर अपनी मेज पर मैं लिख रहा होता कि माँ आ पहुँचती—"तुम्हें पता है मिथि, स्कूटर से गिर कर ब्रजेश्वर का पाँव छिल गया है। अचानक सड़क किनारे की खाई में गिर गया था। महावीर जी ने उसे बचा लिया नहीं तो हाथ-पैर टूट ही जाते...। तू यहाँ बड़ा भाई है। बड़ा भाई गार्जियन

की तरह होता है। देख कर उसका कुछ इंतजाम कराओ...!''

माँ की इस सूचना पर मैं तत्क्षण ब्रजेश्वर के यहाँ पहुँचता। रेणु भी मेरे साथ हो जाती।—"तुमने मुझे बताया नहीं ब्रजेश्वर। तुम्हारा पाँव तो इतना छिल गया है.. ।''

''ठीक हो जायेगा भैया... ।''

''यह लेप जैसा उस पर क्या चढ़ाये हो...?''

''नियोस्पोरिन मलहम है... ।''

''ऐसे जख्म के लिए सिर्फ यह मलहम पर्याप्त नहीं। अभी तुम्हें टेटभैक का एक इंजेक्सन लेना है... ।''

''टैटभैक की जरूरत नहीं भैया। सिर्फ ऊपर की ही चमड़ी छिली है... ।''

''फिर भी सुरक्षा की दृष्टि से टेटभैक आवश्यक है... ।''

और मेरा संकेत पा कामेश्वर का लड़का सोनू तत्क्षण टेटभैक इंजेक्शन के साथ कंपाउंडर लेकर आ जाता। हमारे घर के निकट मेडिकल स्टोर होने से विलम्ब नहीं होता। कामेश्वर का परिवार तो माँ की सूचना पर मुझसे पहले ही वहाँ पहुँच चुका रहता।

हमारी उपस्थिति में कंपाउंडर, ब्रजेश्वर को टेटभैक का इंजेक्शन लगाता। फिर उसके जख्म पर मरहम पट्टी करता। दुर्घटना से त्रस्त परेशान ब्रजेश्वर के चेहरे पर अब सुकून के भाव उभर आते। उसे देख हमें भी खुशी होती। अब तक इस बात का एहसास हमें हो गया था कि अपनी व्यक्तिगत खुशी से सहयोग की खुशी व्यापक और बड़ी होती है। वह हमारे व्यक्तित्व को जहाँ एक ओर ऊर्जस्वित कर देती है। वहीं दूसरी ओर हमारे सम्बन्ध की तरलता सूखने नहीं देती है।

उन्हीं दिनों एक दिन स्कूल से लौटते ही रेणु के पेट में तेज दर्द शुरू हो गया। इधर कभी-कभी उसका पेट दर्द ऐसे ही हो जाया करता था। हम तीनों भाइयों के परिवारों में हवा की तरह संचरण करती माँ से कोई भी बात छिप नहीं पाती। वह तत्क्षण कामेश्वर एवं ब्रजेश्वर के परिवार को सूचित कर आयी। बस, वे दोनों सपरिवार आ धमके—"क्या हुआ भाभी को...?''

''क्या हुआ दीदी को...?''

मैंने सबको बताया—"पेंक्रियाटाइटिस का ही दर्द मालूम पड़ता है। उसी के दर्द में इतनी परेशानी होती है... ।''

''भाभी को कष्ट अधिक है भैया। हमें कुछ करना चाहिए... ।''

''अल्ट्रासेड कैपसूल दिया था। उससे कुछ भी फायदा नहीं हुआ। लगता है, इंजेक्शन लगवाना ही पड़ेगा... ।''

''तो उसमें अब देर करना ठीक नहीं भैया। दर्द में परेशानी और कमजोरी अधिक बढ़ जाती है। फिलहाल कौन-सा इंजेक्शन पड़ेगा...?''

"डायनापार का...।"

कामेश्वर और ब्रजेश्वर ने अब अपने पुत्रों की ओर संकेत किया। बस, कामेश्वर का लड़का राजू तथा ब्रजेश्वर का शिवम् दोनों तत्क्षण इंजेक्शन के लिए चल पड़े। उन्हें कुछ रुपये थमाते हुए मैंने कहा—"डायनापार के साथ एसीलॉक का इंजेक्शन भी ले लेना। दर्द की सूई के साथ गैस की दवा लेनी ही पड़ती है। साथ ही एभिल और डेक्सोना का भी एक-एक इंजेक्शन ले लेना। रियेक्शन से सुरक्षा के लिए जरूरी होता है...।"

अब कुछ ही समय बाद सभी इंजेक्शन और कंपाउंडर के साथ वे आ गये। सबकी उपस्थिति में रेणु को डायनापार और एसीलॉक का इंजेक्शन लगा। फिर तो अक्सर की भाँति चंद मिनटों में ही रेणु का दर्द काफूर! रेणु के मलिन चेहरे पर प्रसन्नता लौट आयी। यह देख अब सबके चेहरे खिल उठे। मैंने लक्ष्य किया, अपनी-अपनी भूमिका को लेकर सब सन्तुष्ट थे। क्षण भर बाद माँ और भाई परिवारों के जाते ही रेणु कह उठी—"यहाँ एक साथ हमारे बसने का यह बहुत बड़ा सुख है। शहरी समाज में हमारे निकटतम पड़ोसी भी मौके पर काम नहीं आते। आड़े वक्त कोई परिवार हमारे लिए उपयोगी हो सके, ऐसा सम्बन्ध बहुत प्रयास के बाद ही बन पाता है। लेकिन यहाँ हमें वैसी जरूरत ही नहीं। हमारा बड़ा परिवार स्वयं एक-दूसरे के लिए काफी है...।"

उस दिन की याद भी मेरे मन में बनी हुई थी, जिस दिन शाम होते ही माँ की तेज आवाज हमें सुनायी पड़ी—"दौड़ो मिथि! दौड़ो ब्रजेश्वर! कामेश्वर बहू की तबीयत बहुत खराब है। अब-तब की घरी लग गयी है...।"

मेरे और ब्रजेश्वर के घर के आगे के गलियारे में खड़ी माँ आवाज लगा रही थी। इस सूचना पर अब हम तत्क्षण कामेश्वर के घर की ओर भागे। सचमुच कामेश्वर की पत्नी की हालत गम्भीर थी। उसका दम इस तरह फूल रहा था कि साँस लेना मुश्किल था। साँस की कठिनाई से आँखें उलट रही थीं तथा पूरा बदन पसीने से तर था। मैंने देखते ही कहा—"तत्काल ऑक्सीजन देना जरूरी है कामेश्वर। इस स्थिति में हमें अब तनिक भी विलम्ब नहीं करना चाहिए...।"

एक अभिभावक के निर्णय की तरह मेरी बात सुनते ही कामेश्वर ने अपने तीनों लड़कों राजू, गुड्डू, सोनू को दौड़ा दिया। वे तत्काल ही भाड़े का एक ऑटो लेकर आ गये। कामेश्वर और उनकी पत्नी के साथ हम दोनों पति-पत्नी उस ऑटो में बैठ गये। ब्रजेश्वर दोनों पति-पत्नी तथा घर के लड़के स्कूटर और मोटरसायकिल से पीछे लग गये। हम जानते थे, आरा के प्रायवेट चिकित्सक इमरजेंसी का केस नहीं लेते तथा यहाँ कोई अच्छा प्रायवेट अस्पताल भी नहीं। मैंने कामेश्वर से कहा—"फिलहाल हमें सदर अस्पताल के इमरजेंसी वार्ड में चलना चाहिए। वहाँ 24 घंटे इमरजेंसी सेवा के लिए एक चिकित्सक की ड्यूटी लगी होती है। तत्काल कुछ आराम हो जाय तो

फिर बाद में किसी अच्छे चिकित्सक से दिखा लिया जायेगा...।''

अब हमारा पूरा काफिला इमरजेंसी वार्ड पहुँचा। लेकिन वहाँ पहले से ही इमरजेंसी मरीजों की भीड़। पूरे जिले में ऐसी अकेली व्यवस्था का परिणाम! नगर के साथ-साथ गाँवों से भी पहुँचे मरीज! एक छोटे शहर के विश्वविद्यालय में मेरे प्रोफेसर होने का त्वरित लाभ। कामेश्वर बहू को ऑक्सीजन के साथ-साथ डेरिफायरिन और डेक्सोना का इंजेक्शन भी लगा। औचक बीमारी पर तत्कालिक निदान कारगर। कुछ ही देर में कामेश्वर बहू का दम फूलना बन्द। अब चिकित्सक ने हमसे कहा—"इमरजेंसी का इंतजाम कर दिया। लेकिन दो-चार दिन में किसी चिकित्सक से आपलोग अच्छी तरह जाँच-पड़ताल करा लीजिएगा। सम्भव है, आजमा या दमे की शुरुआत हो...।''

हमारा काफिला कामेश्वर बहू को लेकर पुनः घर आ गया। किसी विजय अभियान से लौटने की खुशी में अब हम सराबोर थे। अपनी संगठित सामूहिक शक्ति के प्रभाव से उत्साहित और अह्लादित। इस शहर में हमें किसी और की जरूरत नहीं। अपनी समस्याओं से लड़ने के लिए एक साथ रहने वाला हमारा परिवार स्वयं सक्षम है...।

अपने बिस्तरे पर पड़े-पड़े अब माँ की याद मुझे बेतरह आ रही थी। वह अगर जीवित होती तो इस तरह अपनी बीमारी के अध्ययन में मुझे तीन दिनों तक खाटशायी होना नहीं पड़ता। उसकी आवाज हमारे गलियारे में गूँजती रहती—"कहाँ हो कामेश्वर! ब्रजेश्वर! मिथि को अचानक यह क्या हो गया? ऐसी कमजोरी और सुस्ती तो इसे पहले कभी नहीं हुई थी...। यह नयी बीमारी कहाँ से आ गयी? आगे मुँह का लड़का है मिथि। यहाँ आरा में तुम दोनों भाइयों का अभिभावक। जल्दी से कुछ करो। वह स्वयं डॉक्टर के पास जाने वाला नहीं। दवा और डॉक्टर के नाम से भागता है...।''

और माँ की इस आवाज़ पर कामेश्वर, ब्रजेश्वर मेरे न चाहते हुए भी या तो मुझे लेकर किसी चिकित्सक के यहाँ भाग चलते या किसी चिकित्सक को ही मेरे पास लेते आते। एक दिन से अधिक मुझे इस स्थिति में रहने ही नहीं देते। इस दौरान उनकी पत्नियाँ अपनी उपस्थिति से रेणु को अकेलेपन की पीड़ा का एहसास भी नहीं होने देतीं। सचमुच माँ हमारे लिए कितनी उपयोगी थी, उसके जीवन में यह बात हम समझ नहीं सके थे। लेकिन अब मुझे स्पष्ट लग रहा था कि हमारे परिवार की सबसे मजबूत और महत्त्वपूर्ण कड़ी वही थी। महाराजा हाता का हमारा यह आवास पूर्ववत् कायम था। हमारे परिवार के सदस्य भी लगभग यथावत् थे। लेकिन माँ की अनुपस्थिति में अब हम एक-दूसरे से पृथक् शहरी पड़ोसी बनते जा रहे थे...।

इस अवसर पर जाने-अनजाने अब अपनी बेटियाँ भी मुझे बेतरह स्मरण आने लगी थीं। अपने जन्म से लेकर शादी होने तक उन्होंने हमारे घर को गुलज़ार बनाये

रखा। शोभा, विभा, रम्भा और रश्मि चारों बेटियाँ कुछ ही वर्षों के अन्तराल पर पैदा हुई थीं। इस स्थिति में उनकी समवेत् उपस्थिति का एहसास हमें होता रहा।

पता नहीं बचपन से ही मेरे प्रति श्रद्धा एवं अतिशय लगाव से वे क्यों प्रेरित थीं? सम्भव है, लड़की होने की उनकी यह विशेष संवेदनशीलता हो। सम्भव है, मेरे ग्रामीण एवं छोटे शहर के परिवेश का परिणाम हो। सम्भव है, भाई के न होने के चलते पिता और भाई दोनों रूपों में वे मुझे महसूस करती हों। आगे चल कर पिता के साथ-साथ मैं उनका गुरु भी बनता गया, क्योंकि मेरे कॉलेज एवं मेरी कक्षा से होकर ही वे गुजरती रहीं। जो हो, बचपन से ही अपनी उपस्थिति में मुझे दो-चार घंटे के लिए भी अस्वस्थ नहीं देख पातीं। कभी-कभी माथे में दर्द, हरारत या सर्दी-जुकाम की चपेट में आकर मैं बिस्तरे पर आराम करना चाहता कि वे आ धमकतीं—"क्या हुआ पापा...?"

"कैसी तबीयत है पापा...?"

"कहीं दर्द है क्या...?"

"बुखार तो नहीं हो गया...?"

और वे भिड़ जातीं। मेरे लाख मना करने पर कोई पैर दबाने लगती। तो कोई माथे में ठंडा तेल जांतती। तो कोई कड़ी पत्ती की चाय बना कर ले आती। इस दौरान उनकी स्नेहिल और मधुर उपस्थिति में छोटी बीमारियों की रुक्षता और जड़ता ठहर ही नहीं पाती...।

कभी उन्हें लगता कि घरेलू उपचार और उनकी सुश्रूषा से मैं ठीक नहीं हो पा रहा तो अपने चाचा लोगों के घर पहुँच जातीं—"कामेश्वर चाचा! ब्रजेश्वर चाचा! पापा की तबीयत ठीक नहीं। हमारे या मम्मी के कहने पर तो वे डॉक्टर के यहाँ जाने को तैयार नहीं हो रहे। लेकिन उनकी तबीयत में सुधार नहीं। दिखाना जरूरी है...।"

उनकी बात पर मेरे दोनों भाई आ धमकते—"किसी भी बीमारी को छोटा नहीं समझना चाहिए भैया। भले ही आप दवा न खायें। लेकिन दिखा लेने में क्या हर्ज है...?"—और वे मुझे किसी चिकित्सक से दिखा कर ही मानते। इस रूप में अपनी बेटियों को मैं माँ जैसी ही भूमिका अदा करते पाता...।

रेणु की बीमारी पर भी अपने सहयोग में वे सक्रिय रहतीं। लेकिन तब मेरी जैसी तत्परता और व्यग्रता उनमें परिलक्षित नहीं होती। इसकी वजह मैं समझ रहा होता। वे देख रही थीं, रेणु के तनिक भी अस्वस्थ होने पर मैं खुद उसकी निगरानी और इलाज में लगा होता। तब किसी भी तरह रेणु को ठीक करना मेरा एक सूत्रीय कार्यक्रम रहता। खुद बेटियों के अस्वस्थ होने पर भी मेरी भूमिका वैसी ही होती। इस स्थिति में घर के अकेले मुखिया के रूप में मेरी अस्वस्थता उन्हें असह्य जान पड़ती...!

कभी जब हमारी बीमारी उन्हें कुछ लम्बी खींचती प्रतीत होती तो हमारे आरोग्य लाभ के लिए वे पूजा-पाठ तथा अपने व्यक्तिगत अनुष्ठान में भी लग जातीं। तब कोई 'रामचरित मानस' का नवाहन् पाठ प्रारम्भ कर देती, तो कोई 'बजरंग बाण' का नियमित पाठ करने लगती। तो कोई 'महामृत्युंजय मंत्र' का जाप करती। चाहे जैसे हो, हमें वे ठीक करके ही मानतीं...।

इस दौरान अपने इस घर में मैं या रेणु कभी अकेलेपन का एहसास कर सकें, यह असम्भव था। तब निरन्तर की अपनी पारिवारिक व्यस्तता और भीड़ से कभी राहत के लिए रेणु कुछ समय का एकान्त-शान्त चाहती तो वह असम्भव होता। मेरे लिए भी यही स्थिति थी। ऐसे ही माहौल में जब मेरी कोई रचना शीघ्र सृजन की अपेक्षा रखती, तब चाहते हुए भी शान्त-एकान्त क्षण मैं नहीं पाता। अन्ततः उस सघन पारिवारिक व्यस्तता में ही लिखने का अभ्यास साध लिया। प्रारम्भ में कठिनाई होती थी। घर-परिवार की बातचीत मुझे सृजन विमुख करती। लेकिन धीरे-धीरे घर की आवाज़ मेरे रचना मानस पर अनसुनी होती चली गयी। सृजन का प्रवाह ही वहाँ कायम रहा। अब तो मेरी स्थिति ऐसी है कि भीड़ के बीच भी एकान्त की तरह रचनारत रहने की सिद्धि प्राप्त हो गयी है...।

एक-एक कर जब चारों बेटियों की शादियों से निवृत्त हुआ तो रिश्ते-नाते के लोग, साहित्यिक मित्र तथा विश्वविद्यालय के मेरे सहकर्मी सबने शाबाशियाँ देनी शुरू कीं—"समय से अपनी बेटियों की शादियाँ कर आप मुक्त हो गये। सचमुच आप दूरदर्शी हैं। अपने जीवन का यह बड़ा कार्य कर लिया। अब आपको कोई चिन्ता नहीं। खूब आराम और चैन से रह सकते हैं...।"

प्रारम्भ में यह बात मुझे भी सुकून देती थी। इसे मैं अपना सौभाग्य मानता कि सयानी होती लड़कियों के हाथ समय से पीले करते गया। मेरे मन में भी यह बात थी कि जीवन का क्या भरोसा? अगर मुझे कुछ हो जाता है तो मेरी बेटियों की शादियाँ कैसे होंगी? कौन करेगा? पारिवारिक एवं सामाजिक स्तर पर यह बात अत्यन्त महत्त्वपूर्ण भी थी। लेकिन अब मुझे लग रहा था कि वह जीवन ही सार्थक और अर्थपूर्ण था। उस जीवन का संघर्ष सुखद एहसास से भरा था। तब एक-एक पल के अपने जीवन की उपयोगिता मैं महसूस करता था। लेकिन अब मैं समझ नहीं पा रहा था कि बेटियों की परवरिश और उनकी शादियों से मुक्ति ने कहीं पारिवारिक स्तर पर मुझे निरर्थक तो नहीं बना दिया? शायद हाँ! शायद नहीं! आज बेटियाँ होतीं तो इस तरह मुझे तीन दिनों तक बिस्तरे पर पड़े नहीं देख पातीं। तब रेणु को किसी अकेलेपन की पीड़ा भी नहीं सताती। तब हमारे जीवन में पहले जैसी ही जीवन्त गतिशीलता होती। तब समस्याओं से लड़ने की संघर्ष क्षमता हमारे अन्दर से फूटती रहती। लेकिन अपनी बेटियों को हमें क्वांरी तो रखना था नहीं। शादी के बाद उनकी विदाई आवश्यक थी।

अपनी दिनचर्या के तहत गृहकार्य में लगी रेणु अब मेरे समीप पुनः आ जाती—"जगे हैं कि सो गये...?"

"जगा हूँ रेणु। ऐसे ही आँख बन्द कर लेटा हूँ...।"

"आज क्या खाइयेगा? कौन-सी सब्जी बना दूँ...?"

"कुछ भी बना दो। कोई खास इच्छा नहीं। जो सब्जी घर में हो और सुविधा से बन जाये वही ठीक रहेगी...।"

"तो क्या आपको भूख नहीं बुझाती? अगर भूख नहीं बुझाती होगी तो अवश्य अन्दर से कोई बीमारी है...।"

"ऐसी बात नहीं रेणु, भूख बुझाती है। मैं तो यह कह रहा हूँ कि कुछ भी बना लो। मैंने तो खुद तय कर लिया है कि अब और मुझे प्रतीक्षा नहीं करनी...। तुम्हारी इच्छा के अनुसार आज शाम चिकित्सक की राय लेनी है...।"

मेरी बात से आश्वस्त हुई रेणु अब किचेन की ओर चल पड़ी। ठीक इसी समय पास पड़े मेरे मोबाइल फोन पर रिंग हुआ। अस्वस्थ होने के बाद अपना मोबाइल फोन मैं बिस्तरे के करीब ही रखने लगा था ताकि रिंग होने पर रेणु को भागदौड़ न करनी पड़े। मैंने तत्क्षण फोन उठा लिया—"हलो...!"

"प्रणाम सर! मैं अनन्त कुमार सिंह बोल रहा हूँ...।"

"कैसे हैं अनन्त जी...?"

"ठीक हूँ सर! आप कैसे हैं...?"

"मैं भी ठीक हूँ...।"

"इधर दस दिनों से आपसे मुलाकात नहीं हो सकी। मैं भी गाँव चला गया था। कल आया। आज बैंक के बाद शाम को आऊँगा। 'जनपथ' का नया अंक भी आपको देना है। घर रहियेगा या कहीं का कार्यक्रम है...?"

"घर पर ही रहूँगा अनन्त जी। मैं खुद आपको फोन करने वाला था कि इधर आप कहाँ हैं? कैसे हैं? इधर आपका कोई समाचार भी नहीं मिला...।"

"ठीक है सर। शाम को हम मिलते हैं...।"

"ठीक है...।"

यह आरा के मेरे साहित्यिक मित्र अनन्त कुमार सिंह थे-कथाकार एवं 'जनपथ' के सम्पादक। अपना यह शहर आरा मुझे बहुत प्रिय रहा है। वर्ष 1975 में अपने गाँव बैसाडीह से नौकरी की तलाश में मैं यहाँ आया। फिर तो यहीं का होकर रह गया। वर्ष 1981 में जब राँची विश्वविद्यालय अन्तर्गत व्याख्याता नियुक्त होकर राँची पहुँचा तो अपने शहर आरा आने के लिए बेचैन हो उठा। उसी समय मेरे एक पत्र के उत्तर में जे. एन. यू. से डॉ. नामवर सिंह ने टीचर फेलोशिप के अन्तर्गत अपने साथ शोध करने के लिए रिक्ति की सूचना दी। लेकिन मैं न तो जे. एन. यू. जा सका और न राँची रह सका। अपने अथक प्रयास से अन्तरविश्वविद्यालय

स्थानान्तरण के द्वारा अपने शहर आरा के एच. डी. जैन कॉलेज में आ गया। फिर वीर कुँवर सिंह विश्वविद्यालय की स्थापना के बाद विश्वविद्यालय के स्नातकोत्तर हिन्दी विभाग में...।

अपने शहर के प्रति मेरे मन में यह लगाव भी अकारण नहीं था। इस शहर ने भी मुझे इतना स्नेह-प्यार और मान-सम्मान दिया था कि इसे छोड़ कर कहीं जा ही नहीं सकता था। 1975 में जब मैं यहाँ पहुँचा, 'धर्मयुग', 'सारिका' तथा 'साप्ताहिक हिन्दुस्तान' जैसी बहुपठित और लोकप्रिय पत्रिकाओं के माध्यम से पूरा शहर मुझे जानता था। इन पत्रिकाओं में उस समय तक मेरी दर्जनों कहानियाँ मेरे चित्र एवं परिचय के साथ प्रकाशित होकर चर्चित हो चुकी थीं। हालाँकि तब मैं एक बेरोजगार युवक था। लेकिन इस शहर की साहित्यिक-सांस्कृतिक चेतना ने मेरी वर्तमान हैसियत को अनदेखा कर सृजनात्मक कृतित्व के आधार पर मुझे महत्त्व दिया। 'वाम' सम्पादक डॉ. चन्द्रभूषण तिवारी ने कहा--"आरा आकर आपने बहुत अच्छा किया। आपके जीवन एवं लेखन दोनों को यहाँ से और गति मिलेगी...।"

नाटककार श्याम मोहन अस्थाना ने तो उत्साहित भी किया—"गाँव में रहकर आप अच्छा लिख तो सकते थे, लेकिन जीवन में कुछ बन नहीं पाते। लेखन के साथ-साथ जीवन में भी कुछ बनना आवश्यक होता है। सिर्फ लेखन के आधार पर जीविकोपार्जन सम्भव नहीं। अब आप अनुकूल जगह आ गये। यहाँ से अपने लायक रोजगार अवश्य पा जायेंगे...।"

इसी भाँति उस समय यहाँ के प्रायः सभी रचनाकारों ने आरा की मेरी नागरिकता पर अपनी खुशी का इजहार किया। मेरे आने से अपनी साहित्यिक बिरादरी में वे इजाफा महसूस कर रहे थे। यहाँ मेरा घनिष्ठ मित्र रामेश्वर उपाध्याय भी मिल गया जिससे पहले कभी-कभी ही मिल पाता था। हालाँकि इन सबसे अधिक यहाँ की नयी पीढ़ी ने मुझे अपने हाथों पर उठा लिया। मेरी ही तरह लेखन के माध्यम से अपनी साहित्यिक पहचान बनाने के लिए वे उत्सुक थे। उनमें नवेंदु, श्रीकान्त, सिरिल मैथ्यू, डॉ. विन्द्रेश्वरी, अभय, उदयशंकर, सुभाषचन्द्र सरकार, राजेश कुमार आदि लगभग एक दर्जन युवक थे। अपने मार्गदर्शक के रूप में वे साये की तरह मुझसे जुड़ते चले गये—"हमें भी लिखना और छपना है भैया। आप हमारे भाग्य से ही यहाँ आ गये...।"

उस वक्त मेरी हर इच्छा उन युवकों को शिरोधार्य थी। किसी रोजगार के अभाव में उस समय मेरे पास भी पर्याप्त समय था। मैं उनसे लिखवाता। उन्हें जाँचता। फिर पत्र-पत्रिकाओं में प्रकाशनार्थ भिजवा देता। जब 'धर्मयुग', 'कहानी', 'रविवार', 'योजना' जैसी पत्रिकाओं में उनकी रचनाओं का प्रकाशन शुरू हुआ तो आरा का साहित्यिक परिदृश्य अचानक विस्तारित हो गया। उस समय एक गोष्ठी के सिलसिले में आरा पहुँचे कमलेश्वर ने मेरी सराहना भी की—"तुमने यह बहुत

अच्छा किया है, मिथिलेश्वर। स्वयं तो हर रचनाकार लिखते हैं। लेकिन नयी पीढ़ी को लेखन के लिए प्रेरित और उत्साहित करना बड़ी बात होती है...।''

तब सत्ता-प्रतिष्ठानों से समाज तक साहित्य का महत्त्व बना हुआ था। उस समय चाहते हुए भी आरा के अपने घर में शान्त-एकान्त समय मैं नहीं निकाल पाता। वे युवक कभी भी पहुँच आते। तब आरा के मेरे पड़ोसी पूछने भी लगे थे—"क्या आप लड़कों को ट्यूशन पढ़ाते हैं मिथिलेश जी? किस वर्ग के लड़के आते हैं आपके यहाँ...?''

जवाब में उन्हें मैं अपनी तरह समझा देता। मेरे पास युवाओं की यह भीड़ कई वर्षों तक कायम रही। रोजगार के सिलसिले में जब वे यहाँ से दूसरी जगह चले गये तब मैं उस सघन युवा सम्पर्क से मुक्त हुआ।

हालाँकि इस दौरान शहर के समाज ने मुझे इस तरह अपना हिस्सा बना लिया था कि अपने घर में शान्त-एकान्त मैं रह ही नहीं सकता था। मिलने-जुलने के तहत रचनाकारों एवं साहित्य प्रेमियों का मेरे यहाँ आना-जाना तो कायम रहता ही, शहर के बड़े और राष्ट्रीय आयोजनों में मुझे मुख्य भागीदारी भी निभानी होती। मेरे कॉलेज शिक्षक होने के बाद तो यहाँ के साहित्यिक समाज की सम्बद्धता मेरे साथ और बढ़ गयी। उन्हीं दिनों इस शहर ने अपने सर्वश्रेष्ठ सम्मान की चरम अभिव्यक्ति के रूप में मेरा चयन किया। यहाँ की प्राचीन तथा सर्वाधिक महत्त्वपूर्ण संस्था 'नागरी प्रचारिणी सभा' ने अपनी हीरक जयन्ती वर्ष 1994 पर पूर्व केन्द्रीय मन्त्री तथा तत्कालीन अन्तर्राष्ट्रीय शिक्षा आयोग के सदस्य डॉ. कर्ण सिंह के हाथों मुझे 'साहित्य मार्तण्ड' सम्मान प्रदान किया। सम्मान समिति के सदस्य तथा नागरी प्रचारिणी सभा की पत्रिका 'शोध' के सम्पादक प्रो. राजाराम जैन ने कहा—"हमें खुशी है कि कथाकार मिथिलेश्वर को सम्मानित करने के हमारे निर्णय को पूरे शहर की सहमति प्राप्त हुई है...।''

आगे चल कर स्थानीय राग-द्वेष से परे वीर कुँवर सिंह विश्वविद्यालय, आरा ने, जिसके अन्तर्गत मैं खुद एक शिक्षक था, मेरे साहित्य पर पीएच. डी. की उपाधि प्रदान की। हालाँकि बाहर के कई विश्वविद्यालयों में मेरे साहित्य पर शोध-कार्य हो चुके थे। पर घर में हुए इस कार्य का महत्त्व अधिक था। 'घर का जोगी जोगड़ा, आन गाँव का सिद्ध' की भाँति घर में सम्मानित होना सचमुच जटिल और दुष्कर कार्य होता है। लेकिन यहाँ के विद्वान प्रोफेसर एवं तत्कालीन हिन्दी विभागाध्यक्ष डॉ. दीनानाथ सिंह ने मेरे लिए वह भी सुलभ बना दिया। सम्भवतः मेरे साहित्यिक कार्य तथा मेरे प्रति शहरी समाज का यह भाव देख आगे के दिनों में जिला प्रशासन ने भी बिहार दिवस के अवसर पर शहर के सर्वश्रेष्ठ साहित्यकार के रूप में मुझे सम्मानित किया। अपने ऐसे शहर के लिए पूरी तरह समर्पित हो जाना मेरे लिए स्वाभाविक ही था। मेरे स्थान पर कोई भी होता तो अपने श्रेष्ठ आवासीय स्थल के

रूप में इस शहर का ही चुनाव करता...।

यहाँ मेरे निवास का रेलवे स्टेशन के निकट होना बाहर के मेरे पाठकों के लिए और अनुकूल रहा है। मेरी किसी रचना से अतिशय प्रभावित वे मिलने भी आ जाते। कहने की आवश्यकता नहीं कि ऐसे अवसर पर अपने लेखन एवं साहित्य के प्रति मेरी निष्ठा को और मजबूती प्राप्त होती।

मेरे प्रति इस शहर के लोगों के बढ़ते आकर्षण में एक ऐसा समय भी आया जब गाहे-बगाहे तथा जरूरी-गैरजरूरी बातों को लेकर मिलने आने वाले लोगों से मैं परेशानी का अनुभव करने लगा। अपनी दिनचर्या में मैं लगा होता या कॉलेज जाने की तैयारी कर रहा होता या घर के किसी जरूरी काम में भिड़ा रहता या कॉलेज से लौट अपनी अधूरी रचना पूरी करना चाहता कि दरवाजे पर आवाज़ होती—"मिथिलेश्वर जी हैं...।"

समय-कुसमय पहुँचने वाले अपने ऐसे आगन्तुकों से परेशान होकर मैंने एक नियम निर्धारित किया कि शाम 4 से 6 बजे के अन्दर ही मुझसे मिलना उपयुक्त होगा। लेकिन मेरे छोटे शहर के आगन्तुकों पर इस नियम का कोई असर नहीं हुआ। जिसको जब इच्छा होती आ धमकता। इस स्थिति में कार्य की अनिवार्यता और गैर अनिवार्यता के तहत मैंने मिलना तय किया। तब रेणु या बेटियाँ आगन्तुक से पूछ लेतीं—"क्या काम है...?"

अब तक मिलने वाले लोगों के जरूरी और गैरजरूरी कार्यों की जानकारी उन्हें भी हो गयी थी। जरूरी कार्य वालों से वे मिला देतीं तथा गैरजरूरी वालों से कह देतीं—"अभी घर पर नहीं हैं। कहीं बाहर निकले हैं...!"

यह स्थिति धीरे-धीरे कब से और कैसे बदलनी शुरू हुई, इसकी पक्की जानकारी मुझे नहीं। लेकिन सन् 2000 से इसका स्पष्ट एहसास मुझे होने लगा था। मोबाइल फोन के सेट जहाँ हमारे शहर के कुछ ही विशिष्ट लोगों के पास थे, वहाँ अब प्रायः हर हाथों में इसकी उपलब्धता परिलक्षित होने लगी थी। कम्प्यूटर और इंटरनेट के लिए प्रायः शहर के इने-गिने साइबर कैफे में ही लोगों को जाने पड़ते। पर अब अधिकांश घर कम्प्यूटर और इन्टरनेट की सुविधा से युक्त थे। इस बदलते समय का फायदा उठाते हुए दूरसंचार कम्पनियों ने भी अपने मोबाइल धारकों को मोबाइल सेट पर इंटरनेट की सुविधा प्रदान की। इस दौरान अब तक टी. वी. सेट अपनी व्यापक बहुलता में चाय-पान की दूकानों पर भी नजर आने लगे थे।

मुझे याद है, ऐसे बदलते समय में मुझसे जुड़े और अक्सर सम्पर्क रखने वालों के फोन आने शुरू हो गये थे—"कैसे हैं, मिथिलेश्वर जी...?"

"ठीक हूँ...।"

"इधर व्यस्ततावश आ नहीं सका। सोचा, फोन से समाचार ले लूँ। कोई नयी खबर तो नहीं...?"

''नहीं। सबकुछ पूर्ववत् है...।''

''कोई जरूरत हो तो बताइयेगा। अब इस फोन की सुविधा से कभी भी बात हो सकती है। फोन की सर्वत्र उपलब्धता के बाद अब लोगों के बीच की दूरियाँ कम हो गयी हैं...।''

हालाँकि ऐसे परिचितों-मित्रों की बातों के विपरीत मैं अनुभव कर रहा था कि इस फोन से दूरियाँ और बढ़ती जा रही थीं! मिलने पर सुख-दुःख के रागात्मक सम्बन्धों की अत्यन्त सघन आत्मीयता हमें बल प्रदान करती। लगता, अपने ऐसे सम्पर्कों-सम्बन्धों पर किसी भी समस्या से हम निपट लेंगे। बड़े से बड़े संघर्ष पर भी हार नहीं मानेंगे। लेकिन फोन के औपचारिक संवाद में सम्पर्कों-सम्बन्धों की तरलता सूखने लगी थी तथा गहराई सिमट चली थी।

जहाँ तक मैं समझता था, मेरे पास आने वाले अधिकांश लोग साहित्य से सम्बन्धित जानकारी एवं सूचना के लिए ही आते थे। एक नौसिखुआ लेखक या साहित्य के पाठक के रूप में अनेक जिज्ञासाएँ उनके मन में होती थीं। साहित्य क्षेत्र के एक ज्ञात व्यक्ति के रूप में अपनी जिज्ञासाओं का समाधान वे मुझसे चाहते थे। लेकिन अब अपने घरों में उपलब्ध इंटरनेट के चलते किसी सूचना के लिए किसी के पास जाने की जरूरत महसूस नहीं करते। दुनिया की हर चीज, हर विषय और हर क्षेत्र की विस्तृत और ताज़ा जानकारी इंटरनेट पर उपलब्ध।

मैंने तो ऐसा महसूस किया है कि इंटरनेट के प्रति लोगों के बढ़ते रूझान ने न सिर्फ उनकी सामाजिकता कम की है, बल्कि छपी पुस्तकों की पाठकीयता का उनका आकर्षण भी जाता रहा है। फोन, टी. वी., कम्प्यूटर और इंटरनेट ने सामाजिक स्तर पर हमारे सम्बन्धों का समीकरण भी बदल दिया है। न चाहते हुए भी हम आत्मकेन्द्रित होते जा रहे हैं तथा तकनीकी संसाधनों की सर्वत्र उपलब्धता ने हमें सुविधाभोगी बनाना भी शुरू कर दिया है। क्या जरूरत है किसी के यहाँ आने-जाने और मिलने-जुलने की? समय की बर्बादी के सिवा कुछ मिलने वाला नहीं। उतनी देर अगर अपने कम्प्यूटर पर इंटरनेट खोल कर बैठ जायँ तो ज्ञान-विज्ञान की अनेक जानकारियों से लाभान्वित हों।

ऐसे बदलते समय में एक शिक्षक के रूप में कॉलेज से विश्वविद्यालय तक साहित्य पढ़ने वाले छात्रों की संख्या और स्तर में निरन्तर कमी का एहसास कर रहा था। पहले तेजस्वी और प्रतिभाशाली छात्र दूसरे उपयोगी विषयों की तरह साहित्य में भी आते थे। लेकिन अब साहित्य उनका अन्तिम विकल्प हो गया था। इस सम्बन्ध में कुछ छात्रों ने मुझसे कहा भी—"साहित्य पढ़ कर हम क्या करेंगे सर? न कहीं ढंग की नौकरी पा सकेंगे और न सम्मान का जीवन जी सकेंगे। कम्प्यूटर की कोई भी शिक्षा हमें शीघ्र रोजगार से जोड़ती तथा सम्मानित जीवन का अधिकारी बनाती है...।''

कुछ दूसरे छात्रों ने इस विषय को और स्पष्ट किया—"बात सिर्फ कम्प्यूटर तक ही सीमित नहीं है सर! हमारे यहाँ निरन्तर विस्तार पाती बहुराष्ट्रीय कम्पनियों के दरवाजे प्रबन्धन की हमारी शिक्षा पर ही खुले रहते हैं। वे कम्पनियाँ हमारी योग्यता और मेधा को पूरा सम्मान देती हैं। इसके विपरित अपने यहाँ की उपेक्षित और परम्परित नौकरियाँ पैसे और पैरवी के अभाव में ईमानदारी से हम कहाँ पा सकते हैं? इस स्थिति में हमारा पहला विकल्प कम्प्यूटर और प्रबन्धन की ओर भागना ही है...।"

अपने छात्रों के इस निर्णय को व्यावहारिक धरातल पर मैं देख रहा था। आई. ए. आई. एस सी. के बाद ही अच्छे लड़के अब सीधे इस नये क्षेत्र की ओर उन्मुख हो उठते। उसके बाद जो बचते वे विज्ञान, गणित, इतिहास, अर्थशास्त्र और वाणिज्य जैसे रोजगारशुदा विषय लेकर ही पढ़ते। इनके अतिरिक्त जो छात्र ऐसे विषयों के लिए अपने को अयोग्य समझते और मन्द बुद्धि के होते वे ही साहित्य को अपनाते। उनके लिए यह बैठेठाले का धन्धा होता। यहाँ इस मनोविज्ञान से भी वे परिचालित होते कि किसी भी विषय से उच्च शिक्षा तो हासिल कर रहे हैं। ऐसे छात्रों को पढ़ाते हुए मुझे पसीने निकल आते, जो प्रेमचन्द को कोई कवि तथा कबीर को कोई लेखक बताते। ऐसे छात्रों को साहित्य के अपरिमित संसार से अवगत कराना पत्थर पर दूब जमाने से कम कष्टकर प्रतीत नहीं होता। साहित्य की कक्षा की लड़कियों की स्थिति लड़कों से थोड़ी भिन्न होती, लेकिन अधिक भिन्न नहीं...। साहित्य पढ़ने की उनकी वजहों में साधनों का अभाव, परिवार की विपन्नता और शादी की प्रत्याशा में समय व्यतीत करना होता।

इस सम्बन्ध में यह समझते मुझे देर नहीं लगी कि इस वैज्ञानिक विकास से बदलती दुनिया में साहित्य की उपेक्षा रोजगार और सम्मान से निरन्तर उसके वंचित होते जाने को लेकर ही है। इधर इस बात के कटु अनुभव भी मुझे हुए कि मेरे इस शहर से नयी पीढ़ी के कथा लेखकों का आगमन भी लगभग बन्द हो चुका है। कभी दर्जनों युवक कथा लेखन में अग्रसर होने के लिए मुझे घेरे रहते थे। लेकिन राकेश कुमार सिंह के बाद इधर लम्बे समय से इस आरा नगर में वैसी जिज्ञासा लेकर कोई युवक मेरे पास नहीं आया...।

इस नये दौर में साहित्य की सिमटती, सिकुड़ती और उपेक्षित स्थिति का तल्ख एहसास राष्ट्र की मुख्यधारा में उसके खत्म होते वजूद को देखकर ही मुझे होने लगा था। मेरे लिए यह आश्चर्य का विषय था कि राष्ट्र की मुख्य धारा में राजनीति की भूमिका यथावत् बनी हुई थी। खेल खिलाड़ियों ने भी अपना महत्त्व स्थापित कर लिया था। क्रिकेट के खेल ने तो केन्द्रीयता तक हासिल कर ली। फिल्मों ने भी अपने नये वजूद के साथ अपनी उपस्थिति दर्ज की। इस दौर में संगीत ने भी अपनी व्यापक लोकप्रियता का परचम लहरा दिया। लेकिन कभी इस धारा में मुख्य भूमिका

के साथ उपस्थित साहित्य अब हाशिए पर था। साहित्य की खबरों को अब इस धारा में तभी स्थान मिलता जब या तो कोई साहित्यकार पुरस्कृत होता या दिवंगत। हमारे नये सृजन और नये प्रकाशन को इस धारा में कोई स्थान नहीं। मेरे जैसे लेखक के लिए यह स्थिति कम कष्टप्रद नहीं।

कई लाख की संख्या में प्रकाशित 'धर्मयुग' जैसी पत्रिकाओं में छपने वाला मैं अब कुछ हजार की संख्या वाली पत्रिकाओं में छपने को विवश था। पुस्तकों की स्थिति तो और शोचनीय। 500 प्रतियों पर पहला संस्करण प्रकाशित। ऐसे में साहित्य की केन्द्रीयता खंडित। किसकी अच्छी रचना कब और कहाँ से प्रकाशित हुई, जानना मुश्किल।

प्रथम दौर की मेरी शुरुआती और कम रचनाओं पर यह पूरा शहर मेरे आवासीय पते से अवगत था। बाहर का कोई आदमी आकर पूछता तो सब उसे बता देते। लेकिन मेरा यह वही शहर 2014 में ग्यारह कहानी-संग्रहों के अतिरिक्त जब 'यह अन्त नहीं', 'सुरंग में सुबह', 'माटी कहे कुम्हार से', 'पानी बीच मीन पियासी' तथा 'कहाँ तक कहें युगों की बात' जैसी पाँच बड़ी कृतियों का रचयिता बन गया, मेरे इस शहर के नये वाशिंदों और परिवर्तित लोगों को मेरे बारे में कोई जानकारी नहीं। मध्य प्रदेश में मेरे साहित्य पर शोध करने वाला एक छात्र जब मुझसे मिलने आरा पहुँचा तो महाराजा हाता की गलियों में भटकता रहा। रेलवे स्टेशन से मेरे आवास की दूरी मात्र 15 मिनट की है। उस छात्र की इच्छा बिना फोन किये अचानक पहुँच अपने घर में मेरी सामान्य स्थिति का अवलोकन करना था। लेकिन चिलचिलाती धूप में जब डेढ़ घंटे तक वह मेरा आवास नहीं पा सका तो फोन किया। उस समय महाराजा हाता के बिल्कुल दूसरे छोर पर वह था। जब मैंने फोन से निर्देशित किया तब वह मेरे यहाँ पहुँचा...।

अपनी बीमारी के इस तीसरे दिन अब मुझे साफ लग रहा था कि इस बदल चुके समय की अपेक्षा अगर पहली स्थिति होती तो इस तरह अज्ञात बना मैं पड़ा नहीं रहता। अवश्य इस बीच मुझसे मिलने कोई न कोई आया होता। फिर यह सूचना तत्क्षण यहाँ के मेरे मित्रों, पाठकों और शुभचिन्तकों तक पहुँच जाती। फिर वे किसी भी स्थिति में मुझे इस तरह पड़े रहने नहीं देते। किसी न किसी चिकित्सक से इलाज करा कर ही मानते!

अपने साहित्य के बेहद सुखद, फिर अभी के दौर में पर्याप्त दुखद अनुभव को लेकर मेरा मन अधिक हताश और निराश नहीं। मुझे विश्वास है, रात के बाद दिन तथा अँधेरे के बाद उजाले की तरह हमारे साहित्य का समय फिर वापस आयेगा। विज्ञान के रथ पर सवार तथा नये माध्यमों की चकाचौंध में डूबे लोगों को मानवीय संवेदना, आत्मिक ज्ञान तथा शान्ति के लिए साहित्य के पास आना ही पड़ेगा। तब हमारा साहित्य मुख्य धारा में अपने पूरे वजूद के साथ पुनः स्थापित होगा। फिलहाल

मुझे उसी दिन की प्रतीक्षा है...।

अचानक फोन पर फिर किसी का रिंग आया। मैंने पूछा—"हलो...!"

"भैया प्रणाम। मैं कृष्ण कुमार। बी. एल. ओ. के कार्य में इस तरह फँसा रहा कि दो दिनों से आ नहीं सका। अभी फील्ड से ब्लॉक में आया हूँ, मीटिंग है। लेकिन आज शाम जरूर आऊँगा। 'भोजपुरी सम्मेलन पत्रिका' में मेरी लम्बी कहानी आयी है...।"

"ठीक है...।"

कृष्ण कुमार भोजपुरी भाषा के जाने-माने कथाकार। वर्षों पहले आरा के नये लेखकों की भाँति वे भी मुझसे मिलने आये थे। फिर तो एक-दूसरे से हम इस तरह जुड़ते चले गये कि हमारी नियमित बैठकें कायम हो गयीं। हमारे निरन्तर के सम्पर्क, सम्बन्ध ने आगे चल कर पारिवारिक स्तर पर भी एक-दूसरे के सुख-दुःख से हमें जोड़ दिया।

मेरी पत्नी रेणु के साथ ही कृष्ण कुमार यहाँ के स्कूल में शिक्षक थे। नियमतः शिक्षकों से गैर शिक्षकीय कार्य नहीं लेना था। लेकिन इसके बावजूद जिला प्रशासन की ओर से चुनाव कार्य के नाम पर कई तरह के कार्य उन्हें सौंप दिये जाते, जैसे जनगणना कार्य, आर्थिक गणना, पशुगणना, मतदाता सूची पुनरीक्षण आदि। फिलहाल मतदाता सूची पुनरीक्षण कार्य के तहत वे 'बी. एल. ओ.' थे। पंचायत चुनाव की निर्धारित तिथि से पहले ही एक क्षेत्र विशेष के मतदाताओं की नयी सूची उन्हें तैयार करनी थी। उसमें किसी का नाम छूटना नहीं चाहिए। फिल्डवर्क के बाद हर शाम ब्लॉक में आकर कार्य प्रगति की सूचना देनी होती। कार्य में तनिक भी लापरवाही तथा निर्धारित समय के अन्तर्गत पूरा नहीं होने पर जिला प्रशासन की ओर से सीधे एफ. आई. आर. करने की धमकी। ऐसे में कृष्ण कुमार की परेशानी मैं समझ रहा था। हमारे बीच बढ़ते पारिवारिक सम्पर्क के तहत कृष्ण कुमार का बड़ा पुत्र पुष्कर मैट्रिक की परीक्षा पास करते ही कॉलेज शिक्षा के लिए मेरे साथ रहने लगा। फिर तो धीरे-धीरे वह मेरा पुत्रवत् हो गया। मेरी निगरानी और सम्पर्क में ही उसने प्रथम श्रेणी से आई. ए., बी. ए. आनर्स, एम. ए. तथा बी. एड. की शिक्षा हासिल करने के साथ पीएच. डी. की उपाधि भी प्राप्त की। इस दौरान बक्सर जिला अन्तर्गत नावानगर के इंटर कॉलेज में वह व्याख्याता नियुक्त हो गया। इस वजह से अब मेरे साथ कम रहने लगा था।

अब तक रसोई से निपट चुकी रेणु पुनः मेरे पास आ बैठी—"फिलहाल अपने स्वास्थ्य में कोई अन्तर आपको महसूस हो रहा या नहीं...?"

"नहीं रेणु...।"

"मैं तो पहले ही जान चुकी थी कि सिर्फ रेस्ट से यह बीमारी जाने वाली नहीं...।"

"मुझे स्वयं लग गया है रेणु। मैंने तो खुद निर्णय किया है कि आज दिखा

लेना है...।''

''तो चलिये कुछ खा लीजिए। अब दो बजने वाले हैं...!''

मेरी इच्छा कुछ भी खाने की नहीं थी। इस बीमारी ने भूख भी कम कर दी थी। लेकिन ऐसा कह कर रेणु को और चिन्तित करना नहीं चाहता था। बस, उसके साथ जाकर खा आया। लेकिन खाना खा कर कुछ देर भी मुझसे बैठा नहीं जा सका। आँखें बोझिल और बदन शिथिल महसूस करने लगा। अब पुनः बिस्तरे पर आकर पड़ गया। मेरी स्थिति से दुःखी रेणु भी मेरे पास ही लेट गयी।

मैं महसूस कर रहा था, मेरे शरीर के सुस्त और शिथिल होने के बावजूद मेरे मस्तिष्क पर उसका कोई असर नहीं था। वह पूर्ववत् सक्रिय था, इसलिए अपनी इस बीमारी के परिप्रेक्ष्य में अतीत से वर्तमान तक का विश्लेषण कर रहा था। अब रोज की भाँति अपराह्न तीन बजे के बाद फोन का आना शुरू हो गया। बाहर से फोन करने वाले चतुर लोगों ने शायद अपराह्न् तीन बजे से पाँच बजे के बीच फोन पर मेरी उपलब्धता सुनिचित समझ ऐसा करते थे। मैंने अजमा कर देख लिया था, मेरे पास आने वाले बाहर के फोन अक्सर इसी समय के भीतर आते।

शुरुआत पाठकीय फोन से—"श्री मिथिलेश्वर जी बोल रहे हैं...।''

''हाँ, कहा जाय...?''

''मैं रायपुर, छत्तीसगढ़ से मुकेश चन्द्र। 'वागर्थ' के नये अंक में आपका संस्मरण 'साधो शब्द साधना कीजै' मुझे बहुत अच्छा लगा। इस संस्मरण ने कहीं गहरे में मेरे मन को छू लिया है...।

''जान कर खुशी हुई। मेरा बहुत-बहुत धन्यवाद...।''

''आपकी आवाज़ बहुत धीमी आ रही है मिथिलेश्वर जी। लगता है, फोन या टावर में कुछ गड़बड़ी है। मैं 'धर्मयुग' के जमाने से ही आपका पाठक हूँ...।''

''फोन या टावर में कोई गड़बड़ी नहीं चन्द्रा जी। फिलहाल मैं अस्वस्थ हूँ...।''

''सॉरी मिथिलेश्वर जी, मैं नहीं जानता था। अनटाइमली फोन कर आपको परेशान किया। फिर बाद में फोन कर लूँगा। मेरी कामना रहेगी कि आप शीघ्र स्वस्थ हो जायँ...।''

अब ऐसे पाठकीय फोन अक्सर आने लगे थे। कभी पत्रिकाओं की रचनाओं पर तो कभी मेरी पुस्तकों पर। एक समय पाठकों के पत्र जिस अनुपात में मिलते थे, अब फोन ने वही रूप ले लिया था। पर पाठकों के पत्रों की तुलना में फोन की प्रतिक्रियायें मेरे मन को रास नहीं आतीं। पाठकों के पत्र मुझे देर तक सुखद अनुभूतियों में रखते। उन्हें मैं बार-बार पढ़ता। अपने मित्रों को भी पढ़ाता। मेरी अलमारी का आधा हिस्सा ऐसे पाठकीय पत्रों से भरा है, जिसे अपने लेखकीय जीवन की मैं पूँजी समझता रहा। उस तुलना में फोन की प्रतिक्रियायें क्षणभर की प्रसन्नता का एहसास करा कर लुप्त हो जातीं। कभी स्मरणीय और उल्लेखनीय नहीं बनतीं। उस समय

सम्भवतः पाठकीय पत्रों की चाह में ही मैं पोस्टमैन की प्रतीक्षा किया करता था। प्रायः रोज की डाक में कहीं न कहीं से पाठकीय पत्र अवश्य आते। लेकिन अब तो पोस्टमैन के हाथों मुख्यतः पत्रिकायें और पुस्तकें ही प्राप्त होती थीं।

पुनः फोन की घंटी बजी। शायद कोई पाठक ही हो। लेकिन यह तो एक शोध छात्र का फोन था–"मैं प्रमोद कुमार तिवारी हरिद्वार से बोल रहा हूँ। यहाँ गुकुल कांगड़ी विश्वविद्यालय में आपके साहित्य पर पीएच. डी. के लिए शोध-कार्य कर रहा हूँ। मेरे निदेशक डॉ. संतराम वैश्य जी हैं...।''

''ठीक है। अपना काम कीजिए...।''

''इस सम्बन्ध में आपके सहयोग की मुझे बहुत जरूरत है सर। बिना आपके सहयोग के मेरा कार्य अच्छी तरह सम्पन्न नहीं हो सकता...।''

''कैसा सहयोग...?''

''आपके सभी उपन्यास उपलब्ध हैं। लेकिन कुछ कहानी-संग्रह मिल नहीं रहे...।''

''इधर नेशनल बुक ट्रस्ट, नयी दिल्ली से 'मिथिलेश्वर : संकलित कहानियाँ' नामक संकलन में मेरी चुनी हुई 23 कहानियाँ प्रकाशित हुई हैं तथा इन्द्रप्रस्थ प्रकाशन दिल्ली से 'मिथिलेश्वर की पुरस्कृत कहानियाँ' संकलन में तीस कहानियाँ। इन दोनों संग्रहों से कहानियों पर आपका काम पूरा हो जायेगा...।''

''ठीक है सर, ये दोनों संग्रह मैं मँगा लूँगा। लेकिन आपकी पुस्तकों पर अब तक प्रकाशित समीक्षाओं की सूची भी मुझे चाहिए। अगर सम्भव हो सके तो समीक्षाओं की फोटो प्रतियाँ भी...।''

''सूची तो मैं भेज सकता हूँ। लेकिन समीक्षाओं की फोटो प्रतियाँ भेज सकना सम्भव नहीं...।''

''कोई बात नहीं सर, सूची ही भेज दीजिए। यहाँ के केन्द्रीय पुस्तकालय में उस सूची के आधार पर समीक्षाएँ उपलब्ध करने की कोशिश करूँगा। लेकिन एक और निवेदन है! आपका साक्षात्कार लेना है तथा आपके व्यक्तित्व पक्ष वाले अध्याय के लिए आपसे मुझे पर्याप्त जानकारी भी चाहिए...।''

"तो फिर कभी बाद में फोन कीजिएगा। अभी मेरी तबीयत अच्छी नहीं...।"

''ठीक है सर। अपना स्नेह-सहयोग बनाये रखियेगा। कभी घूमने के उद्देश्य से हरिद्वार आयें तो हमें अपार खुशी होगी। हमारे गुरुजी की भी हार्दिक इच्छा है कि आप हरिद्वार आयें...।''

''अच्छा, सोचेंगे...।''

अपने साहित्य पर शोध की इस नयी सूचना के साथ मुझे स्मरण आ गया, देश के विभिन्न विश्वविद्यालयों में मेरे साहित्य पर यह छब्बीसवाँ शोध-कार्य था। इसमें सात शोध-कार्य सम्पन्न हो चुके थे। पाँच छात्रों ने तो अपने शोध-प्रबन्ध

की एक-एक प्रति मुझे भेजी भी। इस दौरान प्रायः सभी छात्र समय-कुसमय फोन करते रहे। कुछ तो मुझसे मिलने तक आ गये। अपनी परेशानियों एवं व्यस्तताओं के बावजूद एक शिक्षक के धर्म तथा लेखक के नैतिक दायित्व के तहत उन्हें मदद करता रहा, जबकि इस तथ्य से मैं अवगत हो चुका था कि ऐसे कार्यों से मुझे कोई फायदा होने वाला नहीं...।

वर्ष 1982 में जब जीवाजी विश्वविद्यालय, ग्वालियर (म. प्र.) अन्तर्गत मेरे साहित्य पर डॉ. महेन्द्र भटनागर के निर्देशन में पहला शोध-कार्य सम्पन्न हुआ तो एक लेखक और प्राध्यापक के रूप में मैंने अपने को चमत्कृत अनुभव किया। तब मैं राँची विश्वविद्यालय में शिक्षक था। राँची के मेरे शुभचिन्तक डॉ. नागेश्वर लाल को भी इसे देख कर खुशी हुई—"आपके लेखन की शुरुआत में ही आप पर यह शोध-कार्य। इस रूप में आपके लेखन को विश्वविद्यालय के स्तर पर भी महत्त्व मिलना शुरू हो गया। आपके लिए यह बहुत अच्छा हुआ...।"

विश्वविद्यालय सेवा में आने के बाद मैं लगातार महसूस कर रहा था कि यहाँ शोध-कार्य का महत्त्व सर्वोपरि है। जब तक मैंने शोध-कार्य नहीं किया था, इसे लेकर विश्वविद्यालय के मित्रों, पदाधिकारियों, मेरे शुभचिन्तकों सबका यही कहना था कि मुझे अविलम्व शोध-कार्य कर लेना चाहिए। कि बिना शोध-कार्य किये मैं लेक्चरर से रीडर और रीडर से प्रोफेसर में प्रोन्नति नहीं पा सकता। विश्वविद्यालय सेवा में एक शिक्षक के रूप में भी शोध-कार्य मेरे लिए जरूरी था।

इस सम्बन्ध में मेरे साहित्य पर हुए शोध-कार्य ने मुझे उसी समय यह सोचने के लिए बाध्य कर दिया था कि जब शोध करने वालों का इतना महत्त्व है तो शोध का विषय बनने वालों के बारे में क्या कहना! निश्चय ही शोध-कार्य करने की अपेक्षा शोध का विषय होना ज्यादा श्रेयस्कर समझा जायेगा। सम्भव है, इस सूचना से मेरे विश्वविद्यालय को भी इस बात की खुशी हो कि उनके यहाँ एक ऐसा शिक्षक है, जिसके लिखे पर दूसरे विश्वविद्यालयों में शोध-कार्य हो रहे हैं। सम्भव है, इसके लिए अपने विश्वविद्यालय का विशेष सहयोग भी मुझे प्राप्त हो। तब बिना शोध-कार्य किये अपने इस साहित्य के बल पर मैं इतना कुछ पा सकूँ कि शोध करने वाले किसी भी शिक्षक के लिए दुर्लभ हो।

अपने मानसिक विमर्श के तहत अपना तर्क मुझे वाजिब जान पड़ता। शोध-कार्य की अपेक्षा शोध के विषय को उससे बढ़ कर होना ही है। अगर विषय ही न रहे तो कोई क्या शोध करेगा? जाहिर है, कार्य की तुलना में विषय की श्रेष्ठता से इनकार नहीं किया जा सकता। विषय को महत्त्वपूर्ण माना ही जायेगा। लेकिन जब अपने कॉलेज से विश्वविद्यालय और यू. जी. सी. तक मैंने जानकारी हासिल की तो खोदा पहाड़, निकली चुहिया। अब मैं आसमान से जमीन पर आ गिरा था। देश के सभी विश्वविद्यालयों को संचालित करने वाले यू. जी. सी. में शोध-कार्यों के लिए विभिन्न

अनुदान और सम्मान थे। शोध के नाम पर वहाँ अनेक योजनाएँ परिचालित थीं। लेकिन ऐसे लेखन पर कोई सहयोग नहीं था जो शोध-कार्य के लिए आधार और जमीन हो। विश्वविद्यालय के दायरे में ऐसी जमीन और आधार तैयार करने वाले लेखक-प्राध्यापक को लेकर उनके पास कोई योजना नहीं थी।

यहाँ यह बात अब स्वतः मुझे समझ आ गयी कि यू. जी. सी. ने बहुसंख्यक शिक्षकों को ध्यान में रख कर ही अपने नियम-परिनियम बनाये हैं। मेरे जैसे दो-चार शिक्षकों के लिए नहीं। लोकतांत्रिक देश में संख्याबल के आधार पर ही तो नियम-परिनियम बनाये जाते हैं...।

शाम होते ही प्रतीक्षा कर रही रेणु समय से मुझे डॉक्टर के पास लेकर पहुँच गयी। वहाँ जिस बात का मुझे डर था वही हुआ। मेरी जाँच-पड़ताल के बाद डॉक्टर ने खून एवं यूरिन के अनेक जाँच लिख डाले। अब कल पुनः सुबह-सवेरे ही किसी जाँच-घर में मुझे जाना होगा। अपने शहर के जाँच-घरों के सन्देहास्पद रिपोर्टों से मैं अवगत था। एक ही समय दो जगह जाँच कराने पर दो तरह की रिपोर्टें। एक जाँच घर में भी दुबारा, तीबारा कराने पर अलग-अलग रिपोर्टें। ऐसे में उन रिपोर्टों को बीमारी का आधार मानना एवं दवाएँ खाना अपने जीवन के साथ खिलवाड़ नहीं तो और क्या है...!

हालाँकि चिकित्सक ने सिर्फ जाँच लिख कर ही मुझे नहीं छोड़ दिया। आवश्यक दवाएँ भी लिखीं–"आपको बिकोलाई का गम्भीर इन्फेक्सन हुआ है। मैं हंड्रेड परसेंट स्योर हूँ। जाँच आपके भरोसे के लिए लिख दिया। कल सुबह जाँच देने के बाद से ही मेरी दवाएँ शुरू कर दीजिएगा। यूरिन कल्चर का रिपोर्ट तीन दिनों के बाद मिलता है। तब तक बिकोलाई इन्फेक्सन में आप और कमजोर तथा पस्त हो जायेंगे, इसलिए दवाएँ अवश्य शुरू कर दीजिएगा...।"

चिकित्सक की बात सुन मैं चिन्तित हो उठा–"यह बिकोलाई इन्फेक्सन मुझे कैसे हुआ डॉक्टर साहब! मैं तो संयम-नियम से रहने वाला आदमी हूँ...।"

जवाब में उन्होंने समझाया–"यह इन्फेक्सन सीधे बाहर से आता है और हमारे गुप्त अंगों से शरीर में प्रवेश कर जाता है। इस इन्फेक्सन की चपेट में पुरुष की अपेक्षा महिलाएँ अधिक आती हैं। अवश्य कहीं प्रदूषित और गन्दे बाथरूम का आपने उपयोग किया होगा। गन्दे सामूहिक टायलट और बाथरूम इस बीमारी के जनक होते हैं...।"

डॉक्टर के यहाँ से वापस होते हुए रास्ते में और घर पहुँच कर रेणु अब लगातार एक ही बात कह रही थी–"मुझे तो शुरू में ही लग गया था कि अवश्य किसी बीमारी का प्रकोप है। बिना किसी गम्भीर मर्ज के आदमी इस तरह गिर ही नहीं सकता। मेरी बात मान कर आपने पहले ही दिन डॉक्टर से दिखा लिया होता तो अब तक उनकी दवा से ठीक हो गये रहते। पर आपको मेरी बात सुननी तो है

नहीं। सोच रहे थे कि रेस्ट कर ठीक हो जाऊँगा। जब अन्दर कोई बीमारी आ गयी है, तो रेस्ट से वह जाने वाली नहीं... ।''

रेणु की यह बात अनसुनी करते हुए मेरा ध्यान अब सहसा डॉक्टर के कहे अनुसार उन स्थलों की ओर चला गया था जहाँ मेरे संयत-नियत जीवन में गन्दे बाथरूम का समावेश हुआ। अभी पिछले महीने ही तीन वैवाहिक आयोजनों में विशेष आमन्त्रण पर हमें जाना पड़ा था। अमूमन ऐसे आयोजनों में भीड़ और ध्वनि प्रदूषण की वजह से मैं नहीं जाता। बाद में जाकर या मिल कर उसकी क्षतिपूर्ति कर लेता। लेकिन आरा से बाहर के मुझसे जुड़े तीन परिवार अपने-अपने आग्रहों एवं अनुरोधों पर इस तरह अड़ गये कि न चाहते हुए भी उनका आमन्त्रण हमें स्वीकार करना पड़ा। अपनी-अपनी शब्दावली में उनका विशेष आमन्त्रण लगभग एक-दूसरे के समान ही था—"अब तो अपनी चारों बेटियों की शादियाँ कर आप दोनों पति-पत्नी मुक्त हो गये हैं। अभी कोई पारिवारिक समस्या और परेशानी भी नहीं। अब इस वक्त आपलोग नहीं आइयेगा तो कब आइयेगा? आपके यहाँ के हर आयोजन, हर अवसर पर हम आते रहे। लेकिन कभी हमारे किसी आयोजन में आप नहीं पधारे। हमारी हार्दिक इच्छा है कि बस एक बार आप हमारे गाँव आ जायँ। फिर दूसरी बार के लिए हम कभी नहीं कहेंगे। और आप इस बात के लिए एकदम निश्चिन्त रहियेगा कि यहाँ आपको किसी भी तरह की कोई असुविधा हम नहीं होने देंगे... ।''

इस सम्बन्ध में रेणु ने भी कहा—"आपको तो दिन-रात लिखने से ही फुर्सत नहीं। कहीं जाना भी होगा तो साहित्यिक बुलावों पर। ये लोग कितने प्रेम से बुला रहे हैं। ऐसे आयोजनों में भी तो चलना चाहिए। इधर काफी समय से हम किसी शादी में कहाँ जा सके? शादी का आयोजन मुझे बहुत अच्छा लगता है... ।''

बस, दूर-दराज के उन आयोजनों में हम बारी-बारी से पहुँचते गये। दो-तीन दिन के अन्तराल पर वे तीनों आयोजन थे। मैंने महसूस किया, ऐसे आयोजनों में हमें बुलाने के पीछे उनकी मानसिकता का सामन्ती अवशेष ही प्रेरक था। ऐसा नहीं कि हमारे बिना उनके यहाँ की वह शादी न हो। ऐसा भी नहीं कि हमारे पहुँचने से उस शादी में उन्हें सुविधा-सहूलियत मिली हो। सिर्फ अपने आसपास के समाज को जताने के लिए उन्होंने हमें बुलाया कि उनके यहाँ की इस शादी में 'अमुक-अमुक लोग' आये।

हमने अनुभव किया, सचमुच अपने कहे अनुसार हमारे स्वागत-सत्कार और खानपान का विशेष इन्तजाम उन्होंने किया था। लेकिन सब कुछ के बावजूद बाथरूम और टायलट का पर्याप्त इन्तजाम नहीं किया था। मध्यवर्गीय शादियों के आयोजनों में ऐसा इन्तजाम सम्भव भी नहीं हो पाता। वे अपना ध्यान खान-पान तक ही सीमित रखते हैं। इस स्थिति में वैवाहिक आयोजन की भीड़ के सामूहिक उपयोग में वहाँ के चंद बाथरूम और टायलट जाने लायक नहीं रहते। लेकिन न चाहते हुए भी हमें जाना ही पड़ता। अब अपनी बीमारी की पक्की वजह की जानकारी मुझे हो गयी।

यहाँ यह प्रश्न भी मेरे समक्ष खड़ा हुआ कि ऐसे टायलट और बाथरूम का निरन्तर प्रयोग करने वालों को यह बीमारी क्यों नहीं होती? मैंने देखा है, पिछड़ी बस्तियों और अभावों के बीच जीने वाले सार्वजनिक टायलेटों में ही जाने को विवश होते हैं। फिर अपनी समझ और अनुभव से मुझे स्वतः इसका जवाब भी मिल गया। वैसे लोग इस प्रदूषित माहौल के अभ्यस्त हो चुके रहते हैं। उनकी शारीरिक क्षमता ऐसे इन्फेक्सनों को उनके पास फटकने नहीं देती। ऐसे इन्फेक्सनों के लिए तो हमारे जैसे लोगों के सुरक्षित शरीर ही उपयुक्त होते हैं।

फोन पर बातचीत के अनुसार 'जनपथ' का नया अंक लेकर अनन्त कुमार सिंह आ गये। विषय से अवगत होते ही उन्होंने मुझे समझाना शुरू कर दिया—"यह बीमारी बदन तोड़ देती है सर। दो-चार कदम चलने पर भी बेहद थकान का अनुभव होने लगता है। दो वर्ष पहले मैं इसका भुक्तभोगी रह चुका हूँ। इसकी दवा का कोर्स होता है। पूरी दवा खाये बगैर इसके जर्म्स नहीं मरते...।"

"लेकिन इसकी दवा तो हायर ऐंटीबायोटिक होती है। इतनी तगड़ी दवा मुझे सूट नहीं करती। दूसरी परेशानियाँ पैदा हो जाती हैं...।"

"ऐसी बात मन से निकाल दीजिए सर। इसकी दवा का पूरा कोर्स तो आपको लेना ही पड़ेगा। दवा न लेने से इसके जर्म्स और तगड़े हो जाते हैं। फिर अधिक दवा पर भी नहीं मरते...।"

अनन्त जी की इस बात पर अब मौन हो जाना ही मुझे उचित जान पड़ा। स्वयं इस मर्ज की दवा ले चुके अनन्त जी दवा न लेने की मेरी बात का समर्थन कर ही नहीं सकते थे। अब मेरे मौन को अपनी बात की सहमति समझ वे आश्वस्त हो गये।

अनन्त जी के जाने के कुछ समय बाद अपने निर्धारित समय पर कृष्ण कुमार भी आ पहुँचे। मेरी प्रकृति से अवगत कृष्ण कुमार ने मेरे मन के अनुकूल अपनी राय दी—"जब अंग्रेजी दवाओं से आपको परेशानी होती है तो उन्हें क्यों लीजिएगा? डॉक्टर का काम दवा लिखना है। अब आपको सोचना है कि इस बीमारी में क्या किया जा सकता है? स्वयं आपके सम्पर्क काफी हैं। पता कीजिए, किन-किन पद्धतियों में इसका इलाज सम्भव है? मेरी जानकारी के तहत होमियोपैथ में इसका इलाज है। जब तक किसी अन्य इलाज के बारे में जानकारी नहीं मिलती है, तब तक होमियोपैथिक दवा ले सकते हैं...।"

कृष्ण कुमार के जाने के बाद अब मेरा मस्तिष्क इस दिशा में सक्रिय हो गया। जानता था, सुबह जाँच-घर से आते ही रेणु मुझे दवा खिलाने पर अड़ जायेगी। यहाँ इस बात ने मेरे मन को ढाढस प्रदान किया कि रेणु होमियोपैथिक दवा की प्रशंसक रही है। अब कल सुबह से ही मुझे होमियोपैथिक दवा शुरू कर देनी चाहिए। अपने शहर के तीन-चार होमियोपैथिक चिकित्सकों को मैं जानता था। उनमें अपने निकटतम

डॉ. पी. कुमार मुझे उपयुक्त जान पड़े...।

एक निर्णय पर पहुँच कर अभी मैं इत्मीनान हो रहा था कि सिलीगुड़ी (पश्चिम बंगाल) से कवयित्री तथा आलोचक डॉ. रंजना श्रीवास्तव का फोन आ गया। इस बीच साहित्यिक परिचितों एवं मित्रों के फोन आते रहते थे। यह जान चुकने के बाद कि मैं बिकोलाई का शिकार हो गया हूँ, रंजना श्रीवास्तव एकदम बोल पड़ीं—"इस बीमारी की पीड़ा मुझसे अधिक कोई नहीं समझ सकता मिथिलेश्वर जी। आपको तो सुस्ती और कमजोरी भर ही है। मेरे कष्ट के समक्ष यह कुछ नहीं। अपने प्रथम अटैक में इसने तो मेरा जीना मुहाल कर दिया था। लगातार कई इंजेक्सन लेने पड़े। फिर भी इसके जर्म्स पूरी तरह खत्म कहाँ हुए? एलोपैथिक दवाओं से भले ही तत्काल राहत मिल जाय, लेकिन इसके कीटाणु नहीं मरते। कुछ समय के अन्तराल पर अक्सर परेशान करते रहते हैं। इस मामले में होमियोपैथिक दवाएँ अधिक कारगर होती हैं। यहाँ सिलीगुड़ी में मेरे एक होमियोपैथिक चिकित्सक हैं डॉ. आर. पी. सिंह। आवश्यकतानुसार अभी भी उनकी दवा लेती हूँ। उनका फोन नं. लिख लीजिए। आपके बारे में मैं उन्हें बता दूँगी। उनका सुझाव आपके लिए भी फायदेमंद होगा...।"

एलोपैथ की सख्त दवाओं से बचने तथा बिकोलाई के इलाज के अन्य विकल्प की तलाश में व्यथित-बेचैन मेरे मन को धैर्य कहाँ? मैंने तत्क्षण डॉ. आर. पी. सिंह को फोन किया। रंजना जी का उल्लेख करते हुए अपनी पूरी बात उन्हें कह सुनायी। जवाब में मुझे आश्वस्त करते हुए उन्होंने कहा—"यह बात आप अपने मन से निकाल दीजिए कि यह मर्ज ठीक नहीं होता। एलोपैथ में इसका पूर्ण इलाज नहीं है। जो लोग कहते हैं कि एलोपैथिक दवाएँ जरूरी हैं, वे इस बीमारी की प्रकृति से अवगत नहीं। तीव्र दवाओं से इसके तात्कालिक प्रभाव को कम किया जा सकता है, लेकिन बीमारी के जीवाणुओं को पूरी तरह खत्म नहीं...। अवसर पाकर वे जीवाणु फिर हावी हो जाते हैं...। इसका वास्तविक इलाज प्राकृतिक एवं होमियोपैथी उपचार में ही है। होमियोपैथी की दो दवाएँ लिखा देता हूँ, इन्हें ले लीजिएगा। लेकिन उससे भी आवश्यक यह है कि सुबह खाली पेट पानी में एक पूरा नीबू निचोड़ कर पीया कीजिए। नाश्ते में अगर सम्भव हो तो एक खीरा अवश्य लीजिए। आप दिनभर में जितना पानी पीते हैं अब सीधे उसकी मात्रा दुगुनी कर दीजिए। यह यूरिन की बीमारी है। अधिक से अधिक पानी इसका सर्वोत्तम इलाज है...।"

डॉ. आर. पी. सिंह की बात से मुझे बहुत बल मिला। खाली पेट मैं पानी पीता ही था। नीबू निचोड़ देने से उसका स्वाद और अच्छा हो गया। पानी की मात्रा भी मैंने बढ़ा दी तथा डॉ. सिंह की होमियोपैथी दवाएँ भी शुरू कर दीं। अब चाहे नीबू पानी का असर हो या होमियोपैथी दवा का या पानी की बढ़ायी मात्रा का, जो हो मेरे स्वास्थ्य में सुधार शुरू हो गया। अपनी सुधरती सेहत को लेकर अब मैं खुश था...।

सात

1970 के आसपास जिन प्रेरणाओं के तहत मैं लेखन की दुनिया में आया और जिस उत्साह से लिखना प्रारम्भ किया उससे लगता कि अब दुनिया बदल कर रहेगी। जिन असंगतियों और विषमताओं को अपने लेखन के कठघरे में खड़ा कर रहा हूँ, वे अब टिक नहीं पायेंगी। जिस सत्य से अपने पाठकों का साक्षात्कार करा रहा हूँ, उससे अवगत होने के बाद वे चुप नहीं बैठ सकते। अवश्य कुछ न कुछ होगा। अपनी हर पुस्तक के प्रकाशन पर ऐसे परिवर्तन की अपेक्षा से मेरा मन परिचालित रहता। मेरे अन्तस में तो ऐसी लहरें हिलोर मार रही होतीं। सम्भवतः उन लहरों का आन्तरिक दबाव ही मुझे सृजनरत रखता। लेकिन चार दशक से अधिक समय तक निरन्तर सृजनरत रहने के बाद मैं इस तथ्य से अवगत हो गया कि साहित्य से वैसा चमत्कार नहीं होता, नहीं हो सकता। लेकिन दूसरे स्तर पर बहुत कुछ सकारात्मक होता भी है।

लगभग 44 वर्षों के लेखन के दौरान मैंने एक बड़ा पाठक समाज तैयार किया, जो मेरी भावनाओं, संवेदनाओं एवं विचारों से न सिर्फ सहमत है, बल्कि इस बिन्दु पर मेरे साथ खड़ा भी है। कुछ पाठक तो अक्सर यह कहते रहे हैं—"आपका नया उपन्यास पढ़ते हुए मुझे ऐसा लगा कि आपने बिल्कुल मेरी कहानी लिख दी है। मेरे जीवन में भी ऐसे ही उतार-चढ़ाव रहे हैं। परिस्थितियों के चलते भले ही मैं कुछ नहीं कर सका। लेकिन मेरे विचार भी उपन्यास के नायक की तरह ही हैं...।"

मेरे साहित्य की गहरी पसन्द पर कुछ पाठक तो व्यक्तिगत रूप से भी मुझसे जुड़ते गये। वे मिलने आते-जाते तथा कुशल-समाचार लेते रहे।

कुछ पाठकों ने तो यहाँ तक कहा—"पिछले कुछ समय से मैं बहुत परेशान था। अवसाद में चला गया था। लेकिन आपके साहित्य ने मुझे उबार दिया। अचानक एन. बी. टी. से प्रकाशित 'मिथिलेश्वर संकलित कहानियाँ' पुस्तक हाथ लगी। फिर उसने इतना प्रभावित किया कि आपकी सारी किताबें मँगा कर पढ़ गया। अब मेरे अन्दर फिर से जीने की ललक कायम हो गयी है। मेरे अन्दर नये उत्साह का संचार हुआ है...।"

अभी पिछले दिनों कथाकार कृष्ण बिहारी का फोन आया—"मिथिलेश्वर जी।

मैं दुबई से बोल रहा हूँ—अपने छात्रों के बीच क्लास रूम से। आपकी कहानी 'हरिहर काका' हमारे छात्रों के पाठ्यक्रम में है। यह जानने के बाद कि मैं आपसे परिचित हूँ तथा आपका फोन नम्बर मेरे पास है, मेरे ये छात्र 'हरिहर काका' कहानी पर अपनी प्रतिक्रियाओं और जिज्ञासाओं से आपको अवगत करना चाहते हैं। अगर आपको असुविधा न हो तो हमारे कुछ छात्रों से बात कर लीजिए...।"

मैं जानता था, एन. सी. ई. आर. टी. ने सी. बी. एस. ई. की दसवीं कक्षा के पाठ्यक्रम में मेरी कहानी 'हरिहर काका' सम्मिलित की है। देश के विभिन्न शहरों के कई स्कूलों से 'हरिहर काका' कहानी पढ़ाने वाले शिक्षकों के फोन मेरे पास आ चुके थे। अब यह विदेश का फोन था जहाँ 'हरिहर काका' पढ़ने वाले छात्र भी मुझसे बातचीत करना चाह रहे थे। मैंने तत्काल कृष्ण बिहारी को अपनी सहमति दे दी—"मुझे कोई असुविधा नहीं। फिलहाल मैं अपने निवास पर ही हूँ। आप अपने जिज्ञासु छात्रों को फोन दे दीजिए...।"

इसके बाद पाँच-सात छात्रों ने बारी-बारी से कहानी पर अपनी पाठकीय प्रतिक्रियायें जाहिर करते हुए अपनी जिज्ञासाएँ भी मेरे समक्ष व्यक्त कीं। एक लेखक के रूप में अपने स्तर से उनकी जिज्ञासाओं का समाधान किया। लेकिन यह जान कर कि 'हरिहर काका' कहानी ने दुबई के उन छात्रों के मन में गहरे तक असर किया है, अपने लेखन के प्रति आश्वस्ति से मेरा मन अप्लावित हो उठा। लगा कि मेरा लिखना सार्थक हो गया...।

इसी भाँति साहित्य सृजन से जुड़े लोगों से भी संवाद कायम हो गया था। प्रबुद्ध पाठक एवं साहित्यिक मित्रों ने यह परामर्श देना भी शुरू कर दिया था—"ग्रामीण जीवन के परिवर्तित यथार्थ और लोकतन्त्र की विसंगतियों पर आप खूब लिख चुके, अब कुछ दूसरे उपेक्षित विषयों पर भी कलम उठाइये। यह बहुत अच्छा रहेगा...।"

ऐसे ही एक प्रबुद्ध पाठक श्री शशिशेखर शर्मा का फोन आया—"मिथिलेश्वर जी! मैं आपको एक महत्त्वपूर्ण दायित्व सौंपना चाहता हूँ। भोजपुरी लोककथाओं को एकत्रित कर अगर उनका प्रतिनिधि संकलन आप तैयार कर सकें तो मैं उसे प्रकाशित करूँगा। भोजपुरी भाषियों की विशाल संख्या तथा विस्तृत भोजपुरी क्षेत्र को देखते हुए यह असाधारण महत्त्व का काम होगा। आप भोजपुरी के जमीनी कथाकार तथा ग्रामीण जीवन के कुशल चितेरे हैं। मेरी जानकारी के तहत यह कार्य आप ही कर सकते हैं...।"

उस समय शशिशेखर शर्मा नेशनल बुक ट्रस्ट, इंडिया के निदेशक थे। मुझे यह समझते देर नहीं लगी कि अपनी विशिष्ट साहित्यिक रुचि के चलते वे एन. बी. टी. में कुछ नया करना चाहते थे। उनके इस प्रस्ताव पर मुझे ऐसा लगा, जैसे अचानक मेरे मन माफिक कार्य वे सौंप रहे हैं। प्रारम्भ से ही मेरे मन में लोककथाओं के प्रति विशेष लगाव बना हुआ था। बचपन में माँ से या अपने गाँव के बड़े बुजुर्गों

से लोककथाएँ सुनते हुए मैं ऐसा तन्मय हो उठता कि उनमें डूब जाता। उस वक्त मुझे न अपनी सुध रहती और न समय का चेत ही। उन लोककथाओं का ऐसा प्रभाव और असर मुझ पर हुआ कि आज तक मैं उन्हें विस्मृत नहीं कर सका था। उनकी जीवनी शक्ति, तथ्यगत निष्कर्ष और अनुभवसिद्ध ज्ञान का मेरे जीवन के परिचालन में किसी न किसी रूप में सहयोग बना हुआ था। मेरे साथ सच यह था कि उन लोककथाओं की घनीभूत संवेदना और सकारात्मक ऊर्जा ने ही मुझे कथा लेखन की ओर अग्रसर किया था। इस दृष्टि से मुझे लोककथाएँ आधुनिक कथा लेखन की आधारभूमि जान पड़ती थीं।

पिछले कुछ समय से मैं स्वयं अनुभव कर रहा था कि तीव्र वैज्ञानिक विकास के तहत तेजी से बदलती दुनिया में हमारी लोककथाओं का स्थान समाप्त होता जा रहा है। जहाँ पहले घरों में दादी-नानी, दरवाजों और दालानों पर बाबा-दादा तथा गाँव की बैठकों और चौपालों में बड़े बुजुर्ग लोककथाएँ सुनाया करते थे, जिन्हें बच्चों से लेकर सयाने और स्त्री-पुरुष सब चाव से सुनते थे। वहाँ अब परिदृश्य बिल्कुल बदल गया था। फोन, टी. वी., इंटरनेट और कम्प्यूटर ने नगरों-महानगरों से कस्बों एवं गाँवों तक अपना ऐसा साम्राज्य कायम करना शुरू कर दिया था कि लोककथा कहने-सुनने की परम्परा प्रायः समाप्त होती जा रही थी। लोग अपनी सारी सामाजिकता समेट टी. वी. और कम्प्यूटर के समक्ष जमते चले जा रहे थे। लेकिन इन माध्यमों के संचालकों एवं संयोजकों ने मनोरंजन के नाम पर लोगों की मानसिकता को किस कदर विकृत, संवेदनहीन और भोगवादी बनाना शुरू कर दिया था, उसकी भयावह परिणतियाँ आये दिन देखने को मिलने लगी थीं, जबकि लोककथाओं का मनोरंजन मानवता के बुनियादी पाठ के साथ व्यावहारिक ज्ञान का सशक्त माध्यम भी था।

इस बिन्दु पर अक्सर मेरे मन में यह बात उठती रहती थी कि हाशिए पर पहुँची लोककथाओं को पुनः केन्द्र में लाने की जरूरत है। हमारे समकालीन कथा-लेखन से यह कम महत्त्वपूर्ण कार्य नहीं। शायद इसीलिए शशिशेखर शर्मा के प्रस्ताव पर अविलम्ब अपनी सहमति उन्हें दे दी—"आपने यह बहुत अच्छा प्रस्ताव रखा है। मैं खुद ऐसा सोच रहा था। विलुप्त होती लोककथाओं की ओर आपका ध्यान गया और उनके संरक्षण की आपने योजना बनायी, इसके लिए मेरा हार्दिक साधुवाद स्वीकारें। मैं इस कार्य में लग जाऊँगा। सम्भव है, कुछ समय लगे। लेकिन कार्य पूरा होते ही उसे आपके यहाँ प्रकाशनार्थ भेज दूँगा...।"

मैं देख रहा था, इस क्षेत्र में विजयदान देथा को छोड़ कर कुछ अन्य लेखकों ने यदा-कदा, फुटकर रूप में ही कार्य किया है। लेकिन चूँकि देथा राजस्थान की जमीन से जुड़े रहे, इसलिए राजस्थानी भाषा की लोककथाओं तक ही सीमित थे। विभिन्न भाषाओं के इस देश में जहाँ लोककथाओं का अकूत भंडार हो वहाँ सिर्फ

एक लोकभाषा तक ही यह कार्य पर्याप्त नहीं। इस सम्बन्ध में इस देश की सबसे बड़ी लोकभाषा भोजपुरी की लोककथाओं को संग्रहित करने के दायित्व ने मुझे अन्दर से उत्साहित कर दिया।

इधर काफी समय से कहानियों एवं उपन्यासों की रचना करते हुए मेरा मन स्वयं कुछ नया करने के लिए उद्धत था। अब इस नये कार्य की योजना मैंने निर्धारित कर ली। पहले फील्ड वर्क, फिर टेबुल वर्क। माँ द्वारा तथा अपने गाँव के बड़े-बुजुर्गों द्वारा सुनायी अनेक लोककथाएँ अभी भी मेरे स्मरण में बनी हुई थीं। लेकिन फील्ड वर्क के बाद ही उन सबका समावेश मुझे उचित जान पड़ा।

भोजपुरी कथाकार तथा मेरे घनिष्ठ मित्र कृष्ण कुमार को भी यह कार्य बहुत जँचा—"वाकई नेशनल बुक ट्रस्ट ने आपको यह महत्त्वपूर्ण दायित्व सौंपा है। देखियेगा, आपके बड़े उपन्यासों से इस काम की सराहना कम नहीं होगी...। लोककथा की जड़ें लोकजीवन में गहरे तक धँसी होती हैं। लोक साहित्य के नाम पर आपके लेखन में एक नया अध्याय जुड़ जायेगा। यह स्थायी महत्त्व का काम होगा...।"

जीवन के प्रायः हर क्षेत्र में मेरे कदम से कदम मिला कर चलने वाले कृष्ण कुमार इस कार्य में भी स्वतः तैयार हो गये—"फील्ड वर्क में मुझे छोड़ियेगा मत। यह मेरी रुचि का विषय है। कहाँ-कहाँ से कैसी-कैसी लोककथाएँ प्राप्त होंगी। इसे मैं भी जानना चाहूँगा...।"

अब अपने निर्धारित समय के अनुसार लोककथाओं की खोज में एक सुबह एकदम तड़के हम चल पड़े। शुरुआत पूरब दिशा की अपनी यात्रा से की। पूरब के लिए जो पहली गाड़ी मिली, उसमें चढ़ गये। फिर कोईलवर स्टेशन आते ही उतर गये। हमारी योजना सोन की तलहटी में बसे दूर-दराज के गाँवों तक पहुँचने की थी। कोईलवर के निकट के गाँव तो शहर एवं कस्बों के प्रभाव में गाँव की बुनियादी पहचान से अलग हो गये थे। इस सम्बन्ध में हमें जानकारी प्राप्त हुई थी कि दूर-दराज के उपेक्षित गाँवों में ही लोककथा कहने-सुनने की परम्परा से हम अवगत हो सकते हैं...।

हमने एक ऑटो ले लिया। सोन के किनारे से गाँवों के मार्ग पर हमारा ऑटो दौड़ चला। लेकिन कुछ ही समय बाद वह मार्ग हमें खत्म मिला। ऑटो वाले ने कहा—"यह सड़क यही तक बनी है। इससे आगे के लिए आपलोगों को पैदल जाना होगा...।"

ऑटो का भाड़ा दे, सड़क से वंचित गाँवों की ओर पगडंडियों के सहारे हम चल पड़े। कुछ आगे बढ़ने पर सड़क युक्त और सड़क से वंचित गाँवों का अन्तर हमें स्पष्ट परिलक्षित होने लगा। गाँवों के कच्चे, बने-अधबने घर। लोगों के पुराने परम्परित पहनावे। नंग-धड़ंग बच्चे या तो खेतों की मेंड़ों में छिपे चूहों को पकड़ रहे होते या आहर-पोखर में मछलियाँ मारते रहते। चारों तरफ निपट देहाती परिदृश्य...।

हमने देखा, आगे बगीचे के पार एक बड़ा-सा गाँव नजर आ रहा था। उस गाँव में ही रुक कर लोककथाओं की खोज का हमने निश्चय किया। लेकिन बगीचे के पार पहुँचते ही गाँव से कुहराम की आवाजें सुनाई पड़ने लगीं। चीख-चिल्लाहट और रुदन के स्वर भी। अब गाँव के निकट लोगों की भीड़ भी हमें दिखने लगी। कृष्ण कुमार ने कहा—"मामला गम्भीर जान पड़ता है। अवश्य कुछ विशेष घटित हुआ है...।"

मेरा मन भी जिज्ञासु हो गया। अब ऐसे गाँव में हम कैसे रुक सकेंगे? हमारे कदम अब और तेज हो गये। सचमुच मामला गम्भीर था। पुरुष चिल्ला रहे थे तथा औरतें जोर-जोर से रो रही थीं। गाँव के किनारे तीन शव खून से लथपथ तथा क्षत-विक्षत स्थिति में पड़े थे। गाँव से भागते हुए कुछ लोग हमारे करीब से होकर ही कोईलवर की ओर जा रहे थे। सम्भव है, पुलिस को खबर करने जा रहे हों। सम्भव है, कोई अन्य उद्देश्य हो। सम्भव है, घटना से सम्बन्धित लोगों से अलग की जानकारी के लिए। कृष्ण कुमार ने उनके साथ कुछ दूर तक दौड़ लगायी। फिर वापस आकर मुझे बताया—"अभी कुछ ही घंटे पहले की घटना है। मारे जाने वाले तीनों एक ही परिवार के सदस्य हैं। अपने किसी सम्बन्धी की बारात से वापस आ रहे थे। उन्हें मारने वाले पेड़ों की ओट में छिप कर उनकी प्रतीक्षा कर रहे थे। बारात से उनके वापस आने की पक्की जानकारी उन्होंने हासिल कर ली थी। बस, पास से गुजरते ही पेड़ों की ओट से निकल हमलावरों ने उन्हें गोलियों से छलनी कर दिया। हमलावरों की संख्या पाँच थी। उन्हें मार कर खेतों के रास्ते वे दूसरे गाँव की ओर चले गये। नक्सल प्रभावित क्षेत्र के चलते नक्सली हिंसा की ओर लोगों ने संकेत किया। लेकिन उनमें से एक आंदमी का कहना था कि आपसी रंजिश और खेत-बधार के झगड़े को लेकर भी यह हिंसा हो सकती है। ऐसे मामलों में स्वयं आतंकित गाँव के सामान्य लोग अब सच नहीं बताते...।"

वस्तुस्थिति से अवगत हो मेरा मन आतंकित हो उठा। कृष्ण कुमार के चेहरे पर भी भय की रेखाएँ उभर आयी थीं। मैंने कहा—"अब आज हमें वापस हो जाना चाहिए कृष्ण कुमार। फिर किसी दूसरे दिन निकला जायेगा...।"

जवाब में कृष्ण कुमार ने मेरी हौसला अफजाई की—"इतनी दूर तक आ जाने के बाद इस एक गाँव की घटना पर हमारा पीछे लौटना उचित नहीं। इसके बाद के गाँव की ओर हमें चलना चाहिए। खोह में बसे दूर के गाँव ही आपके कार्य के लिए उपयुक्त होंगे...।"

बस, इस निर्णय के बाद हम तेज कदमों से आगे बढ़ गये। उस गाँव को पार करते ही अगला गाँव दिखने लगा। इधर के गाँव एक-दूसरे से अधिक दूरी पर नहीं थे। लेकिन यह क्या? उस अगले गाँव के करीब पहुँचते हुए गाँव से उठती आग की लपटें तथा धुएँ के गुब्बार हमें साफ दिखे। हमारे लिए तो यह ताड़ से गिर कर

खजूर पर लटकने वाली घटना थी। निकट पहुँचने पर हमने देखा, एक खलिहान में आग लगी थी। धान के बोझों का एक बड़ा टाल आग की चपेट में था। अपने-अपने घर से बाल्टियाँ लेकर जुटे लोग उस पर पानी फेंक रहे थे। निकट के कुओं से पानी निकालने और तब फेंकने की वजह से आग बुझाने की प्रक्रिया आग भभकने के समक्ष गौण थी। मुझे लगा, ग्रामीण जीवन की असुविधा, लापरवाही तथा जगह-जगह ज्वलनशील पदार्थों की उपलब्धता से अगलगी की घटनाएँ होती रहती हैं। लेकिन आग बुझाने में लगे खलिहान मालिक की तेज आवाज़ हमारे कानों में पड़ी–"यह अपने आप लगी आग नहीं, लगायी गयी है। मैं किसी को छोड़ूगा नहीं। ईंट का जवाब पत्थर से दूँगा...।"

अब कृष्ण कुमार ने मेरी पिछली बात का समर्थन करते हुए कहा–"उस गाँव के पास आपने सही राय व्यक्त की थी। अब आज हमें वापस हो जाना चाहिए। किसी और दिन निकला जायेगा...।"

लेकिन जोखिम लेकर आगे बढ़ चुका मैं अब वापस होने के लिए तैयार नहीं था। मैंने कृष्ण कुमार को समझाते हुए कहा–"किसी भी अच्छे कार्य की शुरुआत में विघ्न-बाधाएँ उपस्थित होती ही हैं। उनसे डर जाने पर अपना कार्य हम नहीं कर पायेंगे। जब उस हिंसा को देख कर आगे बढ़ गये तो इस आग से विचलित नहीं होना है। इसके निकट का वह जो अगला गाँव नजर आ रहा है, वहाँ पहुँच कर ही हमें कोई निर्णय लेना है। तीन उड़ान में ही तितर पकड़ाता है, एक और दो में नहीं...।"

वहाँ से आगे बढ़ते हुए अब बरबस यह यथार्थ मेरे मन को आहत करने लगा था कि भूमण्डलीकरण के इस दौर में जहाँ हमारे शहर आसमान छूते जा रहे थे, वहाँ गाँव अपनी समस्याओं की खाइयों में और गहरे धँस रहे थे। यह समझ पाना मुश्किल था कि हमारे उसी देश के ये गाँव हैं, जिस देश के शहर। मुझे यह मानने में अब तनिक भी सन्देह नहीं कि भूमण्डलीकरण में अमीर और अधिक अमीर हुए हैं, तथा गरीब और अधिक गरीब। जहाँ विकास की रौशनी में शहरों की चमक बढ़ी है, वहाँ गाँवों पर अँधेरा अब और गहरा उठा है...।

इस सम्बन्ध में सहसा अर्थशास्त्री अमित भादुड़ी की पुस्तक 'विकास का आतंक' के तर्क मेरे मानस में कौंध उठे। एक भारत के अन्दर निरन्तर एक-दूसरे से दूर होते दो भारत का उल्लेख करते हुए वे कहते हैं–"एक है वह भारत जहाँ चारों ओर अमीरी ही अमीरी बिखरी है। आलीशान अपार्टमेंट और इमारतें हैं। विशालकाय निगम हैं। चमकते-दमकते शापिंग माल हैं। हाईटेक फ्लाइ ओवर हैं। इनके ऊपर नयी मॉडल की कारें दौड़ती रहती हैं। ये सब भूमण्डलीकृत भारत की छवियाँ हैं जो पहली दुनिया में दाखिल होने ही वाला है। फिर एक-दूसरा भारत है, बेबसी से तंग आकर खुदकुशी करते किसानों का भारत। वह भारत जहाँ दलित आबादी राजधानी

के आसपास से लेकर दूर-दराज तक के गाँवों में नियमित रूप से पीटी और प्रताड़ित की जाती है। आदिवासियों को अपनी जमीन, जंगल और आजीविका से बेदखल किया जाता है। अपने पैरों पर मुश्किल से खड़े हो रहे बच्चे चमकते-दमकते शहरों की सड़कों पर भीख माँगते फिरते हैं। फिजा में कुछ है जो दिख नहीं रहा या जिसे हम देखना ही नहीं चाहते। यह है एक-दूसरे भारत के गरीबों का आक्रोश। इसने देश के 207 में से 120-160 जिलों को तथाकथित उग्रवादी-नक्सलवादी आन्दोलन का इलाका बना दिया है...।''

अब उस अगले गाँव में पहुँच कर हमने राहत की साँस ली। फिलहाल किसी औचक उपद्रव की चपेट में वह नहीं आया था। पता चला, उस गाँव का नाम सेमरी है। लेकिन हत्या वाले गाँव की खबर से वहाँ के लोग भी काफी आतंकित थे। इस अवसर पर वहाँ पहुँचे हम अजनबियों को वे शंका की दृष्टि से देखने लगे। कहीं हम नक्सलवादियों के शहरी सदस्य तो नहीं? कहीं उस गाँव के बाद इस गाँव को उन्होंने निशाना तो नहीं बनाया? गाँव में प्रवेश करते ही बरगद के नीचे बैठे तीन लोग हमें नजर आये। वे आपस में कुछ बात कर रहे थे। उनके पास से गुजरते हुए अब हम रुक गये। उनकी ओर मुखातिब हो अपना परिचय देने तथा अपने आगमन का कारण स्पष्ट करने की मैंने कोशिश की—"हम आरा शहर से आये हैं। वहाँ विश्वविद्यालय में प्रोफेसर हैं। यहाँ आपलोगों के गाँव में लोककथाएँ सुनाने वाले जो बुजुर्ग हैं, उनसे मिलना चाहते हैं। लोककथाओं की जानकारी के लिए ही हम आये हैं...।''

लेकिन अपनी ओर मुझे मुखातिब देख जैसे उन्हें साँप सूँघ गया। उनके चेहरे भय से उड़ चले। उन्होंने हमारी ओर से नजरें घुमा लीं, ताकि हम उन्हें पहचान न सकें। अब मेरी बात पर उनमें से एक ने दूसरी ओर ताकते हुए ही कहा—"हमें कुछ मालूम नहीं। आपलोग आगे बढ़ जाइये...!''

नक्सलवादी क्षेत्र की इस दहशत के बारे में मैंने सुना था, अब महसूस कर रहा था। वहाँ से आगे बढ़ते हुए अब हर जगह यही स्थिति हम पा रहे थे। उस गाँव के लिए अजनबी हम दोनों को देखते ही वे कतरा जाते। कोई हमसे बातचीत करना नहीं चाहता। एक-दो जगह तो दरवाजों पर खड़े लोग हम अजनबियों पर नजर पड़ते ही धीरे से घर के अन्दर हो गये। इस स्थिति से अब हमारे अन्दर भी खौफ का भाव पैदा हो गया। हमें इस तरह शुबहाँ की दृष्टि से देखने वाले लोग हमारे साथ कब क्या कर बैठें, कुछ ठीक नहीं। इस दौरान हम गाँव के एक छोर से दूसरे छोर तक पहुँच आये थे। मैंने कृष्ण कुमार से कहा—"यहाँ रुक कर अब और जोखिम मोल लेना ठीक नहीं। हमें अभी सीधे आरा वापस हो जाना है। फिर बाद में तय करेंगे कि आगे क्या किया जाय...?''

लेकिन वापस आते हुए अचानक एक दरवाजे पर खड़े दो-तीन लोगों ने हमें

रोक लिया। फिर दरवाजे के पास ही पुरुषों के लिए बने खुले बरामदे में हमें आदर से बैठाया। अब उस परिवार के वयोवृद्ध मुखिया ने बताया—"हमारे घर की बहू आपको पहचानती है। आप आरा में प्रोफेसर हैं न? वह आपसे पढ़ी है? अपनी खिड़की से उसने आपको देखा है...।"

उस बुजुर्ग की यह बात सुन किसी मरुभूमि में प्यास से छटपटाते व्यक्ति को जैसे शीतल जलाशय मिल जाय कुछ वैसा ही सुकून मैंने महसूस किया। अब यहाँ हमारे साथ कुछ अनिष्ट नहीं हो सकता। गाँव के एक परिवार से जब हमारी पहचान कायम हो गयी तो यह बात अब जल्द ही पूरे गाँव में पसर जायेगी। उस दरवाजे के लोगों ने समाचारों के आदान-प्रदान के बाद अपने गाँव की परम्परा के अनुसार हमें गुड़ का शर्बत पिलाया। मुझे लगा, शायद दरवाजे की ओट में छिपी मेरी शिष्या भी अब मुझसे मिलने आये। पर यहाँ वैसी सम्भावना लक्ष्य न कर मैं समझ गया, बेटी होने और बहू होने में काफी फर्क होता है। सारी बंदिशें बहुओं के लिए ही होती हैं। अवश्य मेरी इस शिष्या का गरीब पिता सिर्फ खेत-बधार देख कर खोह के इस गाँव में उसे ब्याह दिया होगा। निश्चय ही उसके साथ मजबूरियाँ रही होंगी...।

इस गाँव तक पहुँचने के हमारे उद्देश्य की जानकारी पर उस घर के लोगों ने ही बताया—"हमारे पूरे गाँव में रमेसर बाबा से बड़ा कथक्कड़ कोई नहीं। अब तो काफी पुराने हो गये हैं। फिर भी रात-रात भर कथाएँ सुना सकते हैं। जाने कैसे इतनी कथाएँ जानते हैं? कथा सुनाने से तो उनका मन भरता ही नहीं...।"

इस सूचना से तो जैसे हमारी सारी परेशानी और थकान दूर हो गयी! सुखद आश्चर्य से हम दोनों एक-दूसरे को देखने लगे। खोह के इस गाँव में अपनी अपेक्षित सामग्री तक हम पहुँच ही आये। अब उस घर के लोग ही हमें रमेसर बाबा के दरवाजे ले आये तथा रमेसर बाबा के परिवार से हमारा विधिवत् परिचय कराया, ताकि वे हमें अजनबी न समझें।

उस गाँव के आम परिवारों की ही तरह रमेसर का बड़ा-सा परिवार संयुक्त रूप में रहता था। स्वयं तीन भाई थे। उन तीनों भाइयों के लड़के भी प्रौढ़ और बुजुर्ग की उम्र में पहुँच रहे थे। फिर उनके लड़कों के भी लड़के-लड़कियाँ। एक निम्न मध्यवर्गीय संयुक्त परिवार का अनियन्त्रित विस्तार। शायद उनके खेत सीमित थे, इसलिए घर के सदस्यों के बदन पर अपर्याप्त और फटे कपड़े दिख रहे थे। दुआर-दालान की स्थिति भी खस्ताहाल। उनकी गरीबी और उनके जीवन के अभाव की जानकारी हमें सहज ही हो गयी।

हम देख रहे थे, उनके दरवाजे से ही सटी एक लम्बी खपड़ैल खुली दालान थी। उस दालान की जमीन में यहाँ से वहाँ तक पुआल बिछे थे तथा उस पुआल को ढँकती एक लम्बी, गन्दी दरी पड़ी थी। हमें यह समझते देर नहीं लगी कि घर के पुरुष पात्र इसी दालान पर रहते हैं तथा महिलाएँ घर के अन्दर। गाँवों के अभावग्रस्त कृषक

परिवार की इस व्यवस्था से हम परिचित थे।

रमेसर बाबा दालान के एक छोर पर बैठे पेटाड़ी की रस्सियाँ बुन रहे थे। धनकट्टी का मौसम चल रहा था। खेत में कटी धान की फसलों को इसी रस्सी से बाँध-बाँध कर बोझे बनाये जाते। सचमुच रमेसर बाबा काफी वृद्ध और अशक्त दिख रहे थे। फिर भी कृषि कार्य में लगे थे। उनकी अवस्था के नगर के हमारे बुजुर्ग तरह-तरह की सहायता और सहयोग पाते थे। भले ही पारिवारिक स्तर पर सम्मान एवं संवेदना से वे वंचित हों, लेकिन आर्थिक अभाव के शिकार नहीं। इस स्थिति में रमेसर बाबा की सच्चाई मैं समझ रहा था।

यह जान चुकने के बाद कि हम उनके अतिथि हैं, सिर्फ उनसे मिलने ही शहर से आये हैं, रस्सी बुनना छोड़ वे स्नेह से हमें निहारने लगे। साफ-सुथरे शहरी लिबास में अपने समक्ष हमें उपस्थित देख उनकी बूढ़ी आँखों में एक विशेष चमक उभर आयी। सम्भव है, इससे पहले शहर से उनसे मिलने हमारी तरह कोई और न आया हो। उन्होंने प्रेम से हमें अपने पास बैठाया। वहाँ बिछी दरी पर बैठते हुए मैंने अपनी बात से उन्हें अवगत कर दिया–"हमें जानकारी मिली है बाबा कि आपके पास लोककथाओं का भंडार है...। आपसे लोककथाएँ सुनने ही हम शहर से आये हैं...! लोककथाओं की जानकारी की हमें आवश्यकता है...।"

मेरी इस बात पर रमेसर बाबा आश्चर्य से हमें घूरने लगे। उनकी आँखों में विस्मय के भाव उभर आये। शहर से हम उनकी लोककथाएँ सुनने आये हैं, यह बात उनकी समझ से परे थी। अब मैंने उन्हें दूसर शब्दों में समझाया–"आप जो लोककथाएँ सुनाते हैं बाबा, उसे एक कान से सुन लोग दूसरे कान से उड़ा देते हैं। लेकिन हम उसे सुन कर किताब में छपवायेंगे। फिर पूरा संसार आपकी लोककथाओं को पढ़ता रहेगा...।"

मेरी यह बात अब रमेसर बाबा की समझ में आ गयी। बस, उनके चेहरे की झुर्रियाँ विहँस उठीं। उनकी लोककथाओं के ऐसे शहरी कद्रदान भी हैं, इस बात से उनके चेहरे पर आश्वस्त के भाव उभर आये। यह जान कर कि उनकी लोककथाओं को हम किताब में छपवायेंगे उस बुढ़ापे में भी वे उत्साह में आ गये। अपनी दालान के आगे खेल रहे सात-आठ साल के दो लड़कों को उन्होंने हाथ के इशारे से बुलाया और कहा–"घर के अन्दर जाकर जलपान के लिए कुछ ले आओ। कह देना कि शहर से दादा के दो मेहमान आये हैं...।"

शायद वे दोनों उनके पोते थे। हमने मना किया–"रहने दीजिए बाबा। इसकी जरूरत नहीं, हम ठीक हैं। अभी जलपान करके ही यहाँ आये हैं...।"

लेकिन हमारी बात पूरी होने से पहले ही वे लड़के घर के अन्दर चले गये। फिर जल्द ही खाली हाथ बाहर आकर खेलने लगे। हमें लगा, सम्भव है घर की ऐसी स्थिति न हो कि गाहे-ब-गाहे आने वालों को जलपान कराया जा सके। सम्भव

है, उन लड़कों के कहने पर कोई और लेकर आ रहा हो। लेकिन कुछ समय बाद रमेसर बाबा का अपना पुत्र घर से खाली हाथ बाहर आया। वह स्वयं बुजुर्ग होने की स्थिति में था। रमेसर बाबा का वह इकलौता बेटा था। यहाँ आने पर सबसे पहले उसी से हमारा परिचय हुआ। फिर उसी ने रस्सी बुन रहे रमेसर बाबा की ओर हमें संकेत किया। इसके बाद वह घर के अन्दर चला गया था। अब घर से निकल कर वह सीधे हमारे पास आ गया। उसके चेहरे की त्योरियाँ चढ़ी हुई थीं। हमें लग गया, हमारे लिए जलपान का आदेश दे रमेसर बाबा ने अच्छा नहीं किया। हम न तो उनके सम्बन्धी थे, न पूर्व परिचित और न किसी तरह का लाभ देने वाले। इस सम्बन्ध में हमारी शंका सही साबित हुई। हमें सम्बोधित करते हुए अपने पिता को फटकार लगानी उसने शुरू की—"आपलोग शहर से आये हैं, इन्हें नहीं जानियेगा। इस पूरे गाँव में इनके जैसा देहचोर दूसरा नहीं। पेटाड़ी की रस्सी बुनने और कथा सुनाने के अलावे ये कुछ करना ही नहीं चाहते। अगर हमारे चाचा लोग तत्पर न रहते तो इनके भरोसे हमारी खेती चौपट हो जाती। खेत-खलिहान में भी काम के बहाने पहुँच किसी पेड़ के नीचे राहगीरों, चरवाहों और बैठारूओं को जुटा कर कथा सुनाने लगते हैं...।"

मैं अब और चुप नहीं रह सका। उनके लड़के को रोकते हुए बीच में आ गया—"कथा सुनाने और रस्सी बुनने को आप छोटा काम न समझें। रमेसर बाबा को छोड़ कर इस गाँव में किसी के पास ऐसी कला नहीं। देह खटाने वाले तो यहाँ सब हैं, लेकिन कथा सुना कर दूसरों का मन बहलाने और मानसिक सुख प्रदान करने की क्षमता किसी और में कहाँ ? आप भाग्यशाली हैं कि आपके पिता रमेसर बाबा ऐसे गुणी और ज्ञानी व्यक्ति हैं...।"

शायद उसने नहीं सोचा था कि हम आगन्तुक इस तरह बीच में कूद कर रमेसर बाबा के पक्ष में खड़े हो जायेंगे, इसलिए इस अनपेक्षित घटना पर क्षण भर के लिए वह हतप्रभ बना रहा। अपनी दयनीय आर्थिक स्थिति के चलते हम नये आगन्तुकों से तकरार उसने उचित नहीं समझा। अब यह कहते हुए वह वहाँ से चल पड़ा—" एक दिन के लिए शहर से आकर आप लोग इन्हें क्या जानियेगा! मैं इनका बेटा हूँ। इनकी रग-रग पहचानता हूँ। बिना जांगर खटाये बैठ कर खाना कोई इनसे सीखे...।"

यहाँ अब बरबस यह सच मेरे मानस में कौंध उठा कि जिस कथा-रचना के लिए सभ्य समाज में मेरा मान-सम्मान है, जिसके चलते मुझे नौकरी मिली, जिसकी रोटी मैं खा रहा हूँ तथा जिसके चलते ही यहाँ तक पहुँच आया, उस कथा के मूल स्रोत से जुड़े रमेसर बाबा कष्ट, अभाव, अपमान और उपेक्षा के शिकार थे। मुझे यह समझते देर नहीं लगी शहर और गाँव तथा सभ्य और असभ्य समाज के बीच की यह विडम्बना थी।

रमेसर बाबा का नाराज पुत्र हमारे उद्देश्य के बीच कहीं खलल न पैदा कर दे, इसके लिए अब मेरा मस्तिष्क सक्रिय हो गया। फिर जल्द ही मुझे मार्ग भी सूझ गया। प्राप्त जानकारी के अनुसार रमेसर बाबा के परिवार की कुल संख्या सत्रह थी। अब हर सदस्य को पचास रुपये देते हुए मैंने कहा–"जल्दीबाजी में हम आप लोगों के लिए कुछ नहीं ला सके। अब इन रुपयों से मिठाई खा लीजिएगा या अपने लायक कुछ ले लीजिएगा...।"

जो सदस्य सामने थे या इस सूचना पर आ धमके उनकी रकम उनके हाथों में थमा दी। शेष, घर की महिलाओं तथा खेत-खलिहानों की ओर निकले पुरुष सदस्यों की रकम रमेसर बाबा के नाराज पुत्र को सौंप दी। हालाँकि हमें इस तरह रुपये बाँटते देख उसकी नाराजगी तो काफूर हो गयी थी मात्र साढ़े आठ सौ रुपयों में ही स्थिति अब बिल्कुल बदल गयी थी।

रमेसर बाबा का वही पुत्र अब हमारी आवभगत में लग गया था। हम रमेसर बाबा के अतिथि थे, इसे लक्ष्य कर अब रमेसर बाबा के प्रति भी वह उदार हो उठा था–"दुःख-तकलीफ के चलते ही बोलना पड़ता है, नहीं तो कौन आदमी अपने बाप को बोलना चाहेगा! इनकी कथाएँ सुन-सुन कर हम बड़े हुए। आप जैसे साहब लोगों को कुछ सुनाये तो क्या कहने। बाकिर ये तो गँवारों को बटोर कर शुरू हो जाते हैं...।"

हम देख रहे थे, रमेसर बाबा की आँखें अब प्रसन्नता से विहँस उठी थीं। हम उनके अतिथियों ने उनके पूरे परिवार में खुशी की लहर कायम कर दी, यह आन्तरिक अह्लाद उनके चेहरे से छिप नहीं पा रहा था। अब तत्क्षण रमेसर बाबा के निकट ही दरी पर एक साफ चादर डाल कर हमारी जगह कायम कर दी गयी। इस बात का अनुमान कर कि हम शहरवासी शाम को चाय पीते होंगे, उनके घर से पानी पीने वाले गिलासों में गुड़ की चाय आयी। लकड़ी के चूल्हे पर धुएँ के गन्ध में सराबोर गुड़ की उस चाय का स्वाद अजीब लग रहा था। लेकिन यह सोच कर कि उन्हें खराब न लगे किसी कड़वे काढ़े की तरह हम पीते रहे, जबकि वही चाय रमेसर बाबा खूब प्रेम से सुड़क-सुड़क कर पी रहे थे।

उस गाँव की परम्परा के अनुसार रात शुरू होते ही वे हमें खाना खिलाने घर के अन्दर ले चले। आँगन में एक पाँत पर सारे पुरुष सदस्यों के बीच हमें बैठाया गया। खाने में चावल, दाल, बूँट-प्याज की सब्जी और आलू का चोखा। ग्रामीण जीवन के यथार्थ का मैं भुक्तभोगी था। खाना देखते ही जान गया, हमारे लिए उनके यहाँ का यह विशिष्ट इन्तजाम था। ऐसे परिवारों में दाल की जगह दूध या मट्ठे का इस्तेमाल किया जाता है, क्योंकि गाय, भैंस वे पालते हैं। अपने खेतों में वे बूँट और प्याज भी उपजाते हैं, इसलिए उनके यहाँ की अनिवार्य सब्जी बूँट-प्याज की ही होती है। अब दूध-भात और बूँट-प्याज की सब्जी या मट्ठा-भात और बूँट-प्याज

की सब्जी। इनमें से कोई भी चीज उन्हें खरीदनी नहीं पड़ती। इस स्थिति में दाल और चोखा की विशेष तैयारी हमारे लिए ही की थी। हमें रात में चावल खाने की आदत नहीं थी। लेकिन चावल की खेती वाले ऐसे किसानों के यहाँ आटे का प्रयोग पर्व-त्योहारों पर ही होता है। आमतौर पर सहजता से उपलब्ध चावल ही वे दोनों जून खाते हैं। खैर...। हम यहाँ खाने या पिकनिक मनाने नहीं, कुछ भी खा कर अपने उद्देश्य तक पहुँचने आये थे।

खाना खाने के बाद सभी पुरुष सदस्यों के साथ दरवाजे के बाहर दरी के बिस्तरे पर हम आ गये। हमारे संकेत पर रमेसर बाबा के लड़के ने दालान के इकलौते लालटेन में तेल भरवा कर उसका शीशा साफ करा रखा था। रौशनी के लिए लालटेन ही वहाँ का सर्वप्रिय और सर्वमान्य उपकरण थी। वह जलती लालटेन अब हमारे निकट ही दिराखे पर रख दी गयी...।

हमने देखा, बिस्तरे पर गिरने के कुछ ही समय बाद उस घर के पुरुष सदस्य खर्राटे भरने लगे। शायद दिन भर के थके-माँदे होने की वजह से ऐसा हो या फिर इस ग्रामीण माहौल में ऐसी दिनचर्या और आदत के अभ्यस्त हों। जो हो, यह हमें अच्छा लगा। अब अवसर अनुकूल देख मैं रमेसर बाबा की ओर मुखातिब हुआ–"हाँ, तो बाबा अब खूब प्रेम से अपनी लोककथाएँ सुनाइये। आप जितनी लोककथाएँ जानते हैं, हम सब सुनेंगे। हम यहाँ सोने नहीं, आपसे जानने और सीखने आये हैं...।"

मेरी यह बात सुनते ही रमेसर बाबा बोल उठे–"हाँ, तो भाई लोगो सुनिये। मेरा मन तो आपलोगों को सुनाने के लिए साँझ से ही बेताब है। सोच रहा था कि बिस्तरे पर आपलोग तनिक इत्मीनान हो लें...।"

मैं अनुभव कर रहा था, शहर से आये हमारे जैसे अतिथि उनकी कथा सुनने के लिए ही उनके साथ रात बिता रहे थे, इस बात से अब वे छूटती बन्दूक की तरह तैयार और तैनात थे...। बस, हमारे कहते ही शुरू हो गये...।

मैंने डायरी और कलम हाथ में ले ली। यह निर्णय भी कर लिया कि बचपन में माँ के द्वारा या अपने गाँव के बड़े-बुजुर्गों द्वारा सुनायी लोककथाएँ जो मेरे स्मरण में हैं, को छोड़ अन्य को दर्ज कर लेना है। यह देख कर मेरा मन सुखद आश्चर्य से अभिभूत हो उठा कि कथा प्रारम्भ करते ही रमेसर बाबा उस भावभूमि में पहुँच गये, जहाँ सिद्ध और पारंगत कथावाचक ही पहुँचते थे। अब हमें ऐसा लगने लगा कि हम उनकी कथा सुन नहीं रहे, देख रहे हैं...। एकदम चलचित्र की भाँति वे दृश्य उत्पन्न कर रहे थे। कथा के उतार-चढ़ाव और प्रवाह के साथ वे कभी धीमी आवाज़ में आ जाते तो कभी तेज़। पात्रों की स्थिति, परिस्थिति के अनुसार कभी गिड़गिड़ाते, तो कभी गरजते, तो कभी रुदन का स्वर अख्तियार कर लेते। उनके द्वारा प्रदान कथारस में हम भी डूबते और सराबोर होते अनुभव करने लगे। सचमुच लोककथाओं के वे माहिर, अद्‌भुत और बेजोड़ वाचक थे। ऐसे विलक्षण किस्सागो को तो पूरी दुनिया

के सामने होना चाहिए था। यहाँ गाँव के बन्द परिवेश में अज्ञान एवं अन्धकार के बीच पड़े थे। यहाँ वे सम्मान के नहीं, अपमान एवं भर्त्सना के पात्र थे। अवसर पाकर इनके जैसा ही लोक कलाकार जब शहर पहुँचता है तो किसी तीजन बाई के रूप में अपनी कला से पूरे विश्व को चमत्कृत कर देता है। पता नहीं, रमेसर बाबा के साथ ऐसा हो पायेगा कि नहीं? हमारी भी ऐसी सामर्थ्य नहीं कि उनकी कला को उनका प्राप्य दिलवा सकूँ। हाँ, अपनी आत्मकथा में उन पर जरूर लिखूँगा, मैंने उसी वक्त यह तय कर लिया था।

मैं अनुभव कर रहा था, रमेसर बाबा के कथा प्रवाह के दौरान हमारी तन्द्रा तभी भंग होती, जब वे एक कथा पूरी करते। लेकिन फिर जल्द ही वे दूसरी कथा प्रारम्भ कर देते। हालाँकि इस दौरान उन्हें दर्ज करते रहने के प्रति अपनी चेतनता रस्सी पर चल रहे किसी नट की भाँति मैं कायम रखता। रमेसर बाबा के कथा-कथन की शैली इतनी रस पूर्ण थी कि उसका वाचन मन्थर गति में ही अपनी पूर्णता को प्राप्त करता था, तेज रफ्तार में नहीं। ऐसे में उन्हें दर्ज करते चलना मेरे लिए और सुगम तथा आसान था।

लेकिन कुछ ही समय बाद असुविधाओं एवं परेशानियों का एहसास होना हमें शुरू हो गया। वैसे तो शाम होते ही दो-चार मच्छर हमें नजर आने लगे थे। पर उनकी यह संख्या हमारे लिए कोई समस्या नहीं थी। उनकी ऐसी संख्या से साक्षात्कार तो ट्रेन और बस की यात्राओं में भी अब होने लगा था। लेकिन रात गहराते ही अब अपनी असंख्य सेना के साथ वे इस रूप में टूट पड़े थे जैसे बारात लगाने आ रहे हों। पूरी दालान को अब हम मच्छरों से भर गया पा रहे थे। उनकी भनभनाहट की आवाज भी सुनाई पड़ रही थी। हम पर उनका आक्रमण अब इस रूप में हो रहा था जैसे वे वर्षों के भूखे हों। इस स्थिति में हम उन्हें बाँह पर मारते तो उनका हमला पैर पर हो जाता, तो फिर नाक पर, तो कान पर, तो गले पर, तो ललाट पर। कुछ के डंक इतने सख्त और असरदार होते कि हमारी कमीज को छेद बदन तक पहुँच जाते। तब हम कचकचा कर वहाँ हाथ का प्रहार करते। पर वे चतुर मच्छर आभास मात्र से ही उड़ जाते। इस विकट स्थिति में यह देख हमारे विस्मय की कोई सीमा नहीं रही कि वहाँ खर्राटे भरने वालों पर इसका तनिक भी असर नहीं। वे पूर्ववत् आराम और चैन की नींद सो रहे थे। रमेसर बाबा पर भी उनका कोई प्रभाव नहीं था। उनका कथा-कथन न सिर्फ जारी था, बल्कि बीतते समय के अनुसार और रसपूर्ण होता जा रहा था। अब जल्द ही यह बात हमारी समझ में आ गयी कि इन मच्छरों के अभ्यस्त हो चुके यहाँ के लोगों पर इनके डंक का असर जाता रहा है। ये हमारे लिए ही परेशानी हैं, यहाँ के वाशिंदों के लिए नहीं। और सचमुच इनकी वजह से हम अब बेतरह परेशान थे। आजिज आकर कृष्ण कुमार ने धीरे से कहा–"यहाँ तो अब बैठ पाना मुश्किल हो गया है...।"

जवाब में मैंने भी धीरे से ही उन्हें दृढ़ रहने का सुझाव दिया—"सिर्फ रात भर की ही बात है कृष्ण कुमार। ऐसी परेशानी से विचलित नहीं होना है। लक्ष्य की प्राप्ति के लिए ऐसे कष्ट सहने ही पड़ते हैं। मैं स्वयं त्रस्त हूँ। लेकिन अपने काम पर डटा हूँ...।"

हमारी इस धीमी बातचीत से अपने कथा-कथन में डूबे रमेसर बाबा अनभिज्ञ बने रहे। वे तो चल रही कथा की समाप्ति पर ही क्षण भर के लिए रुकते—"हाँ तो भाई लोगो, यह कथा यहीं आकर खत्म होती है। अब अगली सुनिये, इससे भी दमदार और यादगार कथा...।"

मैं समझ रहा था, हमारी इच्छा के अनुसार अपना पूरा खजाना वे हम पर निछावर कर देना चाहते थे। यह जानकर हमें हार्दिक और आन्तरिक खुशी हुई कि अपने प्रयास में रमेसर बाबा सफल रहे। भोर होने से पहले ही अपनी सारी सम्पत्ति हमें सौंप दी। हमारी डायरी भी अब भर चली थी। रमेसर बाबा का खजाना अब उसमें दर्ज था। अब उनसे मैंने यह जानना चाहा—"इतनी सारी लोककथाएँ आपने कहाँ-कहाँ से प्राप्त कीं बाबा? एक से एक अनूठी और बेजोड़ कथाएँ। अवश्य इनको जुटाने में आपको पूरा समय लगा होगा और कई स्थानों की यात्राएँ करनी पड़ी होंगी...।"

जवाब में उन्होंने बताया—"हमें ऐसा कुछ भी करना नहीं पड़ा। हमारे इसी गाँव की पश्चिम टोली में राजदेव बाबा रहते थे। कथा-कहानी के बहुत बड़े जानकार। बचपन से ही हम उन्हें घेरे रहते। वे हमें खूब कथाएँ सुनाते। उनके वंशजों को वे कथाएँ नहीं भाती थीं। उन्होंने उनसे नहीं लीं। बाकिर हमें तो अमृत जैसी जान पड़तीं। हमको सब याद हो गयीं। सुखदेव बाबा की वही कथाएँ हमारे पास हैं...।"

लोककथाओं की इस शक्ति से मैं परिचित था। वाचिक परम्परा में ही एक पीढ़ी से दूसरी पीढ़ी में जीती आ रही थीं। प्रिंट मीडिया के विकास के बाद हम यह मानते रहे कि छपा साहित्य ही स्थायित्व प्राप्त कर सकता है। लेकिन इसके बावजूद अधिकांश छपा साहित्य अनाम ढंग से काल की रेत में गुम हो जाता है। इस सम्बन्ध में आदिकाल से अब तक वाचिक परम्परा में जीती आ रही लोककथाएँ अपनी कालजयी उपस्थिति के साथ कायम हैं। सचमुच हमारे समकालीन साहित्य की तुलना में लोककथाओं की यह शक्ति-सामर्थ्य उल्लेखनीय है, अनुकरणीय है।

अब जैसे ही हमें भोर होने का पूर्वाभास होना शुरू हुआ, रमेसर बाबा से इजाजत ले हम सेमरी से चलने को तैयार हो गये। हालाँकि रमेसर बाबा ने हमें रोकने की कोशिश की—"यह तो कोई आना ही नहीं हुआ कि कल शाम आप लोग आये और आज ही चल पड़े। दो-चार दिन रह कर जाते...। यहाँ आप लोगन को कोई तकलीफ नहीं होगी...।"

मैंने रमेसर बाबा के मन को आश्वस्त किया—"हम फिर आयेंगे बाबा। अभी

तत्काल हमारा वापस होना जरूरी है...।''

इसके बाद सेमरी की गलियों से गुजरते हुए हम तेजी से बढ़ चले। भोर अब होने ही जा रही थी। अँधेरा छँट रहा था, लेकिन पूरी तरह अभी नहीं छँटा था। सुबह समय से आरा पहुँचना हमने तय कर लिया था। रात भर जागने और मच्छरों के काटने से हम कुछ अस्वस्थ जरूर अनुभव कर रहे थे। लेकिन काम हो जाने के उत्साह ने हमें गतिशील बनाये रखा था।

आरा पहुँच कर कृष्ण कुमार अपने यहाँ चले गये और मैं अपने घर आ गया। लेकिन मुझ पर नजर पड़ते ही रेणु चिन्तित हो उठी—''यह रात भर में ही आप कैसे लगने लगे? क्या हो गया है? तबीयत तो ठीक है न? आपके पूरे चेहरे और हाथों पर यह लाल-लाल दाने कहाँ से उभर आये? कहीं 'जुड़पित्ती' तो नहीं हो गयी...?''

''ऐसी कोई बात नहीं रेणु। ये सब मच्छरों के काटने के निशान हैं। हम जहाँ ठहरे थे, वहाँ बहुत मच्छर थे। हमें मच्छर भगाने वाली बत्ती लेकर जानी चाहिए थी...। भविष्य में अब पूरी तैयारी के साथ जायेंगे। पहली यात्रा के चलते ऐसा हुआ...।''

सेमरी की मेरी परेशानी और थकान अपने घर में एक दिन के विश्राम से ही समाप्त हो गयी। कृष्ण कुमार के साथ भी यही हुआ। अब हम स्वस्थ और सहज थे। इस स्थिति में अपने अभियान के तहत लगभग एक सप्ताह बाद अब पुनः उत्तर दिशा की ओर चल पड़े। सोन नदी के खोह में बसे सेमरी के रमेसर बाबा को ढूँढ़ कर हम आ गये थे। अब गांगी (गंगा) के कछार में बसे गाँवों के कथा-वाचकों तक हमें पहुँचना था।

आरा स्टेशन से एक ऑटो ले हम गांगी की ओर चल पड़े। गंगा से फूट कर आरा के उत्तर किनारे बहने वाली नदी ही गांगी के नाम से जानी जाती है। गांगी से कुछ दूरी पर एकवना नामक स्थान में गंगा भी मिल जाती है।

हमारा ऑटो गांगी पुल पार कर एक कच्ची सड़क से आगे बढ़ चला। ऊबड़-खाबड़ और धूल-धक्कड़ से भरी उस सड़क पर ऑटो यात्रा की परेशानी अब हम महसूस करने लगे थे। जगह-जगह हिचकोले खाते तथा गर्द-गुबार से अपने आँख-मुँह हम भरे पा रहे थे। बचाने पर भी धूल के कण आँखों में घुसकर किरकिरी पैदा करने लगते। विवश होकर अपनी आँखें रूमाल से हमने ढँक ली। अब अन्धों की तरह यात्रा करने लगे। अक्सर समाचार पत्रों में ग्रामीण विकास तथा गाँव की सड़कों के दुरुस्त होने की खबरें पढ़ते रहे थे। अब वे खबरें न सिर्फ हमारा मुँह चिढ़ा रहीं थी बल्कि सत्ता के एक बड़े झूठ से हमारा साक्षात्कार भी करा रही थीं।

एक जगह पहुँच कर अब ऑटो रुक गया। ऑटो वाले ने कहा—''अब यहाँ से आगे जाने लायक रास्ता नहीं...।''

हमने आँखों से रूमाल हटा कर देखा, सचमुच वहाँ से आगे जाने वाली सड़क न सिर्फ जगह-जगह से टूट कर गड्ढों में तब्दील हो गयी थी, बल्कि कुछ जगहों पर

तालाब बनी दिख रही थी, तो कुछ जगहों पर खेत का हिस्सा। जहाँ ऑटो खड़ा था, वहाँ उस सड़क की पुलिया थी। पुलिया के दोनों किनारे आम के घने वृक्ष थे। उस पुलिया से आगे लोग पैदल ही आ-जा रहे थे।

हमने भी ऑटो वहीं छोड़ दिया। अब वहाँ से आगे की पैदल यात्रा से पहले वृक्ष की छाँव में क्षण भर इत्मीनान होने के लिए बैठ गये। बैग से बोतल का पानी निकाल हाथ-मुँह धोया। थोड़ा पानी पीया भी। कृष्ण कुमार ने भी अपने को तरोताज़ा किया। अब हम तैयार थे। इस यात्रा में आवश्यक जीवनोपयोगी चीजें हमने साथ रख ली थीं।

इससे पहले कि हम आगे बढ़ें, पुलिया उस पार के ग्रामीण क्षेत्र से एक व्यक्ति पुलिया पर हमारे निकट पहुँच आया। वह अधेड़ उम्र का आदमी था, खादी का कुर्ता-पाजामा पहने हुए। ग्रामीण परिवेश में असुविधाओं के बीच रहने की वजह से उसका चेहरा सख्त था तथा हाथ-पाँव खुरदरे। मुझ पर नजर पड़ते ही वह बोल उठा—"आप साहित्यकार मिथिलेश्वर जी हैं न...?"

"हाँ। लेकिन मैं आपको नहीं पहचानता...?"

"आप मुझे कैसे पहचानियेगा? कभी आपसे मुलाकात तो हुई नहीं...। एक साहित्यिक जलसे में आरा के नागरी प्रचारिणी सभागार के मंच पर आपको बोलते देखा और सुना था। साहित्य की सामाजिकता पर आप बोल रहे थे। संचालक ने बताया था कि आपकी दो दर्जन से अधिक पुस्तकें प्रकाशित हैं। मगर आपकी कोई किताब हमको नहीं मिली। सोचा था कि आपसे मिलकर कोई किताब माँगूंगा। लेकिन फुर्सत ही नहीं मिली...।"

"तो आप करते क्या हैं? आपका शुभ नाम...?"

"मेरा नाम श्याम जी है। मैं कुछ नहीं करता। अपनी खेती-गृहस्थी है। नयी उम्र से ही कांग्रेस पार्टी का सदस्य हूँ। इस क्षेत्र के नेताजी के साथ रहता हूँ...।"

"तब फिर साहित्यिक गोष्ठियों में जाना...?"

"राजनीति और साहित्य की सभाओं में वक्ताओं को सुनना हमें बहुत भाता है। उस दिन संयोग से ही पहुँच गया। सड़क से गुजर रहा था कि माइक पर कविता सुनाई पड़ी। खूब लय से कोई कविता पढ़ रहा था। बस, मैं सभागार में घुस गया...।"

साहित्यिक सभा-गोठिष्यों से इस तरह के नये परिचित और प्रशंसक पहले भी मिल चुके थे। अब औपचारिकतावश मैंने कहा—"आपसे मिल कर अच्छा लगा श्याम जी...!"

इस पर वह पूछ उठा—"इधर आप लोग कहाँ जा रहे हैं...?"

जवाब में यह सोच कर कि शायद श्याम जी से कोई अनुकूल जानकारी मिल सके, मैंने पूरी बात बता दी। मेरी सम्भावना सही साबित हुई। श्याम जी ने हमारा मार्ग प्रशस्त कर दिया—"यह रघुचरण का क्षेत्र है, इस इलाके का सबसे बड़ा क्रिमिनल।

यहाँ से दो गाँवों के बाद उसका गाँव पोखरिया है। उसी गाँव में एक नानी रहती है जो कथा-कहानी की खान है। उससे आपको मन भर कथाएँ मिल जायेंगी। लेकिन रात में आपलोग वहाँ रुकियेगा मत। गुण्डे-बदमाश किसी के नहीं होते। अभी दस बज रहे होंगे। बारह बजे तक आप लोग वहाँ पहुँच जाइयेगा। फिर अगर चार बजे भी वहाँ से छूटेंगे तो रात होने से पहले ही आरा पहुँच पायेंगे। इस साहित्यिक काम में मैं भी आप लोगों के साथ चलता। लेकिन मेरे नेता जी आरा के शहीद भवन में आ रहे हैं। अब जब तक वे आरा रहेंगे, मुझे उनके साथ ही रहना है...।''

श्याम जी से इस जानकारी के बाद उससे दोस्ताना हाथ मिलाते हुए हम चल पड़े। श्याम जी पुलिया के इस पार शहर की ओर बढ़ गया तथा हम पुलिया के उस पार पोखरियाँ की दिशा में । हमारी यह यात्रा पिछली यात्रा की भाँति अब अनिश्चित और खोजपूर्ण नहीं थी। श्याम जी ने सब कुछ निश्चित और निर्धारित कर दिया था।

टूटी सड़क के किनारे की पगडंडी के सहारे तेज-तेज चलते हुए हम आगे बढ़ने लगे थे। सामने कुछ दूरी पर एक घना बगीचा नजर आ रहा था। उसके पास ही एक गाँव दिख रहा था। श्याम जी ने दो गाँवों के बाद पोखरियाँ का संकेत किया था। यानी इस गाँव के बाद एक और गाँव को पार कर ही हम पोखरियाँ पहुँच सकते थे...।

बगीचे के करीब पहुँचते ही हमें कुछ लोगों की आवाजें सुनाई पड़ने लगीं। आगे बढ़ने पर वे लोग नजर भी आने लगे। बगीचे में एक-दूसरे के पास-पास बैठे थे। अब उनके बीच ताड़ी से भरी हुई दो-तीन लबनियाँ भी दिखीं, जिन्हें गिलासों में उड़ेल-उड़ेल कर वे पी रहे थे। उनकी संख्या पाँच थी। हमारे लिए यह दृश्य नया नहीं था। प्रायः हर गाँव के नशेड़ी अपने निकटतम बगीचे में ही दारू, ताड़ी पीते रहे हैं। हमने तय किया, बगीचे के किनारे से निकलना ही ठीक रहेगा, उनकी ओर से नहीं। लेकिन किनारे पर उनका एक सदस्य बैठा था। हम पर नजर पड़ते ही उसने सीटी बजायी। बस, बगीचे में बैठे वे पाँचों हमारी ओर चल पड़े। मुझे यह समझते देर नहीं लगी कि इन नशेड़ियों द्वारा अब हम लूटे जायेंगे। अपने एक आदमी को रास्ते पर इन्होंने राहगीरों की पहचान के लिए बैठा रखा था। ये चतुर नशे और उचक्के अपने गाँव-जवार के राहगीरों से नहीं उलझते। जानते हैं, लेने को देने पड़ जायेंगे। इनके लिए आसान शिकार हम बाहर के राहगीर ही होते हैं। सम्भवतः इसीलिए उनके आदमी ने सीटी बजायी। उनकी यह सीटी अवश्य हमारे बाहरी राहगीर होने की सूचना थी।

हमारे करीब पहुँच, हमारा रास्ता रोक वे खड़े हो गये। फिर उनमें ऊँची डील-डौल वाले नशे ने पूछा—''आपलोग कहाँ से आ रहे हैं...?''

मैंने कहा—''आरा से...।''

उसने फिर पूछा—"इस सुनसान दुपहरी में कहाँ जा रहे...?"

"पोखरियाँ...।"

"क्या काम है पोखरियाँ में...?"

"है कुछ काम। आपलोग नहीं समझ पाइयेगा...।"

इस पर हमें आप की जगह तू कहते तथा अपनी हैवानियत प्रकट करते हुए उसने कहा—"ठीक कह रहे हो, हम नहीं समझ पायेंगे। बाकिर अब तुम दोनों को समझा देते हैं। यहाँ हमारा लगेन देकर ही आगे बढ़ सकोगे। तुम लोगों के पास जो भी रुपये-पैसे हों, उसे सीधे मन से निकालकर हमें सौंप दो। अपने हाथ में बँधी घड़ियाँ भी खोल कर दे दो। इसमें अगर तनिक भी आनाकानी करोगे या कुछ भी बचाना-छिपाना चाहोगे तो हम तुम दोनों को मार कर इसी बगीचे के पीछे के कुएँ में डाल देंगे। फिर तुम दोनों की लाश का पता भी नहीं चल सकेगा...।"

उसकी बात सुन कृष्ण कुमार सन्न रह गये। डरी नजरों से मुझे देखा। जवाब में आँखों ही आँखों में मैंने उन्हें दृढ़ रहने का संकेत किया। हालाँकि इस बीच मैं भी भयभीत हो उठा था। लेकिन अपने प्रतिउत्पन्नमतित्व से मुझे एक मार्ग भी सूझ गया था।

अपने आदेश का तत्काल पालन होते न देख अब उस गिरोह का सरगना गरजा—"तो तुम दोनों बात से नहीं मानोगे। जोर-जबर्दस्ती से ही माल निकालोगे। तुम्हारी वह इच्छा भी हम पूरी कर देते हैं...।"—और अपने साथियों के साथ हमें कब्जे में लेने के लिए वह लपका। अब मैंने तेज़ आवाज़ में उन्हें आगाह किया—"रुक जाओ। यह जान लो, हम रघुचरण के शहरी दोस्त है। शहर में हमारे यहाँ ही वे रुकते हैं। उनके बुलावे पर ही हम पोखरियाँ जा रहे...!"

मेरी यह बात सुनते ही जैसे उन्हें साँप सूँघ गया। उनके आगे बढ़ते कदम एकदम जड़वत् हो गये। लूटपाट के उनके हौसले पर यह अचानक वज्रपात था। अब वे दाँव हारे जुआरी की भाँति पस्त थे। क्षण भर पहले सिंह के रूप में प्रस्तुत होने वाले वे अब गीदड़ के रूप में परिवर्तित हो गये थे। उस सरगना की आवाज़ अब एकदम बदल गयी थी—"आपलोगों को पहले ही यह बता देना चाहिए था कि आपलोग रघु दादा के आदमी हैं। हमें माफ कीजिएगा, हम पहचान नहीं सके। आपलोग पोखरियाँ पहुँच जायेंगे कि हम चल कर वहाँ तक छोड़ दें। दादा से हमारी शिकायत मत कीजिएगा। सचमुच हम आप लोगों को नहीं जान सके...।"

अब और निर्भीकता के साथ मैंने कहा—"हमें पहुँचाने की जरूरत नहीं, हम स्वयं चले जायेंगे। आपलोग अपना काम कीजिए...।"

मेरी इस बात पर अब भीगी बिल्ली की तरह दुम दबाये वे बगीचे में चले गये। हम पूर्ववत् आगे बढ़ चले। रास्ते में कृष्ण कुमार ने अपने मन की शंका जाहिर की—"अगर उन उचक्कों में स्वयं रघुचरण होता तो? हम तो उसे पहचानते

नहीं...?"

"उतना बड़ा क्रिमिनल ऐसी छोटी राहजनी कर ही नहीं सकता...।"

"और अगर वे उचक्के उसके गिरोह के ही सदस्य होते तब...?"

"तब भी हमारी बात पर अविश्वास नहीं करते। किसी बड़े क्रिमिनल के सारे सम्पर्कों से उसके गिरोह के सामान्य सदस्य अवगत नहीं होते और इसे वे जान भी रहे होते हैं...।"

"यह बात अचानक आपको कैसे सूझी...?"

"अपने प्रतिउत्पन्नमतित्व से। मुझे लगा, विष का असर विष से ही कटता है। इन उचक्कों को चाहते हुए भी प्रेम से हम नहीं समझा पाते। बस, सहसा श्याम जी द्वारा बताया रघुचरण याद आ गया...।"

इसी तरह बातचीत करते हुए उस पहले गाँव को पार कर हम दूसरे गाँव के नजदीक पहुँच गये। इस दूसरे गाँव के बाद ही पोखरियाँ गाँव था। इधर के गाँवों की दूरी एक-दूसरे से अधिक नहीं थी। सड़क के अभाव में इस दूसरे गाँव के बाहर से एक मोटी पगडंडी गुजरती थी। पगडंडी के एक ओर यह दूसरा गाँव था तथा दूसरी ओर प्राकृतिक रूप से कायम जलाशय और झाड़-झंखाड़। शायद गंगा के कटाव का हिस्सा हो...।

अधिक पैदल यात्रा का अनुभव न होने तथा बढ़ती उम्र के चलते मैं थकान महसूस करने लगा। चढ़ते सूर्य के ताप ने भी हमें परेशान कर रखा था। अब उस पगडंडी के किनारे पाकड़ के एक घने वृक्ष के पास मेरे कदम रुक गये—"कुछ समय यहाँ सुस्ता कर तब आगे बढ़ा जाय कृष्ण कुमार। इस गाँव के बाद वह सामने ही तो पोखरियाँ दिख रहा है। श्याम जी ने दो गाँवों के बाद बताया है। वह वही गाँव है...।"

मेरी बात पर कृष्ण कुमार भी रुक गये। अब पाकड़ के तने से पीठ लगा हम आराम की मुद्रा में बैठ गये। वहाँ बैठे-बैठे ही हम देख रहे थे, उस पगडंडी के किनारे जलाशय की ओर जगह-जगह पेड़ उगे हुए थे। पेड़ों के किनारे झाड़ियाँ थीं। प्राकृतिक रूप से कायम जंगली परिदृश्य। तेज होती धूप में दो-चार राहगीर ही नजर आ रहे थे, शायद हमारी तरह ही किसी आवश्यक काम से आ-जा रहे हों। इसी क्षण मुझे एक लड़की दिखाई पड़ी। हमसे कुछ ही दूर आम के एक पेड़ के नीचे खड़ी थी। उसकी उम्र बारह-तेरह साल रही होगी। एक गन्दे, पुराने और मुचड़े शलवार-समीज में नजर आ रही थी। उसके माथे के बाल तेल के अभाव में किसी पक्षी के घोंसले की तरह आपस में उलझे थे। अपने पतले तथा सूखे हाथ-पाँव से कुपोषण की मारी जान पड़ रही थी। उसके पास ही जलाशय के किनारे चार-पाँच बकरियाँ चर रही थीं। मैं समझ गया, इस पास के ही गाँव के किसी निर्धन परिवार की बच्ची है जिसे बकरियाँ चराने भेजा गया है। इसकी उम्र अभी खाने-पीने और

पढ़ने-लिखने की थी। लेकिन पारिवारिक अर्थाभाव में बकरियाँ चरा रही थी। मैंने कृष्ण कुमार से कहा—"इस इक्कीसवीं सदी में भी गाँवों की गरीबी और भुखमरी समाप्त नहीं हुई। इस लड़की को देखने पर ऐसा लगता है कि इसे दोनों जून भरपेट खाना भी नहीं मिलता... ।"

जवाब में कृष्ण कुमार ने कहा—"यह तो कुछ नहीं है। गाँवों की तंगहाली और बदहाली निकट से देखने पर रोंगटे खड़े हो जाते हैं। हमारे शहर सुख-समृद्धि के केन्द्र बनते गये हैं, पर गाँव और अधिक उपेक्षा के गर्त में धँसते चले जा रहे हैं... ।"

अचानक इसी समय उस पास के गाँव से ही निकल कर दो युवक इधर आते दिखे। वे लूँगी और बनियान पहने थे। शायद मजदूर युवक थे। काम के लिए कहीं जा रहे हों। लेकिन आगे बढ़ते हुए जब उस अकेली लड़की पर उनकी नजर गयी तो क्षणभर रुक कर उन्होंने आपस में गुफ्तगू की। मुझे उनका इरादा अच्छा नहीं जान पड़ा। अब वे सीधे उस लड़की के पास पहुँच गये। फिर अपनी टेंट से कुछ रुपये निकाल उस लड़की को थमाते हुए धीमी आवाज़ में उसे कुछ समझाया, बताया। क्षणभर वह लड़की भौचक हो उन्हें घूरती रही। इस पर पुनः उन्होंने उससे कुछ कहा अब उस लड़की ने उनके दिये रुपयों को खोल कर देखा। फिर शलवार की अपनी जेब में उसे डाल लिया। अब उस लड़की को लेकर वे दोनों चल पड़े। मैंने कृष्ण कुमार से कहा—"हमारी आँखों के सामने इस लड़की को जिबह करने ये ले जा रहे हैं। यह लड़की तो अभी बच्ची है, इस लायक एकदम नहीं। इसकी गरीबी से फायदा उठा रुपयों के लालच पर इन दोनों ने बहका लिया। हमें बीच में कूद कर इस जघन्य अपराध को रोकना चाहिए... ।"

इस पर कृष्ण कुमार ने समझाते हुए कहा—"हम बीच में कूदेंगे तो क्या वे हमें छोड़ देंगे? सम्भव है, उनके पास अपने गुप्त हथियार भी हों। इस तरह दिन-दहाड़े शिकार की खोज में बिना हथियार के ये नहीं निकलते। रोक-टोक करने पर अवश्य प्रहार करेंगे। फिर हम सकुशल वापस नहीं लौट सकते। ऐसी घटनाओं को चुपचाप देखते-सुनते हुए महटिया कर हमें अपने काम करने हैं। कहीं भी उलझें तो काम तो बाधित होगा ही, लेने के देने भी पड़ जायेंगे... ।"

कृष्ण कुमार की बात ने मुझे चुपचाप देखते रहने के लिए विवश बना दिया। उन युवकों की निर्भीकता यह बता रही थी कि उस गरीब लड़की के परिवार से उन्हें कोई खतरा नहीं था। सम्भव है, हम राहगीरों की उपस्थिति का भान भी उन्हें हुआ हो। पर इस बात ने भी उन्हें विचलित नहीं होने दिया, क्योंकि वे जोर-जबर्दस्ती से नहीं, राजी-खुशी उसे ले जा रहे थे। लेकिन इन सबसे अधिक यह बात मुझे पीड़ा दे रही थी कि वह लड़की तो इस लायक है ही नहीं... । छोटी उम्र की वह मरियल बच्ची और दो-दो मुस्टंड।

वहाँ से निकट ही जलाशय के किनारे जामुन का एक विशाल वृक्ष था। उस

वृक्ष के पास ही खूब घनी झाड़ी। वे दोनों उसे झाड़ी की ओर ही ले चले। अब उनमें से एक वृक्ष के पास बैठ गया तथा दूसरा उस लड़की को लेकर झाड़ी की ओट में चला गया। झाड़ी के पीछे से अब वे नजर नहीं आ रहे थे। लेकिन मेरा अन्तर अब चीत्कार कर उठा था। हत्या के चश्मदीद गवाह की सघन पीड़ा मैं महसूस कर रहा था।

कुछ देर बाद वह पहला अपनी लुँगी ठीक करते हुए झाड़ी से बाहर आ गया। अब दूसरा तेजी से उधर बढ़ चला। शायद वह आतुरता से उस पहले की प्रतीक्षा कर रहा था। यह दूसरा पहले की अपेक्षा कुछ कम समय में ही झाड़ी से बाहर आता दिखा। इस दूसरे के साथ वह लड़की भी थी। लेकिन वह लड़की अब स्वयं उसके पीछे नहीं आ रही थी। वह दूसरा उसकी बाँह थामे उसे ला रहा था। शायद उससे अब चला नहीं जा रहा था। उसकी स्थिति से अवगत हो अब पहला भी सहयोग में भिड़ गया। वे दोनों मुस्टंड दोनों ओर से उस लड़की की बाँह में हाथ लगा कर लगभग उसे टाँगते हुए उस आम वृक्ष की ओर चल पड़े जहाँ उसकी बकरियाँ चर रही थीं। शायद उसे उसकी जगह पर छोड़ वे भागना चाहते थे। और उन्होंने यही किया। खड़ा हो पाने में भी असमर्थ उस लड़की को उन दोनों ने आम के तने से उठंगा दिया और हाथ झाड़ते हुए जिधर से आये थे उधर चले गये...।

लोककथाओं की खोज की अपनी यह यात्रा अब मुझे बेहद कष्टकर और बोझिल जान पड़ने लगी। पोखरियाँ पहुँचने का उत्साह बुझ गया। लगा, यहाँ से आगे अब मुझसे नहीं बढ़ा जायेगा। अपना खुद शरीर मुझे जड़वत् हो गया जान पड़ने लगा। जब कुछ समय तक मैं वैसे ही बैठा रहा तो कृष्ण कुमार ने कहा–"क्या विचार है? पोखरियाँ नहीं चलना क्या? आप जो कुछ देख-सुन रहे हैं उसकी संवेदना अपनी रचनाओं में व्यक्त कीजिएगा। फिलहाल जीवन में इस तरह संवेदित होने लगियेगा तो काम नहीं चल पायेगा। हमें पोखरियाँ से आज ही वापस होना है। विलम्ब से तो हम मुसीबत में फँस जायेंगे...।"

कृष्ण कुमार की बात ने जैसे झिंझोड़ कर मुझे प्रकृतिस्थ कर दिया। अब पुनः अपने उद्देश्य के प्रति मैं सजग हो उठा। बस, उठ कर कृष्ण कुमार के साथ चल पड़ा। उनकी यह बात अब तलवार की भाँति अपने ऊपर लटकती महसूस कर रहा था कि विलम्ब होने पर हमारे साथ भी कुछ हो सकता है।

हमारा आगे का रास्ता उस लड़की से होकर ही गुजरता था। जब हम उसके करीब पहुँचे तो उस पर नजर पड़ते ही मेरे कदम फिर ठिठक गये। वह बेहोश पड़ी थी। उसकी दोनों आँखें बन्द थीं तथा हाथ-पाँव निर्जीव की तरह जमीन पर पसरे थे। मैंने कृष्ण कुमार से कहा–"इसे इस हालत में छोड़ कर हम कैसे जा सकते हैं...?"

जवाब में कृष्ण कुमार ने तनिक झल्लाते हुए कहा–"तो क्या करेंगे...?"

"इसे होश में लाने का प्रयास करेंगे...।"

"घंटे, डेढ़ घंटे में यह स्वयं होश में आ जायेगी। कच्ची उम्र के चलते बर्दाश्त नहीं कर सकी। फिलहाल इसी तरह आराम में पड़ी रह कर ही यह ठीक होगी...।"

"और अगर होश में नहीं आयी तो...?"

"तो इसके घर वाले स्वयं ढूँढ़ते आ जायेंगे। फिर उन्हें जो करना होगा, करेंगे, यह उनकी समस्या होगी...।"

"लेकिन हम भी तो द्रष्टा रहे हैं। द्रष्टा का भी तो दायित्व होता है...।"

"हम विवशता में द्रष्टा बने थे, स्वेच्छा और सहजता में नहीं। अपने रचनाकार मन को इस तरह जगह-जगह विगलित न होने दीजिए। उसे काबू में रखिये। और फिलहाल यह बात भी समझ लीजिए कि यहाँ अब और कुछ देर हम रुके रहे और इस गाँव का कोई आ गया तो फिर हमारी खैर नहीं...। तब इसकी सारी तोहमत हमारे माथे ही मढ़ दी जायेगी। फिर हमारी कोई सफाई काम नहीं आयेगी...।"

कृष्ण कुमार की बात के इस कटु यथार्थ से अब मैं पुनः सजग-सचेत हो चल पड़ा। ऐसे अवसरों पर अक्सर मुझे लगा है कि जब हम स्वयं अपने ऊपर खतरा महसूस करते हैं, अपने को कठघरे में घिरा पाते हैं तो हमारी भावना, संवेदना, तरलता सब स्वतः खत्म हो जाती है। तब मैं सोचता हूँ–"यह अच्छी बात नहीं...।"

फिर मेरे अन्दर से ही प्रश्न उठता है–"क्यों अच्छी बात नहीं...?"

लेकिन इसका जवाब अब मुझे कहीं से भी नहीं मिलता। शायद मानव मन का यह मनोविज्ञान रहा है कि अपनी सुरक्षा के प्रति आश्वस्त होकर ही हम परमार्थ का काम कर पाते हैं, अपने को असुरक्षित और खतरे में डाल कर नहीं।

उस दूसरे गाँव से पोखरियाँ पहुँचने में अब हमें देर नहीं हुई। समय से आरा वापस होने की बात अब खतरे की घंटी बनी हमारे समक्ष डोल रही थी। उस गाँव के किनारे सबसे पहले हमें एक झोंपड़ी मिली। उस झोंपड़ी के बाहर बैठी एक बूढ़ी महिला सूप से कुछ फटक रही थी। पास पहुँचने पर हमने पाया, मिट्टी मिले अनाज से मिट्टी अलग कर रही थी। शायद खेत-खलिहानों में गिरे, छूटे अनाज को बटोर कर लायी हो। खेत-बधार से वंचित निर्धन परिवार की महिलाएँ और बच्चे ऐसा ही करते हैं। अपनी अपेक्षित जानकारी के लिए वह महिला हमें उपयुक्त जान पड़ी। बस, कुछ क्षण के लिए हम वहाँ रुक गये।

उस महिला से प्राप्त जानकारी के अनुसार वह पोखरियाँ गाँव ही था। सचमुच वहाँ एक नानी थी जो अपने नात-नातिन के साथ गाँव के बच्चों को भी खूब कथा-कहानी सुनाती। वह नानी इस गाँव की नहीं, किसी दूसरे गाँव की थी। इस गाँव में उसकी बेटी ब्याही थी। उसके दामाद का नाम चनेसर था। वह बेटी उसकी इकलौती सन्तान थी। अपने पति के मरने के बाद वह नानी अपने घर-द्वार बेच अपनी बेटी के पास ही आ गयी। उसकी बेटी को छह सन्तानें, तीन लड़के और तीन

लड़कियाँ। अपने नात-नातिन के बीच वह नानी खूब मगन रह रही। उसके नात-नातिन उसे प्रारम्भ से ही नानी कहते रहे। यह देख टोला-पड़ोस के बच्चे भी उसे नानी ही कहने लगे। अब तो पूरे गाँव में वह नानी के रूप में ही जानी जाती थी।

उस बूढ़ी महिला ने चनेसर के घर का रास्ता भी हमें बता दिया, जहाँ नानी रहती थी। उस संकेत के अनुसार दायीं ओर की दूसरी गली में सीधे आगे जाने पर जिसके दरवाजे नीम का पेड़ हो, वही चनेसर का घर था। इस संकेत पर अब और किसी से पूछे बगैर हम वहाँ पहुँच गये। चनेसर अपने दरवाजे पर ही हमें मिल गया। वह अधेड़ उम्र का आदमी था। अपनी भैंस के लिए कुट्टी काट रहा था (चारा तैयार कर रहा था)। उससे मिल कर जब अपने आने का उद्देश्य हमने जाहिर किया तो भौचक हो वह हमारा मुँह ताकने लगा। अब सेमरी के रमेसर बाबा के परिवार की ही भाँति सरलीकृत रूप में उसे समझाया—''किताबों में जो कथा-कहानियाँ छपती हैं, हमें वैसी ही किताब बनानी है चनेसर जी। नानी की कुछ कथाएँ सुन कर हम चले जायेंगे। हमें यहाँ रुकना नहीं... ।''

मेरी यह बात शायद चनेसर कुछ समझ सका। अब वह घर के अन्दर चला गया। फिर कुछ ही देर बाद नानी अपने दो-तीन नात-नातिन के साथ बाहर आयी। वे नात-नातिन चार-पाँच साल की उम्र के थे। हमने देखा, नानी एकदम बूढ़ी हो चली थी। उसके चेहरे पर झुर्रियाँ उभर आयी थीं। आँखें कुछ अन्दर धँसी जान पड़ रही थीं। माथे के बाल एकदम सफेद तथा कमर झुकी हुई। हमने नानी से भी अपनी बात चनेसर की तरह ही समझा कर बतायी। लेकिन अपने दामाद चनेसर की तरह वह चौंकी नहीं, बल्कि खुश हुई। हमारे प्रस्ताव पर नानी का चेहरा प्रसन्नता से विहँस उठा। सम्भव है, नानी के कथा-जीवन में इस तरह का यह पहला अवसर आया हो !

अब नानी ने नीम गाँछ की छाया में पड़ी एक खटिया पर हमें बैठने का संकेत किया। हम दोनों उस खटिया पर बैठ गये। घर से एक मचिया मँगा नानी भी पास ही बैठ गयी। नानी ने अपनी पीठ नीम गाँछ के तने से टिका ली। हम समझ गये, बुढ़ापे के चलते बगैर सहारे वे कुछ देर तक नहीं बैठ सकती। अब नानी हमारे सामने थी, कथा श्रोताओं के समक्ष कथा वाचक की भूमिका में।

ऐन इसी वक्त नानी के साथ आये उसके नात-नातिनों ने कुहराम मचाना शुरू कर दिया—''नानी! नानी! हम भी जलेबी खायेंगे। वह देखो, रमुआ, जगुआ सब जलेबी खा रहे। हमें भी जलेबी खरीदवा दो नानी... ।''

इस पर नानी ने उन्हें समझाने की कोशिश की—''अभी तुम सब महटिआओ। देखो, ये शहरी बाबू लोग आये हैं। बाद में खरीदवा देंगे... ।''

''नहीं नानी, नहीं नानी, हम अभी खायेंगे। हमें अभी खरीदवाओ... ।''

हमने आते हुए देखा था, चनेसर के घर के पास ही गली के किनारे एक हलवाई की दूकान थी। शायद अर्थाभाव के चलते या इस गाँव की पसन्द और सामर्थ्य के

अनुसार उसकी दुकान पर सिर्फ एकमात्र मिठाई गुड़ की जलेबी ही थी। जलेबियाँ छान-छान कर वह एक परात में रखता जाता था। लाल-लाल, गर्म-गर्म और सोंधी महक बिखेरती गुड़ की जलेबियाँ बच्चों के साथ-साथ ग्रामवासियों को भी आकृष्ट कर रही थीं। अब एक-दो रुपयों के हिसाब से वे खरीद कर खा रहे थे। गुड़ की जलेबियों की उस जानी-पहचानी खुशबू ने बचपन की मेरी याद भी ताज़ा कर दी। उन दिनों अपने ग्रामीण मेलों में मैं जी भर कर गुड़ की जलेबी खाता था। गुड़ की अपनी अलग मिठास और उससे बनी जलेबियों की सोंधी गन्ध से मन तृप्त हो जाता। लेकिन यहाँ पोखरियाँ में हम जलेबियाँ खाने नहीं, एक विशेष उद्देश्य से आये थे, इसलिए उस गन्ध से अपने को मुक्त करते हुए चनेसर के दरवाजे आ पहुँचे थे। लेकिन यहाँ भी चनेसर के बच्चों ने उस गन्ध को फिर ताज़ा करा ही दिया। अब नानी से उन बच्चों की माँग के बीच मैं आ गया—"इन्हें रोकिये मत नानी, मना मत कीजिए, हम अभी इनके लिए जलेबियाँ मँगा देते हैं...।"

और मैंने कृष्ण कुमार को संकेत किया। यह भी कह दिया—"पूरे परिवार के लिए...।"

समझदार कृष्ण कुमार जल्द ही दो किलो जलेबियाँ लेकर आ गये। अपनी परात में उस हलुआई ने जितना छान रखा था, वह सब। चनेसर भी कुट्टी काटना छोड़ अब हमारे पास आ गया। उतनी सारी जलेबियाँ अब वही घर के अन्दर ले चला। उसके बच्चे भी पीछे लग गये। फिर जल्द ही छोटे-छोटे पात्रों में उसके बच्चे जलेबियाँ लेकर आ गये और कूद-कूद कर खाने लगे। चनेसर हमारे लिए और नानी के लिए भी जलेबियाँ ले आया। संयम-नियम से रहने वाले कृष्ण कुमार खाना नहीं चाहते थे। इस पर मैंने उन्हें समझाया—"गर्म-गर्म जलेबियाँ खाने में कोई हर्ज नहीं। ठंडी और बासी होतीं तो मैं नहीं कहता...।"

इसके बाद मेरे साथ कृष्ण कुमार भी खाने लगे। बचपन का स्वाद एक बार फिर जीवन्त हो उठा। हम ताज़गी का अनुभव करने लगे। मनपसन्द मिठास ने यात्री की सारी थकान हर ली। विकसित और सुविधा सम्पन्न होते हम गुड़ की जलेबियों से बहुत दूर होते चले गये थे। अच्छी से अच्छी और महँगी से महँगी मिठाइयों की सहज उपलब्धता में अब गुड़ की देसी और सस्ती जलेबियाँ कोई क्यों खाये? लेकिन मेरा मन बचपन में भी कहता था और इस ताज़े स्वाद पर भी कह रहा था, दुनिया की कोई भी मिठाई इसके स्वाद का मुकाबला नहीं कर सकती। आज भी शुद्ध घी में हम गुड़ की जलेबियाँ बनवा कर खायें तो इससे हानिरहित और रुचिकर मिठाई कोई दूसरी हो ही नहीं सकती। लेकिन अब हमने इसे पिछड़ेपन का सूचक मान लिया है। इस वक्त रेणु मेरे साथ होती तो इन जलेबियों को मुझे हर्गिज नहीं खाने देती—"छीः छीः यह गुड़ की गन्दी जलेबी खाइयेगा? नहीं, नहीं। यह सब प्रदूषण युक्त होता है...।"

लेकिन मुझे खुशी थी कि यहाँ रोकने-टोकने वाला कोई नहीं था...। सारी वर्जनाओं से मुक्त यहाँ कुछ समय के लिए मेरा बचपन वापस आ गया था।

जलेबियों के उस महाभोज के बाद चनेसर के परिवार के लिए अब हम न सिर्फ सम्मानित अतिथि बन गये थे, बल्कि हमारे काम में चनेसर सहयोग भी करने लगा था। हमारे और नानी के बीच से अपने बच्चों को हटाते हुए बोला—''तुम सब अब यहाँ से जल्दी भागो और कहीं जाकर खेलो। इन शहरी बाबू लोगों को नानी से कहने, सुनने दो...।''

भरपेट जलेबियों से अघाये उसके बच्चों को फिलहाल नानी से कोई जरूरत भी नहीं थी। वे इधर-उधर चले गये। जलेबियों से सन्तुष्ट-तृप्त नानी के चेहरे की झुर्रियाँ भी अब हरी-भरी हो उठी थीं। प्रारम्भ में हमारे पास मचिये पर आकर बैठी नानी नीम के तने से पीठ टिका सुस्त, शिथिल और कमजोर जान पड़ रही थी। लेकिन अब जलेबियों ने उसे भी चुस्त, दुरुस्त और कुछ सबल बना दिया था। हमें सुनाने के लिए तो अब वह छूटती बन्दूक बनी तैयार थी। बस, अपनी ओर हमारे मुखातिब होते ही शुरू हो गयी...।

नानी ने अपनी कथा की शुरुआत 'कौआ हंकनी' से की। फिर 'राजा ढ़ोलन की कथा' सुनाई। फिर 'सीत-वसंत' की...। फिर 'टिपटिपवा' की। फिर 'साँप और लकड़हारे' की। फिर 'चार चोर' की। एक से एक मनभावन कथाओं की श्रृंखलाएँ तैयार होती चली गयीं।

नानी की इन लोककथाओं की प्रस्तुति हमें रमेसर बाबा से बिल्कुल पृथक जान पड़ी। नानी अपनी हर लोककथा गा कर ही सुनाती थी। इस बुढ़ापे में भी उसकी आवाज़ एकदम सुरीली तथा स्वर सधा हुआ था। उसका कथा गायन ऐसी सरसता और सम्मोहन से भरा था कि हम दोनों उसमें मग्न होते चले गये। रमेसर बाबा की सुनायी कुछ कथाएँ भी नानी ने गा कर ही सुनायीं। यहाँ हमने लक्ष्य किया, कथा की मूल आत्मा में कोई परिवर्तन नहीं हुआ था, सिर्फ कहने के ढंग बदले थे। यहाँ सहज ही यह जिज्ञासा हमारे मन में पैदा हो गयी कि क्या नानी ने इन लोककथाओं को अपनी सुविधा के लिए गीतों में ढाल लिया है या गीतात्मक रूप में ही इन्हें प्राप्त किया है? इस सम्बन्ध में हमारे प्रश्न पर नानी ने हमारी जिज्ञासा का समाधान भी कर दिया—''हमारी दादी को खूब कथाएँ आती थीं। वह रात-रात भर गा कर हमें सुनाती रहती। तब से बिना गाये कथा हमें भाती ही नहीं...। बिना गाये कथा के मरम तक हम पहुँच ही नहीं पाते...।''

यहाँ इस तथ्य से भी मैं अवगत हुआ कि लोककथाएँ गायन और वाचन दोनों रूपों में प्रचलित रही हैं। जिसे जो रूप भाया, उसने वही अपनाया।

शाम साढ़े चार बजे तक हम नानी की कथाएँ सुनते और आवश्यकतानुसार उन्हें दर्ज करते रहे। अब नानी के पास मुख्य रूप से तीन लम्बी कथाएँ ही बच गयी

थीं—'सारंगा सदावृक्ष की कथा', 'कुँवर विजयमल की कथा' तथा 'शोभानायक बंजारा की कथा'। लेकिन ये तीनों कथाएँ मैं जानता था। मेरी डायरी में दर्ज थीं।

नानी से विदा ले अब हम चल पड़े। रमेसर बाबा की तरह नानी ने भी हमें रोकने की कोशिश की। लेकिन हमें तो समय से आरा पहुँचना था। इधर रुक कर हम जोखिम मोल नहीं ले सकते थे। बस, तेजी से लौट चले। इस वापसी में अब न तो हम कहीं रुके और न अपनी रफ्तार ही कम की। इसमें शाम का ठंडा वातावरण भी हमारे लिए सहायक रहा। अनुभवी श्याम जी के कहे अनुसार सचमुच शाम का अँधेरा गहराने से पहले ही हम अपने निवास पहुँच आये। हमने महसूस किया, सेमरी से पोखरियाँ की हमारी यह यात्रा अधिक सुविधाजनक रही। रेणु ने तो मेरे घर पहुँचते ही कहा—"बहुत अच्छा। एकदम समय से आ गये। मैं डर रही थी कि फिर किसी गाँव में फँस न जाँय। इसी तरह जहाँ भी जाइये, रात होते-होते वापस आ जाया कीजिए। अब समय दूर-दराज के अपरिचित गाँवों में रात गुजारने का नहीं रहा...।"

सेमरी और पोखरियाँ की ही तरह एक-दो सप्ताह के अन्तराल पर भोजपरी भाषी क्षेत्रों के विभिन्न अंचलों में जब एक वर्ष तक अपनी खोज-यात्रा हमने जारी रखी तब मुझे लगा कि अब पर्याप्त सामग्री एकत्रित हो गयी। अब कहीं और जाने और ढूँढ़ने की जरूरत नहीं। फील्ड वर्क हमने पूरा कर लिया, अब सिर्फ टेबुल वर्क रह गया। लेकिन इससे पहले कि टेबुल पर अपने कार्य को निर्णायक अंजाम दे सकूँ, भोजपुरी भाषा के रचनाकार एवं सम्पादक जीतेन्द्र वर्मा ने एक सुझाव दिया—"आप तो स्वयं समर्थ रचनाकार हैं सर, आपको क्या बताना...? जानकर खुशी हुई है कि भोजपुरी लोककथाओं के संकलन की तैयारी में लगे हैं। इस सम्बन्ध में अगर आप चाहें तो भोजपुरी के प्रसिद्ध रचनाकार रसिकबिहारी ओझा 'निर्भीक' से भी मिल सकते हैं। भोजपुरी लोककथाओं के वे अच्छे जानकार हैं। उनसे सम्पर्क कर अपने काम में आपको सहयोग ही मिलेगा...।"

जीतेन्द्र वर्मा मेरे अनुजवत् थे। आरा से बाहर के युवा रचनाकारों में वे विशेष रूप से मुझसे जुड़े थे। कृष्ण कुमार के तो अभिन्न मित्र थे। भोजपुरी भाषा और साहित्य की उनकी समझ से मैं परिचित था। उनके सुझाव पर अब रसिकबिहारी ओझा 'निर्भीक' से मिल लेना भी हमने तय कर लिया।

इस सम्बन्ध में मुझे जानकारी प्राप्त हुई कि रसिकबिहारी ओझा 'निर्भीक' बक्सर जिले के निमेज नामक गाँव के निवासी हैं। आरा और बक्सर के बीच रघुनाथपुर रेलवे स्टेशन से निमेज जाया जाता है। इस कार्य में अब विलम्ब उचित न समझ एक सुबह एकदम तड़के कृष्ण कुमार के साथ चल पड़ा। भोजपुरी लोककथाओं की खोज़ की मेरी इस यात्रा में स्वेच्छा से शरीक कृष्ण कुमार बहुत प्रसन्न थे। अब वे अक्सर कहा करते—"आपके साथ दूर के उपेक्षित गाँवों की यात्राओं में मुझे बहुत

कुछ देखने-सुनने और जानने-समझने को मिला है। देखियेगा आगे की मेरी रचनाओं में उनका सार्थक उपयोग होगा...।''

हमारी योजना सुबह दस बजे तक निमेज पहुँच जाने की थी। वह कोई बीहड़ में बसा गाँव नहीं, सड़क के किनारे का गाँव था। इस उद्देश्य से सुबह पाँच बजे ही हम आरा रेलवे स्टेशन आ गये कि अपने निर्धारित समय पर निमेज पहुँच जाय। लेकिन रघुनाथपुर के लिए हमें तत्काल कोई गाड़ी नहीं मिली। रघुनाथपुर छोटा स्टेशन था। अधिकांश सुपर फास्ट और एक्सप्रेस गाड़ियाँ वहाँ नहीं रुकतीं। इस स्थिति में पैसिंजर ट्रेन की हम प्रतीक्षा करने लगे। समय सारणी के अनुसार रघुनाथपुर जाने वाली पैसिंजर ट्रेन का समय भी बीत रहा था। इंक्वायरी से पता चला, कुल्हड़िया स्टेशन पर उसे शंट कर एक्सप्रेस गाड़ियाँ निकल जायेंगी, तब वह आरा आयेगी।

अपने इस क्षेत्र में ट्रेनों के अनियमित परिचालन से हम परिचित थे। लेकिन निकटतम स्टेशन रघुनाथपुर की अपनी यात्रा के चलते हम आश्वस्त थे कि शायद उतना विलम्ब न हो। लेकिन विलम्ब हुआ ही। लगभग दो घंटे तक हमारे सामने से जब अधिकांश एक्सप्रेस गाड़ियाँ गुजर गयीं तब पीछे से वह पैसिंजर गाड़ी रेंगती हुई आयी। अब उसे देर आयद, दुरुस्त आयद मान कर हम उत्साह से चढ़ गये। जो विलम्ब हुआ सो हुआ, अब अधिक विलम्ब नहीं होगा। इस वक्त की प्रायः सभी एक्सप्रेस गाड़ियाँ पास कर चुकी थीं। आरा से रघुनाथपुर के बीच अब यह शंट नहीं होने वाली थी। सम्भवतः अन्य गाड़ियों की तरह यह चेन पुलिंग का शिकार भी नहीं होगी, क्योंकि सभी स्टेशनों के साथ हॉल्ट स्टेशनों पर भी इसे रुकना था। लेकिन हमारी सम्भावना गलत साबित हुई। चेन पुलिंग में माहिर और अभ्यस्त उस मार्ग के यात्री अपने गाँव के निकट उतरने की सुविधा के रहते सामान्य या हॉल्ट स्टेशन पर क्यों उतरेंगे? अब वे जगह-जगह चेन पुलिंग कर आराम से अपने गाँव के पास उतरने लगे। हमारी तरह ट्रेन के निरीह यात्री चुपचाप देखते रहे। उन्हें रोक-टोक करने के अंजाम से सभी यात्री अवगत थे। फिर तो ट्रेन की बड़ी-बड़ी गिट्टियों को उठा कर निरीह यात्रियों पर उनका हमला शुरू हो जाता। अगर जवाबी कार्रवाई में कुछ यात्री उग्र होते तब तो ट्रेन का हौज पाइप काट उसे रुके रहने के लिए विवश बना वे अपने गाँव जाते और वहाँ से लाठी-डंडों के साथ सैकड़ों लोगों को लेकर आ जाते। अधिकांश एक्सप्रेस ट्रेनों में जब चेन पुलिंग की सुरक्षा नहीं और चेन पुलिंग करने वालों की धर-पकड़ का पुख्ता इंतजाम नहीं, तब फिर पैसिंजर गाड़ियों को कौन पूछने वाला? खैर, नजदीक के हम यात्री जगह-जगह रुकते, फिर चलते रघुनाथपुर पहुँच ही आये।

स्टेशन पर उतर कर हम सीधे रघुनाथपुर बाजार की ओर चल पड़े। कृष्ण कुमार के लिए यह क्षेत्र जाना-पहचाना था। वे बक्सर जिले के ही मूल निवासी थे। उनके संकेत पर मैं आगे बढ़ता रहा। रघुनाथपुर बाजार से होकर ही सड़क गुजरती

थी। वही सड़क निमेज जाती थी। उस सड़क पर चलने वाली बसों या जीपों से हमें निमेज पहुँचना था।

बाजार की उस सड़क के बस ठहराव पर हम जल्द ही पहुँच गये। लेकिन वस्तुस्थिति की जानकारी ने ट्रेन यात्रे की तरह ही हमारे मन को क्षुब्ध कर दिया। पता चला, निमेज की ओर जाने वाली कोई भी बस या जीप वहाँ उपलब्ध नहीं। इस ग्रामीण क्षेत्र की सारी सवारियाँ पिछले कुछ समय से ही 'लगन' में बुक थीं। 'लगन' के महँगे भाड़े की सहज उपलब्धता में रोजमर्रे के सामान्य भाड़े पर वे क्यों चले? वह 'लगन' का समय था। हमें अफसोस हुआ, अगर आरा में ही समय के इस पक्ष की ओर हमारा ध्यान गया होता तो हम कभी यहाँ नहीं आते, फिर कभी आते। पर अब तो आकर फँस गये थे।

हम देख रहे थे, उस मार्ग पर लोग अपने व्यक्तिगत वाहनों से ही आ-जा रहे थे। इस दौरान जो बसें या जीपें आतीं-जातीं, वे बरातियों से लदी रिजर्व होतीं। कृष्ण कुमार ने कहा–"अब अधिक घबराने और बेचैन होने से हमें जल्द कोई सवारी मिलने वाली नहीं। हमें एक जगह बैठ कर प्रतीक्षा करनी चाहिए। हो सकता है, इधर की कोई सवारी आ जाय...।"

मुझे भी अब यही उचित जान पड़ा–"हाँ, यही ठीक रहेगा। कोई खाली जीप मिले तो महँगे भाड़े पर भी उसे निमेज तक के लिए रिजर्व कर लेना है। पैसों को लेकर नहीं सोचना। पैसे तो आते-जाते रहेंगे। पैसे से काम और समय का महत्त्व अधिक है। फिर हमें कोई रोज आना-जाना तो है नहीं...।"

अब हम दोनों सड़क किनारे चाय की एक अति सामान्य दूकान के सामने पड़ी बेंच पर बैठ गये। वह खस्ताहाल चाय दूकान थी, इसलिए वहाँ ग्राहक नहीं थे। हमारे लिए तो अच्छा ही था कि उसकी बेंच खाली थी। वहाँ कुछ समय तक बैठने के अपने अधिकार को कायम रखने के लिए हमने चाय का आदेश भी दे दिया।

वहाँ हम जिस ओर मुँह करके बैठे थे उसके ठीक सामने पास ही चाय-नाश्ते की और तीन-चार दूकानें थीं। लेकिन वे भरी-भरी दिख रही थीं। शायद उस बस-ठहराव की मुख्य दूकानें थीं। वहाँ का सब कुछ हमें साफ-साफ दिख रहा था। उन दूकानों पर चूल्हे जल रहे थे जिन पर सत्तू भरी पकौड़ियाँ छानी जा रही थीं। पास ही बड़े-बड़े तसलों में कोई ढीली सब्जी बना कर उन्होंने रखी थी। नाश्ते के लिए अपनी-अपनी दूकानों के सामने पड़ी बेंचों पर राहगीरों के बैठते ही वे सब्जी और पकौड़ियों के प्लेट थमा देते।

उनमें से एक दूकान की बगल में उस कतार से तनिक अलग सड़क के किनारे लकड़ी की एक गुमटी खड़ी थी, जैसे पान आदि की गुमटियाँ होती हैं। वह गुमटी तीन तरफ से बन्द थी तथा सामने से खुली हुई। यह देख कर मुझे काफी आश्चर्य हुआ कि वह किसी दूकान की गुमटी नहीं, उसमें एक बूढ़ी औरत बैठी थी। वह लगभग

सत्तर के निकट की जान पड़ रही थी। उसके हाथ-पाँव की मांसपेशियाँ झूलती नजर आ रही थीं तथा चेहरे पर बुढ़ापे की सघन सिकुड़न। माथे के बाल एकदम घुटे हुए। रंग गोरा, लेकिन श्रीहीन। वह बूढ़ी औरत गुमटी से बाहर अपने दोनों पाँव लटका कर बैठी थी। गुमटी के खुले मुँह के एक किनारे माथा टिकाये ऊँघती दिख रही थी। शायद अस्वस्थ हो। उस महिला के बिछावन आदि भी उस गुमटी में ही नजर आ रहे थे। तो क्या वह उसी में रहती है? मेरा ध्यान अब पूरी तरह उस महिला पर ही केन्द्रित हो गया। अपने अब तक के जीवन में ऐसा पहली बार मैं देख रहा था कि किसी बूढ़ी महिला को एक छोटी गुमटी में रखा गया हो। मैं समझ नहीं पा रहा था कि चार बाई चार की उस छोटी गुमटी में वह कैसे रहती होगी? शायद गुमटी की दीवार से उठंग कर ही रात गुजारती हो। अवश्य इसका पति गुजर चुका होगा, तभी इसके नालायक बच्चों ने घर से निकाल एक गुमटी के हवाले कर दिया है। इस गुमटी में अपनी दिनचर्या भी वह कैसे पूरी कर पाती होगी...?

उस महिला को लेकर मेरे रचनाकार मन की जिज्ञासाएँ अब और बढ़ती ही जा रही थीं कि उसने माथा उठा कर आवाज देनी शुरू की—''अरे ओ कुलदीप! ओ कुलदीप! कहाँ है रे? सुनता क्यों नहीं? सुबह से रटते-रटते कंठ सूख गया। बेटा है कि कसाई! आज अइसे ही रखेगा कि कुछ भेजेगा? अभी तक हमारे मुँह में एक दाना भी नहीं जा सका। जो भेजना हो, जल्दी भेजो। हमारी तबीयत ठीक नहीं। अब अउर मत चिलवाओ...।''

जवाब में पास की ही दूकान पर एक पुरुष तथा दो लड़कों के साथ अपने ग्राहकों में लगी पैंतीस-चालीस साल की एक महिला बोल उठी—''अभी महटिआओ। ग्राहक लोगों की भीड़ है। ग्राहक लोगों के हटने पर ही कुछ मिलेगा। अब दुबारा फिर मत चिल्लाना...!''

इस पर वह बूढ़ी औरत क्रोध तथा झल्लाहट में आ गयी—"मैं अपने बेटे से माँग रही तो बीच में तू फिर कूद गयी। भोर से ही जब कुछ माँगती हूँ तो ग्राहक का बहाना बना देती है। तू तो बिना अन्न-पानी के हमें मुआने पर तुली है। तेरी जैसी कर्कशा और कुलक्षण पतोह पा कर ही तो भोग रही हूँ। बाकिर हमारी जैसी अनाथ सास को कलपाना तुझे नहीं रसेगा। इतना दिन चढ़े तक भूखी सास छटपटा रही है और तू ग्राहक देख रही है। तेरा यह रोजी-रोजगार चौपट होकर न रहा तो देखना। जो दुःख-तकलीफ तू मुझे दे रही है, उससे अधिक दुःख पायेगी। जिस घर की पुरनिया का दिन अइसे रो-रोकर कट रहा है, उस घर में कभी कोई सुखी नहीं रह पायेगा। उस घर पर आफत आयेगा। बजर गिरेगा। मेरी जैसी रांड़, बेवा दुखिया का कलपना कभी अकारथ नहीं जायेगा...।''

अब उसकी यह बात सुनते ही पकौड़ियाँ छान रहा उसका बेटा पास पड़ी ईंधन की एक चैली (लकड़ी) ले बाज की तरह झपटते हुए उस बूढ़ी महिला के पास आ

गया तथा यह कहते हुए कि 'तू फिर गाली बकने लगी', गुमटी से लटकते उसके पाँवों पर तड़ातड़ प्रहार करने लगा। अब वह बूढ़ी महिला "आह! आह! जान गयी! जान गयी! बचाओ बचाओ" की आर्त्त आवाज में चीत्कार कर उठी। इस क्षण अब चाहते हुए भी मैं अपने को रोक नहीं सका। चिल्लाते हुए दौड़ पड़ा—"अरे! अरे! यह क्या कर रहा है...! पागल हो गया है क्या...?"

कृष्ण कुमार भी मेरे साथ हो गये। पर हमारे वहाँ पहुँचने तक उसका वह जालिम, कसाई बेटा जिस तेजी से आया था, प्रहार कर उसी तेजी से वापस दूकान पर जा बैठा, जैसे उसने कुछ किया ही न हो। हमने देखा, घुटने से नीचे तक उस बूढ़ी महिला के दोनों पाँव जख्मी हो गये थे। जगह-जगह उनमें से खून निकल आये थे। आह! आह! करते हुए अपने दोनों पाँवों को वह सहला रही थी। यह देख कर मेरा मन और आहत-व्यथित हो उठा कि उसके उन दोनों पैरों में ऐसी मार के अनेक ज़ख्म बने हुए थे। उनमें से कुछ ज़ख्म अभी ताज़े ही थे। शायद पुराने ज़ख्मों पर ही उसने प्रहार कर दिया था इसलिए जल्द ही खून छलक आये थे तथा पीड़ा से वह बिलबिला उठी थी। अब हम दोनों तत्क्षण दूकान पर बैठे उस दुष्ट के पास जा धमके। मेरे अन्दर की प्रतिकार भावना अब चरम पर थी—"तू कैसा गिरा हुआ आदमी है कि अपनी माँ को ऐसे मार रहा है...! जिसने तुम्हें जन्म दिया है उसके साथ तुम्हारा ऐसा बर्ताव! छीः छीः। तुम्हें चुल्लू भर पानी में डूब मरना चाहिए। वैसी बूढ़ी, बेसहारा, लाचार महिला पर ऐसा जुल्म करते हो...!"

मेरी त्योरियाँ चढ़ गयी थीं तथा क्रोध से आँखें लाल हो उठी थीं। मेरा ऐसा आक्रामक रूप देख वह घबरा गया। उसने कोई जवाब नहीं दिया। हम दोनों को आश्चर्य से देखने लगा। शायद हमारे औचक हमले ने उसे हतप्रभ कर दिया था। शायद हमसे पहले किसी राहगीर ने ऐसा करारा हस्तक्षेप न किया हो। जो हो, हमारे प्रतिकार पर उसकी यह निरुपाय स्थिति देख अब उसकी पत्नी ने मोर्चा सँभाल लिया—"आप लोग नये राही-बटोही हैं, इसी से उसे नहीं जान रहे। वह असहाय, बेसहारा होती, तो दिन-रात हाड़ छेदने वाली गालियाँ नहीं बकती। अइसी-अइसी काटी गालियाँ देती है कि हमारे कलेजे में छेद हो जाता है। सुबह उठने से सूरज डूबने तक उसका काम खाली हमें सरापना है। अइसे में उसे मारें नहीं तो क्या पूजें...?"

जवाब में उसे भी डाँटते हुए मैंने कहा—"एक दिन तू भी उसकी तरह बूढ़ी होगी। रोग, दुःख और बुढ़ापे से जर्जर होने पर दिमाग काम नहीं करता। उसकी स्थिति में जब तुम्हारा लड़का तुम्हारे साथ ऐसा बर्ताव करेगा तब तुम्हें पता चलेगा। सुबह से तुम सबों ने उसे कुछ खाना तक नहीं दिया। इस स्थिति में तो कोई झल्लायेगा। वह तो बूढ़ी है ही...।"

मेरी इस बात पर वह मुझसे उलझने को तैयार हो गयी—"आपने कैसे जान लिया कि हमने उसे नहीं खिलाया? आपने देखा है? आप तो अभी आये हैं। हम

सुबह ही उसे खिला चुके। बिना जाने-समझे नहीं बोला जाता...।"

"तुम झूठ बोल रही हो। वह तो साफ कह रही है कि सुबह से ही उसके मुँह में एक दाना तक नहीं गया है। खायी होती तो फिर क्यों खाना माँगती? चोरी और सीनाजोरी दोनों न करो। इस तरह झूठ बोल कर अपनी गलती को न ढँको...।"

इस पर वह मुझसे लड़ने को तैयार हो गयी—"आप चुप रहिये। बिना जाने-समझे मत बोलिये। मैं झूठी नहीं, वह झूठी है। खा कर भी झूठा देती है कि नहीं खायी हूँ...। यहाँ आसपास के सब लोग जानते हैं, इसी से कोई हमारे बीच नहीं आता है। हमारी सास है तो हमें उसका मोह नहीं है कि और लोग छोह दिखाने आ जाते हैं...!"

उसकी इस तीखी बात पर मेरा मन कचोट खाकर रह गया। देखा, सचमुच वहाँ के आसपास के लोगों पर इस घटना का कोई असर नहीं था। बस ठहराव के उस स्थल पर वर्दी में खड़े दो सिपाही भी मुझे नजर आये। शायद उस बाजार और बस ठहराव की निगरानी के लिए तैनात थे। निश्चय ही उन दोनों ने भी वह सब कुछ देखा होगा। उस बूढ़ी महिला की आर्त्त पुकार सुनी होगी। लेकिन उन पर भी कोई असर नहीं।

इस वक्त मेरी क्षणिक चुप्पी लक्ष्य कर तथा अपने कथन को सही समझ उस औरत का मन अब और बढ़ गया—"मैं आपलोगों के हाथ जोड़ती हूँ, पाँव पड़ती हूँ, जहाँ जाना हो चुपचाप जाइये, हमें नाहक परेशान मत कीजिए। आप लोगों के अन्दर अधिक दया-धर्म है तो उस बुढ़िया को भी लेते जाइये, खिलाइयेगा, पिलाइयेगा। सेवा शुश्रूशा कीजिएगा। यहाँ हमसे जितना पार लग रहा है, उतना कर रहे हैं...। इससे अधिक हमारी औकात नहीं...?"

उसके इस करारे जवाब के बाद मैंने कृष्ण कुमार को देखा और कृष्ण कुमार ने मुझे। फिलहाल इस सम्बन्ध में यातना के उस नियमित सिलसिले से उस बूढ़ी महिला को हम कैसे मुक्त कर सकेंगे, कुछ भी समझ नहीं सके। यहाँ अब कृष्ण कुमार ने मेरा ध्यान उस ओर से हटाने की कोशिश की—"अभी हमें निमेज चलने के बारे में सोचना है। वह देखिये, उधर से एक जीप आकर लगी है। चल कर पूछा जाय...।"

लेकिन अब निमेज जाने का मेरा सारा उत्साह बुझ गया था। मैंने कृष्ण कुमार से कहा—"सब कुछ देखते-सुनते हुए इस बूढ़ी महिला को भूखी छोड़ कर हम कैसे जा सकते हैं? फिलहाल चाहे और कुछ करें या न करें, इसे भरपेट खिला कर ही चलेंगे...।"

अब हम दोनों वहाँ से हट कर बगल की दूकान पर आ गये। वह भी पकौड़ी-सब्जी की ही दूकान थी। हमारी माँग पर एक थाली में पाँच गर्म पकौड़ियाँ और सब्जी उसने दी। पकौड़ियाँ छोटी नहीं, बड़े साइज की ही थीं। हमें लगा, इतने

में बूढ़ी माता का पेट भर जायेगा। दुकानदार को पैसे चुकता कर वह थाली हम बूढ़ी माता के पास ले चले। दुकानदार से कह दिया—"उस गुमटी से थाली मँगा लेना... ।"

हमारी खरीदारी पर उसने सहयोग प्रकट किया—"हमारा लड़का वहाँ दे देगा साहब! आप लोग क्यों कष्ट कर रहे हैं...?"

लेकिन उसके इस कथन के बावजूद हम स्वयं वह थाली लिये बूढ़ी माता के पास पहुँचे। उसके मुँह से आह! कराह! की धीमी ध्वनि अभी तक निकल ही रही थी। शायद ताज़े ज़ख्मों का दर्द अभी बना हुआ था। इस बीच उसके गालों पर सूख चुके ढरकते आसुँओं के लम्बे-लम्बे निशान बन गये थे। हमने कहा—"माता जी। यह खाना लीजिए... ।"

हमारी आवाज पर खाना लेने के लिए वह बेचैन हो गयी—"कहाँ है खाना? कौन लाया? इधर पकड़ाओ...!"

हम उसके पास ही खाना लेकर खड़े थे, लेकिन हमारे किनारे दूसरी ओर वह हाथ बढ़ा रही थी। हमें यह समझते देर नहीं लगी कि असुविधा, बीमारी और बुढ़ापे से उसकी आँखों की रोशनी भी खत्म हो गयी है। हमने उसके हाथ से जब थाली का स्पर्श कराया तो उसने व्यग्रता से थाली ले ली और पूछा—"कौन हो तुम बबुआ? किसने भेजा है...?"

न चाहते हुए भी अब मेरे मुँह से निकल गया—"तुम्हारे बेटे कुलदीप ने...!"

यह सुनते ही उसकी आँखों में खुशी के आँसू छलछला उठे तथा उसका गला भर्रा आया—"मेरा खून है कुलदीप! मेरा बेटा! मारता है तो दुलारता भी है। भगवान उसे आबाद रखें! उसकी रोजी में बढंती दें...!"

अब सहसा मेरे रुके हुए आँसू भी मेरी आँखों में भर आये। मेरी यह स्थिति भाँप कृष्ण कुमार ने तत्क्षण वहाँ से मुझे हटा दिया। मेरी बाँह पकड़ अपने साथ ले चले। चलते हुए मैंने देखा, सचमुच वह बूढ़ी माता बहुत भूखी थी। दोनों हाथों से ऐसे खा रही थी, जैसे भरपेट खाना कभी मिला ही न हो...!

मेरे कदम अब बोझिल हो गये थे। कृष्ण कुमार के संकेत पर यंत्रवत् चलता रहा। उस बूढ़ी माता का कष्ट अब मेरे मन का नासूर बन गया था। अचानक उस बस ठहराव पर कहीं से आकर खड़ी एक जीप के पास हम पहुँच गये। मेरी मनःस्थिति लक्ष्य कर कृष्ण कुमार ने स्वयं ड्राइवर से बात की। सचमुच वह जीप निमेज ही जा रही थी, लेकिन रिजर्व थी। पश्चिम से कोई ट्रेन रघुनाथपुर स्टेशन आयी थी। निमेज का कोई अफसर परिवार उसी ट्रेन से उतरा था। यह जीप उनके लिए ही पहले से रिजर्व थी। ड्राइवर से प्राप्त जानकारी के अनुसार उस अफसर का परिवार सीमित ही था—पति-पत्नी और एक लड़की। यहाँ कृष्ण कुमार ने सूझबूझ से काम लिया। ड्राइवर को विश्वास में लेते हुए कहा—"उन लोगों से आप हमें भाड़े की सवारी मत

बताइयेगा। हम यहाँ के हैं भी नहीं कि वे हमें पहचान सकें। सीधे कह दीजिएगा कि हमारे रिश्तेदार हैं और अपने साथ आगे की सीट पर बैठा लीजिएगा...।"

कृष्ण कुमार की इस बात पर वह सोचने लगा। बस, इसी क्षण कृष्ण कुमार के संकेत पर मैंने उसे दो सौ रुपये थमा दिये। अब उसका डावाँडोल मन स्थिर हो गया। निमेज के नियमित भाड़े की तुलना में यह बड़ी रकम थी। अब उसकी चतुरता जाग उठी—"वे लोग अब आ ही रहे होंगे। आप लोग अभी से आगे की सीट पर जम जाइये। मैं समझा दूँगा...।"

और सचमुच उस अफसर परिवार को ड्राइवर ने समझा दिया। इस तरह कृष्ण कुमार की सूझबूझ से हम जल्द ही निमेज पहुँच गये। बिना किसी पूर्व सूचना के अपने यहाँ अचानक हमारे पहुँचने से रसिकबिहारी ओझा 'निर्भीक' को काफी प्रसन्नता हुई। हालाँकि उनसे मेरा कोई परिचय नहीं था। पत्राचार भी नहीं। फोन पर कभी संवाद भी नहीं हुआ था। उनका फोन नम्बर हमारे पास था ही नहीं। लेकिन मेरी रचनाओं से वे भली भाँति परिचित थे। 'धर्मयुग' से लेकर 'समकालीन भारतीय साहित्य' तक मेरी अनेक रचनाओं का उन्होंने विशेष उल्लेख किया। यह जान कर उन्हें और खुशी हुई कि भोजपुरी लोककथाओं का संग्रह मैं तैयार कर रहा हूँ—"यह बहुत बड़ा काम आप कर रहे हैं मिथिलेश्वर जी! हमारी भोजपुरी लोककथाओं में क्या नहीं है? वे ज्ञान का खजाना हैं। हमारी अनमोल धरोहर, हमारी भाषा और संस्कृति की पहचान। भोजपुरी साहित्य की बहुमूल्य निधि...।"

सचमुच निर्भीक जी को भोजपुरी लोककथाओं की बहुत अच्छी जानकारी थी। मुझे वे कथा वाचक नहीं, उसके मर्मज्ञ पंडित जान पड़े। उन्होंने हमें लोककथाएँ नहीं सुनाईं बल्कि कई लोककथाओं की गम्भीर विवेचना करते हुए उनके निहितार्थ की व्यापकता का उद्‌घाटन किया। भोजपुरी भाषा में छिटपुट प्रकाशित लोककथाओं पर भी अपनी समीक्षात्मक राय जाहिर की। जब हम चलने को हुए तो अपने मन की आन्तरिक पीड़ा से भी हमें अवगत किया—"भोजपुरी भाषा में लिखते और उसके लिए लड़ते हुए मेरा पूरा जीवन बीत गया, लेकिन हमारी भाषा को उसका प्राप्य अभी तक नहीं मिल सका। मुट्ठी भर लोगों की कई क्षेत्रीय भाषाओं को संविधान की आठवीं अनुसूची में सम्मिलित कर लिया गया। लेकिन सबसे अधिक बोली जाने वाली हमारी वैश्विक भाषा भोजपुरी को अभी तक उसमें स्थान नहीं मिल सका, इससे बड़ी विडम्बना और क्या हो सकती है...?"

अपनी इस लड़ाई में मुझे भी सम्मिलित करते हुए निर्भीक जी ने कहा—"आप तो हिन्दी के स्थापित कथाकार हैं मिथिलेश्वर जी! लेकिन भोजपुरी जमीन की ही उपज हैं। भोजपुरी जनजीवन के कुशल चितेरे के रूप में ही जाने जाते हैं। हिन्दी के साथ-साथ भोजपुरी में भी आपने लिखा है। संविधान में भोजपुरी का सम्मिलित होना आप जैसे हिन्दी रचनाकारों के लिए और महत्त्वपूर्ण साबित होगा। नागार्जुन

को हिन्दी में 'साहित्य अकादेमी पुरस्कार' नहीं मिला, बल्कि 'मैथिली' में ही मिला। अगर मैथिली संविधान की आठवीं अनुसूची में दर्ज न होती तो नागार्जुन जैसे बड़े रचनाकार भी 'साहित्य अकादेमी पुरस्कार' से वंचित रह जाते। हमारे जैसे लोग तो अब पके हुए आम हैं मिथिलेश्वर जी। न जाने कब टपक पड़ें। लेकिन अपनी जमीन की भाषा को उसका हक दिलाने के लिए आप लोग तत्पर रहियेगा। मुझे विश्वास है, एक न एक दिन हमारी भाषा भी उसमें शामिल होकर ही रहेगी। तब देखियेगा, हमारा साहित्य कई भाषाओं पर भारी पड़ जायेगा। राष्ट्रीय मान्यता के अभाव में ही वह उपेक्षित बना हुआ है...।''

मैं खुद इस बात का पक्षधर था। इस उद्देश्य के तहत आवाज़ उठाने वालों का पुरजोर समर्थन भी करता था। लेकिन महसूस कर रहा था, हमारे जैसे लोगों के चाहने और लगने से कुछ होने वाला नहीं। फिर भी निर्भीक जी के मन को सुकून प्रदान करने के लिए कह उठा—''मुझे हिन्दी में अधिक लिखते देख भोजपुरी से तनिक भी अलग मत समझिये। अपनी भोजपुरी के लिए मैं पूरे मन से इस अभियान के साथ हूँ। हमारी भोजपुरी सिर चढ़ कर बोलने वाली भाषा है। अपनी क्षमता और सामर्थ्य का एहसास उसने सबको करा दिया है। देखियेगा, देर-सबेर हमारी भोजपुरी संविधान की उस सूची में न सिर्फ शामिल होगी, बल्कि अपना अलग और विशिष्ट महत्त्व भी जाहिर करेगी। यह होकर रहेगा निर्भीक जी। इसे और अधिक समय तक लोग वंचित नहीं रख सकते...।''

मेरी बात से निर्भीक जी के चेहरे पर प्रसन्नता और आश्वस्ति के भाव उभर आये। यह देख कर हमें बहुत अच्छा लगा। शहरी साहित्यकारों की तरह सिर्फ चाय पर घंटों बहस कर आगन्तुकों को विदा कर देने वालों में से वे नहीं थे। हमारे ना-ना करने के बावजूद घर के बने शुद्ध घी के व्यंजनों से हमारा भरपूर सत्कार किया। वह नाश्ता कम, दोपहर का भोजन अधिक था। यह जान कर कि रघुनाथपुर से आने में हमें परेशानी हुई, वापसी में मोटरसायकिल सवार एक युवक को हमारे साथ पठा दिया कि वह हमें रघुनाथपुर छोड़ आये। कुशल मोटरसायकिल चालक उस युवक ने पूरी हिफाजत के साथ कुछ ही समय में हमें रघुनाथपुर पहुँचा दिया।

लेकिन उस बूढ़ी माता को जिस स्थिति में देख कर हम निमेज गये थे, हमारे अन्तःस्थल में दर्द बन कर वह अंकित हो गयी थी। इस स्थिति में निमेज जाने, निर्भीक जी से बातचीत करने तथा वापस रघुनाथपुर आने तक मेरा ध्यान अपने अन्तःस्थल में अंकित उस बूढ़ी माता पर बार-बार चला जाता था, जिससे मन का दर्द ताज़ा हो जाता। बाह्य रूप में निर्भीक जी से मैं बात जरूर कर रहा था, उनके प्रश्नों का जवाब भी दे रहा था, लेकिन अन्दर ही अन्दर लगता कि कहीं कुछ खो गया है, कुछ भूला है, कुछ छूटा है। लाख कोशिश करने पर भी मन शान्त, सहज और इत्मीनान नहीं हो पाता। शायद यही वजह थी कि रघुनाथपुर पहुँचते ही कृष्ण

कुमार के साथ मैं पुनः उस बूढ़ी माता के पास जा पहुँचा।

देखा, पहले ही की तरह अपने दोनों पाँव गुमटी से लटकाये, एक किनारे माथा टिका कर वह ऊँघ रही थी। उसके गालों पर आँसुओं के मोटे-मोटे निशान सूख कर लकीर बन गये थे। कुलदीप की मार से उसके पैरों के जितने ज़ख्म हरे थे, उन सब पर झुण्ड की झुण्ड मक्खियाँ आ बैठी थीं। हमारे लिए यह दृश्य और मार्मिक था। हम तेजी से उन मक्खियों को उड़ाने लगे। बस, बूढ़ी माता की आँख खुल गयी—"कवन है...? का है...?"

अब मैं बोल उठा—"हम हैं बूढ़ी माता...।"

वह मेरी आवाज पहचान गयी—"तुम हो बबुआ। बड़े धर्मात्मा हो। भरपेट खाना खिला कर गये थे। अब फिर खोज-खबर लेने आ गये। भगवान तुम पर सदा सहाय रहें। तुम्हारी काया को सुख दें...।"

मैं समझ गया, जिस दूकान से लेकर बूढ़ी माता को खिलाया था, उसने सब बता दिया है। पूछा—"अभी कुछ खाओगी माता जी...?"

"नहीं बबुआ। ऊ खाया ही अभी पेट में रखा है। इस उमिर में अधिक पचता कहाँ? अगर सपरे तो एक कप चाय पिलवा दो...।"

"अभी पिलवाते हैं माता जी...।"

कृष्ण कुमार अब तत्क्षण बगल की दूकान से तीन चाय लेकर आ गये। एक बूढ़ी माता को हमने थमा दी और एक-एक ले स्वयं भी पीने लगे। इस क्षण मैं सोचता रहा, इस बूढ़ी माता के लिए क्या किया जा सकता है? लेकिन लाख माथा-पच्ची के बाद भी किसी निर्णय पर नहीं पहुँच सका। मैं समझ रहा था, जिस समस्या की जिम्मेवार हमारी पूरी सामाजिक व्यवस्था हो, उसका समाधान अकेले, दुकेले के लिए सम्भव नहीं...।

मैंने अपनी जेब टटोली, चेंज के रूप में दस-दस के आठ नोट बचे थे। अब उन्हें बूढ़ी माता को थमाते हुए कहा—"ये अस्सी रुपये हैं, दस-दस के आठ नोट, इन्हें रख लो। जो मन आये, मँगा कर खा लेना...।"

इस पर उस बूढ़ी माता के चेहरे की झुर्रियों में अचानक एक विशेष चमक उभर आयी, जैसे उन रुपयों के रूप में उसने संजीवनी पा ली हो। अब तत्क्षण उन नोटों को अपनी साड़ी के छोर पर कस कर उसने बाँध लिया। फिर उसे अपनी कमर में खोंस लिया—"युग-युग जियो बेटा! तुम्हारी पीठ में कभी धूर न लगे। तुमने मुझ बेवा, अभागिन की मदद की, भगवान तुम्हें छप्पर फाड़ कर देगा। कभी तेरा घट खाली नहीं रहेगा। तुझे कभी किसी चीज की कमी नहीं होगी। तुम्हारा सारा मनोरथ पूरा होगा। तू जिस काम में हाथ लगायेगा, उसी में बरकत पायेगा...। भगवान तुझे एक से इक्कीस करें...!"

उस बूढ़ी माता ने आशीर्वादों की झड़ी लगा दी। हालाँकि मैं समझ रहा था,

उन अस्सी रुपयों से कुछ होने वाला नहीं। सम्भव है, इसकी भनक पाते ही कुलदीप या उसकी पत्नी या उसके बच्चे बूढ़ी माता से वे रुपये झटक लें। उनसे मुकाबले की क्षमता अब उसमें रही नहीं। खैर, जो हो...उस बूढ़ी माता को उस हालात में छोड़ कर जाते हुए अपने मन के सन्तोष के लिए मुझे ऐसा कुछ करना ही था...।

रघुनाथपुर स्टेशन पहुँच प्लेटफार्म के किनारे की एक खुली बेंच पर हम बैठ गये। हमारी गाड़ी में अभी कुछ देर थी। कोई और समय होता तो प्लेटफार्म की इस खुली बेंच पर बैठ कर हम आसपास का दृश्यावलोकन करते। तब धीरे-धीरे उतरती शाम की ठंडी हवा हमें सुकून प्रदान करती। लेकिन इस क्षण ऐसी जगह पर होने के बावजूद उस बूढ़ी माता से हम अपने को मुक्त अनुभव नहीं कर रहे थे। ऐसा नहीं कि इससे पहले अभावों, परेशानियों, अत्याचारों और कष्टों के बीच जीते हुए विवश-लाचार लोगों को हमने नहीं देखा हो। लेकिन एक छोटी गुमटी में बन्द उस असहाय, बेसहारा और अपने खुद के परिवार से निरन्तर प्रताड़ित उस बूढ़ी माता की पीड़ा में ऐसा कुछ था जो हमारा पीछा नहीं छोड़ रही थी। कृष्ण कुमार ने अब निर्णायक रूप में समाधान प्रस्तुत करते हुए कहा—"ऐसी स्थिति में उस बूढ़ी माता के लिए बेहतर यही होगा कि वे गुजर जायँ। अब सिर्फ मौत ही उन्हें उनके सारे संकटों से मुक्ति दिला सकती है। उनके लिए फिलहाल कोई और मार्ग मुझे शेष नहीं दिखता...।"

यह सुनते ही अब मैं अपने को रोक नहीं सका। मेरे अन्दर का ज्वालामुखी जैसे फूट कर लावे के रूप में बह चला—"नहीं, कृष्ण कुमार। यह उचित समाधान नहीं और इस समाधान पर किसी का वश भी नहीं। मृत्यु किसी के चाहने से न आती है और न रुकती है...। चलते-फिरते लोग गुजर जाते हैं तथा वर्षों से खाटशायी जीते रहते हैं। इस स्थिति में मृत्यु को समाधान मान कर हमें नहीं चलना चाहिए। यह ठीक है कि हमारा समाज फिलहाल संवेदनहीनता के दौर से गुजर रहा है। दूसरों के साथ अत्याचार-अनाचार शोषण-दमन, अभाव-अपमान, कष्ट-पीड़ा सब कुछ देखते हुए हम आत्मकेन्द्रित बने रहते हैं। किसी और के साथ ऐसा हो रहा है तो हमको उससे क्या? ऐसी स्थिति में हम जिस शासन-व्यवस्था के बीच जी रहे हैं, उसका दायित्व बढ़ जाता है। यह शासन को चाहिए था कि हमारे समाज के विवश, लाचार, असहाय, अपाहिज, परित्यक्त, उपेक्षित लोगों के लिए महानगरों से कस्बों और गाँवों तक ऐसे आश्रम केन्द्र स्थापित करे जहाँ वे पनाह पा सकें। उपेक्षितों, पराश्रितों तथा दुखियों-पीड़ितों को राहत प्रदान करना शासन का ही फर्ज होता है। शासन की योजनाओं में ऐसा है भी। लेकिन अपनी प्राथमिकता में उसने वैश्विक एवं महानगरीय समस्याओं को ही मुख्य स्थान दिया है, ऐसी मानवीय, बुनियादी और जमीनी समस्याओं को नहीं...। अगर ऐसा हुआ रहता तब फिर उस बूढ़ी माता को एक तंग गुमटी में अपने परिजनों की मार सहते हुए जीवन न गुजारनी पड़ती। तब

उस तरह की या उससे अलग अन्य किसी भी तरह के दीन-दुखियों को कष्ट झेलते हम नहीं पाते। अभी स्थिति यह है कि हम घर से बाहर जिस ओर निकलते हैं, अमानवीय स्थितियों में लोगों को जीते पाते हैं। इस ओर शासन की प्राथमिकता न होने के चलते उसके पहरुये और कारिन्दे भी निर्लिप्त बने रहते हैं। उस बस ठहराव पर पुलिस के जो दो जवान हमें नजर आ रहे थे, उस बूढ़ी माता की विवश-लाचार स्थिति से निश्चय ही अवगत होंगे। हमारे जैसे क्षणभर के राहगीर जब सब कुछ जान गये तो वे तो इस बाजार और बस पड़ाव के सरकारी रखवाले हैं। उनसे यहाँ की कोई बात छिपने वाली नहीं। हमारी ही तरह कुलदीप को मारते हुए उन्होंने भी देखा था। सम्भव है, वे रोज देखते हों। लेकिन अगर एक दिन भी उन्होंने आकर कुलदीप को हड़का दिया होता कि अगर इस बार के बाद तुमने अपनी उस बूढ़ी, बेसहारा माता पर हाथ उठा दिया तो समझ लो, हम मार कर तेरा कचूमर निकाल देंगे। साथ ही जेल भी भेज देंगे। इसके बाद क्या मजाल कि कुलदीप बूढ़ी माता पर प्रहार कर सके। तब सम्भवतः बूढ़ी माता के प्रति उसके परिवार का उपेक्षा भाव भी खत्म हो जाता। तो समाधान है कृष्ण कुमार। लेकिन जहाँ और जिनके पास है, वे इस दिशा में कतई सजग-सक्रिय नहीं...।''

यह सुन कृष्ण कुमार ने कहा—''वे कभी सक्रिय नहीं होंगे। हो ही नहीं सकते। शायद दुनिया में कहीं भी समाज का बिल्कुल पिछड़ा हिस्सा शासन की प्राथमिकता में नहीं होता...।''

''ऐसा नहीं है कृष्ण कुमार। लोकतांत्रिक शासन में ही यह सम्भव होता है और कुछ देशों में ऐसा है भी। वहाँ निश्चय ही लोकतन्त्र ने अपनी सार्थकता साबित की है। हमारे यहाँ वैसा कब होगा, हम नहीं कह सकते। लेकिन हम जिस किसी माध्यम से भी जुड़े हैं, अपने लोकतन्त्र की उसी बेहतरी के लिए हमें सक्रिय और प्रयासरत रहना है...। फिर एक न एक दिन इसे होना ही है। तब वह समय हमारे लोकतन्त्र का सर्वोत्तम समय होगा...।''

इस बीच हमारी गाड़ी के आने की सूचना प्रसारित होने लगी थी। मुगलसराय से आने वाली वह पैसिंजर गाड़ी आरा तक ही जाती थी, इसलिए लगभग खाली ही मिली। हमें आराम से जगह मिल गयी। हम वापस आरा आ गये। लोककथाओं की खोज की हमारी यह अन्तिम यात्रा थी। अब मेरे पास पर्याप्त सामग्री एकत्रित हो गयी थी। इस कार्य के तहत अब कहीं और नहीं जाना था।

निमेज से आने के लगभग एक सप्ताह बाद अब मैंने टेबुल वर्क प्रारम्भ किया, जो मेरा मुख्य रचनात्मक कार्य था। इस दौरान एकत्रित सामग्री से अपने संकलन के लिए जब चयन करने लगा तो काफी लोककथाओं को मुझे छोड़ देना पड़ा, क्योंकि कुछ जाति विशेष की मूर्खताओं पर आधारित थीं। इसी भाँति धार्मिक अन्धविश्वासों, कुप्रथाओं, रूढ़ियों और आडम्बरों को पोषित करने वाली लोककथाएँ

भी थीं। ऐसी लोककथाओं को छोड़ कर अपने रचनाकार मन के निकाष पर जीवन मूल्यों से सम्बन्धित प्रेरणादायी लोककथाएँ ही मुझे सार्थक और उपयुक्त जान पड़ीं। अब अपने निर्णय के अनुसार जब उन्हें संग्रहित करने बैठा तो पाया कि दस-बीस मील के फासले पर ही भाषा और प्रस्तुति के स्तर पर लोककथाएँ बदलती चली गयी हैं। इस सम्बन्ध में उन्हें एक रूप, सर्वग्राही और विश्वसनीय बनाने के लिए उनके मुख्य कथ्य को सुरक्षित रख उनकी पुनर्रचना की आवश्यकता मैंने महसूस की। बस, अपने चयन से इक्यावन प्रतिनिधि लोककथाओं की पुनर्रचना में लग गया। यह कार्य मेरे लिए समय साध्य और श्रमसाध्य रहा। लेकिन जब पुनर्रचना के रूप में इक्यावन लोककथाओं का संग्रह तैयार हुआ तो मैंने वैसी ही सृजनात्मक खुशी महसूस की, जैसी खुशी अपने बड़े उपन्यासों की रचना के बाद की थी...।

प्रस्तावित योजना के अनुसार हिन्दी और भोजपुरी दोनों भाषाओं में इस संग्रह की पुनर्रचना अलग-अलग की। एक-दूसरे का अनुवाद या रुपान्तरण नहीं बनने दिया। फिलहाल नेशनल बुक ट्रस्ट से हिन्दी में इसकी पुनर्रचना का प्रकाशन हुआ, जिसके अब तक कई संस्करण हो चुके। मेरे पाठक इसे खूब पसन्द कर रहे हैं। भोजपुरी की इसकी पुनर्रचना अभी प्रकाशित नहीं हुई है।

आज मैं आकलन करता हूँ तो पाता हूँ कि भोजपुरी लोककथाओं की खोज-यात्रा ने मुझे अनेक नयी जानकारियाँ दीं, नये अनुभवों से सम्पन्न बनाया तथा नयी रचनात्मकता प्रदान की। अपने परम्परित सृजन से अलग का रचनात्मक सुख मैंने पाया। लेकिन इस सब के बावजूद इस यात्रा ने मुझे एक स्थायी पीड़ा भी दी है। अपने बेटे की मार से अपने दोनों लहूलुहान पैर गुमटी से लटका कर बैठी उस बूढ़ी माता को मैं चाहते हुए भी भूल नहीं पाता हूँ...।

आठ

मेरी नयी-नयी कृतियों को देखते हुए पाठक-समाज को लगता है कि मैं आराम से लेखन कर रहा हूँ। विश्वविद्यालय के मेरे शिक्षक-मित्र भी कहते हैं—"बहुत अच्छा मिथिलेश्वर जी! खूब लिख रहे हूँ। पत्र-पत्रिकाओं में बराबर नजर आते हैं। लेखन पर पूरा समय दे रहे हूँ। ठीक है भाई, आपके पास समय भी तो है...।"

अपने इन शिक्षक मित्रों को मैं जानता हूँ। अपनी निष्क्रियता, काहिली और लिखने की क्षमता न होने की वजह को समय का अभाव बता कर हाथ झाड़ लेना चाहते हैं। ऐसे मित्रों से उलझना उचित न समझ मुस्करा कर उनकी बात टाल देता हूँ। लेकिन यह मैं ही जानता हूँ कि लिखने के लिए कैसे समय निकाल पाता हूँ? रोज की अपनी दिनचर्या से मेरे जंग की वजह से ही यह सम्भव हो पाता है? अक्सर या यदा-कदा यह जंग मैं जीत भी नहीं पाता, तब कई दिनों तक ही नहीं, कई-कई सप्ताहों और महीनों तक मुझे लेखन विरत होना पड़ता है। इसके बावजूद प्रकाशन के रूप में मेरी जो कृतियाँ नजर आती रहती हैं, वह लेखन के प्रति मेरी निष्ठा की ही वजह रही हैं। चाहे जिस किसी भी तरह मैं जो समय बचाता था, वह किसी दूसरे कार्य में न लगा, लेखन में ही लगाता।

मुझसे पहले के और मेरे समय के कुछ लेखक लिखने के लिए हिल स्टेशनों पर जाते रहे हैं और अभी भी जाते हैं। वहाँ अच्छे होटलों में सहजता से प्राप्त भौतिक जीवन का सुख भोगते हुए न सिर्फ लेखन के लिए स्वतन्त्र होते हैं, बल्कि लिखने के लिए पर्याप्त समय भी उनके पास रहता है। अपने ऐसे लेखक मुझे परी कथाओं के नायक जान पड़ते हैं। मेरे जैसे लेखकों के लिए सचमुच वे आकाशी-जीव ही होते हैं। मैं सोचा करता, काश ऐसे सौभाग्य का वाहक मैं भी कभी बना होता। लेकिन ऐसा कभी नहीं हो सका। जीवन के इस उत्तरार्द्ध में तो अब यह सम्भव भी नहीं...।

अपने लेखन के लिए समय निकालने का नियमित संघर्ष मुझे तीन स्तरों पर करना पड़ता है—पहला, पारिवारिक स्तर पर, दूसरा, विभागीय स्तर (कार्य स्थल) पर तथा तीसरा, समाज के स्तर पर। परिणामस्वरूप इसका नियमित खमियाजा भी मुझे भुगतना पड़ता है। अगर इस खमियाजे से बचना चाहता तो लेखन छोड़ देना पड़ता। लेकिन लेखन छोड़ना मेरे रचनाकार मन को कभी गवारा नहीं हुआ...।

मेरे दिन की शुरुआत पारिवारिक कार्यों की सघन सक्रियता से होती है। मैं उन लेखकों की तरह खुशनसीब नहीं रहा कि सुबह उठने के बाद अपनी स्वयं की दिनचर्या में ही लगा रहूँ। पति-पत्नी के दो जनों के परिवार में जहाँ दोनों नौकरी पेशा हों, जहाँ दस बजे तक खाना, नाश्ता सब तैयार हो जाय तथा घर के सारे कार्य निपट जायँ, ऐसा सिर्फ अपनी व्यक्तिगत दिनचर्या में लगने से सम्भव होने वाला नहीं। प्रायः घर के सभी अनिवार्य पारिवारिक कार्य सुबह दस बजे तक के दायरे में ही होते। इस स्थिति में कार्याधिक्य की वजह से अक्सर हम अपना दूध भी गर्म न कर फ्रीज में रख देते, कि शाम में गर्म कर लेंगे। हमें दूध देने वाला सुबह नौ से पहले आता ही नहीं। इस अवधि में समाचार पत्र भी मैं नहीं पढ़ पाता। उसे भी रख देता कि विश्वविद्यालय से लौटने पर पढूँगा।

दस बजते-बजते अपनी अनिवार्य पारिवारिक जिम्मेवारियों को समेट हम दोनों पति-पत्नी अपने-अपने कार्य स्थल की ओर चल पड़ते। रेणु टिफिन लेकर जाती, क्योंकि शाम पाँच बजे से पहले वह नहीं आती। लेकिन मैं ढाई बजे तक आ जाता, इसलिए टिफिन नहीं लेता। अपने घर की दो कुंजी हमने रखी थी—एक रेणु के जिम्मे, दूसरी मेरे पास। हमसे जो पहले लौटता घर का ताला वही खोलता। ऐसे में यह अवसर अक्सर मुझे ही उपलब्ध होता।

विश्वविद्यालय से वापस अपने दरवाजे का ताला खोल जैसे ही बरामदे में पहुँचता, जमीन पर इधर-उधर बिखरी अपनी डाक देखता। बस, तत्क्षण सहेज कर उसे उठा लेता। लिखते-पढ़ते रहने की वजह से प्रायः रोज ही मेरी डाक पत्र-पत्रिकाओं को लेकर आती। मुझे यह समझते देर नहीं लगती कि पोस्ट मैन हमारे घर से होकर गुजर चुका है। हमारी अनुपस्थिति में हमारी डाक वह इसी तरह ग्रिल के दरवाजे से बरामदे में फेंक जाता है। कुछ समय पहले एक लेटर बॉक्स भी बनवाया था। लेकिन आसपास के निकटतम परिवार के शरारती बच्चे मना करने पर भी उसे छेड़ने से बाज नहीं आते। ऐसी शरारत में वे आनन्द का अनुभव करते। अन्ततः वह लेटर बॉक्स ही हटवा दिया।

घर के अन्दर प्रवेश कर हाथ मुँह धोने तथा खाना खाने तक तीन बज ही जाते। मेरे लिए अब यही समय अपनी डाक देखने तथा अखबार पढ़ने हेतु मयस्सर होता। अपनी डाक और अखबार से मेरे मुक्त होने तक रेणु भी आ जाती। इसके बाद तो मिलने आने वालों के साथ फोन आने का सिलसिला शुरू हो जाता। मेरी दिनचर्या से अवगत मेरे छोटे शहर के परिचित, मित्र, शिष्य और नये रचनाकार मुझसे मिलने के लिए यही समय माकूल समझते। बेटियों ने भी जान लिया था कि फोन पर हमसे बात करने के लिए यही समय निरापद है। ऐसे में कब छह बज जाता पता नहीं चल पाता। फिर साग-सब्जी की खरीदारी में मुझे निकलना पड़ता। इसके बाद रात के खाने की तैयारी में हम लग जाते। यहाँ यह अनुभव कर मेरा मन

मसोस जाता कि पूरे दिन के अन्तर्गत चाहते हुए भी लेखन के लिए कुछ समय नहीं निकाल सका। अब चुपके से लेखन की मेज पर चला जाता कि कुछ भी तो लिख लूँ जो मन में उफन रहा। सृजनाधीन उपन्यास का जो प्रसंग बीच में ही छूटा है, उसे जहाँ तक सम्भव हो सके आगे बढ़ा दूँ। अगर रात में भी एक-दो घंटे नियमित लिखता रहा तो अपने सृजेता मन की चाह को एक निर्णायक अंजाम दे सकूँगा। लेकिन अकेले गृहकार्य में ऊब और खीझ रही रेणु शुरू हो जाती—"बहुत लिख चुके। सारा जीवन तो लिखते ही रहे। अब इस अवस्था में और रात के वक्त ऐसी कौन सी जरूरियात है कि लिखने बैठ गये...?"

इस पर रेणु को समझाने की कोशिश करता—"पूरा दिन तो रोजमर्रे की भागदौड़ और व्यस्तता में ही बीत जाता है। अब अगर रात में भी एक-आध घंटे नहीं लिखूँगा तो वह अधूरा उपन्यास कैसे पूरा होगा...।"

यह सुन रेणु उबल पड़ती—"पूरे दिन की भागदौड़ हमारे जीवन की अनिवार्यता है। उसके बिना हमारा काम चलने वाला नहीं। एक दिन भी उसे छोड़ दें तो घर बैठ जायेगा। हम नौकरी नहीं कर सकेंगे। लेकिन इस लेखन को लेकर क्या हर्ज होने वाला? अधूरा उपन्यास अभी नहीं तो फिर कभी पूरा हो जायेगा। उससे कुछ बनने-बिगड़ने वाला तो नहीं...!"

इधर ऐसे प्रसंगों पर रेणु से उलझना मुझे उचित नहीं जान पड़ता। दो जनों के परिवार में जहाँ दोनों नौकरी करते हों, एक का गृह कार्य में अकेले खटना तथा दूसरे का आराम से अपनी मेज पर लिखना किसी भी दृष्टि से वाजिब नहीं। हालाँकि इस वाजिब और गैर वाजिब पर तत्काल अधिक सोच-विचार न कर अपने सृजेता मन के दबाव के तहत लिखता रहता कि रेणु रात का खाना लगा देती—"समय हो गया। अब तो उठिये...। अधिक रात तक जगने की हमारी उम्र नहीं। सबेरे सोने पर ही सबेरे उठ पाते हैं। और बिना सबेरे उठे घर के सारे कार्य निबट ही नहीं सकते। समय से स्कूल जाना जरूरी होता है...।"

अब विवश-लाचार लेखन समेट मुझे रेणु के साथ खाने पर बैठना पड़ता। शादी के बाद से एक ही कमरे में साथ-साथ रहने की हमारी आदत अब हम दोनों की अनिवार्यता बन गयी थी। इस वार्धक्य में अब अलग-अलग कमरों में रहना सम्भव भी नहीं। नौकरी में आने के बाद समय के प्रति रेणु की सख्त पाबन्दी से भी मैं अवगत था। चाहे जो हो जाय, समय से स्कूल पहुँचना उसकी पहली प्राथमिकता होती। कई दर्जन शिक्षक-शिक्षिकाओं वाले जिस बड़े-से स्कूल में वह शिक्षिका थी, वहाँ जो तीन-चार शिक्षक-शिक्षिकाएँ समय से पहुँचते, उनमें रेणु का मुख्य स्थान था।

रोज की तरह खाना खाने के बाद बिस्तरे पर सोने तक मैं देखता हूँ, रात के दस बज रहे होते हैं। अब बत्ती बुझा हम दोनों सो रहते। थकी रेणु की आँख बिस्तरे पर गिरते ही लग जाती। लेकिन मुझे जल्द नींद नहीं आती। अधूरा लेखन

पूरी तल्खी के साथ पुकार रहा होता। अब मुझे समय छोटा पड़ गया जान पड़ता। काश, समय कुछ और बड़ा होता! लेकिन मेरे चाहने से समय बड़ा होने वाला नहीं। प्राप्त समय में ही मुझे गुंजाइश निकालनी है।

इस सख्त दिनचर्या में मेरा रचनाकार मन छुट्टियों की प्रतीक्षा किया करता। प्रायः हर माह विश्वविद्यालय की अवकाश-तालिका में मैं छुट्टियाँ गिनता। उसमें रविवार की चार छुट्टियाँ जोड़ कर अपने रचनाकार मन को आश्वस्त करता कि इस समय का बेहतर उपयोग खूब लिख कर करना है। उधर इन छुट्टियों को लेकर रेणु की योजनाएँ कुछ और होतीं। अब जैसे ही छुट्टियों की किसी सुबह गृह कार्य से निपट अपनी मेज पर पहुँचता रेणु सामने आ जाती—"क्या विचार है, आज भी लिखने बैठ गये। याद नहीं है कि बाजार चलना है। घर-गृहस्थी का सब सामान खत्म हो गया है। मंडी से राशन भी लाना है। तीज का पर्व नजदीक आ गया। चारों बेटियों को तीज भी भेजना है। तीज की खरीदारी इस एक दिन की छुट्टी से सम्भव भी नहीं। लगातार कई छुट्टियाँ इसमें लगानी होंगी...।"

अपनी योजना पर इस औचक वज्रपात से मेरा मन कुपित हो जाता। लेकिन अपने मन को तत्क्षण समझाता, यह औचक वज्रपात नहीं। रेणु तो बराबर कहती आ रही थी कि छुट्टी का दिन हाट-बाजार के लिए हमें सुरक्षित रखना है। अपने लेखन की धुन में मैं ही उसे भूले रहता। अब रेणु की बात न मानना अपना पारिवारिक सन्तुलन गड़बड़ाना था। परिणामतः न चाहते हुए भी रेणु के साथ मुझे बाजार जाना ही पड़ता।

अवकाश के कुछ दिनों के तहत जैसे ही हाट-बाजार की हमारी आवश्यक खरीदारी पूरी होती, मैं अपनी मेज पकड़ लेता। शायद अब प्राप्त अवकाश का मनचाहा उपयोग कर सकूँ।

यह सुन आश्चर्य से मैं रेणु की ओर देखने लगता! मुझे कुछ भी स्मरण नहीं आता। अब रेणु पुनः बोल उठती—"साहित्य की कोई बात होती है तो आप कभी नहीं भूलते। घर-परिवार की बात आप क्यों याद रखेंगे...?"

जानकारी के लिए अब मैं व्यग्र हो उठता—"पहेलियाँ न बुझाओ रेणु। जो कहना हो साफ-साफ कहो...।"

"तो सुनिये, अपने मायके गये मुझे कितने दिन हो गये, आपको याद है। पिछले रविवार को ही आपने कहा था कि अगले रविवार को चला जायेगा। किसी दूसरे शहर में मायका होता तो सोचना भी था। एक ही शहर में मायका होते हुए यह स्थिति...।"

रेणु की इस बात से मेरा मन खीझ उठता—खोदा पहाड़ निकली चुहिया। जवाब में मौन ही बना रहता। यह तो कोई आवश्यक कार्य ही नहीं। लेकिन रेणु शुरू हो जाती—"उर्वशी का कई बार फोन आ चुका। हर बार यही कहती है कि

आपको आये बहुत दिन हो गये भाभी। किसी छुट्टी के दिन भैया को लेकर आइये। इन्दु और बेबी तो नाराज होकर अब फोन भी नहीं करतीं। उनके यहाँ गये हुए भी सात-आठ माह से अधिक गुजर गये। पिंकी की सास पन्द्रह दिनों से बहुत बीमार है। उन्हें भी देखना है...। पिंकी बता रही थी, रिश्ते-नाते के सारे लोग आकर देख चुके। सिर्फ हमहीं दोनों आदमी बाकी हैं...।"

मैं जान रहा होता, मेरे इस छोटे शहर आरा में रिश्ते-नाते के लोग भरे हुए हैं। उर्वशी मेरी छोटी बहन है, जिसे हम बुचिया कहते। इन्दु और बेबी मेरी सालियाँ हैं जो अपने परिवार के साथ यहाँ आरा में ही आ बसी हैं। मेरी एक पुत्री पिंकी की ससुराल का घर भी इसी शहर में है। इसके अतिरिक्त अन्य रिश्तेदार भी यहाँ रहते हैं। मैं रेणु को समझाने की कोशिश करता—"फिर किसी दूसरी छुट्टी के दिन चला जायेगा। आज अपने उपन्यास का एक जरूरी प्रसंग लिख रहा...।"

अब अपनी योजना पर कुठाराघात देख रेणु भड़क उठती—"आपके लिखने का जरूरी प्रसंग किस दिन नहीं रहता। आपके इसी रवैये के चलते हमारे सभी सम्बन्धी खफा रहते हैं। आप किसी के यहाँ नहीं जाइयेगा तो आपके यहाँ कोई क्यों आयेगा? अपने घर के लिए आप बड़े लेखक बने रहिये, किसी और को उससे क्या? इधर काफी समय से हमारे तीनों भाई नहीं आ सके। इन्दु, बेबी तो अब साफ कहती हैं कि जब भाई साहब को किसी के यहाँ आने की फुर्सत नहीं, तो दूसरों को भी कहाँ फुर्सत? सम्बन्ध चलाने के लिए फुर्सत निकालनी पड़ती है, अपने आप फुर्सत नहीं निकलती...।"

मैं समझ जाता, अब चाहते हुए भी नहीं लिख सकता। रेणु की योजना धराशायी कर घर में आराम से लिखता रहूँ, यह सम्भव नहीं। अन्ततः हथियार डाल देता—"चलो रेणु, जहाँ-जहाँ चलना हो। लेकिन इसके बाद वाले रविवार को अब कुछ मत कहना...।"

इन स्थितियों में अब मेरा ध्यान लम्बी छुट्टियों की ओर चला जाता। हालाँकि अब पहले जैसी छुट्टियाँ भी कहाँ रहीं। राज्य सरकार को लगता था कि हम पढ़ाते नहीं, छुट्टियों में मस्ती करते हैं, इसलिए लम्बे समय से चली आ रही हमारी परम्परित छुट्टियों में से आधी से अधिक खत्म कर दीं। पहले गर्मी की छुट्टियाँ पूरे दो माह होती थीं। अब सिर्फ एक माह कर दी गयीं। दशहरा, दीपावली, छठ आदि की संयुक्त छुट्टियाँ भी एक माह होती थीं। लेकिन अब सिर्फ दस-बारह दिन रह गयीं। होली और बड़े दिन की छुट्टियों में भी ऐसी ही कटौती। इसके बावजूद ये छुट्टियाँ मेरे सृजेता मन को अपनी ओर खींचती रहतीं। मैं मन ही मन तय करता रहता कि किसी छुट्टी में कितना और क्या लिखना है? लेकिन मेरा सोचना कामयाब नहीं हो पाता।

जब भी कोई लम्बी छुट्टी शुरू होती, मैं पूरे उत्साह से अपनी मेज पकड़ लेता। प्रारम्भ में दो-तीन दिन तक रेणु महटिआये रहती। इस बीच वह स्वयं अपने व्यक्तिगत

कार्य निपटाने, सफाई करने, कपड़ों को करीने से रखने तथा घर को व्यवस्थित रूप देने में लगी रहती। लेकिन सीमित अवधि के ये कार्य जल्द ही समाप्त हो जाते। फिर दो जनों की गृहस्थी में अपने राग-द्वेष, गिला-शिकवा एक-दूसरे पर व्यक्त करने का अवसर भी तो हाथ होता। बस, मुझसे मुखातिब हो उठती—''आप अजीब आदमी हैं कि इस लम्बी छुट्टी में भी पिछली बार की तरह लिखने बैठ गये। मेरे स्कूल की शिक्षिकाएँ सुनती हैं तो हँसती हैं कि हम छुट्टियों में कहीं घूमने नहीं जाते। वे सब लम्बी छुट्टियाँ आते ही अपने परिवार के साथ निकल जाती हैं—कभी हरिद्वार, तो कभी वैष्णो देवी के पास जम्मू, तो कभी आगरा, मथुरा, वृन्दावन, तो कभी शिरडी, तो कभी वेलूर मठ। मैं तो उन सबों से कहती हूँ कि मेरी किस्मत में अपने घर में ही झींकना है। मुझे कहीं आना-जाना नहीं...!''

''ऐसा क्यों सोचती हो रेणु ? अभी दो साल पहले ही तो हम हरिद्वार गये थे...।''

''वहाँ भी आपका साहित्यिक बुलावा नहीं होता तो नहीं जाते। वह तो गुरुकुल कांगड़ी विश्वविद्यालय में आप पर शोध कर रहे उस लड़के और उसके गाइड के लगातार फोन के चलते ही सम्भव हुआ था...।''

''तुम चिन्ता न करो रेणु, हम दोनों की नौकरी अब और कुछ ही वर्षों की है। फिर तो पूरे देश का भ्रमण करेंगे। अब वही एक कार्य हमारे जीवन में शेष रह गया है...।''

''अभी हम कहीं नहीं जा सके तो बुढ़ापे में क्या जायेंगे? अभी ही शरीर में वह पहले वाली ताकत नहीं रही। आपकी यह बात सुन कर भी मेरी दोस्त शिक्षिकाएँ कहती हैं, घूमने-फिरने लायक वह उम्र नहीं होती। साठ साल से पहले के स्वस्थ और सक्रिय शरीर से ही आदमी भ्रमण का आनन्द ले पाता है। उसके बाद की यात्रा तो कष्ट और परेशानीपूर्ण होती है...।''

''कहने दो अपनी दोस्तों को। सबका सोचना-विचारना और सबकी योजनाएँ अलग-अलग होती हैं...।''

''लेकिन वे गलत तो नहीं कहतीं। आपको अपने लेखन के समक्ष किसी का सही परामर्श भी कहाँ जँचता है? इस दुनिया में अब सिर्फ आप ही ऐसे अकेले आदमी हैं जिसका कहना और सोचना सही है और सबका गलत। इसीलिए वे सब नये-नये स्थानों से घूम कर खूब चहकती हैं, खुश रहती हैं, नये-नये अनुभव सुनाती हैं और उनके बीच मैं अपनी किस्मत का रोना रोती रहती हूँ...।''

रेणु की इस बात पर अब चुप हो जाना मुझे उचित जान पड़ता। अब इससे आगे बात बढ़ना हम दोनों के लिए ठीक नहीं। लेकिन मेरे मौन हो जाने से बात स्थगित नहीं होती। अब तक रेणु के मन की पीड़ा हरी हो गयी रहती—''मेरी दोस्त शिक्षिकाएँ यह सुन कर चिहाती हैं कि हरिद्वार को छोड़ कर किसी और महत्त्वपूर्ण जगह मैं नहीं जा सकी हूँ। वह तो दो-तीन बार दिल्ली इसलिए चली गयी कि वहाँ

साहित्य अकादेमी और राष्ट्रीय नाट्य विद्यालय में आपके कार्यक्रम थे। अब तो घूमने-फिरने की साध अपने मन में लेकर ही मुझे गुजर जाना है...।"

रेणु के मन का यह बढ़ता दर्द धीरे-धीरे विस्फोट का रूप भी लेता जाता—"जिस लेखन को अब तक सेवते रहे हैं, उसने हमारे परिवार और जीवन को क्या दिया, यह आज तक मैं समझ नहीं सकी। अगर हम दोनों की नौकरी नहीं होती तो इस लेखन के सहारे भूखों मरना पड़ता। अपनी इस नौकरी से ही हमने चारों बेटियों की शादियाँ कीं। अपनी घर-गृहस्थी को कायम रखा। लेकिन आपको अपनी नौकरी से भी अधिक यह लिखना ही प्यारा है। अब आपको कौन बताये कि जिस लेखन से जीवन में सुख आराम नहीं, जो हमें घर में बन्दी बना कर रखे, वह किसी काम का नहीं...।"

इस पर मैं रेणु को समझाने का प्रयास करता—"अपने निजी सुख-आराम के लिए लेखन नहीं होता रेणु। वह समाज के लिए होता है। उससे लेखक को जो शाश्वत यश मिलता है, वही उसका प्राप्य होता है...।"

लेकिन मेरी यह बात भी उसे नहीं जँचती—"उस यश से हमें क्या लाभ जो हमें कूप मंडूक बना कर रखे। जो कहीं आने जाने के स्वाभाविक सुख से हमें वंचित कर दे...।"

रेणु की इस बात से मेरा मन कचोट कर रह जाता कि काश मैं यायावर लेखक होता। ऐसे अनेक सफल लेखकों को मैं जानता रहता, जो अपनी यायावरी के लिए भी प्रसिद्ध रहे हैं। लेकिन प्रारम्भ से ही मैंने ऐसा नहीं किया। बाद में यायावरी के तहत कुछ भी लिखना मुझे काफी असुविधाजनक प्रतीत होता रहा। अब उम्र के इस मुकाम पर तो सम्भव भी नहीं। इस स्थिति में रेणु को शान्त-सहज बनाने की कोशिश करता—"अच्छा रेणु, इतना कुपित मत होओ। तुम्हारा दुःख मैं समझ रहा हूँ। आज ही शाम पता करता हूँ कि कहाँ का रिजर्वेशन टिकट अभी हमें मिल सकता है...?"

मेरी इस बात पर रेणु का आवेश कुछ कम हो जाता—"अभी कहीं का रिजर्वेशन नहीं मिल सकता। मुझे झूठा आश्वासन मत दीजिए। जिसे कहीं जाना होता है, वह तीन माह पहले ही रिजर्वेशन करा कर रख लेता है...।"

और सचमुच रेणु को मैं यह झूठा आश्वासन ही दे रहा होता। ऐसा कर फिर से अपने लेखन की बागडोर सँभाल लेता। मुझे पता होता, हमारे बीच के इस संघर्ष को अब आगे अधिक नहीं बढ़ना, क्योंकि इस अवधि में पुत्रियों को पहुँचना ही है। नैहर आने के लिए विकल-बेचैन मेरी पुत्रियाँ अपने बच्चों की लम्बी छुट्टियों की प्रतीक्षा किया करतीं। उनके बच्चों की और हमारी छुट्टियाँ लगभग समान ही होतीं। फिर तो उनके पहुँचते ही नाना-नानी की मधुर ध्वनि से हमारा पूरा घर गुंजायमान हो जाता। अब कहीं घूमने न जाने का रेणु का मलाल स्वतः खत्म हो जाता। अपनी बेटियों और नात-नातिन के बीच वह मगन दिखती। अब मुझसे उसकी शिकवा-

शिकायत भी जाती रहती। अपनी बेटियों और नात-नातिन से फुर्सत ही नहीं पाती। बेटियों के आगमन से मेरा लेखन भी बाधित होता। लेकिन बिल्कुल स्थगित नहीं होता। इस स्थिति में अपने रचनाकार को समझा देता, लम्बी छुट्टियों के इस बचे-खुचे समय को पकड़े रहना है। इसे हाथ से नहीं जाने देना...।

जब से चारों बेटियों की शादियाँ हुईं, पुष्कर ने नौकरी पकड़ ली, पति-पत्नी के रूप में हम दो जनों की गृहस्थी कायम हुई तब से प्रायः हर बेटी ने एक ही बात कहनी प्रारम्भ की कि अब हमारे पास रात-दिन रहने वाले एक नौकर की आवश्यकता है। कि जहाँ दोनों पति-पत्नी नौकरी करते हों, वहाँ ऐसे नौकर के बिना काम चल ही नहीं सकता। कि हमें अब किस चीज की कमी है? कि हमें अब किसके लिए बचाना और रखना है? कि हमारे लिए सुख और आराम से रहने का यह समय है।

हालाँकि बेटियों के कहने से पूर्व हम खुद इसकी आवश्यकता तीव्रता से महसूस करने लगे थे। लेकिन बेटियों के कथन ने हमारी इस आवश्यकता को अब निर्णायक स्वरूप प्रदान कर दिया। शायद नौकर की उपलब्धता पर लेखन के लिए मुझे पर्याप्त समय मिल सके इस उद्देश्य ने मुझे और सक्रिय कर दिया था। बस, हमने रात-दिन रहने वाले नौकर की खोज शुरू कर दी। अपने ग्रामीण मित्रों, परिचितों और शिष्यों तक के कानों में यह बात डाल दी।

मुझे लगा, मेरी इस चाह और खोज पर अपने ग्रामीण परिचितों और मित्रों की घनिष्ठता का त्वरित लाभ मुझे मिलेगा। दिल्ली के अपने कुछ मित्रों के यहाँ स्थायी नौकरों से प्राप्त सुविधाओं को देखते हुए एक मित्र से पूछा था—"यह तो बड़ा उपयोगी नौकर है। इसे कहाँ से मँगाये हो...?"

जवाब में उसने बताया था—"गाँव से मिथिलेश्वर भाई। यहाँ दिल्ली में नौकर कहाँ? यहाँ जिनके घर नौकरों को तुम देख रहे हो, वे सब तुम्हारे गाँव-देहात से ही आते हैं...।"

इस बात को स्मरण कर मैं और आश्वस्त था कि जब हमारे गाँव नौकरों की खान हैं, रोजगार के लिए वे महानगरों तक जाते हैं, तब अपने निकटतम ग्रामीण शहर आरा में तो काम पाते ही दौड़े आ जायेंगे। यहाँ काम करना उनके लिए सुविधाजनक भी होगा। लेकिन जब पन्द्रह-बीस दिनों तक कोई नौकर उपलब्ध नहीं हुआ तो मेरा माथा ठनका। अब जानकारी लेना मैंने उचित समझा। मैं तो इस प्रतीक्षा में था कि कई दिशाओं से मेरे परिचित मित्र कई-कई नौकरों को लेकर आ जायेंगे, जिनमें से अपने अनुकूल समझ किसी एक को हम रख लेंगे। पर अपनी इन अपेक्षाओं पर अब पानी फिरता महसूस करने लगा था। इस सम्बन्ध में सबसे पहले प्राथमिक शिक्षक अरुण कुमार से मिला। उनका घर नजदीक के ही एक गाँव में था। यहाँ आरा के एक विद्यालय में कार्यरत थे। गाँव से ही आरा आया-जाया करते। साहित्य में रुचि के चलते मुझसे जुड़े थे। मिलते ही सफाई देनी शुरू की—"अब आज-कल

में आपके यहाँ आने ही वाला था सर। सोच रहा था कि नौकर मिल जाय तो साथ लेते चलूँ। लेकिन सम्भव नहीं हो सका। अपने पूरे गाँव में ढूँढ़ लिया। अब उनका मन बढ़ गया है। अब वे पहले वाले नहीं रहे। समय जिस तरह से बदला है, उससे अधिक बदलाव उनमें आया है... ।''

अरुण कुमार की बात मैं समझ नहीं सका। अगर ऐसा ही है तो फिर महानगरों में वे थोक के भाव से क्यों पहुँचते और नौकर बनते रहे? अरुण कुमार ने पूरे मन से प्रयास नहीं किया। हर आदमी की अपनी समस्याएँ और व्यस्तताएँ हैं। किसी और के लिए फुर्सत कहाँ? अब मुझे समझाने के लिए तर्क गढ़ लिया है।

इसके बाद अपने मित्र श्याम बिहारी के यहाँ जा पहुँचा। उन्हें भी यह दायित्व दिया था। मेरे साथ पढ़ते थे श्याम बिहारी। लेकिन अपनी अच्छी खेती के चलते किसी नौकरी में नहीं जा सके। खेती की आय से ही यहाँ आरा में भी घर बना लिया। अब वे आरा और अपने गाँव दोनों जगह रहते हैं। आरा में उनके घर के लड़के पढ़ते हैं तथा वे गाँव में रह कर खेती-गृहस्थी सँभालते हैं। पर हर रविवार आरा के अपने निवास में ही बिताते। तब किसी दिन वे ही मुझसे मिलने आ जाते या फिर मैं ही उनके यहाँ पहुँच जाता। उन्होंने भी नकारात्मक जवाब ही दिया—''कोई तैयार नहीं हुआ मिथिलेश्वर भाई। गरीब से गरीब परिवार में भी जाकर पूछ लिया। गाँव में बनिहारी-चरवाही करेंगे। शहर में भी रोज-मजूरी पर काम करने जायेंगे। लेकिन किसी के यहाँ नौकर नहीं बनेंगे... ।''

''तब फिर दिल्ली, बम्बई, कलकत्ता जैसे महानगरों में जाकर नौकर क्यों बनते हैं? बात कुछ और है श्याम बिहारी जी, जिसे हम समझ नहीं रहे। अगर उन्हें नौकर नहीं बनना है तो कहीं नहीं बनते। अभी पिछले ही महीने दिल्ली गया था। वहाँ अपने अनेक परिचितों के घर नौकरों को देखा। जानकारी लेने पर पाया, वे सब हमारे गाँव-जवार से ही गये हैं... ।''

''हाँ, आपका यह कहना सही है मिथिलेश्वर भाई। लेकिन इसकी वजह दूसरी है। आपके यहाँ नौकर बन जायेंगे तो निकट के उनके पूरे गाँव को पता चल जायेगा कि नौकर का काम कर रहे हैं। और यह बात अब वे जनाना नहीं चाहते। अपने समाज में विशिष्ट बन कर जीना चाहते हैं। महानगरों में जाते हुए भी यह बात प्रचारित करके जाते हैं कि कारखाने में नौकरी करने जा रहे हैं और वहाँ से आते हुए भी यही बताते हैं कि नौकरी से आये हैं... ।''

श्याम बिहारी की इस बात का एक हिस्सा कुछ हद तक मुझे सही जान पड़ा। लेकिन पूरी बात यथार्थ सम्मत नहीं लगी। जो वर्ग गरीबी से बेहाल हो, जहाँ पेट भरना मुश्किल हो, वहाँ इज्जत-आबरू और मान-सम्मान की बात ठहर ही नहीं पाती। उस वर्ग का मुख्य उद्देश्य तो किसी तरह कमाना और खाना होता है, इसलिए सड़कों पर झाड़ू लगाने, कचरा उठाने और गन्दगी साफ करने वालों

की मौजूदगी हम हर जगह कायम पाते हैं। वे कहीं बाहर के नहीं, आसपास की बस्तियों के ही होते हैं। अगर अपने समाज में विशिष्ट बन कर जीना चाहते तो फिर ऐसे कार्य करते ही नहीं। इस सम्बन्ध में राजीव शरण ने मुझे सही जानकारी दी। उसके रचनाकार की पारखी दृष्टि से गाँव का कोई भी पक्ष ओझल नहीं रह सका। मेरी तरह विद्यार्थी जीवन से ही उस पर लेखक बनने की धुन सवार थी। इस धुन में बी. ए. के बाद वह आगे पढ़ भी नहीं सका। लेकिन दुर्भाग्य का मारा वह न तो अपने लायक कोई नौकरी पा सका और न लेखन में ही स्थापित हो सका। तब से अपने गाँव के लड़कों को ट्यूशन पढ़ा कर जीता रहा। उसके गाँव के मैट्रिक के परीक्षार्थियों की उसके यहाँ भीड़ लगती रही। मुझ पर नजर पड़ते ही कह उठा—''तुम्हारे लिए एक लड़के को राजी किया था मिथिलेश्वर। गरीब घर का अनपढ़ लड़का था। घर पर भरपेट खाने को भी नहीं मिलता। लेकिन इससे पहले कि उसे लेकर तुम्हारे यहाँ पहुँचूँ, अपने टोले के दस-बारह लड़कों के साथ कलकत्ता चला गया। वहाँ से कोई एजेंट आया था। शायद उस टोले में किसी के यहाँ उसकी रिश्तेदारी थी। वही सबको हाँक कर ले गया कि वहाँ चलते ही नौकरी लगा देगा। लेकिन नौकरी लगाने वाले गरीबों के घर नहीं आते। वे तो नौकर की खोज में आते हैं। महानगरों के सुविधा सम्पन्न लोगों के यहाँ नौकर प्रदान करने का कमीशन भी अच्छा-खासा मिलता है। वहाँ तो नौकर प्रदान करने की संस्थाएँ तक बन गयी हैं। हमारे गाँव-जवार के गरीब लड़कों को सब्ज़बाग दिखा वे अपनी संस्था में ले जाते हैं। फिर महानगर की माँग के अनुसार उनकी आपूर्त्ति करते जाते हैं। उन लड़कों को संरक्षण देने के नाम पर अपने वाक् चातुर्य के बल वे वश में रखते हैं...। इसके लिए उनकी जायज-नाजायज इच्छाओं की भी पूर्त्ति करा देते हैं। फिर तो वे लड़के इस तरह उनका मातहत बन जाते हैं कि अब वे भी गाँव आने पर अपने पड़ोस के बचे-खुचे लड़कों को ले भागते हैं...।''

राजीव शरण की बात से महानगर जाने वाली ट्रेनों का दृश्य हठात् मुझे स्मरण आ गया। अक्सर जेनरल डिब्बों में गरीब लड़के दस-बीस की संख्या में एक जगह बैठे दिखते, जिन्हें कोई एक सफेदपोश चाय-नाश्ता कराते ले जा रहा होता। लेकिन तब मैं यह जानने की कोशिश नहीं करता कि कौन उन्हें कहाँ ले जा रहा? लेकिन सम्बन्धित प्रसंग ने अब सब कुछ स्पष्ट कर दिया। यहाँ अपनी कहानी 'सरजू ब्रह्म के गाँव में' की याद भी मुझे बरबस आ गयी। सन्दर्भ दूसरा रहा, लेकिन यथार्थ की जमीन बिल्कुल यही रही। मैं क्यों इस यथार्थ को भूल गया था। इस पक्ष से मैं भली भाँति अवगत था कि हमारे गाँवों के किसान कई किस्म के चावल उपजाते, लेकिन अपने जीवन की अनिवार्य आवश्यकताओं के चलते मोटा चावल खा कर रहते तथा अच्छे बासमती चावल बाहर ले जाने वालों के हाथों बेच देते। अपने बगीचे के अच्छे-अच्छे फल बचा कर और अगोर कर रखते, लेकिन स्वयं न खा चंद रुपयों पर

शहर भेज देते। कृषि कार्य के साथ वे गाय-भैंस भी पालते। लेकिन दूध, घी शहर जाने वाले सेंटर पर दे आते। स्वयं मट्ठा पीकर ही सन्तोष कर लेते। उसी कड़ी में यहाँ के नौकर भी अब महानगर की भेंट चढ़ने लगे।

इस बाजारू यथार्थ ने मेरे मन को तिक्त कर दिया। हम कैसे समय में जी रहे कि जिसके पास खरीदारी की जितनी बड़ी क्षमता हो वह उसी रूप में दूसरों के सुख को हथिया सके। हमारे लिए इससे बड़ी विडम्बना और क्या हो सकती है कि जो समाज जिन चीजों को पैदा करे, उसके उपयोग और इस्तेमाल से वह खुद वंचित रहे। मैं इस तथ्य से अवगत था कि वैश्वीकरण में हमारे महानगर जहाँ और अधिक सुविधा सम्पन्न होते जा रहे थे, वहीं गाँव और अधिक अँधेरे के गर्त्त में धँस रहे थे। गाँव की अन्य अच्छी चीजों की भाँति महानगरों की सुख-वृद्धि के लिए गाँव के नौकरों की सुपुर्दगी से अब यह तथ्य अपनी पूरी भयावहता के साथ उजागर हो रहा था।

नौकर की उपलब्धता पर लेखन के लिए कुछ समय पा सकने का मेरा सपना अब क्षण भर के लिए धराशायी होता प्रतीत हुआ। लेकिन मेरे रचनाकार मन के जीवटपन ने पुनः मुझे सजग-सचेत कर दिया। अपने अभियान को हमें विराम नहीं देना। नयी उम्र का लड़का न सही कोई लड़की भी मिल जाये तो ठीक। अधेड़ उम्र की कोई स्त्री या पुरुष भी हमारे लिए उपयुक्त। हमें नौकर की तलाश मनचाहा सुख की प्राप्ति के लिए नहीं, अपने नौकरीजीवी जीवन के गृह कार्य में सहयोग के लिए था। इसलिए किसी भी रंग-रूप और अवस्था के स्त्री-पुरुष से हमें परहेज नहीं। हमारी इस उदार इच्छा पर ऐसा कोई नौकर देर-सबेर मिल ही जायेगा। बस, हमें अपना प्रयास जारी रखना है।

नौकर की खोज के इसी अभियान में एक दिन रेणु को बुखार आ गया। अपने परिचित चिकित्सक एम. के. सिन्हा के यहाँ हम जा पहुँचे। लेकिन वे तो अपने सामान पैक करा रहे थे। पता चला, उनका ट्रांसफर सदर अस्पताल बक्सर हो गया। परिचय के चलते रेणु को देख कर दवा लिख दी। लेकिन नौकर की तलाश में सजग मेरा मस्तिष्क अब तत्क्षण सक्रिय हो गया—"आपके यहाँ तो खाना बनाने वाला एक नौकर भी था डॉक्टर साहब! क्या उसे भी साथ ले जा रहे...?"

"नहीं मिथिलेश्वर जी। बक्सर का कोई नौकर रख लेंगे। यहाँ से नौकर क्या ले जाना! यहाँ के पराहू का हिसाब आज ही साफ कर दिया...।"

"मैं पराहू को रखना चाहूँगा डॉक्टर साहब...!"

"रख लीजिए। खाना आदि ठीक से बना लेता है...।"

"उसका पता मुझे दे दीजिए डॉक्टर साहब। मैं नहीं जानता, उसका घर कहाँ है...?"

"फोन नम्बर लिख लीजिए। बस, उससे बात कर लीजिएगा...।"

उन्होंने उसका फोन नम्बर दे दिया। मोबाइल फोन की अब सर्वत्र और सहज उपलब्धता से मैं परिचित था। गरीब से गरीब और अमीर से अमीर व्यक्ति के पास उसने अपनी जगह बना ली थी।

डॉक्टर साहब के यहाँ से लौटते हुए मुझे ऐसा लग रहा था कि एक नौकर के फोन नम्बर के रूप में कोई निधि पा ली हो। मैं समझ रहा था, इस सम्बन्ध में पिछले एक महीने से मेरे अधिकांश परिचितों, मित्रों की ओर से नकारात्मक जवाब का यह असर था। अब रेणु की दवा लेने से पहले पराहू को फोन किया। लेकिन मेरा नाम सुनते ही वह पहचान गया—''डॉक्टर साहब के यहाँ आते-जाते आपको देखा है प्रोफेसर साहब... ।''

मेरे प्रस्ताव पर भी वह तैयार हो गया—''मुझे तो काम पकड़ना ही है साहब। बिना काम किये गुजारा कहाँ...?''

पक्की बातचीत के लिए मेरे निवास पर आना भी उसने गछ लिया—''कल एकदम सुबह आपके यहाँ आ जाऊँगा। कहीं निकलियेगा मत...!''

अब मैंने रेणु से कहा—''तुम्हारा यह बुखार लगना तो हमारे लिए लाभप्रद हो गया। डॉ. एम. के. सिन्हा के यहाँ नहीं जाते तो पराहू का पता भी नहीं चलता। हम कहाँ-कहाँ नौकर ढूँढ़ रहे थे। लेकिन अब मिलना हुआ तो बिना भागदौड़ के सहज ही सम्पर्क हो गया... ।''

इस पर रेणु ने कहा—''पराहू की जानकारी भर से आशान्वित मत होइये। डॉक्टर के यहाँ रहा है। वैसी ही माँग रखेगा और वैसे ही नाज-नखरे दिखायेगा। डॉक्टर के यहाँ रहने वाले नौकर को रख पाना हमारे लिए मुश्किल होगा... ।''

''अच्छा रेणु। उसे आने तो दो। देखें, क्या माँगता है...?''

और अगली सुबह पराहू सचमुच सुबह के तड़के ही हाजिर हो गया। निर्धारित समय से कुछ पहले ही। अब सुबह की चाय हमने उसके साथ ही ली। प्रारम्भ में परिचय की बातें हुईं। यह जान कर हमें आश्चर्य हुआ कि हम गाँवों में नौकर की खोज कर रहे थे, लेकिन वह इसी शहर के पकड़ी मुहल्ले का वासी था, एक बड़े परिवार का सदस्य। उसके परिवार के छोटे बच्चों को छोड़ सारे स्त्री-पुरुष शहर में खाना बनाने का ही काम करते। इस जानकारी के बाद अपनी खुद की समझ को लेकर मुझे हैरानी हुई कि अपने इस शहर में नौकर की जानकारी लिये बिना गाँवों में खोज क्यों करा रहा था? लेकिन यह पूछे जाने पर कि इस शहर में उसकी तरह और परिवार हैं, उसने स्पष्ट कहा—''नहीं साहब। अइसा काम करने वाला हमारा परिवार अकेला है... । हमारे बाबा एक डॉक्टर साहेब के नामी रसोइया थे। वही हम सब को इस लाइन में उतार दिये। सत्तर की उमिर में पहुँचे हैं। बाकिर उनके जइसा खाना कोई दूसरा रसोइया नहीं बना सकता। अब किसी के डेरे पर नहीं कमाते। लगन के काज-परोजन और बारात का खाना बनाते हैं... ।''

अब मैं मुख्य बात पर आ गया। लेकिन उत्तर तो जैसे पराहू की जिह्वा पर बना-बनाया तैयार था—"डॉक्टर सिन्हा साहब जो देते थे, उससे कम में गुंजाइश नहीं होगी...!"

"क्या देते थे सिन्हा साहब...?"

जवाब में पराहू ने जो बताया। हमारे लिए वह अधिक था।

"सिन्हा साहब की अपेक्षा हमारा परिवार छोटा है पराहू। हमारे यहाँ कम काम है...। डॉक्टर लोगों की आय असीमित होती है। वे कुछ भी दे सकते हैं...।"

लेकिन आगे मेरे और कुछ भी कहने से पहले ही वह बीच में कूद गया—"कल आपके फोन के बाद डॉक्टर गौतम साहब का कंपाउंडर भी मेरे यहाँ पहुँचा था। मेरे खाली होने का पता लगा लिया था। गौतम साहब को भी रसोइये की जरूरत है। नये ट्रांसफर में कहीं बाहर से आये हैं ! आपके यहाँ सम्भव नहीं होगा तो हम गौतम साहब के यहाँ चले जायेंगे...!"

"तो क्या सिर्फ डॉक्टर लोगों के यहाँ ही काम करोगे...?"

"हमारे यहाँ के सभी औरत-मर्द डॉक्टर लोगों के घर ही कमाते हैं साहब। दूसरे घरों में हमारी पोसाई हो ही नहीं सकती। हमें भी डॉक्टर लोगों से फुर्सत कहाँ मिलती है कि और घरों में कमाएँ...।"

"लेकिन डॉक्टर लोगों के यहाँ तो अनेक कंपाउंडर होते हैं। वे गाँवों से ढूँढ़ कर उनके लिए रसोइया ला सकते हैं...।"

"अइसा नहीं है साहब! गाँव से आने वाला मजदूरी का काम कर देगा। बाकिर हमारी तरह रसोई नहीं बना पायेगा...।"

अपने शहर के चिकित्सक लोगों को मैं जानता था। चिकित्सा की दृष्टि से मेरा यह शहर आरा खूब उर्वर था। यहाँ जो चिकित्सक आ जाता, फिर कभी जाने का नाम नहीं लेता। यहाँ की प्रायः अधिकांश खूबसूरत इमारतें और अट्टालिकायें यहाँ के चिकित्सकों की ही हैं। निरन्तर अपार सम्पदा के स्वामी बनते चले जाते हैं। इस स्थिति में अपने रसोइये को वे जो दे सकते हैं, हमारे जैसे शिक्षक के बूते की बात नहीं होती...।

मैंने रेणु से सलाह लिया—"क्या किया जाय...?"

पराहू का दरमाहा उसे भी नागवार लगा—"वह जो माँग रहा है, हमारे घर के काम की तुलना में बहुत अधिक है। जिसके पास अफरात सम्पत्ति हो, वही ऐसे नौकरों को रख सकता है...।"

मैं रेणु की बात समझ रहा था। लेकिन पराहू के रहने से लेखन के लिए शायद अधिक समय मिल पाने की सम्भावना थी। बेटियों की शादियों के बाद अब रुपयों का संचय क्यों करना और किसके लिए करना? मेरे रचनाकार का मन कबीर की इस साखी में रमता था—'साईं इतना दीजिए जामे कुटुंब समाय। मैं भी भूखा

ना रहूँ, साधु न भूखा जाय...।''

मैंने रेणु को समझाने की कोशिश की–''पराहू की माँग सही नहीं है रेणु, इससे मैं भी सहमत हूँ। डॉक्टर लोगों ने ही अधिक दे-देकर इसका मन बढ़ा दिया है। लेकिन अगर इसकी वजह से हमारी परेशानी कम हो जाय और हम अपने लिए भी कुछ समय निकाल सकें तो इसमें हर्ज क्या है? अब तक हम अपनी बेटियों को ही देते और उनके लिए संचित करते रहे। अब अगर एक गरीब परिवार को दरमाहे के रूप में कुछ अधिक ही देने लगें तो यह परोपकार का ही काम होगा। बेटियों के दायित्व से मुक्त होने के बाद अपने दृष्टिकोण को हमें अब उदार बनाना चाहिए। हम कहीं फेंक तो नहीं रहे, किसी जरूरतमन्द को ही दे रहे...।''

अपनी बात पर रेणु के मौन को सहमति समझ पराहू को मैंने स्वीकृति दे दी। बस, अब क्या था! वह उसी समय से लग गया–''कल पर क्या छोड़ना साहब, अभी से भिड़ जाता हूँ। फोन से घरवाली को बोल देता हूँ। वह जानती है कि आपके यहाँ आया हूँ...।''

और पराहू ने अपनी जेब से मोबाइल फोन निकाल अपने घर जानकारी दे दी। अब रेणु के साथ रसोई में पहुँच उसने सब कुछ जान-समझ लिया। स्टोर की सामग्री से अवगत हो गया। फिर तो रसोई कार्य में उसकी तत्परता और सक्रियता दृष्टिगत होने लगी। इस दौरान अब अचानक सुबह की हमारी भागदौड़ कुछ थम गयी। अब हम राहत का अनुभव करते हुए अपने निजी कार्यों एवं अपनी नौकरी पर जाने की तैयारी में लग गये। गृहकार्य में अब हमें फँसना और उलझना नहीं था। मैंने पराहू को बता दिया–''रेणु का टिफिन भी तैयार कर देना। वह टिफिन लेकर जाती है और मैं ढाई तीन बजे तक खाने के समय आ जाता हूँ...।''

इस पर अपनी काबिलियत और वफादारी से हमें अवगत करते हुए पराहू ने कहा–''सुबह का तैयार ठंडा टिफिन मैडम दोपहर में खायँ, यह उचित नहीं साहब। फिर मेरे रहने से फायदा ही क्या? मैं मैडम को ताज़ा और गर्म टिफिन स्कूल में पहुँचा दिया करूँगा। यहाँ से मैडम का स्कूल कोई दूर भी तो नहीं...।''

पराहू की इस बात पर प्रसन्नदृष्टि से रेणु ने मुझको देखा और मैंने रेणु को। इस क्षण आँखों ही आँखों में हमने एक-दूसरे से यह कहते हुए महसूस किया कि भले ही अधिक पैसा ले रहा पराहू, लेकिन आदमी काम का है। ऐसे आदमी को अधिक देना भी अखरने वाला नहीं...।

वैसे तो डॉ. एम. के. सिन्हा के यहाँ पराहू को हल्के-फुल्के रूप में मैंने देखा था, कभी उनके घर से बाहर जाते तो कभी उनके घर में प्रवेश करते हुए। लेकिन अब अपने यहाँ उसकी पूरी आकृति मेरे सामने थी। वह साँवले रंग और भरे-भरे शरीर के मँझोले कद का इंसान था। शायद डॉक्टर लोगों के यहाँ खा-खा कर ही उसका शरीर ऐसा हुआ था। उसकी आँखें छोटी-छोटी थीं तथा माथे के बाल खिचड़ी।

उसकी अवस्था मुझे पैंतीस से चालीस के आसपास जान पड़ी। उसके बाल-दाढ़ी करीने से बने हुए थे। हमारे यहाँ वह पैंट कमीज में आया था। लेकिन रसोई में काम करते हुए उसने कमीज निकाल दी थी। अब सिर्फ बनियान और पैंट में था। फिर भी साफ-सुथरा लग रहा था। ऐसे काम करने वाले रसोइये और मजदूर अक्सर साफ नहीं रहते। सम्भव है, यह चिकित्सकों के यहाँ रहने का ही असर हो। सफाई पसन्द हम दोनों पति-पत्नी के लिए यह और अच्छी बात थी। पराहू की एक और विशेषता हमें जँची। वह हँसते या मुस्कराते हुए ही बात करता। अवश्य चिकित्सक परिवार से ही यह सलीका उसने पाया होगा।

डूयूटी पर जाते हुए हम प्रतिदिन अपने घर ताला लगा कर जाते थे। लेकिन अब इसकी आवश्यकता खत्म हो गयी थी। निकसार के हमारे बरामदे में एक चौकी पड़ी थी। मैंने पराहू को समझा दिया—"हम अपनी नौकरी पर चले पराहू। घर अब तुम्हारे जिम्मे। रसोई के काम निपट जायँ तो बरामदे की इसी चौकी पर आराम करना। यहाँ रहोगे तो हमारी अनुपस्थिति में आने-जाने वाले लोगों की जानकारी भी रख सकोगे। हमारी डाक, पोस्टमैन इसी बरामदे में फेंक जाता है। अब उसे लेकर मेरी मेज पर करीने से रख देना...।"

इस पर पराहू ने हमें आश्वस्त किया—"आपलोग एकदम निफिकिर होकर जाइये साहब जी, मैडम जी। मेरे रहते यहाँ का एक पत्ता तक नहीं खरकेगा...। हम जिसका नमक खाते हैं उसका सरिअत भी देते हैं। आज तो अभी पहिला ही दिन है। आप लोगन को खुदे बुझा जायेगा...।"

अपने-अपने कार्यस्थलों पर जाते हुए हम अक्सर हलकान-परेशान अनुभव करते थे। एक निर्धारित समय में निरन्तर बढ़ते अपने गृहकार्य को जल्दी-जल्दी निपटाने के बावजूद हमें लगता कि अभी कुछ छूट ही गया। कि अच्छी तरह कार्य नहीं हुआ। लेकिन पराहू की उपस्थिति में अब बहुत राहत और इत्मीनान का अनुभव करते जा रहे थे। यहाँ पुनः प्रसन्न नजरों से हमने एक-दूसरे को देखा जैसे कह रहे हों, हम दोनों के लिए यह बहुत अच्छा हुआ। काश! ऐसा और पहले हुआ रहता।

अपने समय के अनुसार लगभग तीन बजे मैं वापस आया। उस वक्त पराहू को बरामदे की चौकी पर मुस्तैद पाया। मेरी डाक भी सहेज कर उसने मेज पर रख दी थी। अब मेरे आते ही वह सक्रिय हो गया—"हाथ-मुँह धोकर तैयार हो जाइये साहब। खाना अभी एकदम गरम है। आपने जो समय बताया था उसके हिसाब से अभी-अभी बनाया है। अब आपकी राह ताक रहा था...।"

विश्वविद्यालय से आते हुए अक्सर मैं तेज भूख महसूस करता रहता। तब सुबह का बना ठंडा खाना ही जल्दी-जल्दी खा लेता। उसे गर्म करने का धैर्य और चेत भी नहीं रहता। लेकिन अब मेरे हाथ-मुँह धोकर बैठते ही पराहू ने एकदम गरम-गरम खाना परोस दिया—चावल, दाल, रोटी, सब्जी, भुजिया और चटनी। ऐसे

खाने पर भी उसने कुछ अफसोस ही जताया—"दो-तीन तरह की सब्जी घर में न होने के चलते एक ही बनाया। आज पहला दिन था। कल से अधिक बना कर रखूँगा। शाम में सब्जियाँ ले आऊँगा...।"

अब मैं अपने को रोक नहीं सका—"यह बहुत है पराहू...।"

"नहीं साहब, यह तो कुछ नहीं। डॉक्टर लोग तीन-चार से कम सब्जियाँ कभी नहीं खाते...।"

"हमारी आदत वैसी नहीं पराहू। शाम में चाहे तुम जो-जो सब्जियाँ खरीद कर लाना। लेकिन इससे अधिक कभी मत बनाना...।"

पराहू का खाना चखते ही मेरा मन प्रसन्न हो गया। सचमुच बहुत स्वादिष्ट खाना—"तुमने तो कमाल कर दिया पराहू। वाकई बहुत अच्छा खाना बनाते हो...।"

"यह तो मेरे हाथ का साधारण खाना है साहब। कोई विशेष चीज कह कर बनवाइये तब देखिये...।"

"छुट्टियों में बनवायेंगे पराहू। चलो, अब तुम्हारे साथ मजा आ जायेगा...।"

अवसर अनुकूल जान अपने अन्य कार्य की सूचना भी पराहू ने दी—"स्कूल में मैडम जी को भी गरम टिफिन दे आया। मैडम जी के साथ बहुते मैडम लोग थीं। जब हम टिफिन लेकर पहुँचे तो सब लोग चिहा गयीं। फिर मैडम जी ने हमारे बारे में सबको बता दिया...।"

अब मैंने जानना चाहा—"स्कूल जाते हुए घर खुला था या दरवाजा बन्द था...?"

जवाब में उसने अपनी चौकसी का परिचय दिया—"दरवाजा बन्द कर ताला लगा दिया था। एक बार जो बात बता चुके हैं, उसमें हमसे गफलत होने वाली नहीं साहब...।"

अपने समय पर रेणु भी आ पहुँची। अक्सर रेणु के आने पर चाय-नाश्ता मैं ही देता। स्कूल से वह थकी और परेशान लौटती। लेकिन अपने काम में चतुर और माहिर पराहू ने रेणु के हाथ-मुँह धो कर बैठते ही चाय-नाश्ता लाकर रख दिया। यह देख हम दोनों पति-पत्नी का मन पुनः सुखद अनुभूति से संचारित हो उठा। पराहू ने रेणु के साथ मेरे लिए भी चाय बनाई थी। इस पर मैंने कहा—"और तुम्हारी चाय पराहू? अपने लिए भी चाय ले आओ। हमारे लिए जब भी चाय बनाओ, अपने लिए भी उसमें डाल दो...। अब तुम्हारा भी घर यही है। तुम कहीं दूसरी जगह चाय पीने तो नहीं जाओगे...?"

पराहू तो जैसे मेरे इस कथन की ही प्रतीक्षा में था। अब फुर्ती से अपने लिए भी चाय बना कर ले आया। चाय पीने के बाद अवसर अनुकूल देख अब मैं अपनी मेज पर आ गया। गृह-कार्य के नाम पर फिलहाल मेरे जिम्मे कोई दूसरा कार्य अब नहीं था। पराहू ने पूरी जिम्मेवारी ले ली थी। पराहू नहीं होता तो रात के खाने की

तैयारी में परेशान रेणु इस वक्त मुझे लिखने नहीं देती—''यह भी कोई लिखने का समय है? कल के लिए साग-सब्जी कब आयेगी? गैस चूल्हे का एक बर्नर जल ही नहीं रहा। स्टेशन एरिया से किसी मिस्त्री को पकड़ कर ले आइये। प्रेशर कुकर की खराब सीटी को भी बदलवा दीजिए। खाना बनाने में बहुत कठिनाई होती है...।''

लेकिन अब तो खुद वह कार्यमुक्त और इत्मीनान थी। पराहू को साग-सब्जी लाने के लिए समझा रही थी। घर के कुछ और जरूरी कार्य उसे बता रही थी। मैं लक्ष्य कर रहा था, पराहू को बताने-समझाने के बाद रेणु अब समझ नहीं पा रही थी कि स्वयं क्या करे? बराबर तनावपूर्ण रहने वाले उसके चेहरे से अब चिन्ता की रेखाएँ भी गायब। प्रसन्नचित्त वह सोफे पर आराम से बैठ गयी। फिर टी. वी. ऑन कर देखने लगी। यह देख कर मुझे बहुत खुशी हुई। लम्बे समय बाद रेणु को इस तरह निश्चिन्त होकर टी. वी. देखते पा रहा था...।

साग-सब्जी लेकर आने के बाद पराहू हमारी ओर मुखातिब हो गया—''साहब जी! मैडम जी! शाम के इस बखत आप लोग घर में न बैठें, कहीं टहल कर आ जायँ। डॉक्टर लोग शाम-सुबह दोनों बखत पार्क में जा कर टहलते हैं। अब यहाँ घर में हम हैं ही। हमारे रहते हुए घर के किसी काम के बारे में आपलोगों को नहीं सोचना...?''

अपनी इस बात से पराहू ने तो जैसे हमारी दबी-सोई इच्छा जगा दी। हमारे चिकित्सक अक्सर कहते रहे थे कि हम दोनों को सुबह-शाम टहलना चाहिए। अगर दोनों समय सम्भव न हो तो किसी एक वक्त तो अवश्य। लेकिन नौकरीजीवी जीवन के पारिवारिक चक्रव्यूह में चाहते हुए भी हम समय नहीं निकाल पाते। पर एक अनुभवी नौकर ने घर की जिम्मेवारी लेकर इस ओर हमारा ध्यान आकृष्ट कर दिया था। अब नौकरी के बाद का सारा समय हमारा अपना था। मैंने रेणु की ओर देखा। वह मुस्करा रही थी। परेशानियों में अक्सर झल्लाती रहने वाली रेणु के चेहरे पर यह मुस्कान मुझे बहुत अच्छी लगी। सन्ध्या भ्रमण उसका प्रिय कार्य था जो इधर काफी समय से स्थगित था। मेरा संकेत पा अब वह तत्क्षण तैयार हो गयी। बस, हम चल पड़े।

हमारे घर के लिए यह सुविधा थी कि जैन कॉलेज का पार्क नजदीक था। हम शीघ्र ही वहाँ पहुँच गये। वहाँ का परिवर्तित मनोरम दृश्य देख रेणु सुखद आश्चर्य से चौंक उठी—''अरे, यह तो पहचान में ही नहीं आ रहा कि वही पार्क है जहाँ हम आते थे। फूल, पत्तियों और हरियाली से लदराया पूरा पार्क कितना अच्छा लग रहा...! वह देखिये, अपराजिता के फूल। उधर अड़हुल के फूलों से भरी टहनी...। अपराजिता और अड़हुल के कुछ फूल तोड़ लेती हूँ। कल पूजा में चढ़ाऊँगी...।''

''चलते वक्त तोड़ लेंगे रेणु। अभी पार्क के कुछ चक्कर तो लगा लें कि टहलना भी हो जाय...।''

“कल से हम यहाँ नियमित आयेंगे। यहाँ प्राकृतिक दृश्यों के बीच खुली हवा में टहलना कितना अच्छा लगता है...। पहले टहलती थी तो मेरे पैर का दर्द खत्म हो गया था। टहलना छूटने से फिर कायम हो गया...।”

“अब फिर खत्म हो जायेगा रेणु। टहलने का अपना सिलसिला अब हमें स्थगित नहीं करना। स्वास्थ्य अच्छा रहता है तभी नौकरी से लेकर घर-परिवार के बीच जीना सुखकर लगता है। उम्र की इस ढलान पर तो हमारे लिए यह और आवश्यक है...।”

टहल कर जब हम वापस आये, पराहू रात के खाने की तैयारी में लगा था। सोफे पर बैठ हम अभी इत्मीनान ही हो रहे थे कि हमारे समक्ष वह चाय लेकर उपस्थित हो गया। अब उसे समझाना मुझे आवश्यक जान पड़ा—“हम इतनी चाय नहीं पीते पराहू। सुबह-शाम ले लिया, बस काफी है...।”

“टहल कर आने पर लोग पीते हैं साहब जी। अब कल से नहीं बनाऊँगा...!”

लेकिन रेणु ने पराहू की इच्छा स्थगित नहीं होने दी—“बनाना पराहू। पर मात्रा एकदम कम रखना...।”

चाय पीने के बाद अब मैं पुनः अपनी मेज पर आ गया। खाना खाने में अभी देर थी। टहल कर आने के बाद अपने को ताज़ा महसूस कर रहा था। मैं जानता था, ऐसी मनःस्थिति का लेखन हर दृष्टि से बेहतर होता है...।

इधर रेणु, पराहू से बातचीत में लग गयी। आज पहला दिन था, इसलिए पराहू से उसे बहुत कुछ जानना और उसे बहुत कुछ बताना था। उसे अब अधिकांश बातें पराहू से ही कहनी थीं। घर में किसी अन्य के न होने से ही अपने राग-द्वेष मुझ पर उड़ेलती थी। पर अब मेरे लेखन को लेकर उसके मन में कोई शिकवा-शिकायत नहीं थी...।

रात का खाना भी हमें बहुत अच्छा लगा। रेणु ने जो कहा था, पराहू ने वही बनाया था। लेकिन नये हाथ के नये अन्दाज ने स्वाद में नयापन ला दिया था। अब हम आराम से अपने बिस्तरे पर आ गये। लम्बे समय बाद आज सोते हुए हमारा मन सुखद अनुभूतियों से भरा था। इससे पूर्व बिस्तरे पर आते हुए भी हम निश्चित कहाँ हो पाते थे? अगले दिन ड्यूटी जाने से पहले पूरे गृहकार्य से निपटने की जिम्मेवारी हमारे सिर पर सवार रहती थी। लेकिन अब हम बिल्कुल निश्चिन्त थे...।

मैंने अनुभव किया था, जहाँ एक ओर चिन्ता और परेशानियों में जल्द नींद नहीं आती, वहीं दूसरी ओर अत्यधिक सुखद अनुभूतियाँ भी हमें सोने नहीं देतीं। फिलवक्त हमारी मनःस्थिति दूसरी तरह की ही थी। अब रेणु ने कहा—“अगर पराहू टिक जाता है तो हमें नया जीवन मिल जायेगा...।”

मैंने रेणु को आश्वस्त किया—“उसे टिकना ही है। क्यों नहीं टिकेगा? जब

उसकी माँग हमने मान ली तो फिर वह क्यों कहीं अन्यत्र जायेगा...?''

इस क्षण अब मैं स्पष्ट महसूस कर रहा था कि हम वही थे, हमारा घर वही था, बाह्य रूप में कहीं कुछ बदला नहीं था। लेकिन अन्दर से हम सब कुछ बदल गया महसूस कर रहे थे। हमें एक अपूर्व सुकून का एहसास हो रहा था। इससे पहले ऐसे सुकून का एहसास हमने कभी नहीं किया था।

अगली सुबह मुझसे पहले ही रेणु ने फोन कर बेटियों को यह सुखद सूचना दे दी। इस जानकारी से बेटियों को भी पर्याप्त खुशी हुई।

''आप लोगों को तो और पहले यह इन्तजाम कर लेना चाहिए था...।''

''पैसों के चलते पराहू को अब कभी हटने मत दीजिएगा। काम लायक नौकर अधिक पैसों पर भी नहीं मिलते। आप लोगों की आय का अब इससे अच्छा सदुपयोग और कुछ हो ही नहीं सकता...।''

पराहू के रहते हुए लगभग एक सप्ताह के अन्दर ही अपनी दुनिया हम पूरी तरह बदल गयी महसूस करने लगे। हमारी दिनचर्या भी अब पहले वाली नहीं रह गयी थी। हमारी दिनचर्या का पूरा समय हमारे निजी उपयोग के निमित्त सुरक्षित था। ऐसे में मैंने अपने सर्वप्रिय कार्य लेखन को सुचारु रूप दे दिया। अब विश्वविद्यालय जाने से पहले और विश्वविद्यालय से आने के बाद जो भी समय बचता, वह लेखन को सुपुर्द कर देता। वैसे तो मेरी चाय निर्धारित थी। लेकिन लेखकीय ऊर्जा के लिए कभी बीच में भी जरूरत महसूस होती तो पराहू को संकेत कर देता। बस, कुछ ही मिनटों में चाय मेरी मेज पर आ जाती।

रेणु भी अब अपनी निजी दुनिया के सुख में मग्न दिखती। अपनी रुचि के अनुसार घर की साफ-सफाई कराना, टी. वी. पर सीरियल और फिल्म देखना तथा संगीत के आनन्द में डूबना उसने शुरू कर दिया था। उसके पास मोबाइल फोन का एक ऐसा सेट था जिसमें प्रायः सभी महत्त्वपूर्ण शास्त्रीय एवं लोकप्रिय गीत संचित थे। लेकिन जीवन की सघन व्यस्तता में चाहते हुए भी वह उन्हें सुन नहीं पाती थी। अब खूब प्रेम से अपने उन प्रिय गीतों को सुनती तथा माथा हिलाती हुई आनन्द में झूमती प्रतीत होती। इस सम्बन्ध में अपने अन्तरमन की प्रतिक्रिया से रेणु ने मुझे अवगत भी किया–''जीवन के इस चौथेपन में नौकर रख हम कितनी राहत महसूस कर रहे हैं? कितना सुख पा रहे हैं! अब मुझे लगता है कि सचमुच उन लोगों का जीवन धन्य है जो प्रारम्भ से ही नौकर रखते रहे हैं। जो सुख हम चंद दिनों से महसूस कर रहे, वे लोग तो प्रारम्भ से ही उस सुख में ही जीते रहे हैं...।''

इस पर मैंने कहा–''ऐसा नहीं है रेणु। प्रारम्भ से नौकर रखने वाले नौकर के सुख का अनुभव नहीं करते। वह सुख उनकी दिनचर्या में समाहित हो जाता है। उसे वे अलग से महसूस कर ही नहीं सकते। एक जैसी स्थिति में जीने को अभ्यस्त होते हैं। उनसे अलग लम्बे समय तक कार्याधिक्य की परेशानियों और व्यस्तताओं

के बाद हमने नौकर रखा है इसलिए नौकर का वास्तविक सुख महसूस भी कर रहे हैं। दुःख के बाद ही सुख का अनुभव होता है। जो लोग बराबर सुख में ही रहे वे सुख का अनुभव कर ही नहीं सकते। वे तो एकरसता में ऊब और खीझ का अनुभव करते हैं...।''

मेरी यह बात सुन रेणु अब बोल उठी—''आपने कितना अच्छा तर्क दे दिया। आप लेखक आदमी हैं न! प्रारम्भ से नौकर न रखने की हमारी कमी को कितनी सफाई से छिपा दी...। ''

रेणु की इस बात पर अब हम दोनों हँस पड़े। मैंने अनुभव किया, लम्बे समय बाद हम दोनों की यह संयुक्त हँसी थी।

मैं महसूस कर रहा था, समय को जैसे पंख लग गये हों। अपने सुखद जीवन में हम मग्न और सन्तुष्ट थे। लेकिन कुछ ही दिनों के अन्तर्गत एक-एक कर तीन ऐसी घटनाएँ घटीं, जो हमारे सुख पर वज्रपात साबित हुईं। उन घटनाओं को चाहते हुए भी हम रोक नहीं सकते थे। अपनी स्वाभाविक प्रक्रिया में वे आयी थीं। उनके आगमन की कोई भनक और आहट हमें नहीं थी।

पहली घटना एकदम दोपहर में घटी जब मैं अपने निर्धारित समय पर विश्वविद्यालय से घर पहुँचा। बरामदे में पराहू को न देख सोचा-शायद रसोई में हो। मैंने पाया था, दोपहर का खाना जब बन जाता, वह बरामदे में ही रहता। लेकिन जिस किसी दिन कोई आइटम बाकी होता, रसोई में भिड़ा रहता। मैंने आवाज़ दी—''कहाँ हो पराहू...?''

जवाब में एक साँवली, सलोनी छरहरी स्त्री रसोई से निकल बरामदे में आ गयी। मुझे अब आश्चर्य की सीमा नहीं? पराहू की जगह यह स्त्री कहाँ से आ टपकी? कहीं हमारी अनुपस्थिति में यहाँ सड़क छाप स्त्रियों को बुला कर पराहू गलत काम तो नहीं करता? लेकिन मेरे आगमन के समय पर तो वह सचेत हो जाता। तब ऐसी स्त्री को यहाँ टिकने भी नहीं देता। इससे पहले कि कुछ और अन्दाज लगाता और उस स्त्री से पूछता, वह तत्क्षण बोल उठी—''आप साहब जी हैं न! अन्दर आ जाइये। मैं पराहू की घर वाली हूँ...।''

''और पराहू ? वह कहाँ है ?''

''ऊ बक्सर चले गये। अचानक उनकी बहन छत से गिर गयी है। जइसे बक्सर से उनको फोन मिला ऊ घर पर फोन कर हमको बुला लिये और बता दिया कि साहब जी को दोपहर में बढ़िया से खाना खिला देना है। ऊ शाम तक बक्सर से लौट आयेंगे साहब जी। वहाँ विलमेंगे नहीं...।''

''लेकिन इसमें तुमको बुलाने की क्या जरूरत? ताला बन्द कर बगल के घर में कुंजी दे देता। आने पर मैं स्वयं खा लेता...।''

''अरे नहीं साहब जी! अइसा कइसे हो सकता है? अपने काम के चलते हम

आपका काम हरज कर दें... ।''

''ठीक है। अब तुम चली जाओ। मुझे जानकारी मिल ही गयी। मैं खा लूँगा... ।''

''आप स्वयं खाना निकाल कर खायेंगे साहब जी! नहीं, नहीं। जिस काम के लिए दोपहर में भागी-भागी आयी उसे बीच में छोड़ कर कइसे जा सकती हूँ? आप हाथ-मुँह धोइये। पराहू के हाथ से मेरे हाथ का खाना आपको खराब नहीं लगेगा... ।''

''खाने के अच्छे-खराब की बात नहीं है पराहू बहू। वहाँ घर पर भी तो तुम्हारे जिम्मे काम होगा। पराहू को रखने से पहले मैं स्वयं ही तो खाना खा लिया करता था। तुम मेरी चिन्ता न करो, मैं खा लूँगा... ।''

''कैसे आपकी चिन्ता न करें साहब जी! जिस काम के लिए आप हमें दरमाहा दे रहे, उसमें हम ढिलाई नहीं कर सकते। पहले स्वयं खा लेते थे, यह दूसरी बात थी। अब हमारे रहते अइसा नहीं हो सकता। इस दोपहरी में घर पर मेरे जिम्मे कोई काम नहीं। अभी हमारे लिए सबसे जरूरी काम आपको खूब प्रेम से खिलाना है... ।''

अब उसकी इस बात का अन्दाज मुझे कुछ बदला-बदला-सा लगा। अब उसकी ओर आँखें उठा कर देखा तो वह अपनी शोख नजरों से मुझे निहारते-परखते मुस्करा रही थी। इस क्षण अपनी बांकी अदा से वह आकर्षक दिख रही थी। पराहू की औरत ऐसी हो सकती है, मैंने सपने में भी नहीं सोचा था। वह पराहू से बिल्कुल भिन्न थी, किसी अच्छे घर की सुघड़ सलीकेदार नार। उसके साँवले रंग के बावजूद सलोने चेहरे पर गजब की लुनाई थी। आँखें बड़ी-बड़ी और चंचल तथा बाल लम्बे-लम्बे। किसी साँचे में ढली नारी काया कमनीयता से भरपूर। चाल में लोच और नजाकत। मजदूर स्त्रियों जैसी कहीं कोई रुक्षता नहीं। हाथ-पाँव भी कोमल और नाजुक। अपनी समग्र आकृति में एक मोहक स्त्री। आमतौर पर नौकरों की पत्नियाँ ऐसी नहीं होतीं। वह ऐसी क्यों थी अब यह रहस्य मुझ पर हावी होता जा रहा था। पराहू की तरह अगर वह भी कहीं खट रही होती तो ऐसा कदापि नहीं होती। निश्चय ही ऐसा बने रहने के प्रति वह सचेष्ट रहती होगी। सम्भव है, पराहू भी उसे ऐसा बनाये रखने में सहयोग करता हो। लेकिन क्यों? रहस्य पर बढ़ता रहस्य!

मेरे हाथ-मुँह धो कर बैठते ही वह खाना लेकर उपस्थित हो गयी। पराहू की तरह ही गरम-गरम खाना। कुछ व्यंजन पराहू से भी अधिक स्वादिष्ट। मैं चुपचाप खाने लगा। अब वह बोल उठी—''पराहू जइसा खाना नहीं लग रहा है साहब जी...?''

''नहीं तो, ठीक है... ।''

''आप झूठ कह रहे साहब जी, मेरा मन रखने के लिए बोल रहे। खाना अच्छा होता तो पहला कौर खाते ही आप कह उठते... ।''

''ठीक है पराहू बहू। ठीक है... ।''

फिलहाल उससे अब अधिक संवाद स्थापित करने से मैं डर रहा था। अब वह मेरे समीप ही बैठ कर पंखा झलने लगी। मैंने मना किया—"रहने दो पराहू बहू। लाइन आ गयी है। पंखे का वह सामने वाला स्विच दबा दो...।"

"अरे नहीं साहब जी, बिजली के उस पंखे से पूरा खाना ठंडा जाता है। यह मैं धीरे-धीरे झल रही कि खाना भी नहीं ठंडायेगा और आप अच्छी तरह खा भी लेंगे...।"

"हमें ऐसी आदत नहीं। हम बिजली के पंखे में ही खाते हैं...।"

"बाकिर हमारे रहते ऐसा नहीं हो सकता साहब जी। हम यहाँ घूमने नहीं, आपको बढ़िया से खिलाने आये हैं...।"

अब फिर चुप हो जाना मुझे उचित जान पड़ा। लेकिन वह मुझे कब चुप रहने देने वाली थी? अब बिना माँगे ओड़ावन डालने लगी। इस पर न चाहते हुए भी मैं बोल उठा—"अब मुझे कुछ नहीं चाहिए। पहले ही खाना अधिक था...।"

"ओड़ावन को एकदम नकारना नहीं चाहिए साहब जी। मैं जास्ती नहीं दे रही। यह बस थोड़ा-सा तो आपको लेना ही है...।"

"हमारी उम्र अब अधिक और दबा कर खाने वाली नहीं रही पराहू बहू...।"

"लेकिन देखने में आपकी उमर तनिक भी अधिक नहीं लग रही साहब जी। आपकी मिट्टी बँधी है। आप तो एकदम नये लगते हैं...।"

अब यथार्थ बता कर उससे मैंने जान छुड़ाने की कोशिश की—"तुम्हारा दिमाग खराब हो गया है पराहू बहू। मैं पैंसठ का होने जा रहा हूँ...।"

"तो इससे क्या हुआ? अच्छे खानपान पर तो मर्द साठे पर पाठे होते हैं। आदमी मन से पुराना न हो तो उमर बढ़ने का तनिक भी असर नहीं होता...।" यह सुन अब पुनः नजरें उठा कर मैंने उसकी ओर देखा। इस पर वह मेरी आँखों में आँखें डाल कर मुस्करा उठी-ऐसी मुस्कराहट, जिसने क्षण भर के लिए मेरे मन की स्थिरता हिला दी। मेरा संयम डगमगा दिया। लेकिन तत्क्षण मैंने अपने पर नियन्त्रण कर लिया। अब मैंने उसकी ओर से अपनी नजरें घुमा लीं। मुझे यह समझते देर नहीं लगी कि फिलवक्त इसका इरादा सही नहीं। यह गलत उद्देश्य से ही यहाँ आयी है...।

खाना खाने के बाद अब मैं अपने बिस्तरे पर आ गया। मुझे लगा, अब यही अवसर है कि इस स्त्री को जल्द से जल्द यहाँ से भगा दें।

"पराहू बहू! जो खाना बचा हो उसे लेते जाओ। अपने घर पर ही खा लेना। इस समय अब यहाँ तुम्हारे लिए कोई काम नहीं। थोड़ी देर के लिए अब मैं सोऊँगा...।"

"ठीक है साहब जी। निश्चिन्त होकर सोइये। काम के बाद जाना ही है। आप लेटे हैं तो थोड़ा पाँव दबा देती हूँ। आपकी आँख लगते ही चल दूँगी...।"

"नहीं पराहू बहू, नहीं ! हमारी आदत किसी से भी पैर दबवाने की नहीं रही... । हम ऐसा एकदम पसन्द नहीं करते... ।"

लेकिन मेरी मनाही के बावजूद अपनी स्त्री की पूरी स्निग्धता तथा आतुर आमन्त्रण का एहसास कराती हुई वह मेरे पलँग के पैताने बैठ गयी। अब उसके हाथ मेरे पाँवों पर चले आये—"इससे बहुत आराम मिलता है साहब जी। देखियेगा, अब नींद जल्द ही आ जायेगी... ।"

पता नहीं, उसके हाथ के स्पर्श में ऐसा क्या था कि इनकार की अपनी सारी क्षमता को मैंने ध्वस्त होते पाया। इस क्षण मेरे अन्दर का पुरुष ठाठें मारने लगा। साठे पर पाठे होने का उसका कथन अब अपने अन्दर मूर्त्त रूप लेता महसूस कर रहा था। दोपहरी का यह एकान्त। हमारे और उसके अतिरिक्त घर में कोई नहीं। अपने सम्पूर्ण आकर्षण और भरपूर समर्पण के साथ मेरे समक्ष वह प्रस्तुत। ऐसे में उस विलक्षण नारी काया को भोग लेने में क्या हर्ज...? ऐसा अवसर जीवन में बार-बार नहीं आता। लेकिन हर बार की तरह यहाँ भी रेणु का एकनिष्ठ प्रेम और समर्पण आड़े आ गया। नयी उम्र में रेणु जैसी सर्वांग सुन्दरी और समर्पिता पत्नी पाना अपने भौतिक जीवन की मैं सबसे बड़ी उपलब्धि मानता था। फिर तो शादी के बाद से ही हम एक-दूसरे में खोये दाम्पत्य-प्रेम को कहीं गहरे में जीते रहे... । पति-पत्नी के रूप में प्रेमी-प्रेमिका और नर-नारी की हमारी चरम सन्तुष्टि ने हमारे बीच कभी किसी तीसरे को आने नहीं दिया। हमने किसी और की आवश्यकता कभी महसूस नहीं की। जब जवानी में विचलित नहीं हुआ तो इस वार्धक्य में ऐसा सोचना! नहीं, नहीं...! हर्गिज नहीं...!

अब मैं तत्क्षण बैठ गया और अपने पाँव भी समेट लिये। अपने को सँभालते ही उसे भगाने का अब नया तर्क भी मुझे सूझ गया—"स्कूल से रेणु अब आ रही होगी, पराहू बहू। तुम्हें यहाँ देखते ही बिगड़ उठेगी। अब तुम जल्दी से निकल जाओ... ।"

"मालकिन तो पाँच बजे आती हैं साहब जी! अभी तो उनके आने में टैम है... ।"

"पाँच बजे ही आती है। लेकिन आज पहले ही आ जायेगी। मैं विश्वविद्यालय में था तो उसने फोन किया था कि स्कूल में मीटिंग है। मीटिंग के दिन स्कूल पहले ही बन्द हो जाता है। अब उसके आने का एकदम समय हो गया है... ।"

मेरी यह बात सुन अब पराहू बहू के चेहरे पर हवाइयाँ उड़ने लगीं। अचानक उसके रंग में भंग हो गया। क्षण भर पहले अपनी मस्ती उड़ेलती वह अब क्षण भर बाद ही बेचैन दिखने लगी। बिना विलम्ब किये अब वह तत्काल पलँग से उतर रसोई की ओर भागी। फिर जल्दी-जल्दी अपना खाना ले आ गयी—"अब हम चलते हैं साहब जी! मुझसे जो भूल-चूक हुई हो उसे माफ कीजिएगा... ।"

और वह तेजी से चल पड़ी। अचानक यह आयी आफत टल गयी। अब मैंने जान में जान महसूस की। उसे भगाने के मेरे सारे तर्क निरर्थक चले गये थे, लेकिन रेणु के आगमन का यह तर्क अचूक साबित हुआ। किसी दुःस्वप्न की तरह गुजरी इस घटना का विश्लेषण अब मेरे लेखकीय मन में शुरू हो गया था। मेरा मन स्पष्ट कह रहा था, पराहू कहीं गया नहीं है, यह उसकी सुनियोजित चाल है। तो क्या पराहू अपनी पत्नी से यह सब भी कराता है? अवश्य! अगर नहीं कराता तो उसकी पत्नी उस रूप में आती ही नहीं। लेकिन वह तो देखता है कि हम दोनों पति-पत्नी प्रेम से रहते हैं। इससे क्या हुआ? प्रेम से रहने वाले पति-पत्नी भी मन और स्वाद बदलने के लिए ऐसा करते हैं...। मेरी दिनचर्या से अवगत पराहू ने जानबूझ कर दोपहरी के एकान्त का चुनाव किया। अगर मैं विचलित हो जाता तो वह बहुत कुछ बटोर कर ले जाती। फिर अक्सर उसका आना शुरू हो जाता। लेकिन पराहू स्वयं कमाता है। उसके घर के लोग भी कमाते हैं। फिर भी ऐसा कार्य! अवश्य कोई विवशता या मजबूरी रही होगी। जो हो, दाई-नौकर की आड़ में यह तो देह-व्यापार है। कुछ दाई-नौकर के परिवार ऐसे होते हैं। अभाव और गरीबी उनसे जो न करा दे। सम्भव है, यह उनके कार्य-व्यापार का ही हिस्सा हो...।

अब मैंने इसी क्षण दो निर्णय किये। पहला यह कि रेणु को यह घटना नहीं बतानी। जान चुकने के बाद वह पराहू को तत्काल निकाल बाहर करेगी। साथ ही इस घृणित कार्य के लिए उसकी कोई दुर्गति बाकी नहीं छोड़ेगी। दूसरा निर्णय यह कि पराहू के आते ही एकान्त में उसे सख्त हिदायत देनी है कि अगर दुबारा फिर ऐसा हुआ तो उसकी खैर नहीं। काम छुड़ाने के साथ-साथ उसे गम्भीर दंड भी दिया जायेगा। अब रेणु और पराहू के आने के बाद अपने निर्णय के अनुसार ही प्रस्तुत हुआ। यह देख मेरा मन आश्वस्त हो गया कि पराहू पर मेरे इस निर्णय का काफी असर हुआ।

पराहू से सम्बन्धित दूसरी घटना दूसरी तरह की रही। उस दिन विश्वविद्यालय से मैं बीच में ही घर आ गया था। अभी दूसरा क्लास ले ही रहा था कि एक सेवानिवृत्त शिक्षक के दिवंगत होने की सूचना आ गयी। बस, शोक सभा का आयोजन कर क्लास स्थगित कर दिये गये। ऐसे हर अवसर की भाँति मैं सीधे घर चल पड़ा। जब भी और जिस किसी कारण से क्लास स्थगित होते, मैं घर पहुँच अपनी मेज पर जम जाता। ऐसे समय का सदुपयोग लिखकर ही करता। उस दिन भी इसी उद्देश्य से घर पहुँचा। लेकिन देखा पराहू बरामदे में नहीं है। समझ गया, रसोई में होगा। रसोई का काम पूरा करके ही वह बरामदे में बैठता है।

अब मेरे मन में यह गोपनीय जिज्ञासा पैदा हुई कि चल कर देखें, रसोई में पराहू कैसे क्या कर रहा? मेरे रसोईघर की एक खिड़की हमारे रास्ते के गलियारे में खुलती थी। अब मैं चुपके से उस खिड़की के पास पहुँच गया। पराहू ने अन्दर

से वह खिड़की भिड़का दी थी। लेकिन हमारी वह खिड़की उनही हुई थी। पूरी तरह बन्द नहीं होती। फाँक रह ही जाता। अब उस फाँक से देखा तो चौंक गया। पराहू एक प्लेट में तीन-चार पीस मछलियाँ लेकर जल्दी-जल्दी खा रहा था। कड़ाही में तैयार मछलियाँ पास ही रखी थीं। कड़ाही का ढक्कन भी बगल में पड़ा था। चोरी-छिपे खाने के चक्कर में कड़ाही पर ढक्कन रखना भी भूल गया था। कड़ाही के पास ही खड़ा वह जिस तरह जल्दी-जल्दी खा रहा था उससे उसके प्लेट का जूठा कड़ाही में भी गिर सकता था। पराहू हमारी अनुपस्थिति में ऐसा करता है, यह जान कर मेरा मन खीझ से भर उठा। इसे हम क्या कुछ नहीं खिलाते हैं? फिर भी इस तरह खा रहा...?

अब मैं चुपके से बरामदे के पास आ गया। सुबह हम घर से निकल रहे थे तो ऐन वक्त मछुआरा टोकरी में मछलियाँ लेकर आ गया था। मछलियाँ ताजा थीं, उसकी टोकरी में फड़कती हुईं। हमें पसन्द आ गयीं। पराहू तो मांस-मछली के पीछे दिवाना रहता था। हमसे अक्सर कहता—"आपलोग मांस-मछली बहुत कम खाते हैं साहब जी...!"

जवाब में मैं उसे समझा देता—"कम ही खाना चाहिए पराहू। मांस-मछली में तेल मसाला अधिक पड़ता है जो स्वास्थ्य के लिए अच्छा नहीं होता...।"

अब दरवाजे पर आयी मछलियों को हमें खरीदते देख खुशी में झूम उठा पराहू—"बहुत अच्छा साहब जी। बहुत अच्छा मैडम जी। यह मछली खूब चटक बनेगी। ताजा मछली का स्वाद अलग होता ही है। मजा आ जायेगा...।"

मेरे कहने पर रेणु ने अपना टिफिन रख दिया। तय हुआ कि वह भी दोपहर में किसी कार्य के बहाने आ जायेगी फिर हम साथ-साथ मछली-चावल खायेंगे। लेकिन रसोई में पराहू को जिस रूप में देखा, उसने मछली खाने की सारी इच्छा समाप्त कर दी। यह अन्दाज कर कि पराहू अपने प्लेट की मछलियाँ खा चुका होगा, मैंने आवाज दी—"पराहू...।"

जवाब में वह शीघ्र ही आ गया। उसने हाथ-मुँह धो रखे थे। मुझ पर नजर पड़ते ही बोल उठा—"आज पहले ही आ गये साहब जी...।"

जवाब में मैंने सिर्फ इतना ही कहा—"हाँ...।"

अन्दर आकर अब मैंने पूछा—"मछलियाँ बन गयीं पराहू...?"

"हाँ, साहब जी...।"

"कैसी बनी हैं...?"

"अब तो खाने पर ही पता चलेगा साहब जी। गन्ध से तो लग रहा है कि अच्छी बनी हैं...।"

"एक प्लेट में दो-तीन पीस निकाल कर ले आओ पराहू...!"

मेरे इस कथन पर तत्परता से वह दो-तीन पीस लेते आया। उसे लगा कि मैं

चखने के लिए माँग रहा। लेकिन अब मैंने कहा—"इसे खाओ पराहू...!"

"नहीं साहब जी, आप खाइये। मैं इसे आपके लिए लाया हूँ...।"

"मैं बीच में कुछ नहीं खाता पराहू। जो भी खाना होगा, खाने के समय पर ही खाऊँगा...।"

"मैं भी उसी बखत खा लूँगा साहब जी...।"

"नहीं पराहू! तुम्हें अभी यह खाना है। अभी खाओ...।"

मेरी इस बात पर अब संशय की दृष्टि से वह मुझे देखने लगा, कहीं मैंने उसकी चोरी पकड़ तो नहीं ली है। इस पर अब पुनः मैं कह उठा—"खाओ पराहू। जल्दी खाओ। यह तुम्हें ही खाना है...।"

अब उसके चेहरे के भाव मुझे परिवर्तित नजर आने लगे। शायद उसके मन का संशय गहरा गया था। अब मैंने आदेश देते हुए कहा—"मैं तुमसे कुछ कह रहा हूँ पराहू! यह जो मछलियाँ ले आये हो, उसे खाने के लिए कह रहा। अब तनिक भी देर न करो। बार-बार मैं एक ही बात कहना नहीं चाहता...।"

मेरी यह सख्ती देख अब वह ढह चला। शायद समझ गया कि उसकी चोरी मैंने पकड़ ली है। बस, तत्क्षण उसने झुक कर मेरे दोनों पाँव पकड़ लिये—"माफ कर दीजिए साहब जी। दुबारा अब अइसा कभी नहीं होगा। मछली देख कर मन बहक गया था...।"

"ठीक है। चलो, वहाँ बैठो। मैं तुमसे कुछ पूछना चाहता हूँ...।"

अब वह मेरे सामने ही मचिये पर बैठ गया।

"पराहू, इस घर में तुम जब से आये हो, देख रहे हो, हम खाना तुम्हारे साथ ही खाते हैं अलग नहीं। तुम्हें अपने बाद भी नहीं खिलाते। इधर टेबुल पर हमारा खाना लगता है और उधर बरामदे की चौकी पर तुम्हारा, एकदम साथ-साथ। अपने काम कर चुके हर घरों की भाँति तुमने कहा था, आपलोग पहले खा लीजिए साहब जी। मैं बाद में खा लूँगा। लेकिन हम नौकर को नौकर नहीं, घर के सदस्य मानते हैं, इसीलिए कहा—नहीं पराहू। तुम हमारे साथ ही खाओगे। हमारे लिए जब भी खाना निकालो, अपने लिये भी लेते आओ। यह क्या कि हम पहले खा लें, और बचा-खुचा तुम्हारे जिम्मे रहे...।"

यह सुन अब वह स्वतः बकने लगा—"हाँ साहब जी ! हाँ साहब जी ! अइसा किसी घर में नहीं होता था। हमें माफ कर दीजिए साहब जी। माफ कर दीजिए...।"

मैंने फिर कहा—"खाने में जो भी बनता है, वह तुम ही निकालते हो, हमारे लिए भी और अपने लिए भी। हम कभी देखने भी नहीं जाते। आज भी मछली तुम्हीं निकालोगे। खाने-पीने की ऐसी छूट के बाद तुम्हारे मन को सन्तोष क्यों नहीं? रसोई में छिप कर तुम जिस तरह जल्दी-जल्दी मछली खा रहे थे, उससे लगता था कि तुमने कभी इच्छा भर मछली खायी ही नहीं। जहाँ तुम खड़ा होकर खा रहे

थे वहाँ कड़ाही में तैयार मछलियों पर ढक्कन भी नहीं था। जल्दीबाजी में तुम्हारा जूठा भी कड़ाही में गिर सकता था। हमने तुम्हें इतनी स्वतन्त्रता दे रखी है फिर भी तुम्हारी यह स्थिति...?"

मेरी इस बात पर अब उसने अपने दोनों कान पकड़ कर गिड़गिड़ाना शुरू कर दिया—"मुझसे बहुत बड़ी गलती हो गयी साहब जी। बाकिर अब मैं अपनी और अपने समूचे परिवार की कसम खा कर कहता हूँ कि अइसा अब इस जीवन में दुबारा कभी नहीं होगा...।"

"और अगर हो गया तब पराहू...?"

"तब मुझे दस लात देकर निकाल दीजिएगा साहब जी। तब जो सजाय दीजिएगा, मैं कुछ नहीं बोलूँगा...।"

उसके इस स्वीकार और प्रायश्चित्त के भाव ने मेरी सारी नाराजगी खत्म कर दी। गलतियाँ किससे नहीं होतीं। जब यह अपनी गलतियाँ स्वीकार रहा और भविष्य में कभी ऐसा न होने के लिए वचन दे रहा, तब फिर इसके प्रति सख्त बने रहना उचित नहीं—"ठीक है पराहू, इस बार हम महटिया जाते हैं, लेकिन अपनी बात याद रखना। आइंदे ऐसी गलती पर हम तुम्हारी कोई सफाई नहीं सुनेंगे...।"

"ठीक है साहब जी! अब कभी अइसा हो ही नहीं सकता...।"—और उसने पुनः मेरे पाँव छू लिये—"आपने माफ कर दिया साहब जी। आपका दिल बहुत बड़ा है। आप आदमी नहीं, भगवान हैं...! यह बात मैडम जी से मत कहियेगा साहब जी। मेरी लाज अब आपके ही हाथ में है...।"

"यह बात तुम नहीं भी कहते तब भी मैं रेणु को नहीं बताता। तुम्हारी ऐसी हरकत पर वह इतनी आसानी से तुम्हें नहीं छोड़ती...।"

और सचमुच रेणु के आने पर मैंने कुछ नहीं कहा। हम साथ-साथ मछली चावल खाये। वाकई मछलियाँ अच्छी बनी थीं। हालाँकि पराहू को जहाँ, जिस स्थिति में और जिस तरह मछलियाँ खाते देखा था, वह पूरा दृश्य मेरे जेहन में ताज़ा था। सम्भव है, इस वजह से अच्छी होते हुए भी मछली खाने का पूरा आनन्द मैं महसूस नहीं कर सका। उधर पराहू भी माथा झुका कर चुपचाप खाता रहा। अन्य दिनों की तरह हमारी ओर ताकने और कुछ बोलने का प्रयास नहीं किया। शायद रंगे हाथों पकड़े जाने के चलते मछली खाने का उसका आनन्द भी फीका पड़ गया था। इस दौरान रेणु ने कहा भी—"कड़ाही में और मछलियाँ बची हों तो ले लो पराहू। अधिक तेल-मसाले वाली चीज हम दुबारा नहीं खाते...।"

और समय होता तो इस बात पर वह फुर्ती से बची-खुची मछलियाँ अपने लिए लेते आता। लेकिन इस क्षण माथा झुकाये कह दिया—"शाम को ले लूँगा मैडम जी...!"

इसके बाद यह बात आयी-गयी हो गयी। मैं अपने को सहज बनाने की

कोशिश में लग गया। जानता था, पराहू के हटते ही लेखन के लिए समय निकालने का मेरा संघर्ष और बढ़ जायेगा। इस स्थिति में उस घटना को किसी दुःस्वप्न की भाँति विस्मृति के खाते में डाल देना उचित जान पड़ा। लेकिन यह देख कर मुझे आश्चर्य हुआ कि पराहू तो दो-तीन दिन के अन्दर ही सब कुछ भूल पूर्ववत् बन गया, जैसे कुछ हुआ ही न हो, जैसे जमीन पर गिरा कोई आदमी पीठ की धूल झाड़ उठ खड़ा हो जाय। उसकी यह सहजता मुझे खटक गयी। यह शीघ्र सहजता बता रही थी कि यह उसके जीवन की पहली घटना नहीं। अवश्य ऐसी घटनाओं का वह भुक्तभोगी रह चुका है। अब इस जानकारी ने मुझे फिर उसका पीछा कराना शुरू किया। मैं समय बदल-बदल कर विश्वविद्यालय से आता रहा और उसकी चोरी पकड़ने का प्रयास करता रहा। लेकिन वह दुबारा फिर पकड़ में नहीं आ सका। मैंने अपने मन को समझा दिया, कोई जरूरी नहीं कि जिस घटना का वह अभ्यस्त हो, लगातार उसकी पुनरावृत्ति करता ही जाय। जीवन के किसी मोड़ पर आदमी सुधर भी जाता है। मुझे लगने लगा, पराहू अब सँभल गया, चेत गया। अब वह फिर वैसा कुछ नहीं कर सकता।

लेकिन पराहू से सम्बन्धित तीसरी घटना ने मेरी इस सम्भावना को धत्ता बता दिया। मेरे अनुमान के गलत होने पर अपनी मुहर लगा दी। उसने हू-ब-हू वैसा ही नहीं किया जैसा पहले कर चुका था। पिछली दोनों घटनाओं से उसकी यह तीसरी घटना पृथक थी। लेकिन उद्देश्य वही, बल्कि और अधिक घातक। हमारे लिए तो पहले की घटनाओं की अपेक्षा ज्यादा कष्टप्रद और असह्य!

उस दिन भी रोज की भाँति हम स्कूल और विश्वविद्यालय जाने की तैयारी कर रहे थे। अचानक इसी बीच रेणु की चौंकती आवाज सुनाई पड़ी—"अजी सुनते हैं, देखिये न मेरा लॉकेट कहीं खो गया...?"

मैं तत्क्षण रेणु के पास जा पहुँचा। देखा, उसके गले में लटकते चेन से लॉकेट गायब था। पान के डिजाइन का उसका खूबसूरत लॉकेट सोने का था। महँगा भी। मैं पूछ उठा—"कब खोया रेणु? कैसे खोया...?"

"मुझे कुछ याद नहीं आ रहा। मैं तो जानती थी कि चेन में लॉकेट है। स्कूल जाने के लिए कपड़े बदल जब आईने के पास खड़ी हुई तो यह देख मेरा मन धक् से कर उठा कि चेन में तो लॉकेट है ही नहीं...!"

"तुम्हारे उस लॉकेट की अंकुसी ढीली हो गयी थी रेणु। पहले भी दो बार गिर चुकी थी। तुम्हारे कहने पर इस बार अंकुसी के दोनों छोरों को कस कर सटा दिया था। लेकिन कमजोर और ढीली पड़ती अंकुसियाँ फिर खुल गयीं। लेकिन इसमें घबड़ाने की क्या बात? यही कहीं घर में ही गिरी होगी, मिल जायेगी...।"

और हमने युद्धस्तर पर तत्क्षण उसकी खोज जारी कर दी। रेणु जिस कमरे में कपड़े बदल कर खड़ी थी शुरुआत उस कमरे से ही की। फिर बाथरूम में भी

हमने देखा जहाँ से अभी-अभी वह नहा कर आयी थी। पराहू भी हमारे साथ खोज में भिड़ गया—"आप चिन्ता न करें मैडम जी। यहाँ घर में कहीं गिरी होगी तो हम उसे बिना ढूँढ़े नहीं मानेंगे...। घर का कोना-कोना छान देंगे...।"

चूँकि रेणु सिर्फ स्कूल जाते वक्त ही आईने के सामने होती थी, इस स्थिति में स्कूल से पहले के किसी समय में और कहीं भी लॉकेट के गिरने की सम्भावना थी। उस सम्भावना के अनुसार हमने बिस्तरे पर भी ढूँढ़ा। शायद रात में गिरा हो...। लेकिन लॉकेट वहाँ भी नहीं मिला। पलँग के नीचे भी नहीं...। अन्य उन जगहों पर भी नहीं जहाँ उसके गिरने की उम्मीद थी। इस बीच हमारी ड्यूटी का समय भी अब बीतने लगा। अपनी ड्यूटी में समय की पाबन्द रेणु ने बेचैन होकर कहा—"अब मैं स्कूल जा रही। आज तीन-चार शिक्षिकाएँ सी. एल. पर हैं, इसलिए सी. एल. भी नहीं ले सकती। आपका जाना बहुत जरूरी न हो तो रुक जाइये और पराहू के साथ खोजवाइये...। मिलते ही मुझे फोन कीजिएगा। मेरा मन चिन्तित है...।"

"तुम निश्चिन्त होकर जाओ रेणु। ऐसी छोटी-छोटी बातों को लेकर परेशान मत होओ। उसे मिलना ही है...।"

रेणु चली गयी। अब मैं रुक गया। वैसे उसकी उपस्थिति में ही अधिकांश जगहों पर हम ढूँढ़ चुके थे। लेकिन फिर-फिर ढूँढ़ना शुरू कर दिया। अपनी जानकारी के तहत कोई स्थान छूटने नहीं दिया। अब पराहू ने कहा—"अगर टैम अधिक न बीता हो साहब जी, तो आप भी जा सकते हैं। मैं खाना बनाते हुए भी ढूँढ़ता रहूँगा। अभी तो कहीं नजर नहीं आया। कल मैडम जी स्कूल जा रही थीं तो मैंने उनके गले में देखा था। कहीं अइसा नहीं कि स्कूल में गिर गया हो या स्कूल के रास्ते में गिरा हो...।"

पराहू की यह बात सुन मैं चौंक गया। स्कूल जाते हुए रेणु को मैं रोज देखता था। लेकिन कभी उसके चेन और लॉकेट पर मेरी नजर नहीं होती थी, तो क्या पराहू की नजर उसके चेन और लॉकेट पर रहती थी? फिर मैंने अपने को समझा दिया, मैं लिखने-पढ़ने में व्यस्त रहने वाला आदमी और वह घरेलू नौकर। सम्भव है उसकी निगाह रहती हो। इस क्षण मुझे महसूस हुआ कि यहाँ अब और रुक कर मैं कुछ नहीं कर सकता। जहाँ-जहाँ ढूँढ़ना था, ढूँढ़ ही लिया। विश्वविद्यालय नहीं जाने पर सी. एल. देना पड़ जायेगा। वैसे भी हमारा सी. एल. सोलह दिन से घटा कर बारह दिन कर दिया गया था। उस पर भी आठ मैं ले चुका था। अब सिर्फ चार बचे थे जिसे विशेष परिस्थितियों के लिए रखा था। बस, मैं भी चल पड़ा...।

रोज की अपेक्षा विश्वविद्यालय से पहले ही वापस हुआ। अपने क्लास लेने के बाद कहीं नहीं रुका। मेरा ध्यान तो घर पर खोये रेणु के लॉकेट की ओर केन्द्रित था। जानता था, नहीं मिलने पर रेणु की चिन्ता जल्द खत्म नहीं होगी। हम वैसा लॉकेट फिर खरीद सकते हैं। लेकिन उसके मन की यह ग्रन्थि तो मैं नहीं निकाल

सकता कि सोना का खोना अच्छा नहीं होता। एक बार उसकी छोटी-सी छूँछी खोयी थी तो उसके मुँह से यह बात मैंने दो-तीन बार सुनी थी। मेरे यह समझाने पर भी कि यह सब मिथ्या धारणाएँ हैं, वह मानने को तैयार नहीं हुई। संयोग अच्छा था कि वह छूँछी मिल गयी।

विश्वविद्यालय से लौटने के बाद मैंने पाया, पराहू बरामदे में नहीं, रसोई में था। शायद पूरा खाना अभी तैयार नहीं हुआ था। मुझे देखते ही बोल उठा–"आज कुछ पहले ही आ गये साहब जी! कवनो बात नहीं। आधा से अधिक खाना बन गया है। आप कपड़े बदल कर हाथ-मुँह धोइये। तब तक मैं बाकी खाना तैयार कर लगा दूँगा। तनिक भी देर न होगी...।"

"खाने को लेकर मुझे कोई जल्दी नहीं, पराहू। यह बताओ, घर में कहीं लॉकेट मिला...?"

मेरी इस बात पर अब उसने पूरी आत्मीयता और विश्वसनीयता के लहजे में कहा–"नहीं साहब जी! यहाँ घर में ऊपर से नीचे तक सब जगह छान मारा। कोई दोबा-कोना नहीं छोड़ा। इहाँ गिरा होता तो मुझसे छिप नहीं पाता। ऊ घर से बाहर गिरा है साहब जी ! जरूर मैडम जी के स्कूल में गिरा होगा, नहीं तो स्कूल के रास्ते में...। बाकिर अब तक जिसकी नजर पड़ी होगी उसने ले लिया होगा। वह लॉकेट मैडम जी के भाग का नहीं था साहब जी! यह सोच कर ही अब सन्तोष करना होगा...।"

उसकी इस बात के जवाब में मैंने कुछ नहीं कहा। समय से पहले विश्वविद्यालय से इसलिए आ गया था ताकि नये सिरे से लॉकेट की खोज कर सकूँ। रेणु मुझे घर रह कर खोजने का दायित्व दे गयी है। अब आते ही मुझसे पूछेगी। मैंने पराहू से कह दिया–"जो भी बनाना हो इत्मीनान से बनाओ...। मैं रोज से पहले नहीं खा सकता। ऊपर की अपनी लाइब्रेरी में पढ़ने जा रहा हूँ। खाना तैयार हो जाय तो तुम बरामदे में जाकर बैठ रहना। पोस्टमैन आये तो डाक ले लेना। मुझसे कोई मिलने आये तो शाम का समय बता देना। कह देना कि अभी विश्वविद्यालय गये हैं। मुझे पढ़ते हुए डिस्टर्ब न करना...।"

पराहू को हिदायत दे अब मैं सीढ़ियों से ऊपर चल पड़ा। विश्वविद्यालय से ही यह बात मेरे मानस में उठ रही थी कि ऊपर सीढ़ी घर में पराहू के ठिकाने के पास तो हमने खोज की ही नहीं। जिस तरह उसने अपनी पत्नी को भेजा था, जैसे मछली खाते पकड़ा गया था, उसे देखते हुए अब बार-बार मेरा ध्यान उसी की ओर जा रहा था। उसे नीचे बरामदे में बैठे रहने का आदेश इसलिए दिया कि वह ऊपर आकर मेरी खोज को जान न सके। अपनी लाइब्रेरी में पढ़ने जाने का बहाना भी इसीलिए किया।

अब मैं ऊपर बने अपने सीढ़ी घर में सीधे पहुँच आया। उसी सीढ़ी घर के

आधे हिस्से में पराहू के रहने का इन्तजाम था। उसका बिस्तरा वहीं लगा था। उसके कपड़े और जरूरी सामान वहीं थे तथा आधे हिस्से में घर का कबाड़खाना। उस कबाड़खाने में टूटे-फूटे बर्त्तन, जूते-चप्पल, खाली हुए डिब्बे आदि रखे जाते। जब हमारा वह कबाड़खाना भर जाता, हम उसे किसी कबाड़ी के हाथों बेच देते।

पराहू के ठिकाने पर पहुँचने के बाद अब रह-रह कर यह खटका भी मेरे मन में उठ रहा था कि ऐसा हो सकता है, जब मैं विश्वविद्यालय गया था, उसी समय पराहू उसे ले जाकर कहीं छिपा आया हो। अब मुझे अफसोस भी हो रहा था कि आज विश्वविद्यालय नहीं जाना चाहिए था। फिर मुझे लगा, विश्वविद्यालय में मैंने तनिक भी देर कहाँ की? गया और आया। इस समय में पराहू खाना बनाना छोड़ कर कहीं नहीं जा सकता। अगर वह ताला बन्द कर कहीं जाता और मैं आ जाता तब तो मेरे सन्देह से वह बच नहीं पाता। चालाक पराहू ऐसा नहीं कर सकता। शाम में सब्जी आदि के लिए निकलने पर ही वह ऐसा कर सकता है। इस विचार ने अब खोज के प्रति मुझे आश्वस्त कर दिया।

अब पराहू के बिस्तरे से ढूँढ़ना प्रारम्भ किया। उसे उलट-पुलट कर ऊपर-नीचे अच्छी तरह देख लिया। वहाँ लॉकेट नहीं छिपा था। पास ही पराहू के कपड़े रखे थे, एक-एक कर सबको जाँच लिया। उसका एक पैंट कोने में टँगा था। उसमें भी ढूँढ़ लिया। अपनी मच्छरदानी लपेट कर उसने एक किनारे रखा था, उसे भी खोल कर देखा। पराहू खैनी खाता था। खैनी का उसका डिब्बा वहीं रखा था। लेकिन उसमें भी खैनी के सिवा कुछ नहीं। अब अपनी खोज पर मुझे खुद हैरानी हुई। अगर पराहू ने लिया भी होगा तो अपने सामानों के बीच वह हर्गिज नहीं रख सकता। चालाक चोर ऐसा नहीं कर सकते।

अब मेरा ध्यान कबाड़ की ओर गया। कबाड़ में उसे छिपा कर वह रख सकता था। लेकिन कबाड़ में खोजना मुझे मुश्किल काम जान पड़ा। फिर भी यह सोच कर मैं भिड़ गया कि यहाँ नहीं खोजने पर मन में अफसोस रह ही जायेगा।

अब एक सिरे से कबाड़ में ढूँढ़ने बैठ गया। जूते-चप्पल, टूटे-फूटे बर्त्तन, लोहे-लक्कड़ के सामान एक ओर करता गया। उनके बीच खुले में वह लॉकेट हो ही नहीं सकता था। इस दौरान जो बन्द डिब्बे मिलते, उन्हें हिला कर देख लेता। डिब्बे के भीतर कुछ भी होने पर उन्हें बजना ही था। लेकिन किसी डिब्बे से कोई आवाज नहीं आती। खाली डिब्बे से आवाज आ भी कैसे सकती थी? अब कोने में टूटे बर्त्तनों के नीचे एक डिब्बा मिला। उसे हिलाया तो कुछ होने का एहसास हुआ। लेकिन वह एहसास लॉकेट होने का नहीं लगा। लॉकेट होता तो डिब्बे में ठन-ठन बज जाता। अवश्य कोई दूसरी चीज होगी। अब निराश मन से ही वह डिब्बा खोला। लेकिन डिब्बा खोलते ही खुशी से मेरी आँखें विस्फारित हो गयीं। एक पुराने कपड़े में लपेट कर वह लॉकेट उसी में रखा हुआ था। पराहू की यह चतुराई देख मैं दंग था।

अब तेजी से नीचे उतर आया। पराहू बरामदे में था। शायद खाना बना चुका था। अब उसे तत्क्षण कमरे में बुलाया–"पराहू...!"

मेरी सख्त आवाज़ सुन वह उसी समय सामने आ गया। उसे देखते ही मैं उबल पड़ा–"अपनी चालबाजी से तू बाज नहीं आया। हमें कैसे झाँसा दे रहा था कि लॉकेट स्कूल में गिरा होगा नहीं तो स्कूल के रास्ते में...।"

मेरी इस बात पर वह हैरत से देखने लगा। बस, वह लॉकेट निकाल मैंने उसके सामने कर दिया। अब उस पर नजर पड़ते ही उसके होश गुम हो गये। एकाएक उसका चेहरा एकदम सूख कर काला पड़ गया, जैसे किसी जहरीले नाग ने डँस लिया हो। क्षण भर पहले वह जो दिख रहा था, अब क्षण भर बाद वह नहीं रह गया था। उसकी स्थिति किसी हताश, त्रस्त और पस्त व्यक्ति की बन गयी थी। अब वह समझ ही नहीं पा रहा था कि क्या कहे, क्या करे? कुछ देर के लिए तो बुत बना रहा। काटो तो खून नहीं। फिर काँपने लगा। अन्ततः रोते हुए पिछली बार की तरह मेरे पाँव पकड़ लिया–"बस एक बार अउर माफ कर दीजिए साहब जी! आप भगवान हैं। माई-बाप हैं। अब फिर अइसी गलती कभी नहीं करूँगा...।"

उसका यह प्रपंच देखते ही अब मैं कड़क उठा–"दूर हटो पराहू! और यह नाटक बन्द करो। तुम्हारी अब तक की घिनौनी करतूतों से मैं आजिज आ चुका हूँ। अधिक नौटंकी करोगे तो सीधे यहाँ से थाने ले चलूँगा। फिर तुम जानोगे और तुम्हारा काम जानेगा। वे तुझे कहीं कमाने लायक नहीं रहने देंगे। पूरा जीवन जेल में चक्की चलाते बीतेगा। इसलिए रोने-पीटने का नखरा बन्द कर मैं जो पूछता हूँ उसका सच-सच जवाब दो...।"

मेरी इस बात पर वह भयभीत हो उठा। मेरा पाँव छोड़ अब कातर दृष्टि से मुझे देखते हुए वहीं जमीन पर बैठ गया। इस क्षण अपने को एकदम दीन-हीन एवं विवश प्राणी बना लिया कि देखते ही दया आ जाय। मैंने अब सख्त शब्दों में पूछताछ शुरू की–"यह लॉकेट तुम्हें कब मिला...?"

"कल साहब जी...!"

"कहाँ...?"

"उस बगल वाले कमरे में जहाँ मैडम जी स्कूल से आने के बाद कपड़े बदलती है...।"–पराहू अब काँपती और मरियल आवाज में जवाब दे रहा था। लेकिन सच्चे और समर्पित भाव से। शायद वह जान गया था कि अब झूठ बोल कर और परेशानी में पड़ जायेगा।

उसकी बात पकड़ते हुए मैंने पूछा–"यानी कल जब वह स्कूल से आयी थी, उसके बाद ही तुम्हें मिला...?"

"हाँ, साहब जी...।"

"तो तूने रेणु को या मुझको क्यों नहीं दिया...?"

"सोना देख कर मन बदल गया साहब जी। अपनी नीचता पर उतर आया...।"

"मछली देख कर भी तुम्हारा मन बदल गया था। पकड़ाने पर माफी माँगते हुए कहा था कि फिर ऐसी गलती होने पर किसी भी तरह का दंड स्वीकार कर लोगे? तो बताओ, अब तुम्हें क्या दंड दूँ...?"

इस पर अब पराहू ने पूरी तरह अपने को समर्पित करते हुए कहा—"आपका नमक खा कर मैंने नमक-हरामी की साहब जी। वचन देकर फिर वैसी ही गलती। नीच अपनी नीचता नहीं छोड़ता। लती का लत नहीं छूटता। आपका दिल बहुत बड़ा है साहब जी। बातों से मुझसे पूछ रहे। किसी दूसरे घर में होता तो अब तक लातों की वर्षा शुरू हो गयी रहती। मुझ नीच-कमीने से अइसे बात मत कीजिए साहब जी। मेरे जइसे लोग मार की जाति होते हैं...।"—और वह पागलों की तरह अपने दोनों हाथों से अपने खुद के चेहरे को पीटने लगा। जोर-जोर से प्रहार करने लगा। मेरे लिए यह अप्रत्याशित दृश्य था। अचम्भित करने वाला। मैं समझ नहीं पा रहा था कि अब क्या करूँ? यह तो स्वयं अपने को दंड देने लगा। इस क्षण मेरी मेज पर पड़ा लकड़ी का गोलाकार रूल उसे दिख गया। सादे पृष्ठों पर लाइन खींचने के लिए वह रूल मैंने रखा था। अब झपट कर उसने रूल अपने हाथ में ले लिया तथा अपने माथे पर उसे कस कर दे मारा। बस, उसका माथा फूट गया। खून की धार बह चली। अब दौड़ कर मैंने उसे पकड़ लिया—"तू पागल हो गया है पराहू? खबरदार जो फिर अपने ऊपर वार किया...!"

मेरे इस जोरदार हस्तक्षेप पर वह रुक गया। लेकिन इस दौरान मार कर उसने अपना चेहरा सुजा लिया था। उसके नाखूनों से उसके चेहरे पर कई जगह नुचने और कटने के निशान भी बन गये थे। इधर माथे से खून बहना जारी था। अब तत्काल स्प्रिट लगी रूई उसके फूटे माथे पर रखते हुए कहा—"इसे कुछ देर तक दबाये रहो। खून गिरना बन्द हो जायेगा। फिर जो खून गिरा है, उसे साफ कर लो। और कान खोल कर सुन लो, दुबारा अगर फिर अपने ऊपर प्रहार किया तो मैं बर्दाश्त नहीं करूँगा...।"

पता नहीं, पराहू की इस घटना में ऐसा क्या था कि उसके प्रति मेरी सारी नाराजगी क्षण भर में ही काफूर हो गयी। अगर यह बुनियादी रूप से चोर-बदमाश होता तो ऐसा गम्भीर प्रायश्चित कभी नहीं करता। उसकी इस घटना ने अब मुझे सोचने के लिए बाध्य कर दिया था।

"पराहू ! तुम्हारे इस प्रायश्चित पर क्या कहूँ, समझ नहीं पा रहा। तुमने धर्म संकट में डाल दिया है। हालाँकि अब तुम्हें मैं अपने यहाँ नहीं रख सकता। रेणु अब तैयार होगी ही नहीं। लेकिन तुम्हें दंड देकर ही यहाँ से जाने दूँगा। तुमने किसी भी तरह का दंड स्वीकार लेने को कहा है। तो मैं तुम्हें अब यह दंड देता हूँ कि जहाँ कहीं भी काम पकड़ना वहाँ अब यह सब फिर मत करना...!"

"अब कभी नहीं करूँगा साहब जी ! मुझसे अब अइसे काम होंगे ही नहीं... ।"

"क्यों नहीं होंगे? तुमने तो खुद कहा है कि नीच अपनी नीचता से बाज नहीं आता और लती का लत नहीं छूटता...?"

"आपसे पहले मुझे इस तरह किसी ने भी नहीं समझाया था साहब जी! आपने ऊपर से तो नहीं मारा, लेकिन अइसा भीतर मार मार दिया है कि अब अगर मेरी पैदाइश में खोट होगी तभी अइसा गलत काम करूँगा...!"

अब इसी क्षण पराहू के दरमाहे का हिसाब चुकता कर अपने घर से उसे मुक्त कर दिया। रेणु के आने तक उसे रोके रखना मैंने उचित नहीं समझा। हालाँकि पराहू जब जा रहा था तो मैं अपने को असमंजस की स्थिति में महसूस कर रहा था। खून बहा कर ऐसा प्रायश्चित्त करने वाला अब फिर वैसी गलती नहीं कर सकता। तीन उड़ान में ही तीतर पकड़ाता है। तीन ठोकर के बाद ही आदमी सँभलता है। तीन बार तक की गलतियाँ क्षम्य भी होती हैं। लेकिन जानता था, रेणु ऐसी कोई दलील नहीं मानेगी। पराहू को अब वह हर्गिज नहीं रखेगी।

पराहू जैसे नौकरों, गरीबों, अभावग्रस्तों और दुःखी-पीड़ित लोगों के प्रति प्रारम्भ से ही मेरे मन में सहानुभूति के भाव रहे हैं। मेरे लेखन का एक मुख्य उद्देश्य हाशिए पर पड़े ऐसे वंचितों को उनका हक दिलवाना भी रहा है। लगभग मेरा समूचा लेखन ऐसे लोगों के प्रति पक्षधरता का ही लेखन रहा है। इस स्थिति में पराहू की विवशता मैं समझ रहा था। उसने जैसा गम्भीर प्रायश्चित्त किया वह उसके जैसे वर्ग के लोग ही कर सकते हैं, अरबों-खरबों के घोटालों में लिप्त सभ्य-समाज के सम्पन्न और सुविधाभोगी लोग नहीं। लेकिन अब उसे पहले की भाँति घर पर बनाये रखने में मेरी अकेली भूमिका कारगर होने वाली नहीं थी।

स्कूल से रेणु के आने पर मैंने सारी बात बता दी। फिर जैसा कि मेरा अनुमान था, अपने निर्णय पर वह अड़ी रही। उसने स्पष्ट शब्दों में कहा—"पराहू को हटा कर आपने बहुत अच्छा किया। अब उसे फिर रख कर हम उससे भी बड़ा धोखा खा जाते। आप लेखक आदमी हैं, भावना में बहने वाले। उसे अपने को पीटते देख आपका मन द्रवित हो गया। लेकिन मैं ऐसे नौकरों की नस-नस पहचानती हूँ। कुत्ते के दुम की तरह वे कभी सीधे नहीं होते, आप चाहे लाख प्रयास करते रह जाते... ।"

इस पर मैंने कहा—"लेकिन नौकर रखना हम दोनों के लिए बहुत जरूरी है रेणु। कल से फिर किसी नौकर की खोज में लग जाऊँगा...?"

यह सुन उसने सीधे मना कर दिया—"नहीं... । अभी कोई भी नौकर रखना हमारे लिए ठीक नहीं होगा। पराहू ने हमें अनुभव करा दिया। हमारी अनुपस्थिति में हर नौकर वही सब करेगा जैसा पराहू ने किया है। अब हमें रिटायरमेंट के बाद ही नौकर रखना है। अपनी उपस्थिति और निगरानी में ही हम उस पर नियन्त्रण रख सकेंगे... ।"

“तब तो घर के सारे कार्य फिर हम दोनों के जिम्मे ही आ जायेंगे...!”

“तो क्या हुआ? पहले भी तो हम सब कुछ करते हुए नौकरी निभाते रहे हैं। अपनी थोड़ी-सी सुविधा के लिए हम घर नहीं लुटा सकते...।”

अगले दिन फोन पर चारों बेटियों को भी यह सूचना मिल गयी। इस सम्बन्ध में उन सबों ने भी अब यही राय दी कि सेवानिवृत्ति के बाद ही हमें नौकर रखना ठीक होगा। जैसे पहले अपने कार्य करते आ रहे थे किसी तरह कुछ दिन और कर लें। आप लोगों के रिटायरमेंट में अब कुछ ही वर्ष तो रह गये हैं...!

इसके बाद ‘पुनः मुषको भवः’ की तरह मेरे लेखन के समक्ष समय न मिलने का संकट कायम हो गया। अपने दैनन्दिन कार्यों के बीच अब समय निकालने की मारामारी शुरू हो गयी। घर-गृहस्थी और नौकरी में सन्तुलन कायम कर ही मैं लिख सकता था। पारिवारिक स्तर पर ऐसे संघर्ष से परिचित था। अब यह पारिवारिक संघर्ष पूर्ववत् जारी हो गया...।

नौ

लेखन के लिए समय निकालने के पारिवारिक संघर्ष की अपेक्षा विभागीय (कार्य स्थल के) संघर्ष को मैंने कम कठिन और जटिल नहीं पाया है। नौकरी की जरूरतों एवं अनिवार्यताओं को पूरा कर ही लेखन के बारे में सोचा जा सकता है। मैं बचपन से ही सुनते आ रहा था—'उत्तम खेती। मध्यम बाण। नीच चाकरी। भीख निदान।' पर व्यवहार के धरातल पर यह लोकोक्ति मुझे उल्टी जान पड़ती। मैं देखते आ रहा था, खेती करने वालों का जीवन कष्ट एवं अभावों से भरा होता, जब कि नौकरी एवं व्यवसाय से जुड़े लोग सुख, समृद्धि एवं सुविधाओं को जीते रहते। बाद में नौकरी से जुड़ने पर इस लोकोक्ति का वास्तविक अर्थ मैं समझ सका। यहाँ उत्तम से अभिप्राय सुख, समृद्धि एवं सुविधा-सम्पन्नता से नहीं, व्यक्ति मन की स्वतन्त्रता और उन्मुक्तता से रहा है। अपनी खेती करने वाला व्यक्ति, नौकरी जीवियों एवं व्यवसायियों की तरह पराश्रित नहीं होता। उसका जीवन नौकरी एवं व्यवसाय के नियमों से परिचालित एवं बँधा नहीं। वह अपनी मन-मर्जी का मालिक होता है, किसी भी तरह के अंकुश एवं पाबन्दी से मुक्त। अपनी इच्छा के अनुसार कुछ भी करने को स्वतन्त्र।

लेखन मैंने छोटी उम्र में ही शुरू कर दिया था, विद्यार्थी जीवन से ही। पर लेखन से जीविकोपार्जन सम्भव होता न देख किसी नौकरी से जुड़ना अनिवार्य हो गया। इस स्थिति में लेखन के अनुकूल विश्वविद्यालय शिक्षक का पद मुझे सर्वाधिक उपयुक्त जान पड़ा। मित्रों ने सुझाया और मेरे मन ने भी कहा, किसी विश्वविद्यालय या कॉलेज में शिक्षक होकर जहाँ एक ओर अपने जीविकोपार्जन की समस्या हल कर लूँगा, वहीं दूसरी ओर लिखने के लिए पर्याप्त समय, अवसर और माहौल भी पाता रहूँगा।

लेकिन बाहर से जैसा सुना और सोचा था, अन्दर आने पर वैसा महसूस नहीं हुआ। यहाँ का माहौल मुझे सृजन विरोधी लगता रहा। लम्बे समय तक यहाँ काम करते हुए अपनी रचनात्मकता बनाये रखने के साथ-साथ यहाँ के छात्रों और शिक्षकों को भी रचनात्मकता से जुड़े रहने के लिए प्रेरित करता रहा। लेकिन इस अभियान और संघर्ष में कभी सफल नहीं हो सका। यहाँ के माहौल में न तो अपने सृजन के लिए अपेक्षित समय पा सका और न अपने छात्रों तथा मित्र-शिक्षकों को

रचनात्मकता से जोड़ सका। यहाँ के परम्परित रूढ़, ठस्स और जकड़े माहौल से निरन्तर टकरा-टकरा कर स्वयं ज़ख्मी और लहूलुहान होता रहा।

इस सम्बन्ध में हिन्दी के प्रोफेसर डॉ. दीनानाथ सिंह का व्यक्तित्व मुझे अलग से आकर्षित करता रहता था।

उस समय डॉ. दीनानाथ सिंह एच. डी. जैन कॉलेज, आरा के हिन्दी विभाग में प्राध्यापक थे। गहरा साँवला रंग, भरा-भरा स्वस्थ शरीर, धोती-कुर्त्ते का सामान्य लिबास। आरा की गलियों से गुजरते हुए उन्हें देख कर ऐसा लगता जैसे किसी गाँव के ठेठ किसान हों। लेकिन जब किसी मंच पर खड़े होकर बोलने लगते तो पूरा सभागार मन्त्रमुग्ध। सरस्वती के वरद् पुत्र। भाषा एवं साहित्य पर पूरा अधिकार। बड़ी से बड़ी भीड़ को भी नियन्त्रित कर देने की क्षमता रखते। छात्रों के प्रिय हिन्दी प्राध्यापक। पूरे शहर में ख्यात। विश्वविद्यालय सेवा में रोजगार पाने के साथ-साथ हिन्दी शिक्षक के रूप में ऐसे प्रेरक व्यक्तित्व की पहचान से अपने लेखकीय व्यक्तित्व को मैं और विस्तृत पा रहा था।

कॉलेज शिक्षक के रूप में मेरी शुरुआत कुँवर सिंह कॉलेज, आरा से हुई। फिर कुछ समय तक बी. डी. इवनिंग कॉलेज पटना में रहा। तत्पश्चात् रामगढ़ कॉलेज, रामगढ़, हजारीबाग में। फिर एस. एस. मेमोरियल कॉलेज, कांके रोड, राँची में पहुँचा। उसके बाद एच. डी. जैन कॉलेज, आरा में चला आया। फिलहाल वीर कुँवर सिंह वि. वि., आरा के स्नातकोत्तर हिन्दी विभाग में हूँ, जहाँ सेवानिवृत्त होने में अब कुछ ही समय शेष है...।

इधर-उधर फुटकर कार्य करने के बाद राज्य सरकार के तहत राँची विश्वविद्यालय की सेवा में 1 दिसम्बर 1981 को मैं विधिवत् व्याख्याता नियुक्त हुआ। मेरे रचनात्मक लेखन के चलते ही मेरी नियुक्ति हुई। उस वक्त तक मेरी चार-पाँच पुस्तकें प्रकाशित हो चुकी थीं, जो चर्चाओं में थीं। नियुक्ति के साक्षात्कार में सम्भवतः अपनी तरह का मैं अलग अभ्यर्थी था। मैंने न तो पीएच. डी. की उपाधि हासिल की थी और न मेरा एकेडमिक कैरियर ही अच्छा था। सिर्फ अपने लेखन के बूते पहुँचा था। वहाँ मेरी तुलना में पीएच. डी. डिग्रीधारी तथा अच्छे एकेडमिक कैरियर वाले छात्र भरे हुए थे। उनके बीच मैं अपने को संकट और असमंजस में महसूस कर रहा था। फिर भी नियुक्ति के पैनल में मुझे ऊपर स्थान प्राप्त हुआ। इस परिणाम ने सृजन के प्रति मेरी आस्था तथा निष्ठा और बढ़ा दी।

उसके बाद जहाँ-जहाँ कार्य किया, क्षणिक परिवर्तनों के साथ एक जैसे अनुभवों से ही गुजरता रहा। नियुक्ति में अपनी रचनात्मकता को लेकर भले ही मुझे महत्त्व मिल गया। लेकिन कार्यस्थलों पर अब उसी रचनात्मकता को कमतर और हेय साबित करने के प्रयास शुरू हो गये थे—"अब आप विश्वविद्यालय में आ गये मिथिलेश्वर जी। अब सबसे पहले पीएच. डी. कर लीजिए। कहानी-उपन्यास तो फिर लिखा जाता

रहेगा। अभी आपका पी. एच. डी. कर लेना हर दृष्टि से अच्छा रहेगा...। बिना पीएच. डी. के यहाँ काम चलने वाला नहीं... ।''

मैं समझ गया, बगैर पीएच. डी. के यहाँ चला तो आया, लेकिन यहाँ के पीएच. डी. डिग्रीधारी इसे कब बर्दाश्त करने वाले थे? मेरे लेखन की अपेक्षा पीएच. डी. की उपाधि को अधिक श्रेष्ठ बता कर अब वे अपना महत्त्व प्रदर्शित करने लगे थे। इस स्थिति में चुप रह जाना ही मुझे उचित जान पड़ा। पर मुझे चुप देख अब मेरी ओर से जवाब एक दूसरे शिक्षक ने देना शुरू कर दिया—''अरे भाई, मिथिलेश्वर की नियुक्ति पीएच. डी. के चलते नहीं, लिखने के चलते हुई है... ।''

इस पर उस पहले वक्ता ने कहा—''अब चाहे जैसे हुई हो, लेकिन कहानी-उपन्यास लिखने की अपेक्षा अध्ययन-अध्यापन के लिए यहाँ गहन विवेचन और विश्लेषण के काम करने पड़ते हैं। यहाँ रचनाकार होकर नहीं, विद्वान होकर जीना होता है। विद्वत्तापूर्ण शोध पर ही हम व्याख्याता से रीडर और फिर प्रोफेसर बन पाते हैं तथा अपने छात्रों को भी लाभान्वित कर सकते हैं...!''

''मिथिलेश्वर जी की स्थिति इससे पृथक है डॉक्टर साहब। इनकी रचनाओं पर तो कई जगह शोध-कार्य हो रहे हैं। इस स्थिति में इन्हें शोध की क्या जरूरत...?''

''जरूरत है शर्मा जी। जो बात आप कह रहे या मिथिलेश्वर जी समझ रहे हैं, उसे यू. जी. सी. जैसे राष्ट्रीय और उच्च शिक्षा के सर्वोच्च संस्थान ने क्यों नहीं समझा? हम शिक्षकों से सम्बन्धित यू. जी. सी. के प्रायः सभी अनुदान और सुविधाएँ तथा सम्पूर्ण योजनाएँ शोध-कार्य को लेकर ही होती हैं। यू. जी. सी. की मान्यता के अनुसार कविता, कहानी लिख कर नहीं, गम्भीर शोध-कार्य से गुजर कर ही कॉलेज शिक्षक विद्वान और विषय के विशेषज्ञ बनते हैं। मैं यह नहीं कह रहा कि मिथिलेश्वर जी कहानी-उपन्यास लिखना छोड़ दें। ऐसे शगल तो जीवन के साथ लगे ही रहते हैं। फिलहाल केन्द्रित और एकनिष्ठ होकर ये शोध-कार्य कर लेते हैं तो इनके और हमारे विभाग दोनों के लिए यह अच्छा रहेगा... ।''

मेरे लेखन से आतंकित अपने ऐसे शिक्षक मित्रों की बातें मैं समझ रहा होता। ऐसा कर जहाँ एक ओर वे अपने लिए मजबूत सुरक्षा कवच कायम करते, वहीं दूसरी ओर मुझे शोध-कार्य में उलझा कर लेखन विरत कर देना चाहते। इस सम्बन्ध में मैंने मन ही मन तय कर लिया कि मुझे शोध-कार्य नहीं करना। मेरे मित्र शिक्षक डॉक्टर की उपाधि ग्रहण कर रीडर और प्रोफेसर बनते रहें। मैं व्याख्याता के रूप में ही रह सकता हूँ। जीविका के अनुकूल स्रोत से जुड़ गया, मेरे लिए यही काफी है। अब मुझे जमकर लिखना है। जिस उद्देश्य के तहत विश्वविद्यालय सेवा में आया, उससे विमुख नहीं होना।

इस सम्बन्ध में विश्वविद्यालय के वे घाघ और उस्ताद शिक्षक मेरी मंशा समझ

जाते। मुझे लिखने के लिए कम से कम समय मिले या नहीं मिले, इसके लिए नौकरी के दायरे में उनके पास अनेक हथकंडे थे। उसमें शोध-कार्य का हथकंडा तो सबसे आसान और सहज था। अपनी शुरुआत उन्होंने इस हथकंडे से की थी। इस सम्बन्ध में मेरी मंशा लक्ष्य कर पुनः गाहे-ब-गाहे शोध न करने की मेरी कमी को वे उजागर करते हुए इसे मेरी अक्षमता भी साबित करते रहे। ऐसे अनेक प्रसंगों में उच्च शिक्षा की टीम वाले प्रसंग की पीड़ा अभी तक मेरे मन में बनी हुई थी। कॉलेजों में शैक्षणिक विकास की जाँच करने वाली वह टीम एक दिन हमारे कॉलेज आ पहुँची। प्राचार्य कक्ष के बाद अब वे हर विभाग में घूम-घूम कर अपेक्षित जानकारी लेने लगे। इस दौरान प्राचार्य भी अब उनके साथ हो गये थे। उनकी कुल संख्या आठ थी। हमारे विभाग में पहुँच सबसे पहले हम शिक्षकों का परिचय लेने लगे। ऐसे में मेरे परिचय के तहत विभागीय अध्यक्ष ने जैसे ही मेरा नाम लिया, उस टीम के प्रधान ने सुखद आश्चर्य से पूछा—"तो क्या कथाकार मिथिलेश्वर जी यही हैं...?"

इस पर मेरे विभागीय शिक्षक मित्र पंकज ने उत्साह से बताया—"हाँ, यह वही कथाकार मिथिलेश्वर हैं...।"

अब उस टीम प्रधान ने गर्मजोशी से मुझसे हाथ मिलाया—"काफी समय से आपसे मिलना चाहता था। इस सूचना से भी अवगत था कि आप कॉलेज शिक्षक हो गये हैं। लेकिन यह नहीं जानता था कि इसी कॉलेज में हैं...।"

जवाब में मैं कह उठा—"हाँ। पिछले कुछ समय से स्थानान्तरित होकर इसी कॉलेज में आ गया हूँ...।"

इस पर उस टीम प्रधान ने प्राचार्य को सम्बोधित करते हुए वहाँ उपस्थित सबको बताना शुरू कर दिया—"प्रिंसिपल साहब ! आप भाग्यशाली हैं कि मिथिलेश्वर जी जैसे साहित्यकार आपके यहाँ हैं। ये हिन्दी के महत्त्वपूर्ण कथाकार हैं। पूरे देश में जाने जाते हैं। इनकी कई किताबें मैंने भी पढ़ी हैं। मेरी पत्नी तो इनकी फैन है। देखियेगा, अब इनके नाम पर ही आपका यह कॉलेज बाहर में हर जगह जाना जायेगा...।"

इन बातों से अन्दर ही अन्दर जल-भुन रहे विभागीय अध्यक्ष के चेहरे के परिवर्तित भावों को मैं लक्ष्य कर रहा था। उनके जैसे वरिष्ठ प्रोफेसर और अध्यक्ष के रहते उनके विभाग के एक कनीय शिक्षक की ऐसी तारीफ! अब वे अपने को रोक नहीं सके—"आप ठीक कह रहे हैं सर ! मिथिलेश्वर जी के विभाग में आने से हमें भी खुशी है। ऐसे बड़े लेखक को तो रीडर और प्रोफेसर होना चाहिए। लेकिन हमारे लाख अनुरोध पर भी मिथिलेश्वर जी पीएच. डी. के लिए शोध-कार्य नहीं कर रहे! परिणामतः अभी तक व्याख्याता ही बने हुए हैं। आप तो जानते हैं सर, उच्च शिक्षा में बिना पीएच. डी. के रीडर और प्रोफेसर नहीं बना जा सकता...।"

यह सुन उस टीम प्रधान ने भी कहा—"हाँ मिथिलेश्वर जी! आपके विभागीय

अध्यक्ष ठीक कह रहे। अब इस जॉब में आप आ गये तो पीएच. डी. कर ही लीजिए। व्याख्याता के रूप में रहना आपकी प्रतिष्ठा के अनुकूल नहीं...।''

इस पर अवसर के अनुकूल अध्यक्ष ने अब नहले पर दहला मारा—''पूरा विभाग तैयार है सर कि मिथिलेश्वर जी शोध कर लें। अपने निर्देशन में मैं दर्जनों शोध करा चुका हूँ। मिथिलेश्वर जी तो मेरे अपने विभागीय सदस्य हैं। मेरा हर सम्भव सहयोग इन्हें रहेगा। मैं लग कर इनका कार्य शीघ्र सम्पन्न करा दूँगा...। ''

वे टीम अध्यक्ष भी अड़ गये—''मेरी भी आपसे गुजारिश है मिथिलेश्वर जी कि अब शोध-कार्य अवश्य कर लें। जब आपके विभाग और अध्यक्ष का ऐसा सहयोग है तब फिर देर क्यों...?''

जवाब में मौन रह जाना ही मुझे उपयुक्त जान पड़ा। शायद मेरे मौन को टीम प्रधान ने भी मेरी सहमति समझ ली। अब वे दूसरे विभाग की ओर चले गये। लेकिन इस क्षण मेरा मन अपने अध्यक्ष के खिलाफ ऐसे खौल रहा था कि इच्छा होती अभी उनका मुँह नोच लूँ...। मेरे निर्णय से अवगत होने के बाद कि मुझे शोध नहीं करना। इस आदमी ने प्रसंग छेड़ ही दिया। छात्र-छात्राओं को ये कैसे शोध कराते हैं, किसी से छिपा नहीं, पूरा विश्वविद्यालय जानता है। एक पेज भी शुद्ध लिखने की क्षमता इनमें नहीं। विभागीय सूचनाएँ सहयोगी शिक्षक पाठक जी से लिखवाते हैं और स्वयं केवल हस्ताक्षर करते हैं। ऐसे अयोग्य, धूर्त्त और काँइया व्यक्ति ने कैसे शोध के नाम पर मिनटों में मेरी सृजनात्मक प्रतिष्ठा धूमिल कर अपना वैशिष्ट्य कायम कर लिया...!

उस रात मैं सो नहीं सका। पूरी रात मेरा मन क्षुब्ध, उद्वेलित और आक्रोशित बना रहा। मेरी बौद्धिक चेतना मुझे ललकारती रही अब एकदम बर्दाश्त नहीं करना है। कल सीधे विभाग में पहुँच कर ऐसी-तैसी करते हुए उनकी योग्यता और क्षमता का पर्दाफाश कर देना है। उन्हें उनकी औकात बता देनी है। सबके समक्ष यह खुली चुनौती रखनी है कि लिखने, मंच पर बोलने और छात्रों के बीच चल कर पढ़ाने, तीनों स्तरों पर अगर वे मेरा मुकाबला करके दिखा दें तो शोध-विद्वान बनने का उनका लोहा मान लूँगा। लेकिन फिर मेरे रचनाकार ने मेरी बौद्धिक उत्तेजना शान्त कर दी। मेरा ऐसा करने पर भी तो वही हो जायेगा जो वे चाहते हैं। उनसे उलझ कर मैं विभागीय राजनीति का हिस्सा बन जाऊँगा, जहाँ एक-दूसरे के उखाड़-पछाड़ में सारी शक्ति व्यय होने लगेगी। फिर मेरा सृजन स्थगित हो जायेगा। ऐसे विभागीय संघर्ष और तनाव पर चाहते हुए भी नहीं लिखा जा सकता। इस स्थिति में वे सफल हो जायेंगे। अगर मुझे लिखना है तो खून का घूँट पी ऐसी विभागीय स्थितियों को सहना ही होगा। किसी के कहने से मेरी लेखकीय प्रतिष्ठा खत्म होने वाली नहीं। ऐसे लोगों के कथनों पर मुझे ध्यान ही नहीं देना चाहिए।

इस घटना के कुछ ही समय बाद अपने जिस लेखकीय उद्देश्य के तहत

शोध-कार्य न करने का मैंने फैसला किया था, अब उसी लेखकीय उद्देश्य की पूर्त्ति के लिए मुझे शोध-कार्य में लग जाना पड़ा। राँची वि. वि. में रहते हुए जब मुझे लगा कि अपने सृजन क्षेत्र भोजपुर की तरह राँची के आदिवासी जीवन पर विश्वसनीयता के साथ नहीं लिख सकता, तब अपने सृजन क्षेत्र भोजपुर में वापसी के लिए बेचैन हो गया। लेकिन उस समय अन्तर विश्वविद्यालय स्थानान्तरण स्थगित था। इस स्थिति में शोध-कार्य के नाम पर ही आरा आ सकता था। यू. जी. सी. के टीचर फेलोशिप एवार्ड के अन्तर्गत यह सुविधा उपलब्ध थी। इस सुविधा के तहत शोध के नाम पर आरा का गाइड बना कर आरा जाने के लिए तीन वर्ष का सवैतनिक अवकाश प्राप्त कर सका। फिर जैसा मुझे विश्वास था, इसी अवधि में अन्तर विश्वविद्यालय स्थानान्तरण पुनः शुरू हो गया, जिसने अपने सृजन क्षेत्र में मुझे स्थायित्व प्रदान कर दिया। और यह सब मेरे शोध-कार्य के चलते ही हुआ। अपने शिक्षक मित्रों के दुराग्रह से इससे भागता रहा। लेकिन अपने लेखन की अपेक्षाओं के तहत इसे अपनाना ही पड़ा।

लेकिन शोध-कार्य कर तो मैं और फँस गया। जब तक शोधोपाधि नहीं ली थी, तब तक इससे मुक्त था। अब शोध-कार्य के अनियन्त्रित व्यापार और कारोबार मुझे घेरने लगे थे। प्रारम्भ एक लड़के ने किया–"मैं आपके निर्देशन में शोध करना चाहता हूँ सर। मुझे अपना शोध छात्र बना लीजए...।"

"मेरे पास समय नहीं राकेश। मैं अपने स्वयं के कार्यों में अत्यन्त व्यस्त हूँ...।"

"मैं कथा-साहित्य में काम करना चाहता हूँ सर! विभाग में सिर्फ आप ही उसके विशेषज्ञ हैं...।"

"ऐसा नहीं है राकेश। विभाग के सारे सदस्य कार्य करा सकते हैं। इस मामले में मुझको छोड़ कर सभी पारंगत हैं। तुम्हारे लिए वे हर दृष्टि से उपयुक्त रहेंगे...।"

"उनके अन्तर्गत जगह नहीं सर। सबका कोटा फुल हो गया है...।"

"तो किसी दूसरे कॉलेज के शिक्षक के साथ कर लो। जैन कॉलेज, महाराजा कॉलेज, एस. बी. कॉलेज सबके हिन्दी विभागों में पीएच. डी. डिग्रीधारी शिक्षक भरे हुए हैं...।"

"मैं आप ही के साथ काम करना चाहता हूँ सर...!"

उसकी इस जिद पर मैं थोड़ा गम्भीर हो गया–"क्यों मेरे साथ करना चाहते हो...?"

"आप बहुत अच्छे हैं सर। एकदम सीधे, सज्जन और सहयोगी स्वभाव के...।"

"तो क्या इससे तुम्हारा काम हो जायेगा? तुममें ऐसी क्षमता है कि तुम अपना शोध-प्रबन्ध मौलिक रूप में तैयार कर लो और निर्देशक के रूप में मैं सिर्फ हस्ताक्षर कर दूँ...।"

"नहीं सर! ऐसी क्षमता होती तो विनती क्यों करता...?"

"तो क्या तुम चाहते हो कि तुम्हारा शोध-प्रबन्ध मैं तैयार कर दूँ...?"

"आप विद्वान हैं सर! सक्षम हैं। आपके लिए यह मामूली कार्य है...।"

मेरी आवाज़ अब नाराजगी में बदल गयी—"मेरे बारे में तुमने ऐसा सोच कैसे लिया...?"

"सभी शिक्षक लोग करते हैं सर...!"

"तो क्या मैंने भी ऐसा किया है? कहीं जानकारी मिली है तुम्हें...?"

"नहीं सर...!"

"तब...?"

मेरी ऐसी आपत्ति पर अब वह चुप हो गया। अब उसे हटाने के उद्देश्य से कहा—"इसीलिए तो तुमसे पहले ही कह दिया कि किसी दूसरे शिक्षक के पास चले जाओ...।"

"वे लोग अधिक पैसा माँगते हैं सर...?"

"तो इसमें मैं क्या कर सकता हूँ? यह तुम्हारी समस्या है कि पढ़-लिखकर ईमानदारी से शोध करोगे या पैसे पर शोध खरीदोगे? मुझे तो इस बात को लेकर बहुत पीड़ा हुई है कि मेरा शिष्य होकर तुमने मेरे बारे में ऐसा कैसे सोच लिया? मुझसे लिखने-पढ़ने का कोई भी काम करा लेते, मुझे खुशी होती। लेकिन इस तरह गलत कार्य का प्रस्ताव लेकर तुम चले आये...?"

"माफ कर दीजिएगा सर। भूल हो गयी। प्रोफेसर वर्मा जी ने भेजा था।"—और वह तत्क्षण मेरे पास से चल पड़ा। समझ गया, यहाँ उसका काम नहीं हो सकता।

इस राकेश के बाद अब लगातार छात्र-छात्राओं के ऐसे प्रस्ताव आने लगे थे। इस कार्य के लिए विश्वविद्यालय से मेरे घर तक वे पहुँचते रहे। इस सम्बन्ध में लेखन विरोधी मेरे विभागीय शिक्षक मित्रों की भूमिका अहम होती। मुझे लिखने के लिए समय और लेखकीय निश्चितता का अवसर न मिले, इसी उद्देश्य से वे मेरे पास छात्रों को भेजते रहते। साथ ही स्वयं भी यह कहने से बाज नहीं आते—"जिस तरह आपने शोध-कार्य कर लिया मिथिलेश्वर जी, अब अपने निर्देशन में कुछ शोध करा भी दीजिए। प्रोमोशन में सिर्फ हमारा शोध-कार्य ही नहीं, यह भी देखा जाता है कि अपने निर्देशन में हमने कितने कार्य कराये...?"

लेकिन उनकी ऐसी बातें अब इस कान से सुन कर उस कान से निकाल देता। उच्च शिक्षा में बिना योग्यता, मेधा और बौद्धिक परिश्रम के आसानी से शोधोपाधि हासिल कर लेने के जिन हैरतअंगेज माध्यमों को ईजाद कर लिया गया था, उसे देखते हुए शोध-कार्य के प्रति मेरे मन का बचा-खुचा आकर्षण भी समाप्त हो गया था। यू. जी. सी. और कुछ राज्य सरकारों द्वारा, शोधोपाधि प्राप्त छात्र-छात्राओं को व्याख्याता की नियुक्ति में लिखित परीक्षा से मुक्त कर देने की घोषणा ने इस कारोबार को और व्यापक बना दिया था।

शोध-कार्य का प्रारम्भ विषय चयन से किया जाता है। शोध-छात्र और उसके निर्देशक द्वारा प्रस्तावित विषय की स्वीकृति का अधिकार विभागीय अध्यक्ष को होता है। नियमतः सर्वथा नवीन और मौलिक विषय पर शोध करने का प्रावधान है। इसके लिए सम्बन्धित विषय पर प्रारम्भ से अब तक देश भर में कहीं शोध हुआ है कि नहीं, इसकी जानकारी लेनी होती है। तभी विषय की नवीनता और मौलिकता घोषित की जा सकती है। लेकिन व्यवहार में ऐसा मैंने कभी नहीं देखा। अपने शोध-छात्र का जो विषय गाइड प्रस्तावित कर देते हैं, वह मान्य हो जाता है।

अब विषय की स्वीकृति के साथ ही वह शोध छात्र दो से तीन वर्ष के लिए अपने निर्देशक का मातहत बन जाता है। इस अवधि में निर्देशक के पीछे-पीछे डोलते हुए उनका हर आदेश उसे शिरोधार्य करना पड़ता है, वह चाहे बिजली का बिल जमा करना हो या गैस सिलिंडर के लिए लाइन लगाना या उनके घर-परिवार का कोई अन्य कार्य। वह चाहते हुए भी नकार नहीं सकता...।

अधिकांश शोध-छात्र अपने शोध-प्रबन्ध की तैयारी के लिए गाइड पर ही पूरी तरह निर्भर होते हैं, इस स्थिति में अपने शारीरिक उपयोग के साथ आर्थिक लाभ के भी घटक बनते हैं। उनकी सम्पन्नता-विपन्नता और सेवा-सहयोग को ध्यान में रख कर गाइड किसी से पन्द्रह हजार, तो किसी से बीस हजार, तो किसी से पच्चीस हजार की माँग करते हैं। उनकी यह कमाई परिश्रम की नहीं, दिमागी चतुरता की होती है। वैसे गाइड विभिन्न विश्वविद्यालयों के शोध-संग्रहालयों से सम्पर्क रखते हैं। फिर अपने शोध-छात्र के विषय से मिलता-जुलता कोई पुराना शोध प्रबन्ध निकाल लाते हैं। अब उसका टाइटिल बदल उसे सीधे छपवा देते हैं। बस, उनके शोध-छात्र का शोध प्रबन्ध तैयार...।

लेकिन अगर शोध करने वाली कोई लड़की हुई और देखने-सुनने में अच्छी तो फिर दो-तीन वर्षों तक गाइड के जीवन में मस्ती ही मस्ती, बहार ही बहार। विषय से सम्बन्धित सामग्री संग्रहित करने के नाम पर वे अपनी शोध-छात्रा को लेकर निकल जाते। इस सम्बन्ध में उस छात्रा के परिवार वाले आपत्ति भी नहीं करते, क्योंकि निर्देशक महोदय उन्हें समझा चुके रहते हैं कि बड़े शहरों के मशहूर पुस्तकालयों में जाकर सामग्री ढूँढ़ने और एकत्रित करने के बिना यह काम हो ही नहीं सकता। अब बड़े शहरों के होटलों में अपनी छात्रा के साथ रहते हुए वे किस तरह की सामग्री एकत्रित करते, बताने की जरूरत नहीं। शोध-कार्य से जुड़े सब इसे जान रहे होते हैं।

ऐसी एक घटना का तो मैं निकटतम जानकार रहा हूँ। वह घटना इस बात का प्रमाण है कि सिर्फ हमारे बिहार के विश्वविद्यालयों में ही नहीं, अखिल भारतीय स्तर पर शोध के तहत यौनाचार चलता रहा है।

वह शोध-छात्रा दिल्ली की थी। मेरे उपन्यासों पर शोध-कार्य कर रही थी।

मेरे साहित्य पर शोध करने वाले दूर-दराज के छात्र-छात्राओं की भाँति एक दिन उसका भी फोन आया। अपना नाम, परिचय और शोध का विषय बताने के बाद उसने फोन अपने निर्देशक को पकड़ा दिया—''मेरे गाइड साहब भी यही हैं सर! वे भी आपसे बात करेंगे...।''

अब उसके गाइड ने स्वयं अपनी विद्वत्ता और योग्यता का उल्लेख करते हुए अनुरोध किया कि अपने उपन्यासों पर अब तक प्रकाशित समीक्षाओं की फोटो प्रतियाँ या फिर सूची ही उन्हें उपलब्ध करा दूँ। इसके बाद विनीत स्वर में यह सूचना दी—''हमारी छात्रा अपने शोध-प्रबन्ध में आपका ताज़ा साक्षात्कार भी देना चाहती है सर। इसके लिए हम शीघ्र ही आपके दर्शनार्थ आरा आ रहे हैं...।''

शायद मुझे एक लेखक के साथ-साथ विश्वविद्यालय में प्रोफेसर होने के चलते अपनी छात्रा के साथ वे भी सर कह रहे थे या फिर मुझसे सहयोग की अपेक्षा में ऐसा कर रहे थे, जो हो उनकी यह बात सुन मैंने उन्हें रोकने की कोशिश की—''सिर्फ साक्षात्कार के लिए आने की जरूरत नहीं। आप लोग प्रश्नावली भेज दीजिए। मैं अपने जवाब भेज दूँगा...।''

इस पर वे आने के लिए निवेदन करने लगे—''प्रनावली से जवाब पाने और लेखक से रू-ब-रू होकर जवाब लेने में बहुत अन्तर होता है सर! मेरी छात्रा अपने प्रिय लेखक से मिलना चाहती है। आपका घर देखना, आपके परिवार से परिचित होना, आपके लेखन की मेज, आपकी दिनचर्या सब कुछ जानना चाहती है...।''

''लेकिन उसके शोध के लिए यह पक्ष आवश्यक तो नहीं। आत्मकथा की मेरी दो पुस्तकें प्रकाशित हो चुकी हैं—'पानी बीच मीन पियासी' तथा 'कहाँ तक कहें युगों की बात'। मेरे जीवन से सम्बन्धित प्रायः सभी विवरण वहाँ मिल जायेंगे...।''

''लेकिन सर। उनसे आपके साक्षात् दर्शन का सुख तो हम नहीं पा सकेंगे। हमारे आने से आपको कोई असुविधा नहीं होगी। हम आपका अधिक समय भी बर्बाद नहीं करेंगे...।''

''ऐसा नहीं है। मैं अपने लिए आप लोगों को नहीं रोक रहा। हमारा यह शहर बहुत छोटा है, असुविधाओं से भरा हुआ। यहाँ आकर आपलोग कष्ट और परेशानी में पड़ जाइयेगा। फिर मैं यहाँ इत्मीनान से रह भी कहाँ पाता हूँ। मेरी बेटियाँ विभिन्न शहरों में हैं। अक्सर उनके पास चला जाता हूँ...।''

उन्हें रोकने के लिए मैंने जानबूझ कर बहाना बनाया। छात्रा के साथ उसके पिता, भाई या पति ने आने की पेशकश की होती तो मैं मना नहीं करता। गाइड के साथ आने के परिणाम से मैं अवगत था। ऐसे परिणाम में भागीदार बनना मुझे हर्गिज पसन्द नहीं। लेकिन उसका गाइड भी कम चालाक नहीं था। मेरी बात की काट प्रस्तुत करते हुए कहा—''हमें असुविधाओं और परेशानियों की परवाह नहीं सर! शोध करने वाला कोई व्यक्ति समस्याओं और परेशानियों से घबरा जाय तो

फिर वह मंजिल पा ही नहीं सकता। मेरी छात्रा स्वयं साहसी और कर्मठ लड़की है। उसकी यह हार्दिक इच्छा है कि अपने जिस श्रेष्ठ लेखक पर वह शोध कर रही है, उनके आवास पर अवश्य पहुँचे। आपके आवास को वह अपने लिए तीर्थस्थल मानती है सर। उसकी आन्तरिक इच्छा लक्ष्य कर ही मैं आपसे अनुरोध कर रहा हूँ। जहाँ तक अपनी पुत्रियों के यहाँ आपके जाने की बात है तो हम फोन करके आयेंगे सर! इसके लिए भी आप निश्चिन्त रहें...।"

उसकी इस बात पर अब और क्या कह कर मैं रोक सकता था, समझ नहीं पाया। बस, मेरे मौन को उसने सहमति समझ ली। अब इस बातचीत के दो सप्ताह बाद ही उस गाइड का फिर फोन आया—"अभी आप आरा में ही हैं सर या अपनी किसी पुत्री के यहाँ पहुँचे हैं? आपके दर्शन के लिए मेरी छात्रा व्यग्र-बेचैन है...।"

उसकी बात सुनते ही मैं समझ गया, अपनी छात्रा को एकान्त में लाने के लिए यह गाइड स्वयं व्यग्र-बेचैन है। शायद छात्रा के गृह नगर में अपनी मंशा पूरा नहीं कर पा रहा। जवाब में आरा रहते हुए भी कह दिया—"अभी अपनी छोटी पुत्री के पास बनारस आया हूँ...।"

लेकिन वह समझ गया। शायद उड़ती चिड़िया में हल्दी लगाने वाला उस्ताद था। अब इस बातचीत के ठीक तीन सप्ताह बाद बिना फोन किये अपनी छात्रा को लेकर पहुँच आया। मेरे निवास से पहले वे सीधे विश्वविद्यालय पहुँचे। मुख्य बिल्डिंग और केन्द्रीय पुस्तकालय होते हुए वे भोजपुरी भवन के समीप आ गये, जिसमें हमारा स्नातकोत्तर हिन्दी विभाग था। उस समय दो बज रहे थे। रोज की भाँति अपने क्लास ले मैं घर जाने के लिए निकल रहा था। अपने भोजपुरी भवन से बाहर आते ही देखा, एक लड़की और एक पुरुष अपने कन्धों पर बैग लटकाये मेरे चपरासी से कुछ पूछ रहे थे। अब मुझ पर नजर पड़ते ही चपरासी ने उन दोनों को मेरी ओर मुखातिब कर दिया—"यही सर हैं जिनसे आप लोग मिलना चाहते हैं...।"

बस, तत्क्षण वे दोनों मेरे निकट आ गये। इससे पहले कि मैं पूछूँ, आप लोग कौन हैं? कहाँ से आये हैं? क्या काम है? उन दोनों ने बारी-बारी मेरे पाँव छू लिये। पहले लड़की ने छुआ। फिर उसके साथ के व्यक्ति ने। उस व्यक्ति को उस लड़की का अभिभावक समझ मैंने रोकने की कोशिश की। अक्सर विश्वविद्यालय में अपने किसी कार्य के तहत बाहर की लड़कियाँ अपने अभिभावकों के साथ आती थीं। लेकिन मेरे रोकने के बावजूद वह व्यक्ति नहीं माना—"आप जैसे साहित्य-साधक और श्रेष्ठ लेखक का आशीर्वाद तो लेना ही चाहिए सर...!"

इसके बाद तत्क्षण उन्होंने अपना परिचय भी दे दिया। वही लड़की मेरे उपन्यासों पर शोध कर रही थी तथा वह व्यक्ति उसका गाइड था। पहली नजर में ही उस लड़की का रंग-रूप मुझे विलक्षण जान पड़ा। वह एकदम नयी उम्र की थी। चढ़ती जवानी की दहलीज पर पहुँची हुई। चढ़ती जवानी में कोई लड़की इतनी आकर्षक

और मोहक भी हो सकती है, इसका एहसास वह लड़की करा रही थी। उसके चेहरे पर गजब की लुनाई थी। उसके लुभावने मुखड़े की ही तरह उसकी आवाज़ भी मीठी थी तथा बदन नाजुक और कमनीय। फल-फूल से लदी लचकती हुई कोई हरी डाली। उसके प्रति उसके गाइड की व्यग्रता का कारण अब सहज ही मैं समझ गया। लेकिन उसकी तुलना में उसके गाइड की अवस्था मुझे उससे दुगुनी जान पड़ी। अगर लड़की बीस-बाईस की होगी तो गाइड निश्चय ही चालीस-पैंतालीस से कम का नहीं। गाइड की कद-काठी और चेहरे-मोहरे से ही उसके चालू होने का एहसास हो रहा था। अपने माथे के बाल उसने कुछ बड़े-बड़े रखे थे, कॉलेजों के मजनूं छात्रों की भाँति। अपनी आँखों पर सुनहरे फ्रेम का उसने चश्मा चढ़ा रखा था। उसके पैंट-शर्ट भी युवकों की तरह ही थे। लेकिन इसके बावजूद उसकी अवस्था छिप नहीं पा रही थी। अब उसने बताया–''हम यहाँ देर से आये हैं सर। विश्वविद्यालय मुख्यालय और सेंट्रल लाइब्रेरी देख लिया। उनकी तस्वीरें भी ले लीं। शोध-प्रबन्ध के परिशिष्ट में आपके कार्यस्थल के रूप में इन्हें भी छापेंगे। अब आपसे मिलने ही आ रहे थे कि स्वतः आपका दर्शन हो गया। मेरी शिष्या भाग्यशाली है सर। उसके भाग्य से ही यह संयोग घटित हुआ...।''

लेकिन मैं समझ नहीं पा रहा था कि गलत उद्देश्य से पहुँचे ऐसे अप्रिय अतिथियों का क्या करूँ? वि. वि. मुख्यालय और सेंट्रल लाइब्रेरी की तस्वीरें इसलिए ले लीं कि लड़की के घरवालों को आश्वस्त कर सकें, कहीं और नहीं, शोध के विषय के पास ही पहुँचे थे। मैंने हल्की नाराजगी व्यक्त की–''बिना फोन किये आपलोग आ गये। फोन तो कर लेना चाहिए था...।''

इस पर लड़की ने अपनी श्रद्धा का इजहार करते हुए कहा–''अचानक पहुँच कर आपको स्वाभाविक रूप में देखना चाहती थी सर। इस तरह अपने विभाग से निकलते हुए आपको देख कर बहुत खुशी हुई। बहुत अच्छा लगा...।''

सम्भव है, उसके गाइड ने ऐसी स्थितियों के लिए जवाब सुझा रखा हो। फिर भी अपनी आपत्ति मैंने कायम रखी–''जो हो, सूचना तो होनी ही चाहिए थी? हर आदमी की अपनी समस्यायें और व्यस्तताएँ होती हैं। आप लोगों से पूर्व बिना फोन किये कभी कोई शोध छात्र नहीं आया...।''

अब उसके गाइड ने बात सँभाल ली–''आपका कहना सही है सर, बिल्कुल सही! हमसे भूल हो गयी। भविष्य में अब फिर कभी ऐसा नहीं होगा...।''

मेरी आपत्ति उसने ठहरने ही न दी। अब न चाहते हुए भी उन्हें लेकर चल पड़ा। फिलहाल अपनी सृजनाधीन इस आत्मकथा का एक विशेष प्रसंग मेरे रचनाकार मन को प्रेरित कर रहा था। आज उसे लिखने की योजना थी। लेकिन औचक पहुँचे इन अनपेक्षित अतिथियों ने मेरा मन तिक्त कर दिया।

जब अपने घर का ताला खोलने लगा तो वे चौंक गये कि फिलहाल मेरे

घर में कोई नहीं। इस पर अनिच्छा से ही संक्षेप में अपनी पारिवारिक स्थिति की जानकारी उन्हें दे दी। अब वे मेरे साथ घर के अन्दर आ गये। उस चतुर गाइड ने अब यहाँ पुनः स्थिति सँभाल ली—"आप विश्वविद्यालय से थक कर आये हैं सर। फ्रेश होकर आराम कीजिए। हम शाम में फिर आ जायेंगे। तब तक मैडम जी भी स्कूल से पहुँच चुकी रहेंगी...।"

"लेकिन आप लोग उतनी दूर से आये हैं। कुछ नाश्ता तो कर लीजिए। खाने का समय भी हो गया है। इस तरह ऐसे ही कैसे जाइयेगा...?"

"हम एकदम ठीक हैं सर। अभी कुछ ही समय पहले स्टेशन पर रेलवे कैंटीन में खा चुके हैं...।"

"तो पानी तो पी ही लीजिए, प्यास लगी होगी।"—और मैं एक प्लेट में कुछ मिठाइयाँ और दो गिलास पानी अन्दर से लेते आया। अब लपक कर उस लड़की और गाइड ने मेरे हाथ से प्लेट और गिलास लेकर टेबुल पर रख दिया। आपको स्वयं लाना पड़ा सर। आप बोल देते तो यह जूही जाकर ले आती। यह भी आपकी शिष्या ही है...।"

"हाँ सर! मैं ऐसा करती तो यह मेरा सौभाग्य होता...।"

इस पर मैं मौन ही रहा। अब अपना संकोच जाहिर करते हुए उन दोनों ने मिठाई का एक-एक टुकड़ा ले पानी पी लिया। गाइड ने अब मुझे आश्वस्त करने के लिए अपनी योजना बता दी—"हम आपका अधिक समय नहीं लेंगे सर। यहाँ आरा में एक ही दिन रुकेंगे। आज शाम आपके साथ कुछ देर बैठेंगे। फिर कल सुबह जाने से पहले कुछ देर। स्टेशन से हमने पता किया था, शायद शहर के मध्य ठहरने के लिए कुछ होटल और धर्मशालाएँ हैं। अगर आपके इस मुहल्ले के निकट वैसा कुछ होता तो बहुत अच्छा रहता...।"

इस पर अपने पास के एक रेस्ट हाउस की उन्हें जानकारी दे दी। इससे वे प्रसन्न हो उठे—"तब तो बहुत अच्छा सर...!"

अब चलते हुए उन्होंने पुनः मेरे पाँव छूने चाहे। लेकिन इस बार उन्हें रोकते हुए अपनी राय से अवगत कर दिया—"आपलोग पाँव न छुएँ। किसी से भी पाँव छुआना मुझे अच्छा नहीं लगता...! मैं ऐसे अभिवादन में विश्वास नहीं करता...।"

लेकिन मेरी यह शिकायत भी उसके गाइड ने ध्वस्त कर दी—"हम जानते हैं सर। आपका साहित्य पढ़ चुके हैं। आप प्रगतिशील विचारों के लेखक हैं। आपकी भावना का हम सम्मान करते हैं। अब आपकी इच्छा के अनुसार ही हम प्रस्तुत होंगे...।"

वे दोनों चले गये। लेकिन मेरा मन अब तिक्त और खिन्न हो उठा था। मेरा मन कह रहा था, यह गाइड यहाँ आरा पहुँच और मुझे माध्यम बना अपनी कामना पूर्ण कर लेना चाहता है। अब मुझे लग रहा था, जब उस गाइड की मंशा मैंने लक्ष्य कर ली थी तो विश्वविद्यालय से ही उसे फुटा देना चाहिए था। कस कर डाँट लगाते

हुए उसे बेनकाब कर देता। शोध के नाम पर अपनी छात्राओं के साथ यौन शोषण के लिए अच्छा सबक सिखा देता। अपने खुद के गरेबान में झाँकने पर उसे मजबूर कर देता। लेकिन फिर मुझे लगा, ऐसा किस आधार पर मैं कर सकता था। मेरे पास कोई ठोस प्रमाण और सबूत तो था नहीं। अगर लड़की पलट कर उसका साथ देने लगती और मुझसे ही उलझ जाती तब तो खुद मेरी ही बेइज्जती हो उठती। अपने विश्वविद्यालय में भी तो यह सब देखता रहा हूँ। लेकिन चाहते हुए भी कहाँ कुछ कर सका। यह पूरी प्रक्रिया अन्दर ही अन्दर जैसी है, बाह्य रूप में एकदम वैसी नहीं। इसका आन्तरिक यथार्थ कुछ और होता है और बाह्य यथार्थ कुछ और। शोध करने, कराने और शोधोपाधि प्राप्त होने की इस पूरी प्रक्रिया में पर्याप्त परिवर्तन कर ही इसे ठिकाने पर लाया जा सकता है। अपने वर्त्तमान स्वरूप में इसकी ऐसी गतिविधियों को नियन्त्रित किया ही नहीं जा सकता...।

स्कूल से रेणु के लौटने पर अपनी चिन्ता से उसे भी वाकिफ किया। प्रतिक्रिया में रेणु ने इस परेशानी के लिए स्वयं मुझे ही दोषी ठहराया—"आप हर आदमी और हर बात में आन्तरिक यथार्थ ही क्यों देखते हैं? ऐसे फिजूल विचारों को लेकर परेशानी खड़ी कर लेते हैं। आपकी समस्या स्वयं कायम की हुई है। वे दोनों जिस रूप में आये हैं आप उन्हें उसी रूप में ग्रहण क्यों नहीं कर रहे? क्या जरूरत है उनके भीतर झाँकने की। हम जिस समाज में रहते हैं, वह हमारे बाह्य आचरणों से ही परिचालित है। किस के अन्दर क्या है, कौन देखने जाता है? लिखते-लिखते आपका दिमाग खराब हो गया है। ऐसी अनर्गल बातों से मुझे भी परेशान मत कीजिए। अपनी समस्याएँ कम हैं कि ऐसे बेकार के प्रपंच लेकर हम बैठ जायँ...।"

रेणु की बात मेरे पक्ष में नहीं थी, फिर भी उसमें ऐसा कुछ था कि मेरे व्यथित-बेचैन और उद्विग्न मन को उससे शान्ति मिल गयी। ऐसा मैंने कई अवसरों पर महसूस किया था कि अन्तर्दृष्टि से परिचालित मेरा आहत-पीड़ित मन रेणु द्वारा व्यावहारिक परामर्श के झोंके पर राहत का अनुभव करने लगता था।

शाम में उन दोनों के आगमन पर मैं सहज-सामान्य बना रहा। रेणु भी उनसे सहजता और व्यावहारिकता से मिली। लड़की की ओर से उसके गाइड ने ही मेरा साक्षात्कार लिया। फिर मेरी तस्वीरें लीं—"लड़की के साथ, अपने साथ तथा रेणु के साथ। मेरे उपन्यासों पर प्रकाशित समीक्षाओं की सूची भी उसने दर्ज की। डेढ़ से दो घंटे के अन्दर ही उनका पूरा काम हो गया। अब चलते हुए कहा—"कल सुबह हम निकल जायेंगे। आपने जो सहयोग किया, इसके लिए आजीवन कृतज्ञ बने रहेंगे। लेकिन जाने से पूर्व आपका दर्शन करने अवश्य आयेंगे...।"

और सचमुच सुबह मेरे विश्वविद्यालय जाने से पूर्व ही आ गये। रेस्ट हाउस से मुक्त अपने बैगों के साथ थे। इस क्षण उनके चेहरे सन्तुष्ट और प्रफुल्लित दिख रहे थे। दिल्ली से आने पर उन्हें जैसा देखा था, उसकी तुलना में तो वे चमक रहे

थे, नयी ऊर्जा और उत्साह से लबरेज, तरोताज़ा बने हुए। रेणु के आग्रह पर हमारे साथ चाय पी तथा पुनः-पुनः अपना आभार व्यक्त कर वे निकल गये। मैं भी उन्हें भूलते हुए विश्वविद्यालय जाने से पहले के अपने कार्यों में लग गया। ऐसी घटनाओं को नजरअन्दाज कर देना ही उचित जान पड़ा।

इस तरह तैयार शोध-प्रबन्ध की तीन प्रतियाँ विश्वविद्यालय में जमा की जातीं। अब इस कार्य पर शोधोपाधि प्राप्त करने के दूसरे तरीके शुरू हो जाते। इस कार्य के लिए विभिन्न विश्वविद्यालयों के ऐसे शिक्षकों के नाम तयशुदा रहते जो बिना शोध-प्रबन्ध पढ़े अपना रिपोर्ट समय से इस आशय के साथ भेज देते कि यह शोध-कार्य सर्वथा मौलिक, नवीन और महत्त्वपूर्ण है। शोध-छात्र ने परिश्रम से यह अनुसन्धान किया है। इस पर शोधोपाधि प्रदान की जा सकती है।

शिक्षक होने के बाद मैं लम्बे समय से इस प्रक्रिया को देखते आ रहा हूँ। किसी भी तरह के शोध-प्रबन्ध पर ऐसे किसी भी परीक्षक ने कभी ऐसा रिपोर्ट नहीं भेजा कि यह शोध-प्रबन्ध नकल किया हुआ है। कि इसमें कहीं से कोई मौलिकता और नवीनता नहीं। कि पीएच. डी. के स्तर का यह है ही नहीं। कि इस पर शोधोपाधि नहीं दी जा सकती। कि इस शोध-प्रबन्ध को निरस्त किया जाता है। अब मैं सेवानिवृत्ति के कगार पर हूँ। अब तक जब ईमानदार रिपोर्ट नहीं देख सका तो शायद इस शिक्षक-जीवन में अब नहीं ही देख सकूँगा।

शोध-कार्य की पूर्णाहूति या अन्तिम प्रक्रिया मौखिकी की होती है। हमारे यहाँ खुली मौखिकी का प्रावधान है। जिस विषय की मौखिकी होती है, उस संकाय का कोई भी शिक्षक उसमें बैठ सकता है। शोध-प्रबन्ध के दो परीक्षकों में जो निकट का होता है, वही मौखिकी में बाह्य परीक्षक बन कर आता है। यहाँ भी अपने लिखित रिपोर्ट के अनुसार ही प्रस्तुत होता है।

इस मौखिकी में निर्देशक और बाह्य परीक्षक की मदद के बावजूद सम्बन्धित छात्र की अक्षमता और अयोग्यता का पता सबको चल ही जाता है। लेकिन कोई इसे उद्घाटित नहीं करता। वहाँ उपस्थित अधिकांश शिक्षक उस गाइड और शोध-छात्र के ही समर्थक होते हैं। खास कर ऐसे ही अधिकतर लोगों को एकत्रित किया जाता है। इस रूप में ऐसी मौखिकी, मौखिकी न होकर किसी जश्न का आयोजन होती, जहाँ मिठाइयाँ खाते हुए बधाइयाँ दी जातीं। शोध-प्रबन्ध पर रिपोर्ट की भाँति मौखिकी के छात्र को अनिवार्यतः सफल ही घोषित किया जाता है। मेरी जानकारी के तहत कभी किसी छात्र को मौखिकी में असफल करार नहीं दिया गया, चाहे उसकी प्रस्तुति जैसी भी रही हो।

एक बार तो एक ऐसी मौखिकी हुई जिसमें शोध-छात्र का मुँह ही नहीं खुला। अन्य मौखिकियों में तो शोध-छात्र उल्टा-सीधा, गलत-सही, सार्थक-निरर्थक कुछ बोलते भी रहे थे। वे जानते होते कि निर्णय उनके पक्ष में ही होना है। उनका

बोलना सिर्फ रस्म अदायगी भर है। लेकिन उस शोध-छात्र का मौन तो टूटा ही नहीं। किसी ने उसे तोड़ने का प्रयास भी नहीं किया। वह ऊँची पहुँच का छात्र था। उसके शोध-प्रबन्ध पर गाइड और बाह्य परीक्षक ही एक-दूसरे से कहते-सुनते रहे। इसके बाद बीच में ही एक समर्थक शिक्षक ने आवाज़ लगा दी—"अब हो गया सर। छात्र को आशीर्वाद दिया जाय...।"

अन्य समर्थकों ने भी अपनी सहमति जतायी—"हाँ-हाँ, बहुत हो गया। उठो रमेश और सबका आशीर्वाद लो। अब तुम डॉक्टर बन गये...।"

यह सुनते ही रमेश उठ कर सबका अभिवादन करने लगा। इस अवसर की प्रतीक्षा में बैठे उसके परिजनों ने मिठाइयों के पैकेट बाँटने शुरू कर दिये। अब मिठाइयाँ खाते हुए लोग उसे बधाइयाँ देने लगे—"बहुत अच्छा रमेश! तुम्हारा भाइभा बहुत अच्छा रहा। पीएच. डी. की उपाधि के लिए बधाई लो! मिठाइयाँ भी तुमने बहुत अच्छी मँगवायी हैं। मन तृप्त हो गया...।"

ऐसे शोध-कार्य में मेरे सहकर्मी जिन दो उद्देश्यों के तहत मुझे शामिल करना चाहते रहते, उसे मैं समझ रहा होता। उनका पहला उद्देश्य शोध के इस मुक्त व्यापार में मुझे शामिल कर उसका अंग बनाना था तथा दूसरा उद्देश्य लेखन के मेरे समय की कटौती था। निरन्तर मेरा लिखना और नयी-नयी पुस्तकों का प्रकाशन उनके लिए सिरदर्द था।

अपने ऐसे सहकर्मियों को मैं अच्छी तरह समझ रहा होता। उनकी परेशानी का मुख्य कारण मेरा हमउम्र होना होता। उनकी पीढ़ी और उम्र का होते हुए अपने लेखन से मैं जो अलग प्रतिष्ठा अर्जित कर रहा था, वह उनके लिए असह्य था। इसके विपरीत विभाग के वरिष्ठ सहकर्मियों का दृष्टिकोण मेरे प्रति सकारात्मक रहता। वे यह कहने से बाज नहीं आते—"निरन्तर लिखते हुए मिथिलेश्वर अपने साथ-साथ हमारे विभाग का नाम भी रौशन कर रहा है, यह बहुत अच्छा है...।"

वे अपना स्नेह-सहयोग भी मुझे प्रदान करते। मुझे कहीं से भी अपना प्रतिस्पर्धी या प्रतिद्वन्द्वी नहीं मानते। मुझे अनुजवत् समझते हुए मेरी नयी कृतियों के प्रकाशन पर अपनी हार्दिक खुशी भी व्यक्त करते। उनके इस स्नेह के प्रतिदान में अपनी नयी पुस्तकें उन्हें भेंट करता। तब वे और गद्‌गद हो जाते। मेरी पीठ ठोंकने लगते—"बहुत अच्छा कर रहे हो मिथिलेश्वर। दूरदर्शी हो। अपने इस साहित्य को लेकर रिटायरमेंट के बाद भी तुम ऊर्जस्वित बने रहोगे। हम लोग तो रिटायर होते ही अप्रासंगिक हो जायेंगे। फिर हमारा समय कटते नहीं कटेगा। अब इस अवस्था में हम लिख भी तो नहीं सकते। चलो, तुम्हें देख कर सन्तोष होता है। तुम अपना यह सृजन स्थगित मत करना...।"

इस सम्बन्ध में मैं निरन्तर यह अनुभव करता रहता कि ऐसे वरिष्ठ सहकर्मियों की उपस्थिति से ही विभागीय सन्तुलन कायम होता। अगर वे नहीं होते तो अपने

हमउम्रों से सीधी लड़ाई में मैं हारता तो नहीं। लेकिन मेरा लेखन तो वे स्थगित करा ही देते। वे इसे जानते भी रहते। उनका उद्देश्य मुझे लेखन विरत करना ही होता।

अपने हमउम्र ऐसे सहकर्मियों के द्वेष का कारण मैं स्पष्ट समझ रहा होता। विश्वविद्यालय शिक्षक होने की परम्परित प्रक्रियाओं के तहत वे अनुकूल बनकर ही आये होते—मैट्रिक से लेकर एम. ए. तक प्रथम श्रेणी की उत्तीर्णता के साथ, पीएच डी. की उपाधि हासिल कर। उनकी तुलना में न तो मेरा एकेडमिक कैरियर अच्छा था और न पीएच. डी. करके ही आया था। फिर भी लेखन के चलते अपने उन हमउम्र सहयोगियों की तुलना में अधिक महत्त्व पा रहा था। यह बात उन्हें बहुत खटकती रहती। अपने कैरियर एवं पी. एच. डी. के चलते वे स्वयं को मान-सम्मान का अधिकारी समझते। विभाग में मेरे आने से पहले वे विशिष्ट बने भी हुए थे। लेकिन अचानक दूसरे रास्ते से मेरे पहुँचने पर वे अपना महत्त्व कम हो गया पा रहे थे। इस स्थिति ने उन्हें क्षुब्ध, पीड़ित और आवेशित कर दिया था। उन्हें लगता कि मेरी वजह से ही वे विभाग में श्रीहीन हुए हैं। ऐसे में स्थानीय स्तर पर साहित्यिक एवं सांस्कृतिक गतिविधियों में अपनी उपस्थिति दर्ज करते हुए अपनी लेखकीय छवि का एहसास भी कराते रहते। लेकिन साहित्यिक कृतित्व लोगों से छिप नहीं पाता। ऐसी स्थिति में मुझको लेकर सुनियोजित तौर पर अपनी सघन कार्रवाई वे जारी रखते, जिससे या तो मैं लेखन विरत हो जाऊँ या फिर लिखने के लिए मुझे कम से कम समय मिल सके। इस कार्रवाई के तहत ही वे शोध-निर्देशक के रूप में मुझे फँसाना चाहते। लेकिन निर्देशक न बनने के अपने निर्णय पर मैं अड़ा रहता।

इस सम्बन्ध में अन्ततः एक लड़की को मेरे पीछे लगा ही दिया। वह हमारे विभाग की ही छात्रा थी। तीन-चार वर्ष पूर्व एम. ए. कर चुकी थी। मैं उसे भूल गया था। पुराने छात्र-छात्राओं को कितना याद रख पाते। हर साल नये लड़के आते और पुराने जाते थे। जब वह आयी तो उसका सन्दर्भ स्मरण आ गया। अब वह पीएच डी. करना चाहती थी। अपनी जानकारी के अनुसार वह मेरे उन मित्रों के पास भी गयी जो शोध कराने में ख्यात और पारंगत थे। लेकिन उस जैसी लड़कियाँ एवं लड़कों से उन्होंने अपना कोटा फुल कर लिया था। अब उसे मेरे पास भेज दिया। इस पर मैंने इत्मीनान से उसे समझा दिया कि मैं शोध नहीं करा सकता। कि मैंने अब तक अपने एक-दो परिवार जनों को छोड़ कर कराया ही नहीं। कि मैं अपने कार्यों में इतना व्यस्त रहता हूँ कि मुझे फुर्सत ही कहाँ? कि मैं किसी भी स्थिति में यह प्रस्ताव स्वीकार नहीं कर सकता...।"

मेरे सख्त इनकार पर वह लड़की चली गयी। मुझे लगा, किसी कॉलेज शिक्षक को पकड़ लेगी। शोध कराने वाले शिक्षकों की कमी तो है नहीं। लेकिन अचानक एक दोपहर वह पुनः मेरे ही पास आ गयी। उस वक्त अपने घर में मैं अकेला था। सम्भव है, मेरी दिनचर्या लक्ष्य कर मेरे हमउम्रों ने ही इस समय पर भेजा हो। जो

हो, उस पर नजर पड़ते ही दरवाजे से उसे फुटा देना चाहा–''तुम्हें तो मैं मना कर चुका हूँ नेहा, फिर अब क्यों आ गयी...?''

इस पर निवेदन के स्वर में वह बोल उठी–''विभाग में कुछ कह नहीं पायी थी सर। लेकिन मेरी बात सुन लीजिए। फिर आपका जो निर्णय होगा, मैं मान जाऊँगी...।''

उसकी इस बात पर उसे अन्दर आने दिया। वैसे भी दरवाजे पर किसी लड़की से बात करना अच्छा नहीं था। अब वह मेरे कमरे में आ गयी। मेरे संकेत पर सामने बैठ भी गयी। अपनी मेज पर पूर्ववत् मैं कायम हो गया...।

''अब जो भी कहना हो नेहा, जल्दी-जल्दी बता दो। यह मेरे लिखने का समय है। विश्वविद्यालय से आने में पहले ही देर हो चुकी है। उसकी क्षतिपूर्त्ति भी करनी है...।''

''ठीक है सर, लिखियेगा। मैं जल्द ही चली जाऊँगी। विभाग में अपनी बात बताना उचित नहीं समझी। अब बहुत उम्मीद लेकर आयी हूँ। निराश मत कीजिएगा सर! हमारे घर की आर्थिक स्थिति एकदम ठीक नहीं। पिताजी लकवाग्रस्त हैं। वे पुणे एक कम्पनी में काम करते थे। जब एम. ए. फाइनल की मेरी परीक्षा चल रही थी, उसी वर्ष उन्हें लकवा का अटैक हो गया। कम्पनी ने इलाज के लिए कुछ पैसे देकर हटा दिया। सरकारी नौकरी में होते तो पेंशन भी मिलता। वह कम्पनी कुछ नहीं देती। अब घर पर पड़े रहते हैं। इसीलिए एम. ए. करने के तीन वर्ष बाद मैं विश्वविद्यालय पहुँची थी। हम सिर्फ पाँच बहनें ही हैं सर, हमारा कोई भाई भी नहीं, जो कमा सके। बहनों में मैं दूसरी हूँ। अभी किसी बहन की शादी भी नहीं हुई। हम सभी बहनें इधर-उधर के प्रायवेट स्कूलों में पढ़ाती हैं। बच्चों के लिए स्कूल चलाने वाले बहुत कम पैसे देते हैं, सर! वह हमारे निजी खर्च भर भी नहीं होता। लेकिन उसी से हम घर चलाती हैं...! बहुत अभाव में हमारा जीना होता है...!''

इतना कह क्षण भर के लिए वह चुप हो गयी। शायद उसका गला भर आया था और आँखें पनीली हो गयी थीं। मैं अब बीच में ही बोल उठा–''समस्याओं से घबराना नहीं चाहिए, नेहा। फिलहाल तुम्हारे परिवार की आर्थिक स्थिति शोचनीय है। लेकिन अपने कर्म और संघर्ष से ही तुम पाँचों बहनें इसे बदल सकती हो। स्कूलों के अतिरिक्त कम्प्यूटर पर काम करना भी तुम लोग सीख लो। अब इस समय में कम्प्यूटर ज्ञान की उपयोगिता बढ़ गयी है। इससे आय के स्रोत में स्वतः इजाफा हो जायेगा। मेरे पिताजी का जब निधन हुआ था, मैं सिर्फ मैट्रिक पास था। मेरे घर की आर्थिक हालत तुम्हारे घर से कुछ पृथक थी, लेकिन बहुत अच्छी नहीं थी। अपने कर्म और संघर्ष से अपनी आर्थिक स्थिति हमने सुधारी। सम्पन्नता और विपन्नता की स्थितियाँ बराबर एक जैसी नहीं रहतीं। हमारे संकल्पित उद्देश्य और उपार्जनों से बदलती रहती हैं...।''

मेरे इस सुझाव को पकड़ते हुए ही अब वह अपनी मुख्य बात पर आ गयी—"हाँ, सर आपका कहना बिल्कुल सही है। यही सोच कर मैं शोध भी करना चाह रही हूँ। जिले के सभी पुराने हाई स्कूल इंटर कॉलेज बना दिये गये हैं। पीएच डी. के बाद वहाँ आसानी से नियुक्ति हो जायेगी। पीएच. डी. न मिलने पर ही वे एम. ए. पास को रखेंगे। यह सुनहरा अवसर मैं खोना नहीं चाहती, सर। बिना आपके सहयोग के यह सम्भव नहीं हो सकता...!"

"लेकिन इसमें मैं कुछ नहीं कर सकता, नेहा। अपनी स्थिति तो तुम्हें विभाग में ही बता चुका हूँ। देख रही हो न, विश्वविद्यालय से लौटने के बाद सीधे अपनी मेज पर जमा हूँ। इस वर्ष के अन्त तक अपनी यह नयी पुस्तक मुझे तैयार कर देनी है... ।"

"तो समझ लीजिए, सर! मेरा शोध-प्रबन्ध भी आपकी एक नयी पुस्तक ही होगी... ।"

"तुम ऐसी खुशफहमी में मत रहो, नेहा। जो काम मैं करता ही नहीं, वह मेरे लिए असम्भव है... ।"

"कुछ भी असम्भव नहीं, सर। आप स्वीकार करके तो देखिये। यह नेहा आपके लिए क्या नहीं करेगी ! जीवन भर आपके लिए तैयार रहेगी। जहाँ, जब और जिस स्थिति में खोजिएगा, उपस्थित हो जायेगी... ।"

उसकी इस बदली हुई बात और बदली हुई आवाज़ पर जब उसे देखा कि यह लड़की अब यह क्या बोल रही है, तो विस्मित रह गया! वह नेहा अब वह लगी ही नहीं जो दरवाजे पर आयी थी। अचानक उसके चेहरे में अद्‌भुत चमक और मोहकता आ गयी थी। इस क्षण उसकी आँखें विहँस रही थीं और होंठ मुस्करा रहे थे। शलवार-समीज में छिपे उसके मांसल उभार अब न सिर्फ स्पष्ट परिलक्षित होने लगे थे, बल्कि अपनी पुष्टता और पूर्णता का एहसास भी करा रहे थे। इस लड़की को मैं पढ़ा चुका था। क्लास में यह लड़की मुझे कभी ऐसी नहीं लगी। बिल्कुल सामान्य प्रतीत होती रही। शोध का प्रस्ताव लेकर विभाग में मिली तो एकदम वैसी ही जान पड़ी। अभी कुछ देर पहले दरवाजे पर, फिर अन्दर आकर बैठते हुए भी वैसी ही लगी। लेकिन अब अचानक ऐसी कैसे हो गयी। फिर अपने प्रत्युत्पन्नमतित्व से समझ गया, अवसर के अनुकूल लड़कियों में ऐसा परिवर्तन हो जाता है। मैं अपने दाम्पत्य जीवन में भी अनुभव कर चुका था, सामान्य स्थितियों में रेणु वैसी प्रतीत नहीं होती जैसा प्रेम और समर्पण के क्षणों में होती है। शायद इसीलिए परिवार की व्यथा सुनाते हुए उसका गला भर आया था और आँखें पनीली हो गयी थीं। लेकिन अब अपनी युवा देह के आकर्षण और समर्पण के तहत मेरे पुरुष को आमन्त्रित कर रही थी। क्षण भर के लिए मैंने अपने को विचलित महसूस किया। फिर तत्क्षण अपने को नियंत्रित कर लिया—"जो लोग शोध करा रहे हैं नेहा, तुम्हारा काम वही

करा सकते हैं। वैसे शिक्षकों की इस शहर में कमी तो है नहीं। वे तो थोक के हिसाब से शोध कराते हैं। उनके यहाँ सालों भर यह प्रक्रिया चलती रहती है। उनमें से ही किसी एक को तुम्हें पकड़ना होगा...।''

''वे बहुत पैसा माँगते हैं सर। हमारे पास पैसा कहाँ कि उन्हें दे सकूँ। बिना पैसे के वे कोई सलाम सुनने वाले नहीं...!''

''तब तुम स्वयं लिखने की क्षमता कायम करो। शोध करने के सिर्फ दो ही रास्ते हैं—या तो उन्हें पैसा दो, वे कहीं से उड़ा कर कोई शोध-प्रबन्ध तुम्हारे नाम दे देंगे या फिर अध्ययन मनन कर स्वयं तैयार करो...!''

''इसीलिए तो आपके पास आयी हूँ...।''

''मैं ऐसा नहीं कर सकता नेहा...!''

''क्यों नहीं कर सकते सर ! मेरे लिए आपको करना है! आपके लिए यह कोई कठिन काम नहीं। फिर मैं भी आपके लिए कुछ उठा नहीं रखूँगी! आप सिर्फ 'हाँ' तो कह दीजिए...।''

देखा, अब वह लड़की और खुल गयी थी। उसकी मोहकता बढ़ी हुई प्रतीत हुई। उसका युवा बदन अब अपनी उजास बिखेरता नजर आया। इस क्षण मैं समझ नहीं पा रहा था कि क्या कहूँ, क्या करूँ! शायद उसने भी मेरा असमंजस भाँप लिया। अब उसने स्पष्ट शब्दों का सहारा लिया—''आपको मैं पैसा नहीं दे सकती, सर। इस मामले में विवश हूँ। लेकिन मेरे तन-मन की जो सम्पत्ति है, वह सब आपको दे दूँगी। आज से ही आपके नाम समर्पित कर दूँगी। फिर यह नेहा पूरी तरह आपकी रहेगी, सर...।''

मेरा पुरुष भी अब सारी सीमाओं का अतिक्रमण करने के लिए बेचैन हो उठा। इच्छा हुई कि अभी नेहा को बाँहों में भर कर नये अनुभव की नयी तृप्ति से अपने को सराबोर कर लूँ। पराहू की पत्नी ने भी एक ऐसा अवसर दिया था, लेकिन पराहू की पत्नी और नेहा में काफी अन्तर था। वह एक नौकर की ब्याहता पत्नी थी और यह क्वांरी कन्या। उसका उद्देश्य मुझसे पैसे झीटना था और इसका नया शोध-प्रबन्ध लिखाना! तो क्या मैं अपनी नयी पुस्तक बीच में छोड़ कर कोई शुष्क शोध-प्रबन्ध लिख सकता हूँ? इस पर मेरे अन्दर से ही जवाब आया, नहीं। और इस जवाब ने मेरे बढ़े हुए मन को वापस कर दिया। किसी भी सुख के लिए मैं अपना लेखन नहीं छोड़ सकता। अपने लेखन से अधिक प्रिय मुझे और कुछ नहीं। अब तत्क्षण उस लड़की को हटा देना उचित जान पड़ा—''मेरी पत्नी के आने का समय हो गया नेहा। स्कूल से फोन आया था, तीज की खरीदारी के लिए हमें बाजार जाना है। तुम्हें इस तरह मेरे पास अकेले देख वह बिगड़ उठेगी। फिर तुम्हारी खैर नहीं रहेगी। मुझे भी उल्टा-सीधा सुनायेगी...।''

मेरी यह बात सुनते ही अब नेहा का बढ़ा हुआ मन भी वापस हो गया।

वह तत्क्षण पूर्व की स्थिति में आ गयी। मेरे क्लास वाली सहज-सामान्य लड़की बन गयी। बस, मैं बोल उठा—"अब देर न करो नेहा, जल्दी चली जाओ। रेणु आ ही रही होगी। मैं अपना निर्णय तुम्हें बता चुका हूँ। मैं शोध नहीं कराता। तुम्हें भी नहीं करा सकता...।"

इस पर अब बिना कुछ कहे वह लड़की चल पड़ी। शायद जान गयी, मेरे पास उसका कार्य होने वाला नहीं। हालाँकि उसके जाने के बाद भी मैं कुछ लिख नहीं सका। उससे सम्बन्धित पूरा प्रसंग मुझे आहत-पीड़ित करता रहा। अब जहाँ भी वह जायेगी, पैसे के अभाव में अपने को ही प्रस्तुत करेगी। पर उसके कार्य की कोई निश्चितता नहीं। उसे इस्तेमाल करने वाला बार-बार और समय-समय पर उसे इस्तेमाल करते रहने के लिए उसके कार्य को लटकाये रखेगा! तब वह लड़की क्या करेगी! मैं कुछ भी समझ नहीं सका। अब पूरे समय तक व्यथित और उद्विग्न बना रहा। खैर।

हाँ, तो मैं कह रहा था, शोध के नाम पर मुझे लेखन विमुख करने के लिए वे इसी तरह लगे रहे। हालाँकि सिर्फ इसी प्रयास पर वे निर्भर नहीं थे। विश्वविद्यालय और विभाग के दायरे में मेरे लेखकीय समय पर हमले के जितने कार्य सम्भव थे, उन सब पर वे सक्रिय थे। उन कार्यों में छात्रों के लिए रूटीन बनाना और उसे विभागीय सदस्यों के बीच बाँटना पहला और अनिवार्य काम होता था। रूटीन बनाने की पेशकश मैंने कई बार की। मैं चाहता रहा कि रूटीन अच्छा और अनुकूल रहे लेकिन हर बार यह कह दिया जाता—"आपके मित्र लोग पहले से ही बनाते आ रहे हैं। इस मामले में वे अनुभवी हैं। आपको कोई आपत्ति हो तो कहिये...!"

अब इस पर मैं क्या आपत्ति करता? महटिया कर रह जाता। रूटीन बनाने से पूर्व सबकी राय पूछी जाती। यहाँ भी अपनी राय बेझिझक जाहिर कर देता—"मेरे नाम दो, तीन, चार जो भी क्लास आवंटित हों वे अगर लगातार रहें तो मुझे सुविधा होगी...।"

लेकिन जब रूटीन बन कर आता तो उसे देख मेरा मन क्षुब्ध हो उठता। पहली घंटी से लेकर अन्तिम घंटी तक मेरे क्लास नियोजित होते। लगातार अपने क्लास ले मैं लिखने के लिए समय न बचा सकूँ, इसी उद्देश्य के तहत सायास ऐसा किया गया होता। इसे देख मैं अपने को रोक नहीं पाता—"मैंने लगातार क्लास बनाने का सुझाव दिया था। लेकिन यहाँ तो पहली घंटी से लेकर अन्तिम घंटी तक में बाँध दिया गया है। मैंने तो कहा था कि मेरे क्लासों के बीच लीजर न रहने दिया जाय। मैं पढ़ा लूँगा...।"

इस पर रूटीन-निर्माता मेरा हमउम्र कहता—"यह स्कूल नहीं है मिथिलेश्वर भाई कि लगातार क्लास रखे जायँ। एम. ए. में लगातार क्लास सम्भव नहीं...।"

अब मेरे लेखन से कुपित मेरा दूसरा हमउम्र नहले पर दहला फेंकता—"मैं तो

भाई एक क्लास के बाद बिना रेस्ट किये दूसरा क्लास ले ही नहीं सकता। एम. ए.की कक्षा में हम रस्म अदायगी करने नहीं, जमकर पढ़ाने जाते हैं...।''

यह सुन मेरी इच्छा होती कि अपने उस हमउम्र की पोल खोल दें—''वर्ग में तू क्या करता और पढ़ाता है, यह किसी से छिपा नहीं। कहो तो छात्रों को बुला कर पूछ लें...।''

लेकिन चाहते हुए भी नहीं कहता। जिस विभाग में प्रतिदिन जाना और साथ रहते हुए काम करना था वहाँ ऐसी बातों पर उलझते हुए नहीं रहा जा सकता। अब यह सोच कर अपने मन को समझा देता कि कार्य दिवसों में न सही, रविवार और छुट्टियों के दिन लिखूँगा। कार्य-दिवसों में भी सुबह से लेकर रात सोने तक के बीच कुछ समय बचाने की कोशिश करूँगा। जब लिखने के लिए विषय उफान मार रहा हो और लेखन के प्रति निष्ठा कायम हो तो कोई कितना और कहाँ तक रोक पायेगा...?

रूटीन के साथ ही दूसरा महत्त्वपूर्ण कार्य विभागीय शिक्षकों के बीच पाठ्य-पुस्तकों का बँटवारा होता। लेकिन इस कार्य में भी न तो पारदर्शिता बरती जाती और न मेरी राय ली जाती। विभागीय राजनीति में पारंगत मेरे हमउम्र गोपनीय रूप में पुस्तकों का बँटवारा कर लेते। फिर सबके समक्ष उसे बाँटने का नाटक शुरू करते—''उपाध्याय जी तो 'उर्वशी' और 'साकेत' काफी समय से पढ़ाते आ रहे हैं। हमारे अग्रज और मित्र शिक्षक जो पुस्तकें पढ़ा रहे हैं उसे बदलना उचित नहीं। इस दृष्टि से मिश्रा जी के जिम्मे 'कामायनी' और 'राग विराग' चल रहा हैं। शर्मा जी 'गोदान', 'प्रतिनिधि कहानियाँ' और 'त्याग पत्र' पढ़ाते है। राय साहब के जिम्मे 'मैला आँचल', 'शेखर एक जीवनी' तथा 'अमृत और विष' है। सिंह साहब के तहत हिन्दी साहित्य का इतिहास और हिन्दी भाषा। हमारे जिम्मे 'चन्द्रगुप्त', 'आधे अधूरे' और 'समीक्षात्मक निबन्ध'। अब मिथिलेश्वर जी के जिम्मे काव्य शास्त्र, भाषा विज्ञान, प्राचीन काव्य और 'चिन्तामणी' कर दिये गये हैं...!''

इससे पहले कि मैं कोई आपत्ति व्यक्त करता, मेरी ओर से मेरा एक उस्ताद हमउम्र बोल उठता—''अरे भाई, मिथिलेश्वर जी कथाकार हैं। यह विशेषज्ञता का युग है। कहानी-उपन्यास की जगह इनके नाम गम्भीर पुस्तकें आ गयीं...!''

इस पर पुस्तकों के बँटवारे में मुख्य भूमिका अदा करने वाला मेरा वह हमउम्र अपना पक्ष स्पष्ट कर देता—''ऐसा नहीं है शर्मा जी कि सिर्फ विशेषज्ञता के आधार पर ही हम पुस्तकें पढ़ायें...। अगर हम सभी विशेषज्ञता और अपनी रुचि का ख़याल करने लगें तो फिर पाठ्य-पुस्तकों का बँटवारा हो ही नहीं सकता। मानव संसाधन विभाग और विश्वविद्यालय का स्पष्ट निर्देश है कि अपने विषय से सम्बन्धित सारी पाठ्य सामग्री हमें पढ़ानी है। किसी पुस्तक को लेकर हम ना नहीं कह सकते। मानव संसाधन विभाग ने तो रेस्नालाइजेशन के आधार पर यह निर्धारित कर दिया है कि कितने छात्र पर कितने शिक्षक रह सकते हैं ? इसमें विषय के अनुसार शिक्षकों के

होने का कहीं कोई उल्लेख नहीं है...। ”

मेरी इच्छा होती कि इस बँटवारे को ध्वस्त कर जनतांत्रिक तरीके से पुस्तकें बाँटने पर उन्हें विवश कर दूँ। मैं ऐसा कर भी सकता था। लेकिन इससे उन्हें खुशी ही होती। वे तो चाहते रहते कि मैं ऐसा करूँ, ताकि विभागीय तनाव लेकर घर पहुँचूँ, जिससे बचे-खुचे समय में भी लिख न सकूँ। उनका यह षड्यन्त्र मैं समझ रहा होता। तनाव की स्थिति में सचमुच लिख नहीं सकता। अन्ततः वह पाठ्य सामग्री चुपचाप स्वीकार कर लेता।

इस सम्बन्ध में मैं पाता, अपने उद्देश्य में वे सफल हो गये रहते। जो बचा-खुचा समय लेखन के लिए रहता, उसमें अब इन पाठ्य-सामग्री का अध्ययन शुरू कर देता। वर्षों पहले छात्र-जीवन में गुजरी पुस्तकों को अब मुझे फिर-फिर पढ़ना था। छात्रों को पढ़ाने के लिए उनका ताज़ा अध्ययन आवश्यक था। कुटिल शिक्षक मित्र मेरे लेखकीय समय पर हमले के तहत चाहे जो कर रहे थे, अपने छात्रों के साथ मैं अन्याय नहीं कर सकता था। विभागीय राजनीति से उनका पाठ्यक्रम प्रभावित हो, यह मुझे कतई गवारा नहीं। इस बिन्दु पर यह सोच कर भी अपने मन को आश्वस्त करता कि कुछ ही समय की बात है। फिर प्राप्त पाठ्य-सामग्री पर एक शिक्षक के रूप में मेरा अधिकार हो जायेगा। इससे मुझे फायदा ही होगा, पुराने पाठ्य-सन्दर्भ ताजा हो जायेंगे। उसके बाद तो फिर लिखना ही लिखना है।

रूटीन और पाठ्य-पुस्तकों के बँटवारे की भाँति विभागीय आयोजनों के तहत भी मेरे लेखकीय समय पर धावा बोलने का अपना प्रयास वे जारी रखते। साहित्य का विभाग होने की वजह से हमारे यहाँ आयोजनों की भरमार होती। या तो साहित्यकारों की जयंतियों के नाम पर या फिर शोध-परीक्षक के रूप में दूसरे विश्वविद्यालय से आये बाह्य-परीक्षक की उपस्थिति के चलते या फिर किसी साहित्यिक मुद्दे को लेकर या फिर छात्रों के सेमीनार के नाम पर। आयोजन करने के माध्यम और बहाने असंख्य थे। कभी-कभी तो मुझे लगता, कि विभाग के संचालक छात्रों की पढ़ाई से अधिक आयोजनों के प्रति ही तत्पर रहते। सम्भव है, इससे विभागीय और स्थानीय स्तर पर अपनी विद्वत्ता के प्रदर्शन का अवसर उन्हें मिलता हो। जो हो, वर्गों का संचालन तो समय की सीमा में बँधा होता। लेकिन आयोजन के समय की कोई सीमा नहीं होती। जिस किसी दिन कोई आयोजन होता, शाम से पहले मैं घर नहीं लौट पाता। वह पूरा दिन बर्बाद हो जाता। अगर कोई आयोजन विषय या विचार के प्रति हमें उत्साहित और ऊर्जस्वित करता तो समय की बर्बादी की जगह सार्थकता का एहसास होता। तब वह समय उपयोगी जान पड़ता। लेकिन अब तक के अपने लम्बे सेवा काल में विभागीय स्तर पर किसी भी आयोजन को मैंने वैसा महसूस नहीं किया। यहाँ आयोजन, आयोजन के लिए होते थे, कुछ जानने, समझने या पाने के लिए नहीं।

अनिवार्यतः हर आयोजन के पूर्व विभाग में मंचीय स्थिति का निर्धारण किया जाता। निरन्तर लिखते-पढ़ते हुए सोचता रहता कि कोई भी विषय मुझे दिया जायेगा तो अपने ढंग से अवश्य उस पर कुछ कह सकूँगा। मुझको लेकर यह वे भी समझ रहे होते। लेकिन विषय की प्रस्तुति या विषय के विवेचन में मेरा नाम न रख धन्यवाद ज्ञापन में रखते। उन्हें आशंका रहती कि वक्ता के रूप में अपनी बात कह किसी बहाने मैं जा सकता हूँ। तब अपने बचे समय का सदुपयोग कर लूँगा। लेकिन धन्यवाद ज्ञापन के तहत ऐसा नहीं कर सकता। अन्त तक मुझे रहना ही होता। शायद यही सोच कर हर आयोजन में धन्यवाद ज्ञापन का दायित्व ही मुझे दिया जाता।

ऐसे में अधिकांश आयोजन इतने बोरियत भरे होते कि मुझसे वह समय काटे नहीं कटता। मेरा मन व्यग्रता से इस प्रतीक्षा में रहता कि कब यह आयोजन समाप्त हो। लेकिन मेरे संचालक मित्र अपने आमन्त्रण पर सभागार में आये एक-एक व्यक्ति से बिना बोलवाये नहीं मानते। जैसे गाँवों में भवधि की पाँत में अपने एक-एक परिजन को ढूँढ़ कर बैठाया जाता है, इन आयोजनों में भी हमारे संचालक मित्र वैसी ही भवधि का निर्वाह करते। इस दौरान ऐसे-ऐसे वक्ताओं को भी वे मंच पर आमन्त्रित करते जिन्हें सम्बन्धित विषय और भाषा का कोई ज्ञान तो होता ही नहीं, अभिव्यक्ति की क्षमता भी नहीं रहती। फिर भी हमारे संचालक मित्र तालियाँ बजाते और अन्य लोगों से भी बजवाते। इस सम्बन्ध में एक बार मैंने जोर देकर कहा—"कोई जरूरी नहीं कि हमारे विभागीय आयोजन में जो आये वह बोले ही। विषय की जिन्हें कोई जानकारी नहीं उनका अनर्गल प्रलाप सुनना बहुत कष्टकर होता है। उससे आयोजन का महत्त्व और समय दोनों की बर्बादी होती है। वे अगर श्रोता के रूप में ही रहें तो क्या हानि? उनके लिए भी यही अच्छा रहेगा और आयोजन की गरिमा भी बनी रहेगी... ।"

इस पर मेरे संचालक मित्र ने मुझे समझाने की कोशिश की—"हम अपने विभागीय आयोजनों के लिए कैसे लोगों को जुटाते हैं, यह हम ही जानते हैं मिथिलेश्वर जी। अगर उन्हें बोलने का अवसर न दें तो फिर वे झाँकने भी नहीं आयेंगे। तब अपने विभागीय सदस्यों के बीच ही हमें आयोजन करना पड़ जायेगा। आप तो जानते हैं, साहित्यिक आयोजनों में अब कोई आना नहीं चाहता। ऐसे उन्हें मंच पर प्रस्तुत होने का अवसर दे देने से हमारा कुछ नहीं बिगड़ता। सभागार में लोगों की उपस्थिति तो नजर आती है... ।"

यह सुन संचालन का दूसरा भागीदार भी अब बोल उठता—"यह जनतन्त्र है मिथिलेश्वर भाई। इसमें सबको साथ लेकर चलना होता है। यहाँ अपनी डफली, अपना राग अलापने से काम चलने वाला नहीं... ।"

मेरे मन में आता कि इन दोनों मित्रों को बता दें कि उच्च्य शिक्षा का बौद्धिक आयोजन क्या होता है और कैसे बेहतर रूप में किया जा सकता है? साथ ही यह भी समझा दें कि ऐसे थोक आयोजनों से न सिर्फ आयोजन का महत्त्व घटता है,

बल्कि वे हास्यास्पद भी हो जाते हैं। मेरे पास पर्याप्त तर्क थे। राष्ट्रीय स्तर के कुछ साहित्यिक आयोजनों के संयोजन का अनुभव भी। लेकिन जानता था, मेरी बात उन्हें माननी नहीं। इसमें भी अपने लेखन के लिए मेरा समय बचाना ही उन्हें नजर आता। इस स्थिति में कभी परामर्श न दे धन्यवाद ज्ञापन की अपनी भूमिका तक ही सीमित रहने लगा।

विभागीय कार्यों की सीमाओं में उनके द्वारा निरन्तर बाँधे जाने के बावजूद जब अपनी नयी-नयी कृतियों को लेकर आता रहा तो उन्होंने सीधी कार्रवाई प्रारम्भ की, मुलायम और सख्त दोनों लहजों में। अपने क्लास ले अब जैसे ही मैं घर चलने को होता, वे बोल उठते—"जा रहे हैं क्या मिथिलेश्वर भाई...?"

"हाँ...।"

"अरे। अभी! इतनी जल्दी! रुकिये कुछ देर। चाय मँगाते हैं। आपसे कुछ बात भी करनी है...।"

"आप लोग पी लीजिए। कल आऊँगा तो बात की जायेगी। अभी जल्दी में हूँ...।"

इस पर अब मेरा दूसरा हमउम्र टपक पड़ता—"कितना लिखियेगा मिथिलेश्वर जी। जीवन का इंज्वाय भी कीजिए। साहित्य को भी एक इंज्वाय तक ही सीमित रखिये। साहित्य के पीछे जीवन का सारा सुख-चैन मत गँवाइये...।"

उनकी इस बात पर भी जब मैं रुकना नहीं चाहता तो वे पैंतरा बदल लेते। अब पहला कहता—"मिथिलेश्वर भाई, चाहे हमारे क्लास हों या न हों, विभाग में हमें चार घंटे रहने हैं। अगर कोई अधिकारी जाँच करने आ जाय तो हम मुसीबत में पड़ जायेंगे...।"

इस पर दूसरा हमउम्र भी पहले का समर्थन करता—"चार घंटे ही नहीं पाण्डेय जी, यू. जी. सी. के अनुसार हमारा विभागीय समय पाँच घंटे का है...।"

मैं भी अब अपने को रोक नहीं पाता—"पाँच घंटे ही नहीं, छह और सात घंटे भी मैं यहाँ रुक सकता हूँ अगर मुझे एक अलग छोटा-सा कक्ष मिल जाय। फिर घर जाने की कोई जल्दीबाजी नहीं होगी। आराम से उसमें लिखता रहूँगा...!"

"हमारा यह तर्क कारगर नहीं होगा मिथिलेश्वर भाई। कक्ष की बात नियम में कहीं नहीं है। हम जिस परिवेश और माहौल में रह रहे हैं, उसी में हमें रुकना है...।"

इस पर अब न चाहते हुए भी दो टूक शब्दों में अपनी राय जाहिर कर देता—"बिना क्लास या विभागीय कार्य के मैं नहीं रुक सकता। अब तक समय बर्बाद नहीं किया तो आगे भी नहीं करूँगा। सिर्फ बैठने के लिए जाँच करने वाले अधिकारियों से मैं सलट लूँगा...।"

मेरी यह सख्ती देख, उन्होंने भी रोकना बन्द कर दिया। अब बगैर किसी कार्य के वे मुझे नहीं रोकते। कार्य के दायरे में ही पाबन्दियों के षड्यन्त्र रचते रहते।

दस

लेखन के लिए समय निकालने के पारिवारिक और विभागीय संघर्ष की अपेक्षा सामाजिक संघर्ष अधिक दुरूह, कष्टदायक और तीखा होता है। लिखने का समय मिल सके, इसके लिए ऐसा संघर्ष करना ही पड़ता है। ऐसे संघर्ष से बच कर लिखा नहीं जा सकता।

साहित्य का समाज से न सिर्फ गहरा सम्बन्ध होता है, बल्कि साहित्य का जनक, संरक्षक और पेशकश समाज ही होता है। तुलसीदास ने बाह्य दबाव और अपने मन की किसी पीड़ा के तहत लिख दिया—'स्वान्तः सुखाय तुलसी रघुनाथ गाथा', जबकि 'रामचरितमानस' की रचना सिर्फ स्वान्तः सुखाय हो ही नहीं सकती। वह तुलसी के समाजचेता मन की प्रखर सामाजिक अभिव्यक्ति है। अपने समय के सामाजिक यथार्थ से उद्वेलित तुलसी के रचनाकार मन द्वारा सामाजिक बेहतरी का सार्थक और उत्कृष्ट प्रयास है। समाज से लेखक के ऐसे गहरे जुड़ाव के बावजूद लिखने के लिए समाज से उसका बचना या समाज से अप्रिय संघर्ष कर समय निकालना सचमुच तलवार की धार पर चलने से कम मुश्किल कार्य नहीं होता। लेकिन लिखने के लिए इस मुश्किल का सामना करना ही पड़ता है।

शुरुआत अपने निकटतम और परिचित लोगों से ही होती है। अभी पिछले ही सप्ताह मेरे शुभचिन्तक एवं प्रशंसक प्रभाकर जी नाराज होकर चले गये। मैं उन्हें नाराज करना नहीं चाहता था। मेरे इस छोटे शहर की मेरी शक्ति हैं प्रभाकर जी जैसे परिचित। उनकी नाराजगी से अभी तक मेरा मन व्यथित है। लेकिन वे जिस तरह का प्रस्ताव लेकर आये, उसमें उलझ कर अपना लेखन नहीं छोड़ सकता था।

हमारे इस शहर के एक राजकीय उच्च विद्यालय में शिक्षक हैं प्रभाकर जी। लोकप्रिय व्यक्तित्व के धनी। स्कूल से लेकर शहर के सम्पूर्ण शिक्षक समाज तक कौन उन्हें नहीं जानता। शिक्षक संघ के जिला अध्यक्ष हैं। उनके विद्यालय में कहने के लिए कोई और प्रधानाध्यापक हैं, जबकि सारे कार्य वे ही करते हैं। उस विद्यालय के प्रधानाध्यापक पूरी तरह उन पर निर्भर रहते हैं। प्रभाकर जी के बिना उनका काम चल ही नहीं सकता। विश्वविद्यालय के रास्ते में या फिर स्टेशन के सब्जी बाजार में जहाँ कहीं मुझे देख लेते—"प्रणाम सर...!" कहते हुए दोनों हाथ जोड़े सामने आ जाते—"कैसे हैं सर...।"

"ठीक हूँ प्रभाकर जी...!"

"आपको ठीक ही रहना है, सर ! हमारे लिए आपकी उपस्थिति किसी वरदान से कम नहीं...। पत्र-पत्रिकाओं के माध्यम से आपको देखते रहता हूँ। हमारे इस शहर को राष्ट्रीय स्तर पर आपने टाँग दिया है। हमारे गौरव-पुरुष हैं आप। मेरे लायक जो भी कार्य हो निःसंकोच कहियेगा। आपके लिए मैं कुछ भी कर सकता हूँ। आपके किसी काम आने पर तो अपने को धन्य समझूँगा...।"

"आवश्यकता पड़ने पर कहूँगा प्रभाकर जी। आप जैसे मित्रों का इतना स्नेह-सहयोग मेरे लिए काफी है। अपने प्रति आपकी तत्परता से परिचित हूँ...।"—और यह कहते हुए प्रभाकर जी से मुक्त होने की कोशिश करता। अभी कुछ जल्दी में हूँ प्रभाकर जी। फिर मिलने पर बात होगी...।"

"ठीक है सर...!"—और प्रभाकर जी विदा होते-होते यह कह ही उठते—"इस बंदे को बस याद रखियेगा! भूलियेगा मत...!"

ऐसे प्रभाकर जी पिछले रविवार को अपने दो-तीन मित्रों के साथ मेरे यहाँ पहुँच आये। रविवार का चुनाव उन्होंने सोच-समझ कर किया था कि अपने निवास पर इत्मीनान से मैं मिल सकूँगा। इधर मैं भी रविवार होने के चलते अपनी मेज पर जमा था। कार्य दिवसों में इच्छा भर न लिख पाने की क्षतिपूर्त्ति करनी थी। किसी और का आगमन हुआ रहता तो बहाना करा देता। लेकिन प्रभाकर जी जैसे हितैषी और शुभचिन्तक से मिलना ही पड़ा। अभिवादन और कुशलक्षेम के बाद पूछ उठा—"कैसे आना हुआ प्रभाकर जी...?"

"बस आपके दर्शन के लिए चला आया सर! मैं ऐसे भी आने वाला था। लेकिन एक कार्य का बहाना मिल गया। अब इस कार्य में आपका सहयोग चाहिए सर...!"

"क्या कार्य है प्रभाकर जी? मुझसे सम्भव होने वाला होगा तो मैं अवश्य सहयोग करूँगा...।"

"आपको असम्भव कार्य हम दे ही नहीं सकते सर। हमारे चलते आप तनिक भी परेशान हों, यह हम कभी नहीं चाहेंगे। आपकी रुचि का कार्य ही हम देंगे। लिखने-पढ़ने का कार्य...!"

"मैं आपकी बात नहीं समझ पा रहा हूँ प्रभाकर जी। क्या लिखाना चाहते हैं? क्या कोई पत्रिका निकालने की योजना है...?"

"नहीं सर! एकदम छोटा लेख लिखना है। वह आपके बायें हाथ का खेल है। आपकी लिखावट में डेढ़-दो पृष्ठ का हो सकता है! हम उसे टाइप में एक पृष्ठ का बनवा लेंगे। हमारे हेडमास्टर साहब इसी 30 तारीख को रिटायर हो रहे हैं। उनसे मेरा अभिन्न सम्बन्ध है। उनकी विदाई-समारोह का मैं भव्य आयोजन कर रहा हूँ। उसी अवसर पर उन्हें एक जबर्दस्त मानपत्र देना है। इस शहर में आपसे

अच्छा मानपत्र कोई लिख ही नहीं सकता। किसी और के लिए मैं आपसे अनुरोध नहीं करता लेकिन हेडमास्टर साहब तो बिल्कुल मेरे अपने हैं, दो जिस्म एक जान की तरह...।''

प्रभाकर जी की बात सुन क्षण भर के लिए मेरी बोलती बन्द हो गयी। ऐसे प्रसंगों को लेकर ही इस शहर के मेरे अनेक परिचित और प्रशंसक नाराज हो चुके हैं। शादी-ब्याह के अवसरों से लेकर विदाई समारोहों तक अक्सर मानपत्रों की आवश्यकता पड़ती रहती है। किसी एक का लिख कर अन्य को मना भी नहीं कर सकता। तब फिर लेखन छोड़ कर मानपत्र ही लिखता रहता। इस स्थिति को लक्ष्य कर प्रारम्भ से ही इस कार्य को नकारना मैंने शुरू कर दिया। अब यही कार्य लेकर मेरे परम हितैषी प्रभाकर जी के आगमन का कारण भी मैं समझ रहा था। हिन्दी लेखक के रूप में मेरे चर्चित नाम की वजह से ही वे पहुँचे थे। इस स्थिति में मैं समझ नहीं पा रहा था कि किन शब्दों में प्रभाकर जी का प्रस्ताव अस्वीकार करूँ कि उन्हें तकलीफ भी न लगे। लेकिन बहाने का कोई नया सूत्र हाथ लग ही नहीं रहा था। अन्ततः पुराने सूत्र ही जिह्वा पर आ रहे थे। लेकिन मेरी चुप्पी लक्ष्य कर मेरे कुछ कहने से पहले ही प्रभाकर जी बोल उठे–''कोई जल्दीबाजी नहीं है सर कि अभी ही तैयार कर दें। दो-चार दिन में जब फुर्सत मिले आराम से लिखियेगा। मैं जानता हूँ, आपका समय मूल्यवान है। आपको नाहक परेशान नहीं कर सकता। यह कार्य भी आपकी रुचि के अनुकूल नहीं होता तो नहीं आता...।''

''ऐसा नहीं है प्रभाकर जी! इस कार्य को लेकर समस्या यह है कि अपने अब तक के जीवन में मैंने कोई मानपत्र लिखा ही नहीं। मानपत्र की भाषा अलंकारिक होती है। हिन्दी के पुराने शिक्षक वैसी भाषा लिखते हैं। सहज-सामान्य भाषा में कहानी-उपन्यास लिखने वाला मैं मानपत्र लिख ही नहीं सकता। इस शहर में स्कूल-कॉलेज के अनेक पुराने शिक्षक हैं। वे इसे अच्छी तरह लिख सकते हैं...।''

''यह क्या कह रहे हैं सर ! स्कूल-कॉलेज के शिक्षकों से हम आपकी तुलना सपने में भी नहीं कर सकते। आप राष्ट्रीय ख्याति के लेखक हैं। भाषा पर आपका जैसा अधिकार हो सकता है, किसी शिक्षक का कभी नहीं हो सकता...।''

''मैं आपकी बात समझ रहा हूँ प्रभाकर जी। मेरे प्रति आपके मन में ऐसी ऊँची धारणा है, इसके लिए मेरा हार्दिक धन्यवाद स्वीकारें। लेकिन मानपत्र दूसरे ढंग का लेखन होता है। मेरे जैसे कहानी-उपन्यास लिखने वाले अच्छा भानपत्र कभी नहीं लिख सकते। अगर मुझसे सम्भव होता तो मैं 'ना' कहता ही नहीं...!''

''आपको 'ना' नहीं कहना है सर। आप जैसा भी लिखेंगे, वह औरों से अव्वल ही होगा। भाषा तो आप जैसे बड़े लेखक के हाथ की चेरी है। मैं जानता हूँ, आप अपनी नयी पुस्तक में लगे होंगे। हेडमास्टर साहब मेरे अतिशय प्रिय न होते तो मैं आपको कष्ट नहीं देता। इससे पहले आपको कभी कोई कष्ट नहीं दिया और आगे

भी नहीं दूँगा। इसे मेरा फर्स्ट और लास्ट अनुरोध समझें सर...!"

प्रभाकर जी ने मुझे विवश और निरुत्तर करने की कोशिश की। अन्ततः उनकी नाराजगी मोल लेते हुए प्रस्ताव नकारने का अन्तिम तर्क दिया—"प्रभाकर जी मैं आपको बहुत मानता हूँ। मेरे वश का कार्य होता तो इस तरह इनकार नहीं करता। आप ऐसा हर्गिज न सोचें कि लिखने या अपने व्यस्त कार्यक्रम के चलते कह रहा हूँ। आपको विश्वास नहीं तो कोई भी दूसरा कार्य कह कर देख लें। कहिये तो अपने घर से आपके घर तक भुईंपरी करते हुए चल सकता हूँ। लेकिन मानपत्र लिखने का अनुरोध अब मत कीजिए...।"

मेरी इस बात ने प्रभाकर जी को निरस्त कर दिया। शायद उन्होंने नहीं सोचा था कि प्रस्ताव नकारने के लिए मैं ऐसा तर्क भी दे सकता हूँ। अब सहसा जैसे उनकी बोलती बन्द हो गयी। उनके चेहरे के भाव परिवर्तित हो गये। उस भाव में अब अपने प्रति श्रद्धा की जगह मैं नाराजगी लक्ष्य कर रहा था।

क्षण भर चुप रहने के बाद मौन को तोड़ते हुए प्रभाकर जी निराश शब्दों में बोले—"आपने ऐसी बात कह दी सर कि अब मैं क्या कहूँ...!"

फिर तनिक रुकते हुए कहा—"ठीक है सर! अब हम चलते हैं...।"

"ठीक है प्रभाकर जी...!"

इसके बाद अपने मित्रों के साथ वे चल पड़े। यहाँ अपने इनकार का त्वरित परिणाम भी मैंने लक्ष्य कर लिया। मिलते और विदा होते दोनों अवसरों पर मुझे प्रणाम सर कहना वे नहीं भूलते थे। लेकिन इस बार उन्होंने ऐसा नहीं किया। अपनी अव्यक्त बेरुखी और नाराजगी का एहसास करा गये। अगर प्रभाकर जी और उन जैसे अपने शुभचिन्तकों-प्रशंसकों को मैं नाराज करना नहीं चाहता तो ऐसी सामाजिकता के निर्वाह में ही मेरा सारा समय निकल जाता। तब कथात्मक गद्य लेखन जैसा समय साध्य और बड़ा कार्य कर ही नहीं पाता। इसलिए मन मसोस कर रह गया। इस शहर के मेरे अनेक प्रशंसकों की तरह इस घटना के बाद प्रभाकर जी भी मुझसे कट गये।

प्रभाकर जी जैसे लोग तो यदा-कदा मेरा समय लेने आते। इस सम्बन्ध में नये लेखक तथा शहर के साहित्यिक आयोजन विशेष रूप से मेरी मुश्किल बढ़ाते रहते। अक्सर कवि या कहानीकार बनने के इच्छुक युवा समय-असमय मुझे ढूँढ़ते आ पहुँचते। अभी इसी सप्ताह कुर्ता-पाजामा पहने साँवले कद का एक युवक जिसकी उम्र 24-25 वर्ष रही होगी, आ धमका—"मिथिलेश्वर जी का घर यही है...?"

मैं विश्वविद्यालय से आकर अपनी मेज पर जमा था। रेणु स्कूल गयी थी। घर में कोई और नहीं। इस स्थिति में अन्दर से मैंने ही जवाब दिया—"हाँ...।"

"मैं उनसे मिलने आया हूँ...।"

"क्या काम है...?"

“मिलना है उनसे...।”

दरवाजे का पर्दा हटाकर अब मैं सामने आ गया। उस युवक ने हाथ जोड़ कर अभिवादन किया—“काफी समय से आपका नाम सुनते आ रहा था सर। आज देखने का सौभाग्य भी प्राप्त हुआ।”—शायद पत्र-पत्रिकाओं में प्रकाशित मेरी तस्वीर को देखकर उसने मुझे पहचान लिया था।

“कहिये, क्या काम है...?”

“मैं भी कहानी लिखता हूँ सर। काफी लिखा है। लेकिन कहीं छपता नहीं। आपका मार्गदर्शन चाहिए। आप देख लें और पत्र-पत्रिकाओं में छपने की राह सुझा दें तो बड़ी कृपा होगी। मुझे अपना शिष्य बना लें...।”

“शिष्य क्या बनाना? साहित्य में कोई किसी का गुरु-शिष्य नहीं होता। हाँ, नये रचनाकार मित्रों के लिए मैंने रविवार शाम का समय निर्धारित कर रखा है। आप रविवार की शाम आ जाइयेगा। अभी मैं अपने आवश्यक कार्य में लगा हूँ...।”

“ठीक है सर, मैं रविवार को ही आऊँगा। लेकिन शहर के उस गांगी पार से आ रहा हूँ और पहली बार आया हूँ, इसलिए एक नजर मेरी रचनाओं को देख लीजिए तथा मुझसे दो बात कर लीजिए...।”

उस युवक के आग्रह में ऐसा कुछ था कि न चाहते हुए भी उसे बैठा लिया। जल्द ही समझा कर भेज दूँगा।

“‘कहानी’ लिखने के अतिरिक्त और क्या करते हैं...?”

“कुछ नहीं...।”

“कहाँ तक पढ़े हैं...?”

“बी. ए. तक...।”

“जीविका का स्रोत...?”

“पिताजी सचिवालय में नौकरी करते हैं...।”

“आप नौकरी के लिए प्रयास क्यों नहीं करते...?”

“मेरा मन साहित्य पढ़ने और लिखने में ही लगता है सर...।”

“लेकिन सिर्फ साहित्य से पेट नहीं भर सकता...।”

“बाद में कुछ करूँगा सर। अभी पत्र-पत्रिकाओं में छप कर देश और दुनिया के समक्ष अपना नाम रौशन करना चाहता हूँ...।”

“साहित्य की रचना नाम रौशन के लिए नहीं की जाती, समाज सेवा के लिए की जाती है। समाज को बेहतर बनाने का उपक्रम होता है किसी लेखक का लेखन...।”

मेरी इस बात पर वह चुप हो गया। मुझे यह समझते देर नहीं लगी कि सस्ती लोकप्रियता के इच्छुक युवाओं की भाँति पत्र-पत्रिकाओं में अपनी तस्वीर और नाम छपवाने के लिए यह युवक कहानीकार बनना चाहता है। उसका लेखन देखने के

बाद अपना अनुमान मुझे बिल्कुल सही जान पड़ा। उसके लेखन में अनियन्त्रित भावनाओं के सिवा कुछ नहीं—अनगढ़ता, बिखराव और अशुद्धियों की भरमार। मैंने उसे समझाते हुए कहा—"जब तक साहित्य को आप गम्भीरता से नहीं लेंगे, अच्छी रचनाएँ पैदा नहीं होंगी। आपका लेखन कहीं से भी साहित्यिक लेखन नहीं जान पड़ रहा। पहले खूब पढ़ें, चिन्तन-मनन करें, अपने अन्दर साहित्यिक संस्कार विकसित होने दें, तब लिखें। पहली बार आने के चलते तत्काल आपकी रचना देख ली। रविवार की शाम में आइयेगा तो इत्मीनान से बात होगी...।"

"धीरे-धीरे सब ठीक हो जायेगा, सर। सिर्फ मेरी एक रचना छपवा दीजिए, फिर तो मैं स्वयं चौकड़ी भरने लगूँगा...।"

अब मैं अपने को रोक नहीं सका—"सिर्फ छपास की भूख से आप लेखक नहीं बन सकते। अपना जरूरी कार्य स्थगित कर मैंने आपको समझाया है। फिर भी आप नहीं समझते तो मैं क्या करूँ...?"

इसके बाद मैं उठकर अन्दर जाने को उन्मुख हुआ। मेरा संकेत समझ वह भी चल पड़ा। वह जिस उत्साह से मुझे खोजते आया था, अब लौटते हुए पर्याप्त निराश जान पड़ रहा था। ऐसे युवाओं से मैं अच्छी तरह परिचित था। यह रविवार को हर्गिज नहीं आयेगा। साहित्य को साधना और जीवन दृष्टि मानने वाले युवा ही रविवार की शाम आते हैं। हालाँकि ऐसे युवाओं की संख्या नगण्य होती जा रही है। अधिकांश युवा अब साहित्य में भी अपनी त्वरित इच्छाओं की पूर्त्ति चाहने लगे हैं। जो हो, छपने के प्रारम्भिक आवेग वाले युवक मेरे लेखकीय समय पर धावा बोलते रहते हैं। उनके प्रथम आगमन पर उनसे मिलना और उन्हें समझाना ही पड़ता है।

निम्नवर्गीय और मध्यवर्गीय युवाओं की अपेक्षा सम्पन्न-सम्भ्रान्त परिवार के लेखक-लेखिका बनने वाले स्त्री-पुरुषों से अपना समय बचाना मेरे लिए और मुश्किल हो जाता है। गाहे-ब-गाहे ऐसे लोगों की भी पकड़ में आ ही जाता हूँ। अभी हाल ही में काफी प्रयास के बाद ऐसी एक महिला से मुक्त हो सका।

लता जी नामक वह महिला मेरे शहर के युवा व्यवसायी प्रेमकिशोर की पत्नी हैं। प्रेमकिशोर को अपने पुरखों का भरापूरा व्यवसाय विरासत में मिला है। एक दिन वह महिला आ पहुँची। वह अप्रैल का महीना था। क्लास मार्निंग चल रहे थे। विश्वविद्यालय से घर आ मैं अपनी मेज पर जमा था। रेणु भी स्कूल से आ गयी थी। हम खाना खा चुके थे। रेणु आराम कर रही थी और मैं पिछले लिखे का सूत्र पकड़ उसे आगे बढ़ाने की कोशिश में था। गर्मियों की दोपहरी में लिखना मुझे प्रिय रहा है। ठीक इसी समय एक मधुर नारी कंठ की आवाज़ सुनाई पड़ी—"मिथिलेश्वर जी हैं क्या...?"

दरवाजे के पास मेज होने से आगन्तुकों की आवाज़ मुझे सुनाई पड़ जाती थी। जवाब में अन्दर से ही मैं बोल उठा—"कौन है...?"

"मैं आपकी एक पाठिका हूँ, सर।"—पुनः नारी कंठ की सुरीली आवाज़। इस आवाज़ पर रेणु भी उठ बैठी। वह नींद में सोयी नहीं थी। यह सोच कर कि विश्वविद्यालय की कोई छात्रा असमय पहुँच आयी है, रेणु दरवाजे की ओर चल पड़ी। रेणु के चेहरे पर इस अप्रत्याशित आगमन से उत्पन्न खीझ देख मैं समझ गया, दरवाजे से ही वह उस छात्रा को फुटा देगी। पर्दा हटा कर मैं भी अपनी मेज से देखने लगा कि कोई अप्रिय स्थिति कायम न हो। लेकिन वह कोई छात्रा नहीं, महँगे लिबास में एक भद्र महिला थी। उस महिला के साथ अधेड़ उम्र का एक व्यक्ति भी था। वह उस महिला का सेवक जान पड़ रहा था। रेणु इस अपरिचित सुघड़ सलोनी भद्र महिला को देख हतप्रभ रह गयी। उसका सारा गुस्सा काफूर हो गया। इससे पहले कि रेणु कुछ पूछती, वह महिला ही बोल उठी—"आप रेणु जी हैं, मिथिलेश्वर जी की जीवन संगिनी...।"

रेणु ने सहज शब्दों में जवाब दिया—"हाँ...।"

इस पर वह पुनः बोल उठी—"मैं आपको देखते ही पहचान गयी। सर ने अपनी आत्मकथा 'पानी बीच मीन पियासी' में आपके बारे में जैसा लिखा है, इस उम्र में भी आप वैसी ही हैं...।"

यह सुन रेणु मुस्करा उठी—"आइये अन्दर...।"—उस महिला के प्रति रेणु की आत्मीयता फूट पड़ी। अब उस महिला ने अपने साथ के व्यक्ति से कहा—"ड्राइवर साहब, गाड़ी में बैठिये। मैं कुछ देर में आ जाऊँगी...।"

मैं समझ गया, वह उस महिला का ड्राइवर था। अपनी गाड़ी से आयी थी। यहाँ इस बात को मैंने लक्ष्य किया कि प्रथम मुलाकात में आगन्तुक के व्यक्तित्व का प्रभाव ही सर्वोपरि हो जाता है। उस महिला के अतिरिक्त कोई भी छात्र-छात्रा या अनाकर्षक व्यक्तित्व का आगन्तुक होता तो रेणु उसे हर्गिज अन्दर नहीं लाती। लेकिन उस महिला के व्यक्तित्व में ऐसा कुछ था कि रेणु उसे अन्दर लाने से अपने को रोक नहीं सकी। अन्दर आकर जब वह मुझसे रू-ब-रू हुई तो उसने दोनों हाथ जोड़कर मेरा अभिवादन किया। अब वह मेरे सामने ही सोफे पर रेणु की बगल में बैठ गयी—"लम्बे समय से आपको पढ़ती आ रही हूँ, सर। लेकिन आपकी आत्मकथा के दोनों खण्ड 'पानी बीच मीन पियासी' और 'कहाँ तक कहें युगों की बात' पढ़ कर अपने को रोक नहीं सकी। आपसे मिलने चली आयी। आपकी आत्मकथा के दोनों खण्ड अत्यन्त मार्मिक, हृदयस्पर्शी और विचारोत्तेजक हैं...।"

उस महिला के शब्द, प्रथम संवाद में ही साहित्य से जुड़े होने की प्रतीति करा गये। जवाब में मैंने भी औपचारिकता का निर्वाह किया—"मेरी आत्मकथाएँ आपको अच्छी लगीं। बहुत-बहुत धन्यवाद...।"

"सिर्फ अच्छी ही नहीं सर। बहुत अच्छी। आपकी तीन ऐसी पुस्तकें हैं जो बार-बार पढ़ने के लिए आमन्त्रित करती हैं—'माटी कहे कुम्हार से' उपन्यास तथा

ये दोनों आत्मकथाएँ। 'माटी कहे कुम्हार से' तथा 'पानी बीच मीन पियासी' को दो बार पढ़ चुकी हूँ। हर पाठ में इन कृतियों ने अपने नयेपन का एहसास कराया है। मुझे लगता है, अच्छा साहित्य हर पाठ में बहुत कुछ नया दे जाता है। नयी अर्थ छवियाँ उद्‌घाटित होने लगती हैं... ।''

''आप बिल्कुल सही कह रही हैं। अच्छे साहित्य के बारे में मेरी भी यही राय है। लेकिन मेरा साहित्य वैसा नहीं... ।''

''आप रचयिता हैं सर। अपनी कृतियों के बारे में यह आपकी विनम्रता और महानता है। लेकिन पाठक को जो महसूस होगा, वही कहेगा। मैंने भी आपके सम्पूर्ण साहित्य के बारे में नहीं कहा है... ।''

''लगता है, साहित्य से आप काफी जुड़ी हैं... ।''

''हाँ, सर! शादी के पहले से ही। जहाँ कहीं अच्छा साहित्य मिलता है, ले लेती हूँ। इस बीच कुछ लिखा भी है, लेकिन वे मुझे छपने योग्य प्रतीत नहीं होतीं... ।''

''यहाँ आरा में आप कहाँ रहती हैं...?''

जवाब में उन्होंने अपना पूरा परिचय दे दिया। उस परिचय से रेणु प्रभावित हुई। वह शहर के प्रसिद्ध सेठ प्रेम किशोर की पत्नी थी। प्रेमकिशोर की दुकानों से ही हमारी खरीदारी होती थी। रेणु अब उस महिला से बात करने लगी। अपनी मेज से मैं उस महिला को देख रहा था। साहित्य के प्रति उसके मन में जितना आकर्षण था, उससे कहीं अधिक आकर्षण उसके अपने व्यक्तित्व से प्रकट हो रहा था। वह ऐसी थी कि उसे देखने वाला देखते ही रह जायेगा। एकदम तीखे नाक नक्श। सलोना मुखड़ा। रंग आग की तरह धपूधप् गोरा। बदन भरा हुआ और ऐसा फुलहार कि सींक से खोद दो तो खून आ जाय। उसकी उम्र 35-38 के आसपास लग रही थी। वह इतनी लावण्यमयी और सुघड़ नार थी कि न चाहते हुए भी मेरी नजरें बार-बार उस पर चली जाती थीं। उसके विलक्षण रंग-रूप के साथ तेजस्विता और विनयशीलता का असर मैं महसूस कर रहा था। मुझे यह कहने में हिचक नहीं कि अपनी उपस्थिति से उसने मेरे कमरे का मौसम बदल दिया था।

हमारे साथ कुछ समय तक रहने के बाद जब वह चलने लगी तो अपने यहाँ रविवार को दिन के खाने पर हमें आमन्त्रित किया। रविवार का मेरा पूरा दिन इस मधुर आमन्त्रण में बर्बाद न हो जाय, यह सोच कर अपनी भावनाओं को नियन्त्रित करते हुए कह उठा—''इस रविवार को छोड़ दीजिए। फिर किसी दिन चलेंगे। अभी बहुत कार्य लम्बित पड़े हैं... ।''

''मैं आपका अधिक समय नष्ट नहीं करूँगी, सर। मेरा ड्राइवर आकर समय पर आप लोगों को ले जायेगा और फिर वही समय से पहुँचा देगा। आप 'ना' मत कहें, सर... ।''

इससे पहले कि मैं कुछ कहता, रेणु ने सहमति दे दी—''ठीक है हम आयेंगे... ।''

वह खुशी से विहँस उठी। इस खुशी से मैं परिचित था। अपने यहाँ अपने प्रिय लेखक को ले जाने तथा उस माध्यम से अपने लिए साहित्य का मार्ग पाने की आकांक्षा में यह खुशी सन्निहित थी।

रविवार को उसका ड्राइवर हमें दोपहर खाने के समय ही ले जाने आया। मैं समझ गया, हमारा अधिक समय वह बर्बाद करना नहीं चाहती। धर्मन चौक के पास आरा के मुख्य मार्केट के अन्दर उसका घर था। बाह्य रूप में वह घर सामान्य प्रतीत हुआ। लेकिन अन्दर किसी भव्य और आलीशान महल की सम्पन्नता। अपने शहर के व्यवसायियों की इस चतुरता से मैं परिचित था। बाहर से सम्पन्न न दिखना और अन्दर ऐशो-आराम के सारे साधनों से लैस होना।

उसके जिस बैठके में हम पहुँचे वह अत्यन्त सुसज्जित तथा सुविधासम्पन्न था। अपने पति प्रेमकिशोर से उसने हमें वहीं मिलाया। मिलते ही प्रेमकिशोर छूटती बन्दूक की तरह मेरी ओर मुखातिब हो गये–"लता आपकी बहुत तारीफ करती है। आपकी कई पुस्तकें रखी हैं। लेकिन मेरे पास समय ही नहीं कि उन्हें पढ़ सकूँ। लता ने आप लोगों से मिलाने के लिए दूकान से मुझे बुलवाया है। देखिये, अभी आया ही कि पाँच-सात फोन आ गये। विभिन्न दूकानों की विभिन्न तरह की समस्याएँ। सब पर मुझे नजर रखनी पड़ती है...।"

औपचारिकतावश उनके कथन का साथ दिया–"आपकी दूकानों से हम परिचित हैं। शहर की अच्छी और मुख्य दूकानें हैं...।"

"आप वीर कुँवर सिंह विश्वविद्यालय में हिन्दी के प्रोफेसर हैं...?"

"हाँ...।"

"मैं भी वहीं से पढ़ा हूँ। लेकिन मेरा विषय कॉमर्स था। फिर भी आपके नाम से अवगत था...।"

इस औपचारिक परिचय के बाद अब हमसे मुक्त होते हुए उन्होंने कहा–"अब मैं आप लोगों से इजाजत लेना चाहता हूँ। लता ने भी काफी लिखा है। इसकी पुस्तकें भी छपवा दीजिए जो खर्च लगेगा, दे दूँगा...।"

वाणिज्य की शिक्षा और व्यवसाय की दुनिया में रहने के चलते प्रेमकिशोर को ऐसा लगता है कि हर चीज खरीदी जा सकती है। लेकिन उनके जाते ही लता ने उनकी बात सँभाल ली–"पैसे से ही छपना होता सर तो कुछ भी लिखकर छपवा सकती थी। लेकिन जानती हूँ, साहित्य की मान्य कसौटी पर अच्छे प्रकाशनों से छपा साहित्य ही पाठकों के बीच अपनी जगह बना पाता है...।"

लता जी ने बात आगे बढ़ाते हुए अपने पति के बारे में बताया–"इनका जीवन अत्यन्त व्यस्त रहता है। सुबह उठने से लेकर रात सोने तक अपने कारोबार में ही उलझे रहते हैं। वह तो आपलोगों से मिलने के लिए समय निकाल कर आ गये, अन्यथा इस वक्त कभी घर पर नहीं होते...।"

मेरे मन ने कहा–अब दुबारा प्रेमकिशोर जी हमसे मिलने नहीं आयेंगे। एक बार लता जी ने हमसे उन्हें मिला कर बराबर हमारे आने-जाने तथा हमारे साथ साहित्य-चर्चा करने का अपना मार्ग प्रशस्त कर लिया।

हम देख रहे थे, डाइनिंग टेबल पर लता जी के सेवक खाना लगा रहे थे। अब लता जी हमें सादर वहाँ ले गयीं। सचमुच खाने का विशिष्ट इन्तजाम उन्होंने किया था। अनेक प्रकार के व्यंजन थे और सभी खूब स्वादिष्ट। रेणु ने भूरि-भूरि प्रशंसा की। मैंने भी औपचारिकता का निर्वाह किया–"आपका रसोइया बहुत कुशल है। कोई भी व्यंजन स्वादहीन नहीं। नमक-मिर्च का अनुपात भी एकदम सही...।"

इस पर लता जी ने बताया–"हमने मारवाड़ी बासा से रसोइया लिया है। यहाँ के प्रसिद्ध मारवाड़ी बासा का खाना यही बनाता था। इसे कुछ भी बताना-समझाना नहीं पड़ता...।"

खाना खा कर अब हम जैसे ही उठे, हमारे स्वागत में तत्पर सक्रिय बनी लता ने विनम्र शब्दों में कहा–"हम आपका अधिक समय नहीं लेंगे, सर। हमारा ड्राइवर आप लोगों को छोड़ने के लिए तैयार है। मैं जानती हूँ, आपका समय मूल्यवान है। बस, एक नजर मेरा अध्ययन कक्ष देख लें...।"

और डाइनिंग हॉल के बगल ही जिस कमरे में वह हमें ले गयी, उसे देख मैं दंग रह गया। चारों ओर खूबसूरत बुक सेल्फ में करीने से सजी पुस्तकें। पूरा कमरा पुस्तकों एवं पत्र-पत्रिकाओं से जगमगाता। कमरे के बीच मेज-कुर्सी, जहाँ बैठ कर पढ़ा-लिखा जा सके। एक किनारे सोफा, पढ़ने-लिखने से थकने पर आराम करने लायक गद्देदार। उस कमरे ने मेरा मन मोह लिया। मेरा लेखकीय कक्ष ऐसा ही हो, यह सपना वर्षों से मेरे मन में रहा है। लेकिन कभी पूरा नहीं हो सका। लम्बे समय तक मैं बेरोजगार रहा। देर से नौकरी में आने पर परिवार को सँभालने में ही सारा उपार्जन व्यय होता चला गया। चार-चार बेटियों की शादियाँ करते-करते जीवन का महत्त्वपूर्ण समय निकल गया। छोटी पैतृक जमीन के छोटे घर में अच्छे लेखकीय कक्ष का सपना, सपना ही बनकर रह गया। दरवाजे के पास लगी अपनी छोटी-सी मेज पर ही लिखता रहा। अब ऐसा अध्ययन कक्ष सम्भव होने वाला भी नहीं...।

किनारे से घूमते हुए मेरी नजरें पुस्तकों पर जाती रहीं। एक से एक पुस्तकें। प्रारम्भ में ही नेहरू जी की 'डिस्कवरी ऑफ इण्डिया', गाँधी जी का 'हिन्द स्वराज', दिनकर की 'संस्कृति के चार अध्याय', प्रेमचन्द का 'समग्र साहित्य'। उस सेल्फ में अन्य अनेक महत्त्वपूर्ण पुस्तकों के साथ एक किनारे अब तक प्रकाशित मेरा सम्पूर्ण साहित्य भी। मेरा अध्येता मन हर बुक-सेल्फ के पास रुक-रुक कर अवलोकन करने लगा। कुछ ऐसी महँगी और बड़ी पुस्तकें भी नजर आयीं, जिन्हें चाहते हुए मैं अब तक नहीं खरीद सका था। उन पुस्तकों से लता की समृद्ध व्यक्तिगत लाइब्रेरी के साथ-साथ उसकी परिष्कृत रुचि का भी पता चलता था। पुस्तक प्रेमी मेरा मन

उस कमरे में कुछ ठहर-सा गया, लेकिन रेणु ने आवाज़ देकर मुझे प्रकृतिस्थ कर दिया—"चलना नहीं है क्या? आते हुए कह रहे थे कि मेज पर कुछ जरूरी कार्य छोड़ कर जा रहा हूँ। आते ही निपटाऊँगा...!"

"हाँ, हाँ रेणु।"—और यह कहते हुए पुस्तकों से अपने को मुक्त कर रेणु के साथ चल पड़ा। लता हमें गाड़ी तक छोड़ने आयी—"हमारे अनुरोध पर आप लोग आ गये, हमें बहुत अच्छा लगा। बहुत खुशी हुई...।"

जवाब में मुझसे पहले रेणु ही बोल उठी—"हमें भी बहुत अच्छा लगा। "मैंने भी रेणु का साथ दिया—"हाँ लता जी, आपके यहाँ आकर हमें बहुत खुशी हुई...।"

लता के ड्राइवर ने हमें समय से घर छोड़ दिया। मैं अनुभव कर रहा था, रेणु अतीव प्रसन्न थी। मेरी भी प्रसन्नता कम नहीं थी। ऐसे आतिथ्य पर कौन प्रसन्न नहीं होगा। लेकिन पिछले पैंतालीस वर्ष के लेखकीय अनुभव से इस बेहतर आतिथ्य के पीछे का खतरा महसूस कर रहा था। आज के युग में सिर्फ श्रद्धा की वजह से ऐसा अतिथ्य सम्भव नहीं होता।

इस आतिथ्य के तीन दिन बाद ही लता का फोन आ गया—"सर ! मैं आपका अधिक समय नहीं लूँगी। अभी-अभी मैंने एक नयी कहानी पूरी की है। मुझे अपने पिछले लेखन से यह अलग लगी है। आप एक नजर देख लेते तो मैं आश्वस्त हो जाती। अगर आप व्यस्त होंगे तो मैं स्वयं आ जाऊँगी नहीं तो मेरा ड्राइवर आपको ले आयेगा। मैं वचन देती हूँ कि आपका ज्यादा समय बर्बाद नहीं करूँगी...।"

लता के इस प्रस्ताव पर मैंने रेणु की राय जाननी चाही—"क्या किया जाय? लता को कह दिया है कि अभी फोन कर बताता हूँ...।"

जवाब में रेणु ने कहा—"उसे यहाँ बुलाना ठीक नहीं होगा...।"

रेणु की बात मैं समझ रहा था। लता ने जो आतिथ्य प्रदान किया था, उसकी तुलना में हम कुछ नहीं कर सकते थे। साधन और सुविधा दोनों का हमारे पास अभाव था। इस पर मैंने रेणु से कहा—"ठीक है, तब लता के यहाँ ही हम हो आयें। तुम तैयार हो जाओ, मैं उसकी गाड़ी मँगा लेता हूँ...।"

मेरी इस बात पर क्षणभर असमंजस महसूस करते हुए रेणु ने कहा—"आप दोनों की साहित्य चर्चा के बीच मैं जाकर क्या करूँगी? फिर यहाँ घर पर मेरे जिम्मे बहुत काम है। आप हो आइये...।"

हालाँकि मैंने लक्ष्य किया, ऐसा कहते हुए रेणु के चेहरे पर खीझ के अव्यक्त भाव उभर आये थे, जिसे वह पचाने और छिपाने की कोशिश कर रही थी। लता के सिवा किसी अन्य लेखक-लेखिका के यहाँ जाने की बात होती तो वह बेरुखी से मना कर देती—"आपको अपना लिखना-पढ़ना नहीं है क्या? लेकिन लता के वैभव और सम्पर्क ने उसे विवश कर दिया था। उसके यहाँ खा कर तो वह और फँस गयी थी। मैंने पुनः आग्रह किया—"चलो रेणु, हम जल्द ही चले आयेंगे। लता के

यहाँ अकेले जाते हुए मुझे अच्छा नहीं लग रहा है...।"

अब न चाहते हुए भी रेणु फट पड़ी—"वह खाने पर ले जाने आयी थी, इसलिए चली गयी। अब उसकी कहानी सुनने मुझे क्या जाना? इतना फिजूल समय मेरे पास नहीं। आप भी उसके यहाँ आने-जाने का सिलसिला अधिक मत बढ़ाइयेगा। आपके बनाने से वह लेखिका नहीं बनेगी। उसे जो भी बनना होगा, स्वयं बन जायेगी। आपको लेखक किसने बनाया? यही सोच कर उसे समझा आइये...।"

मैंने लता को फोन कर दिया। उसका ड्राइवर गाड़ी लेकर आ गया। जब मैं लता के घर पहुँचा, वह मेरी प्रतीक्षा में ही बैठी थी। पारदर्शी नीली साड़ी में उसका दूधिया बदन नीले आकाश में उभरते चाँद की प्रतीति करा रहा था। मुझे देखते ही उठ कर मेरे पास आ गयी और मुझे अपने साथ सोफे पर आदर और प्रेम से बैठाया—"मुझे विश्वास था सर, आप जरूर आयेंगे। आपसे मिल कर मैंने उसी दिन जान लिया था कि आपके लेखन जैसी सहजता ही आपके जीवन में भी है...।"

"मेरे जिम्मे बहुत काम रहता है लता जी। समय निकालना मुश्किल होता है। लेकिन आपकी नयी कहानी के नाम पर कैसे रुक सकता था...!"

"बस, अभी कहानी सुनाती हूँ सर। पन्द्रह-बीस मिनटों में ही पूरी हो जायेगी। आप बाहर से आये हैं। ठंडा लेंगे या गर्म...?"

"मैं ठीक हूँ लता जी, रहने दीजिए। अभी कोई जरूरत नहीं...।"

"ऐसा कैसे होगा सर। कुछ न कुछ तो लेना ही है। वातावरण में उमस बहुत है। एक गिलास लस्सी ही पी लीजिए...।"

और फिर उसका एक सेवक तत्क्षण दो ग्लास लस्सी लाकर दे गया। शायद मेरे लिए उसने पहले से ही तैयार करवा रखी हो। उसकी लस्सी सचमुच बहुत अच्छी थी। मन-मस्तिष्क तर हो गया। लता ने अपनी कहानी पास ही मेज पर रखी थी। अब उसे लेकर मेरे एकदम पास बैठ गयी—"सुनिये सर, पढ़ती हूँ। एकदम अपनी बेबाक राय दीजिएगा। जो भी कमी होगी, निःसंकोच बताइयेगा। मैं अन्यथा न लूँगी...!"

और लता शुरू हो गयी। मैंने भी अपना ध्यान उसकी कहानी पर केन्द्रित करना शुरू कर दिया। लेकिन इस क्षण अपने में मैं तीव्र परिवर्तन महसूस कर रहा था। जहाँ एक ओर मेरा रचनाकार उसकी कहानी सुन रहा था वहीं दूसरी ओर अपने पार्श्व में बैठी उस विलक्षण नारी काया की उपस्थिति ने मेरे पुरुष को अतिरिक्त रूप से उत्तेजित और उद्वेलित करना शुरू कर दिया था। वह किसी अप्सरा से कम नहीं थी। इस धरती की दुर्लभ नारी काया। उसके लिए मेरा पुरुष पुररवा बन जाने को बेताब हो रहा था। इस स्थिति में विभाजित अपनी चेतना को मैं बार-बार उसकी कहानी की ओर केन्द्रित करता। लेकिन हर बार वह कहानी से फिसल कर उसकी देह पर आ जाती। फिर भी उसकी कहानी मैंने सुन ही ली। ऐसी स्थितियों का

अभ्यस्त और भुक्तभोगी था। उसकी कहानी सचमुच मुझे बहुत अच्छी लगी—"आपने जोरदार कहानी लिखी है लता जी, एकदम गठी हुई। हाथ के नयेपन का कहीं एहसास नहीं। आज जिन नये कथाकारों की कहानियाँ छप रही हैं, उनकी तुलना में तो यह कहानी बहुत आश्वस्त करती है...।"

मेरी प्रतिक्रिया पर लता सुखद आश्चर्य से अभिभूत हो उठी—"आप सच कह रहे हैं सर या यों ही मेरी तारीफ कर रहे हैं...!"

अब लता का रोम-रोम खुशी से पुलकित और अह्लादित हो उठा—"आप जैसे कथाकार को मेरी कहानी अच्छी लगी, बस, मुझे दुनिया की सारी जन्नत मिल गयी, सर! अब मुझे कुछ और नहीं चाहिए। इसी दिन के लिए अब तक लिखती-पढ़ती आ रही थी। आज मैं बहुत खुश हूँ, सर, बहुत खुश! आप बहुत अच्छे हैं सर, बहुत अच्छे...!"

और इस हर्षोल्लास में अचानक लता का दायाँ हाथ मेरे हाथ पर चला आया। पता नहीं, लता ने ऐसा जानबूझ कर किया या अनायास! जो हो, लता के नर्म, नाजुक और कोमल हाथ के स्पर्श ने जैसे मेरे पूरे बदन में विद्युत की लहर संचारित कर दी। मैंने देखा, इस क्षण लता की बड़ी-बड़ी आँखें मुझ पर ही टिकी थीं। उन आँखों में अपने प्रति जहाँ आदर का भाव देख रहा था, वहीं बेपनाह आमन्त्रण का एहसास भी हो रहा था। इस क्षण हठात् एक पत्रिका के स्वनामधन्य सम्पादक मुझे याद आ गये जो ऐसे अवसर के अचूक सदुपयोग के लिए ख्यात थे। उनकी तुलना में मेरा यह कार्य गोपनीय बना रहेगा। कोई जान तक नहीं सकेगा। और कोई जान भी लेगा तो क्या करेगा? उन स्वनामधन्य सम्पादक का किसने क्या किया? इस सम्बन्ध में उन स्वनामधन्य सम्पादक की तरह एक अन्य स्वनामधन्य लेखक का जवाब भी मुझे याद आ गया। अपनी पत्नी के अतिरिक्त अन्य सुन्दरियों से अपने सम्पर्क पर उन्होंने स्पष्ट शब्दों में कहा था—"यह ठीक है कि उन्होंने मुझे खूबसूरत क्षण दिये, लेकिन मैंने भी उन्हें आत्मविश्वास दिया...।"

इस अवसर पर अपने इन ख्यात लेखकों को स्मरण कर उतावला होता मेरा पुरुष अब और प्रतीक्षा न कर लता को अपनी बाँहों में भर लेना चाहता था—"तुम बहुत अच्छी हो लता। बहुत प्यारी। मैं तुम्हें चाहने लगा हूँ। तुम्हारे लिए अब क्या नहीं कर सकता। तुम्हें अब महान लेखिका बनना है। तुम्हारे मार्ग में अब कोई अवरोध नहीं आ सकता...।"

लेकिन ऐन मौके पर हर बार की तरह रेणु की आकृति मेरे समक्ष आ गयी। अब यह चाहे छोटी उम्र में रेणु जैसी रूपसी से मेरी शादी का प्रभाव हो या लम्बा प्रेममय दाम्पत्य या ग्रामीण जीवन का मेरा अलग संस्कार, जो हो, प्रारम्भ से आज तक रेणु ही पत्नी के साथ-साथ मेरी प्रेमिका भी बनी रही। शायद इसीलिए मेरे विचलन के अवसरों पर जाने-अनजाने पहुँचती रही। फिर तो उसके पहुँचते ही जैसे

फूले हुए गुब्बारे में पिन चुभ जाय, उसी भाँति मेरा पिचकना प्रारम्भ हो जाता। इस पिचकने के साथ ही रेणु की याद ताज़ा हो गयी! मुझे लगा, अवश्य घर पर रेणु विकलता से मेरी प्रतीक्षा कर रही है। लता जैसी गदराये यौवन वाली सुघड़ नार के पास अकेले मेरे आने को वह सहजता से कभी नहीं लेगी।

मौके पर रेणु की याद से प्रकृतिस्थ हुआ मैं अब लता से विदा ले चल पड़ा। घर पहुँचने पर अपना अंदेशा मुझे सही जान पड़ा। घर पर रहते हुए गृहकार्य में कुशलता एवं तल्लीनता में दिखने वाली रेणु बिस्तरे पर निर्जीव की भाँति पड़ी फटी-फटी आँखों से छत निहार रही थी। उसके चेहरे पर अवसाद की घनीभूत रेखाएँ छायी थीं। मुझे आया देख पलट कर मेरे चेहरे को पढ़ने लगी जैसे कुछ ढूँढ़ना-जानना चाह रही हो। बस, मैं बोल उठा—"लता को समझा आया रेणु कि वह पत्र-पत्रिकाओं में अपनी रचनाएँ भेजा करे। साहित्य लिखते-पढ़ते हुए वह बहुत कुछ जान चुकी है। जो जानकारी शेष थी, उसका खुलासा भी कर दिया। अब मेरे पास समय नहीं कि उसकी हर रचना देखने जाऊँ। एक रचना देख ली, बस, काफी है...।"

मैंने अनुभव किया, मेरी बात से रेणु की उदासी कम होनी शुरू हो गयी। फिर धीरे-धीरे कुछ समय बाद वह सहज-सामान्य हो गयी। लेकिन उसके यहाँ से आने के बाद दो-तीन दिनों तक मैं सहज-सामान्य नहीं हो सका। जब भी एकान्त मिलता और लेखन की मेज पर आता, लता की आँखों का आमन्त्रण मुझे बेचैन कर देता। अपने रूप यौवन की सम्पूर्ण सम्पदा के साथ समर्पित होने के लिए वह तत्पर थी। लेकिन मैं अभागा, अपने पिछड़े संस्कारों में लिपटा उस अनिर्वचनीय सुख से वंचित रहा। क्या हो जाता अगर उस दिव्य नारी-काया को मैंने भोग लिया होता। रेणु जान तक नहीं पाती। हमारा यह कार्य गलत और पापपूर्ण भी नहीं समझा जाता। पाप-पुण्य की व्याख्यायें जोर-जबर्दस्ती पर आधारित होती हैं, परस्पर प्रेम और समर्पण के ऐसे संसर्ग पर नहीं।

लेकिन फिर जब विचार करता तो मुझे लगता कि ठीक किया। कीचड़ में फँसने से अपने को बचा लिया। दृष्टि के दायरे में ही लता का सारा लुभावनापन और आकर्षण था। शरीर के धरातल पर तो मात्र एक नारी काया के अतिरिक्त वह और कुछ नहीं हो सकती। यह मेरा अनुभवसिद्ध यथार्थ रहा है। वर्ष 1969 में रेणु जब मेरी दुल्हन बन कर मेरे घर आयी थी तब मेरे गाँव की सबसे सुन्दर कन्या वह घोषित की गयी। पूरे गाँव में किसी के यहाँ न उस जैसी बहू थी और न बेटी। अपने उस वक्त तक के जीवन में मैंने भी वैसी अनिंद्य सुन्दरी नहीं देखी थी। ऐसा लगता कि छू देने भर से कुम्हला जायेगी। लेकिन शरीर के स्तर पर जब भी उस विलक्षण सौन्दर्य को मैं आत्मसात् करने की कोशिश करता, परिणाम में एक सामान्य नारी-काया ही पाता। शायद रेणु से लम्बे प्रणय एवं शारीरिक सम्बन्ध ने ही मेरे अन्दर यह चेतना कायम कर दी थी कि सौन्दर्य मुझे लुभाता जरूर था, पर

उसकी परिणति भी सामने आ जाती थी...।

इस बीच पुनः लता के फोन आने शुरू हो गये। लेकिन मेरी चेतना अब जाग चुकी थी। अपना लेखन स्थगित कर मैं यह सब नहीं कर सकता। मिलने-जुलने और आने-जाने को तरजीह न दे अब फोन पर ही तटस्थ परामर्श देना शुरू कर दिया। लता को भी इसका एहसास होने लगा। धीरे-धीरे उसने भी अपने को समेट लिया। इस तरह समय-समय पर अपने शहर आरा के ऐसे अनेक विशिष्ट जनों की भाँति लता से भी अप्रिय संघर्ष कर अपना लेखकीय समय मुझे बचाना पड़ा। आगे भी यह संघर्ष मुझे जारी ही रखना है, क्योंकि जिला मुख्यालय आरा अब नगर निगम में तब्दील हो महानगरीय विस्तार लेता जा रहा है। यहाँ आने वाले अधिकारी, पदाधिकारी, व्यवसायी, चिकित्सक कब किसके अन्दर साहित्य सृजन की इच्छा बलवती हो उठे और इस क्षेत्र में ज्ञात मेरे नाम की जानकारी उन्हें मिल जाय, फिर तो इनसे समय बचाने का संघर्ष मुझे करना ही पड़ेगा। प्रारम्भ में किसी विशिष्ट जन से मिलने से इनकार भी तो नहीं किया जा सकता। लेकिन अपना लेखकीय समय गँवा कर उस मुलाकात को मैं विस्तार नहीं दे सकता। यह तलवार की धार पर चलने से कम कठिन कार्य नहीं कि कोई विशिष्ट व्यक्ति आपसे सटना चाहे और आप उसे झटकने का प्रयास करें। हालाँकि लेखन तलवार की धार पर चलने वाला कार्य ही होता है।

लेखन के लिए समय बचाने का अप्रिय और तीखा सामाजिक संघर्ष अपने शहर आरा में आये दिन होने वाली साहित्यिक गोष्ठियों एवं विभिन्न आयोजनों से मुझे करना पड़ता है। लेखकीय संगठनों के धरातल पर तो यहाँ नियमित गोष्ठियाँ होती ही हैं, साहित्य से जुड़े स्वतन्त्र लोगों की भी गोष्ठियाँ कम नहीं होतीं। साथ ही अन्य आयोजन भी।

ऐसा किसी सप्ताह नहीं होता जब मेरे यहाँ एक-दो निमन्त्रण न आ जाय। गोष्ठियों के लिए विषय की यहाँ कभी कमी नहीं होती, जैसे 'कामेश जी का एकल काव्य पाठ', 'एक महत्त्वपूर्ण रचना गोष्ठी का आयोजन', 'तीन युवा कथाकारों का कथा पाठ', कवि सम्मेलन, 'हिन्दी साहित्य में दलित चेतना पर विमर्श', 'स्त्री लेखन और नारी मुक्ति चेतना पर विचार गोष्ठी' आदि-आदि। इसके अतिरिक्त लेखकों की जयंतियाँ, पुस्तकों का लोकार्पण और अभिनन्दन समारोह अलग से।

जब मेरी लेखकीय उपलब्धियाँ सीमित थीं, मैं स्वयं एक नया लेखक था तभी मुझे इस बात का एहसास हो गया था कि रचनाधर्मिता, आयोजनधर्मिता से बड़ी चीज होती है। लेकिन मेरे कुछ मित्र जिनका मन लिखने में नहीं लगता वे आयोजनों को ही महत्त्वपूर्ण मानते। इस विषय पर उनसे मेरी बहसें भी होतीं। लेकिन वे अपने पक्ष के प्रति बिल्कुल प्रतिबद्ध रहते। आगे चलकर लेखकीय उपलब्धियों के अभाव में उनकी यह प्रतिबद्धता उनकी विवशता बनती चली जाती।

ऐसे ही समय इलाहाबाद के प्रख्यात लेखक भैरव प्रसाद गुप्त का आरा आना हुआ। नेशनल बुक ट्रस्ट के 'पुस्तक परिक्रमा' की योजना के तहत 'आरा पुस्तक परिक्रमा' का उन्हें उद्घाटन करना था। उस वक्त संगठन के चलते तथा अपने सम्पादन और विस्तृत लेखन के चलते भैरव प्रसाद गुप्त हिन्दी साहित्य के एक कद्दावर लेखक, सम्पादक एवं विचारक के रूप में ख्यात थे। उनके आरा आगमन पर मेरे आयोजनधर्मी मित्रों ने रेलवे स्टेशन से उनके आवास तक जुलूस की शक्ल में नारेबाजी के साथ उन्हें ले आये। इस रूप में उन्होंने गर्मजोशी से उनका स्वागत किया।

भैरव प्रसाद गुप्त के कृतित्व एवं व्यक्तित्व की चर्चा से अवगत मेरा मन उनसे मिलने के लिए बेचैन था। बस, अपनी योजना के अनुसार निर्धारित समय पर चल पड़ा। आरा के चित्रटोली रोड स्थित एक होटल में वे ठहरे थे। जब मैं वहाँ पहुँचा, भीड़ छँट चुकी थी। लेकिन मेरे आयोजनधर्मी मित्रों के मुख्य सदस्य वहाँ मौजूद थे। भैरव दादा तकिये के सहारे बैठे आराम कर रहे थे। 'पुस्तक परिक्रमा' का उद्घाटन उन्हें शाम में करना था। इस दृष्टि से मैं अच्छे समय पर पहुँचा था। अब उनका अभिवादन करते हुए बोल उठा—"दादा प्रणाम। मैं मिथिलेश्वर यहाँ का...।"

लेकिन भैरव दादा ने मुझे अपना पूरा परिचय नहीं देने दिया—"बहुत अच्छा लिख रहे हो मिथिलेश्वर। इसी तरह सक्रिय रहो। एन. बी. टी. के इस 'पुस्तक परिक्रमा' में उद्घाटनकर्त्ता में तुम्हारा भी नाम पढ़ा है...।"

"हाँ दादा! परसों सासाराम में मुझे जाना है...।"

"आओ बैठो...!"—और भैरव दादा ने मुझे अपने पास ही बैठा लिया। कुशल-समाचार के बाद अपने मन की संचित जिज्ञासा अब मैंने व्यक्त कर दी—"दादा, आपने साहित्य की लम्बी दुनिया देखी है। लेखन, सम्पादन और संगठन का विस्तृत अनुभव आपके पास है। इस स्थिति में मैं जानना चाहता हूँ कि नयी पीढ़ी के हम लेखकों को क्या करना चाहिए? आप अपने अनुभव से क्या परामर्श देना चाहेंगे...?"

मेरी इस बात पर वे आत्मीयता से बोल उठे—"तुमने अच्छा प्रश्न किया मिथिलेश्वर। ईमानदारी से कहें तो हमारा लेखन ही हमारा वास्तविक प्राप्य बनता है। वही ठहरता है तथा उसी को लेकर हम जाने जाते हैं। शेष सारे क्रियाकलाप समय की रेत में गुम होते चले जाते हैं...।"

भैरव जी की बात सुन मेरा मन बागोबाग हो गया। अपने खुद के एहसास पर मेरा विश्वास और दृढ़ हो गया। लेकिन मेरे आयोजनधर्मी मित्रों के चेहरे कुपित हो उठे। भैरव दादा की ओर उन्होंने ऐसी नाराजगी से देखा जैसे उनकी बात उन्हें आहत कर गयी हो। अगर उम्र का अधिक फासला नहीं होता और संगठन के अनुशासन में वे बँधे नहीं होते तो अवश्य बोल उठते। लेकिन जब मैं चलने लगा तो मेरे साथ

ही वे सीढ़ियों से नीचे उतरने लगे और मुझे सुनाने के लिए जोर देकर कहा–"सिर्फ लिखना ही पर्याप्त होता तो जिस स्वागत के साथ इन्हें हम स्टेशन से यहाँ लाये, वैसा स्वागत इस आरा में ये कभी नहीं पाते। तब रेलवे स्टेशन से उतर कर किसी सामान्य यात्री की तरह रिक्शे से यहाँ पहुँचते। कोई जानने तक नहीं पाता...!"

लेकिन उनकी इस बात पर कोई प्रतिक्रिया न देकर मैंने सिर्फ मुस्करा कर उन्हें देखा। मेरी इस मुस्कराहट से वे और जल-भुन गये। खैर, अब मैं अपने गन्तव्य की ओर चल पड़ा। उसके बाद मैंने मन के धरातल पर यह निर्णय कर लिया कि अपने शहर के महत्त्वपूर्ण आयोजनों में ही मुझे भाग लेना है, स्थानीय स्तर पर रोज चलने वाली 'समय खाऊ' गोष्ठियों में नहीं। हमारे यहाँ के आयोजनों में 'बनारसी प्रसाद भोजपुरी साहित्य सम्मान' के आयोजन राष्ट्रीय स्तर के आयोजन होते रहे हैं, जिनमें मेरी उपस्थिति निश्चित रहती है। इस सम्बन्ध में प्रायः हर सप्ताह के स्थानीय आयोजनों में भाग न लेने की अपने हमउम्र मित्रों की नाराजगी को मैं कभी भूल नहीं पाता हूँ। गोष्ठी के दूसरे ही दिन सोमेश्वर आवेश में आ धमका–"कल तुम गोष्ठी में नहीं आये। मैंने सबको आश्वस्त कर रखा था कि तुम जरूर आओगे। देर तक तुम्हारी प्रतीक्षा की गयी। लेकिन तुमने मुझे उल्लू बना दिया...।"

"मैंने तो तुम्हें कहा था कि मैं नहीं आ पाऊँगा। मेरी अपनी व्यस्तता बहुत है...।"

"लेकिन जवाब में मैंने क्या कहा था, तुम्हें हर हालत में आना है। किसी अन्य आयोजन के लिए ऐसी जिद नहीं करता। लेकिन इस आयोजन में तुम्हारी ना नहीं सुन सकता। बस, यह मानकर मैं जा रहा हूँ कि तुम आ रहे हो...।"

"लेकिन इस पर मैंने अपनी सहमति कहाँ जतायी थी...?"

"तो क्या तुम पर मेरा इतना अधिकार भी नहीं कि बगैर अपनी औपचारिक सहमति के मेरा ऐसा आन्तरिक आग्रह भी तुम ठुकरा दोगे। मैंने तो सपने में भी नहीं सोचा था कि तुम मेरे साथ ऐसा कर सकोगे...।"

"माफ कर देना सोमेवर। नये उपन्यास का ऐसा जरूरी प्रसंग लिख रहा था, जिसे छोड़ कर नहीं आ सकता था। छोड़ देने पर तो फिर वह प्रसंग उस रूप में अंकित कर ही नहीं पाता...।"

"प्रसंग का बहाना बना कर मुझे धोखा देने की कोशिश मत करो। बड़े उपन्यास रुक-रुक कर ही लिखे जाते हैं। असल बात यह है कि तुम अब बड़े लेखक हो गये हो। स्थानीय स्तर की गोष्ठियों में क्यों आओगे...?"

"ऐसी बात नहीं है सोमेश्वर...!"

"तो कैसी बात है? कान खोल कर सुन लो मिथिलेश्वर, समाज से कट कर अपने एकान्त कमरे में तुम जो लिख रहे हो वैसा लेखन कभी श्रेयस्कर नहीं हो सकता। सामाजिक संघर्ष और सम्पर्क ही बेहतर लेखन के लिए हमें प्रेरित करता

है। सामाजिक सरोकार से ही हमारे लेखन में नयापन आता है। यह बात तुम्हें इत्मीनान से समझाने वाला था। लेकिन तुमने अभी ही यह सब कहने के लिए मुझे बाध्य कर दिया...।''

''तुम्हारी इस बात से मैं सहमत नहीं हूँ सोमेश्वर। तुम आवेश और नाराजगी में यह सब बोल रहे हो। किसी और ने यह बात कही होती तो जवाब नहीं देता। पर तुम्हें बताना जरूरी है। स्थानीय साहित्यिक गोष्ठियों में बैठ कर 'अहो रूपम! अहो ध्वनि!' सुनना-सुनाना सामाजिक-संघर्ष में भाग लेना नहीं होता। समाज से एक लेखक का जैसा जुड़ाव होता है, वैसा किसी अन्य का हो भी नहीं सकता। हालाँकि यह जुड़ाव प्रदर्शन और नारेबाजी के तहत नहीं, संवेदना के धरातल पर होता है। मैं अपने जनपद के लोगों की भावनाओं और समस्याओं को जितना जानता हूँ, तुम्हारी गोष्ठियों में नियमित बैठने वाले नहीं जानते। उनके पास सिर्फ सैद्धांतिक तर्क और नारे होते हैं, सामाजिक यथार्थ का व्यावहारिक पक्ष नहीं...।''

''तुम्हारा यह तर्क सही नहीं है मिथिलेश्वर। तुम्हारे अन्दर का यह लेखकीय अहंकार बोल रहा है। 'जाके पाँव न फटे बेवाई, सो क्या जाने पीर पराई'। आम जीवन का दुःख-दर्द जब तुम जानते ही नहीं तो फिर उनकी वास्तविक अभिव्यक्ति कैसे कर सकते हो? सहानुभूति का लेखन स्वानुभूति जैसा हो ही नहीं सकता...।''

''यह सब तुम साहित्य के चुके हुए मुहावरे बोल रहे हो सोमेश्वर। बेतुके तीर चला रहे हो। भोगा हुआ यथार्थ और अनुभव की प्रामाणिकता का पुराना साहित्यिक नारा ही अब सहानुभूति और स्वानुभूति को लेकर दिया जाने लगा है। लेकिन यह सार्थक और प्रासंगिक तर्क साबित नहीं हुआ है। तुलसीदास राम के समकालीन नहीं थे और वेदव्यास ने महाभारत नहीं लड़ा था, फिर भी रामचरितमानस और महाभारत जैसी कालजयी कृतियों की उन्होंने रचना की। ऐसे उदाहरण एक नहीं, अनेक हैं। यह बात अब प्रमाणित हो चुकी है कि श्रेष्ठ सृजन अनुभव की अपेक्षा संवेदना से परिचालित होता है। लेखक का मन किसी कुएँ से कम गहरा नहीं होता, इसीलिए वह संवेदना के धरातल पर भोगने वाले से कम पीड़ा का एहसास नहीं करता। शायद यही कारण है कि जिस यथार्थ को लोग जी रहे होते हैं, उस यथार्थ पर किसी लेखक की सशक्त कृति उन्हें द्रवित, अभिभूत तथा उत्तेजित, आवेशित कर देती है, जबकि उस यथार्थ के बीच स्वयं रहते हुए वे ऐसा महसूस नहीं करते...।''

''तुम यह सब आभिजात्य लेखकों का तर्क दे रहे हो, जनवादी लेखकों के नहीं। जनवादी लेखक कमरे में बैठ कर नहीं, संघर्ष का नेतृत्व करते हुए लिखते हैं। वे अगले मोर्चे के सिपाही होते हैं...।''

''सृजन कार्य की अपनी अनिवार्यता होती है सोमेश्वर, जिसे तुम समझते हो। फिर भी बहस से भाग कर अनर्गल तर्क दे रहे हो। कलम और कुदाल साथ-साथ चलाया जा सकता है, यह नारा बहुत लुभावना लगता है, लेकिन यह सिर्फ नारा

होता है। कोरा तर्क...।''

''मैं कोरा तर्क नहीं दे रहा मिथिलेश्वर। तुम सीधे-सीधे सुनना चाहते हो तो सुन लो, अब तुम अपने को बड़ा लेखक समझने लगे हो। जिस जमीन में पले-बढ़े और जहाँ सृजनात्मकता ग्रहण की वह जमीन अब तुम्हें छोटी लगने लगी है। इस छोटी जमीन की गोष्ठियों में क्यों भाग लोगे? तुम तो दिल्ली, लखनऊ, इलाहाबाद, वाराणसी, भोपाल, जयपुर आदि की गोष्ठियों में जाओगे। इस आरा में अब क्या रखा है? लेकिन तुम्हारी ओर से यह अपने घर की उपेक्षा है। अपने घर को उपेक्षित कर बाहर सक्रिय रहना किसी भी दृष्टि से उचित नहीं कहा जा सकता...।''

''सोमेश्वर, तुमसे मेरी कोई भी बात छिपी नहीं। तुम जानते हो कि बाहर की गोष्ठियों में भी मैं कितना जाता हूँ। मुझे जितने आमन्त्रण मिलते हैं, उसके अनुसार जाने लगता तो रोज ही यात्राओं पर रहता। लेकिन मैं ऐसा हर्गिज नहीं करता। मैं तो प्रायः वैसी ही गोष्ठियों में जाता हूँ जो मुझ पर केन्द्रित रहती हैं। वहाँ जाना मेरी विवशता होती है। वहाँ न जाने पर तो आयोजनकर्त्ताओं की पूरी योजना धराशायी हो जाती है। एक मित्र के नाते तुम इस तथ्य से अवगत हो कि अपने जीवन में सृजन कार्य को मैं सबसे अधिक महत्त्व देता हूँ। जीवन के अनिवार्य कार्यों को छोड़ सामान्य कार्यों एवं सामाजिकताओं में अपने सृजन कार्य की उपेक्षा नहीं कर सकता। अधिक सामाजिक बन कर सृजन कार्य के साथ न्याय नहीं होता...।''

मेरी इस बात पर गहरी साँस छोड़ते हुए सोमेश्वर शान्त हो गया। मैं समझ गया, उसके मन का उबाल-आक्रोश निकल गया। उसके चेहरे की सख्ती भी अब मुझे ढीली पड़ती जान पड़ी। कुछ क्षण बाद वह उठ खड़ा हुआ—''अब मैं चलूँगा मिथिलेश्वर...।''

''ठीक है सोमेश्वर भाई ! लेकिन तनिक भी अन्यथा न लेना। इस शहर में तू मुझे जितना जानता है, कोई और नहीं जानता...।''

मैंने लक्ष्य किया, मेरी इस बात पर सोमेश्वर सहज-सामान्य हो गया। शायद उसके मन का मलाल अब जाता रहा। अब विदा होते हुए जब मैंने हाथ बढ़ाया तो उसने पूर्ववत् गर्मजोशी से हाथ मिलाया। अब मैं भी आश्वस्त हो गया।

सोमेश्वर की तरह स्थानीय गोष्ठियों में भाग न लेने के लिए कोई और मित्र मेरे यहाँ बहस करने तो नहीं पहुँचे, लेकिन अपनी नाराजगी का एहसास अपने-अपने स्तर से कराते रहे। इनमें से कुछ अपनी गोष्ठियों में भाग न ले सकने के चलते अपने मित्रों के बीच मेरे खिलाफ दुष्प्रचार करते रहे तो कुछ शहर में कहीं मुलाकात होने पर अपनी बेरुखी का एहसास कराते। पहले कहीं भी मिलने पर कुशल-समाचार और अभिवादन करने वाले अब मिलते ही मुँह फेर लेते...। खैर...। सृजन के प्रति अपने मन के स्वाभाविक आकर्षण के चलते ऐसी पीड़ा मुझे सहनी ही पड़ती।

इसके अतिरिक्त ज्यादा लोग अपनी गोष्ठियों और अपने महत्त्व का इजहार

करते हुए मुझे यह बताने की कोशिश करते कि रोज की जिन गोष्ठियों को मैं समय बर्बाद करने वाला समझता हूँ, वे अब पहले वाली गोष्ठियाँ नहीं रहीं। अब अपने व्यापक महत्त्व के चलते यहाँ की रचनाशीलता की पहचान बन गयी हैं। कि अब उनमें शामिल न होना पिछड़ जाना है। ऐसे लोगों में मेरे विभागीय मित्र से लेकर शहर के परिचित साथी और स्थानीय गोष्ठियों के संचालक होते। वे मिलते ही अपने झोले में सहेज कर रखे कई अखबारों के कटिंग्स मेरे सामने कर देते—"यह देखिये, कल की गोष्ठी पर कितनी महत्त्वपूर्ण रपटें आयी हैं। बहुत अच्छा कवरेज दिया है अखबारों ने। हर जगह चर्चा है। सुबह से अनेक फोन आ चुके...!"—वे जिस अन्दाज में ऐसा कहते उसमें यह निहित होता कि आप भाग न ले सके इसके चलते इन रपटों से गायब हैं। न तो कहीं आपकी तस्वीर है और न नामोल्लेख। अब अपने मन से बड़ा लेखक बने रहिए। इन रपटों के अनुसार तो यहाँ रहते हुए आप यहाँ से अनुपस्थित हैं।

अपने शहर की इन स्थितियों और ऐसी रपटों ने पिछले कुछ समय से मुझे सोचने के लिए बाध्य कर दिया है। ऐसी रपटों से फूले नहीं समाने वाले अपने स्थानीय रचनाकार मित्रों से चाहते हुए भी मैं इन रपटों का यथार्थ नहीं बता पाता। ऐसे अवसरों पर उनकी खुशी में खलल बनना या उनकी खुशी कम करना मुझे उचित नहीं जान पड़ता। सम्भव है, मेरी तरह वे भी जानते हों या फिर नहीं जानते हों और जानने का प्रयास भी नहीं करते हों। जो हो, सच्चाई यह है कि अखबार की जिन रपटों को वे सँजो कर रखते हैं तथा किसी बड़ी उपलब्धि की तरह प्रस्तुत करते हैं, वह खबर आरा से बाहर नहीं जा पाती। अखबार राष्ट्रीय होता है, लेकिन वह पेज बिल्कुल स्थानीय जिस पर यहाँ की खबरें और रपटें छपती हैं...। आरा की चौहद्दी से बाहर उसी अखबार में वह पेज नहीं होता। लेकिन मेरे सीधे-सच्चे रचनाकार मित्र राष्ट्रीय स्तर के अखबार में उपस्थित होने की खुशी में डूबे रहते। ऐसी स्थिति की शुरुआत पर जब अपने एक सीधे मित्र को आत्मीयता से समझाने का प्रयास किया तो वह मुझे इस तरह देखने लगा जैसे उसकी महत्त्वपूर्ण उपलब्धि को नकारने के लिए मैंने कोई सतही तर्क ईजाद कर लिया हो।

एक रचनाकार के रूप में यह स्थिति मेरे लिए चिन्तनीय है। जब भूमण्डलीकरण का कोई स्वरूप नहीं था और आज जैसा चमत्कारिक वैज्ञानिक विकास से हम वंचित थे, तब स्थानीय होते हुए भी हम राष्ट्रीय थे। तब हमारे स्थानीय कार्य और स्थानीय आयोजन राष्ट्र की मुख्य धारा में भी स्थान पाते रहे थे। लेकिन तीव्र वैज्ञानिक विकास और मीडिया की व्यापक उपस्थिति ने हमें स्थानीय बने रहने के लिए बाध्य कर दिया है...। यहाँ के हमारे आयोजन अब यहीं के होकर रह जाते हैं। वे राष्ट्रीय समाचार कभी नहीं बन पाते, जबकि मीडिया के संचालक अपनी खबरें राष्ट्रीय बना कर हमारे समक्ष प्रस्तुत करते हैं। इस सम्बन्ध में यह बात मुझे कचोटती रहती है कि हमारी खबरों की स्थानीय चौहद्दियाँ उन्होंने निर्धारित कर दी हैं। शायद वैश्वीकरण

के दायरे बड़े शहरों तक ही सीमित हैं। शायद उनकी योजनाओं में ही यह है कि आरा जैसे हमारे छोटे शहरों को टापू बन कर जीना है...। हमारे शहर के नये प्रयोग, महत्त्वपूर्ण आयोजन और बड़ी घटनाओं-दुर्घटनाओं की नियति भी राष्ट्र की मुख्य धारा से वंचित बने रहना है, जबकि महानगर की किसी अभिनेत्री की बिकनी की नीलामी भी बड़ी खबर बन कर हमारे यहाँ तक आ जाती है। कहाँ विकास की इस तीव्र आँधी में हमारा स्थान मुख्य धारा में होना चाहिए था। लेकिन हमारी स्थिति तो ताड़ से गिर कर खजूर पर लटकने वाली हो गयी है...। मेरा रचनाकार कहता है कि इस स्थानीय जकड़बन्दी को हमें तोड़ना है, तभी हमारा प्राप्य हमें मिल सकता है...। छोटे शहर से मुख्यधारा का राष्ट्रीय लेखन इस जकड़बन्दी को तोड़ने का ही एक माध्यम है...। लेकिन हमें अन्य माध्यमों की भी तलाश करनी है...।

ग्यारह

हम किसी कार्य की शुरुआत जिस आवश्यकता के तहत पूरे उत्साह से करते हैं, उस आवश्यकता की पूर्त्ति के बाद उसके प्रति हमारा वैसा उत्साह नहीं रह जाता। विश्वविद्यालय शिक्षक का अपना कार्य अब मुझे ऐसा ही प्रतीत हो रहा था। यह मेरी सेवा का अन्तिम वर्ष था।

विश्वविद्यालय शिक्षक के रूप में जब मैंने योगदान किया, तब सेवानिवृत्ति की उम्र साठ वर्ष थी। इस उम्र तक ही मुझे कार्यरत रहना था। बाद में राज्य सरकार ने हमारी उम्र सीमा साठ से बासठ कर दी। अब कार्य में मेरे बने रहने के लिए और दो वर्ष बढ़ गये। सेवानिवृत्त होने की मानसिकता के साथ जब बासठ वर्ष की उम्र में मैंने प्रवेश किया तो उच्च न्यायालय के एक फैसले के आलोक में हमारी उम्र सेवा पैंसठ वर्ष कर दी गयी। मेरे अधिकांश मित्र आयु वृद्धि के इस निर्णय से बहुत प्रसन्न हुए। लेकिन मुझे तनिक भी प्रसन्नता नहीं हुई। अपनी आवश्यकता के अनुसार बहुत समय तक नौकरी कर चुका था। अपनी चारों पुत्रियों की शादी के बाद अब सेवानिवृत्त हो जाना चाहता था। लेकिन इस निर्णय ने मुझे पुनः कार्यरत रहने का आदेश दे दिया। स्वैच्छिक सेवानिवृत्ति की योजना विश्वविद्यालय में होती तो मैं मुक्त हो जाता। इस स्थिति में पूर्ववत् बँधा रहा...!

मेरी जानकारी के तहत मित्रों से मेरे निर्णय की पृथकता की अनेक वजहें थीं। उनमें मुख्य वजह साहित्य सृजन से मेरा जुड़े होना था। मैं विश्वविद्यालय की सेवा में रहते हुए भी समय निकाल कर लेखन कार्य करता आ रहा था। अब सेवानिवृत्ति के बाद लेखन कार्य के लिए मुझे पूरा समय मिलने लगेगा। इसके विपरीत अधिकांश मित्रों के जिम्मे विश्वविद्यालय में अध्यापन के अतिरिक्त कोई कार्य नहीं रहता। इस स्थिति में सेवानिवृत्ति के बाद उनका समय काटे नहीं कटता...।

व्यावहारिक एवं वैचारिक दोनों स्तरों पर नौकरी में आयु वृद्धि का मैं विरोधी रहा हूँ। इस नियम की यह विडम्बना है कि प्रतिभाशाली नये युवाओं को रोजगार न दे कार्यरत रहने वालों की सेवा का ही विस्तार करते जाना। यह तर्क कि कार्यरत पुराने लोगों की परिपक्व मेधा और समृद्ध अनुभव से छात्र लाभान्वित होंगे, मुझे व्यावहारिक और प्रासंगिक नहीं जान पड़ता। हम चाहे जितने अनुभवी और मेधायुक्त

हों, एक अवस्था विशेष तक ही उपयोगी रह पाते हैं। कार्य के प्रति हमारी चुस्ती, फुर्ती और मुस्तैदी तथा अभिव्यक्ति का उत्साह एक अवस्था विशेष के बाद चुकने लगता है। सेवा में बने रहने पर बढ़े हुए वेतन का लाभ तथा निरर्थकता बोध से बचे होने की भावना के तहत अधिकांश शिक्षक इस निर्णय को अपने पक्ष में वरदान समझते हैं। लेकिन यह शैक्षणिक दृष्टि से तथ्यपरक और यथार्थवादी दृष्टिकोण नहीं...। इससे विकास की जगह उच्च शिक्षा का ह्रास ही होगा। उन्नति के स्थान पर वह अवनति के गर्त में समाती चली जायेगी।

विश्वविद्यालय के सेमीनार हॉल में जाने की तैयारी के परिप्रेक्ष्य में ही यह सब बातें मेरे मन को प्रेरित और आन्दोलित कर रही थीं। 'उच्च शिक्षा की दशा और दिशा' विषय पर विचार गोष्ठी का आयोजन था। चंद वक्ताओं में मुझे भी अपनी बात कहनी थी। कुछ अन्य मुद्दों के साथ मेरे मानस में शिक्षकों की उम्र वृद्धि का यह ताज़ा मुद्दा भी था। मेरे विचार से उच्च शिक्षा में यह उचित नहीं। उच्च शिक्षा की बेहतरी इससे बाधित ही होगी। इस स्थिति में उच्च शिक्षा की दशा निरन्तर दयनीय ही होनी है, इससे मेरे सहकर्मी नाराज हों। सम्भव है, इस नाराजगी का मुझे खमियाजा भी भुगतना पड़े। लेकिन मुझे पीछे नहीं हटना चाहिए...।

समय निकट आते देख मैं घर से निकलना ही चाहता था कि ऐन अवसर पर फोन आ गया। असमय फोन आना मुझे अच्छा नहीं लगता। पर चाह कर भी इससे बच नहीं पाता! लेकिन यह क्या! फोन पर ऐसी अनहोनी खबर। इस खबर ने क्षण भर में ही सेमिनार में जाने का न सिर्फ मेरा हौसला पस्त कर दिया, बल्कि दुःख, पीड़ा और सन्ताप से आहत मेरे बोल फूट उठे–"बड़ी दुखद सूचना आ गयी रेणु ...। चन्द्रकान्त जी गुजर गये...।"

रेणु के मुँह से भी तत्क्षण निकल गया–"यह तो अजीब हो गया। अभी कल तक तो ठीक थे। अब यह अचानक हो क्या गया? हमें अभी चन्द्रकान्त जी के यहाँ चलना चाहिए...।"

बस, सेमिनार संयोजक को फोन पर न आने का कारण बता रेणु के साथ मैं तत्काल चन्द्रकान्त जी के यहाँ भाग चला...।

इस शहर के जिन दो-तीन परिवारों से हमारा गहरा मेलजोल रहा है, उनमें चन्द्रकान्त जी के परिवार का स्थान पहला था। चन्द्रकान्त जी ग्रामीण बैंक के एकाउंटेंट पद से सेवानिवृत्त थे। पिछले डेढ़ दशक पूर्व बैंक में ही उनसे परिचय हुआ था। उस समय रेणु का वेतन ग्रामीण बैंक में ही जाता था। वेतन निकासी के लिए हम बैंक पहुँचे थे। लेकिन मुझ पर नज़र पड़ते ही बैंक में कार्यरत एक भद्र-से व्यक्ति मेरे समीप चले आये–"आप कथाकार मिथिलेश्वर जी हैं न...?"

"हाँ...।"

"मैं चन्द्रकान्त चौबे हूँ। इस बैंक में एकाउंटेंट। आपकी नयी कहानी 'प्लेटफार्म

की रात' पढ़कर अभिभूत हूँ। एकदम यादगार और विचारोत्तेजक कहानी है...।''

देखा, उनके हाथ में 'हंस' का नया अंक था, जिसमें 'प्लेटफार्म की रात' कहानी के साथ मेरा ताज़ा चित्र और परिचय भी प्रकाशित था। शायद मेरे चित्र से मेरा मिलान पा कर ही वे मुझसे रू-ब-रू हुए थे—''मैं 'धर्मयुग' और 'सारिका' के समय से ही आपका पाठक रहा हूँ । यह भी जानता था कि आप इसी शहर में रहते हैं। आपसे मिलना भी चाहता था। लेकिन अचानक यहाँ बैंक में यह संयोग प्राप्त हुआ...।''

इसके बाद वे हमें अपने कक्ष में ले गये। बैंक के आदेशपाल से रेणु का वेतन मँगवा दिया तथा उसी आदेशपाल से चाय मँगवा कर हमें पिलायी। जब हम चलने लगे तो उन्होंने अनुरोध किया—''आपसे मिलने मैं आपके निवास पर अवश्य आऊँगा। साहित्य से मेरा भी बहुत लगाव रहा है। लेकिन बैंककर्मी होने की व्यस्तता में चाहते हुए भी कुछ लिख नहीं सका। आपके साथ साहित्यिक विमर्श कर मुझे बहुत प्रसन्नता होगी...।''

मैंने भी अपनी सहर्श सहमति व्यक्त की—''अवश्य आइयेगा। बहुत अच्छा रहेगा। आप जैसे प्रबुद्ध व्यक्ति के आने से मुझे भी कम खुशी नहीं होगी...।''

इसके बाद अगले ही रविवार वे मेरे यहाँ आ धमके। निरन्तर पत्र-पत्रिकाओं से जुड़े रहने के चलते साहित्यिक विमर्श में वे ताज़ा जान पड़े। हमउम्र होने और समान रुचि ने हमारे बीच सहज ही अन्तरंगता कायम कर दी। फिर न सिर्फ वे हमारे यहाँ आते रहे, बल्कि आत्मीय अनुरोध कर हमें भी अपने यहाँ ले जाने लगे। उनकी सज्जनता और सहृदयता ने मुझे विशेष प्रभावित किया। अपनी पत्नी और बच्चों से वे हमारे बारे में ऐसा कुछ कह चुके थे कि वे हमें सर-आँखों पर उठाये रहते। उनके यहाँ जाने पर ही मैं यह जान सका कि सचमुच साहित्य से उनकी गहरी संपृक्ति है। हिन्दी की अनेक महत्त्वपूर्ण पुस्तकें तथा पत्रिकाओं के अंक उन्होंने सहेज कर रखे थे। फिर तो एक-दूसरे के यहाँ न सिर्फ हमारा आना-जाना बढ़ता गया, बल्कि एक-दूसरे के सुख-दुःख में हम सहभागी तथा सहयोगी भी बनते चले गये...।

अपनी योजना के अनुसार सेवानिवृत्ति के बाद चन्द्रकान्त जी ने लिखना भी शुरू कर दिया। निरन्तर पत्र-पत्रिकाओं को पढ़ने तथा साहित्यिक समझ रखने के बावजूद अभ्यास के अभाव में उनकी कलम से अनगढ़ रचनाएँ निकलतीं। इस सम्बन्ध में मैं उन्हें आश्वस्त करता कि उनकी यही अनगढ़ता आगे चलकर सशक्त रचनाओं का साँचा बन जायेगी। हर नये लेखक के साथ ऐसा होता है। लेकिन इसी बीच वह घटना घट गयी, जिससे उनके जीवन का सिलसिला न सिर्फ छिन्न-भिन्न हो गया, बल्कि वे जैसा थे, वैसा रह भी नहीं गये...। साहित्य-सृजन की उनकी योजना धरी की धरी रह गयी...।

उस दिन गंगा स्नान के उद्देश्य से अपने परिवार के साथ वे वाराणसी पहुँचे

थे। अगली सुबह कार्तिक पूर्णिमा के अवसर पर सपरिवार उन्हें गंगा में डुबकी लगानी थी। ऐसा वे हर वर्ष करते आ रहे थे। इस सम्बन्ध में एक बार मैंने उन्हें समझाने की कोशिश की–"आप तो साहित्य से जुड़े व्यक्ति हैं चन्द्रकान्त जी। साहित्य अपनी प्रकृति से ही प्रगतिशील होता है। कार्तिक पूर्णिमा के दिन भी अगर हम पूर्ववत् अपने घर पर स्नान करें तो क्या ईश्वर की अनुकम्पा हमें प्राप्त नहीं होगी? मैं कबीर को अपना प्रिय कवि मानता हूँ। मेरी जानकारी के तहत उनसे बड़ा कोई सन्त नहीं। स्वयं तो उन्हें पढ़ता ही रहता हूँ, अपनी कक्षाओं में भी उन्हें पढ़ाता हूँ। कबीर जीवन के सहज और स्वाभाविक कर्मों को ही ईश्वर की अनुकम्पा का सुलभ मार्ग बताते हैं। वे बाह्य कार्यों एवं कर्मकाण्डों की अपेक्षा मनुष्य के मन को ही सर्वोपरि ठहराते हैं। उनके अनुसार ईश्वर का वास स्थल मन्दिर, मस्जिद, गिरजाघर या तीर्थ नहीं, मनुष्य का अन्तःस्थल होता है। मन की आँखों से ही हम अपने अन्तःस्थल में विराजमान उस ईश्वर तक पहुँच सकते हैं। इसके लिए कहीं आने-जाने और किसी भी तरह के अनुष्ठान की आवश्यकता नहीं...।"

मेरी इस बात के जवाब में चन्द्रकान्त जी ने जो पक्ष रखा उसने मुझे निरुत्तर कर दिया–मैं आपकी बात से शत-प्रतिशत सहमत हूँ मिथिलेश्वर जी। लेकिन यह कार्य मेरे लिए वंश परम्परागत है। मेरे पिताजी एवं दादा भी अपने परिवार के साथ ऐसा करते रहे थे। मेरी पत्नी और बच्चे भी इस कार्य में विश्वास रखते हैं। मेरे असहयोग से वे व्यथित और नाराज हो उठेंगे...। शायद मेरे द्वारा अपनी वंशपरम्परा का अपमान समझेंगे...। अपने घर-परिवार और समाज के लिए भी तो हमें बहुत कुछ वैसा करना पड़ता है जो हमारे मन को गवारा नहीं होता। वैचारिक स्तर पर मैं इससे सहमत नहीं, लेकिन व्यावहारिक स्तर पर ऐसा करने के लिए बाध्य हूँ...।"

चन्द्रकान्त जी की इस स्पष्ट बयानी के बाद ऐसे विषयों पर फिर उन्हें परामर्श देना मुझे उचित नहीं जान पड़ा। हाँ, तो उस दिन वाराणसी पहुँच उन्हें रात व्यतीत करनी थी। अगली सुबह गंगा स्नान के बाद आरा वापस आना था। वे गंगा स्नान वाले अपने घाट के पास ही एक धर्मशाला में अक्सर की भाँति ठहर गये, ताकि सुबह तड़के स्नान कर सकें। अब चन्द्रकान्त जी अपने परिवार को आराम करने के लिए छोड़ सन्ध्या भ्रमण हेतु निकल पड़े। यह उनकी नियमित दिनचर्या थी।

इस अवसर पर बनारस में अक्सर भीड़ महसूस करते थे चन्द्रकान्त जी। उनकी तरह के परिवार-जन गंगा स्नान के लिए यहाँ बड़ी संख्या में पहुँचते थे। अब उस भीड़ में चन्द्रकान्त जी निरन्तर इजाफा ही पा रहे थे, आसपास के होटलों एवं धर्मशालाओं को भी भर गया पा रहे थे। वे आगे बढ़ते चले गये। उनकी दृष्टि भ्रमण हेतु स्थान की खोज कर रही थी। अक्सर वाराणसी आने पर निकट के ही एक मन्दिर परिसर में चार-पाँच बार गोल चक्कर लगा कर वे सन्ध्या भ्रमण की अपनी दिनचर्या पूरी कर लेते थे। लेकिन उस दिन उस मन्दिर परिसर में भी कोई

बड़ा आयोजन था। वह परिसर लोगों से भरा था।

चन्द्रकान्त जी अब किसी और अनुकूल स्थल की खोज में आगे बढ़ चले। वे अनुभव कर रहे थे, आरा की तरह ही दूसरे शहरों में भी भ्रमण के स्थल सिमटते जा रहे हैं। निर्धारित स्थलों में विस्तार के स्थान पर निरन्तर बढ़ती आबादी का ही यह परिणाम था।

अपने शहर के चप्पे-चप्पे से वे परिचित थे। एक स्थल पर भीड़ के बाद सहज ही किसी दूसरे स्थल पहुँच जाते थे। लेकिन इस नयी जगह में अन्दाज पर ही भ्रमण लायक स्थान ढूँढ़ रहे थे...। सूनी सड़क या बियाबान स्थल पर कम दूरी की यात्रा भी हमें अधिक महसूस होती है। इसके विपरीत घनी आबादी वाले नगरों और महानगरों में देखते ही देखते हम अधिक दूरी तय कर लेते हैं। चन्द्रकान्त जी के साथ भी ऐसा ही हुआ। भ्रमण हेतु अनुकूल स्थल की तलाश में वे काफी दूरी तय कर चुके थे। भ्रमण के बाद अपने पाँवों में जैसी चुस्ती और सख्ती का अनुभव करते थे, अब वैसा ही उन्हें महसूस होने लगा था। शायद इतनी दूर तक आने में ही सन्ध्या भ्रमण का कार्य पूरा हो गया था।

चन्द्रकान्त जी देख रहे थे, शाम उतरने वाली थी। शाम होने से पहले ही उन्हें वापस हो जाना था। उनका परिवार शाम में गंगा आरती देखने के लिए तैयार हो रहा होगा। उनके परिवार के लोग जब भी बनारस पहुँचते हैं, गंगा आरती देखने का लोभ संवरण नहीं कर पाते। सचमुच बनारस की गंगा आरती का दृश्य अत्यन्त मनोरम और मनभावन होता है। इस अवसर पर अपने बीच उन्हें न पाकर उनका परिवार मायूस हो जायेगा...। अब समय से अपने परिवार-जनों के बीच उन्हें पहुँचना है। बस वापसी में अपनी रफ्तार उन्होंने तेज कर दी...। लेकिन पर्व विशेष की भीड़ में चाहते हुए भी वे तेज चल नहीं पा रहे थे। फिर भी सड़क की भीड़ से बच-बचाकर वे लगभग भागते हुए-से ही चल पड़े। वैसे भी सामान्य लोगों की अपेक्षा वे तेज चलते थे। अब ऐसा चलना उनकी आदत में शुमार हो चुका था। इस बीच घिरती शाम का एहसास कर उन्होंने अपनी चाल और बढ़ा दी। वह धर्मशाला अब कुछ ही दूर था, जिसमें उनका परिवार ठहरा था...।

इधर उनकी पत्नी, बहू-बेटियाँ और बेटे सब गंगा आरती के लिए तैयार हो चुके थे। अधिक विलम्ब होने पर बैठने की जगह काफी पीछे मिलती थी, जिससे आरती देखने का भरपूर आनन्द उन्हें प्राप्त नहीं होता...। सम्भवतः विलम्ब का ऐसा एहसास कर वे चल पड़े, ताकि उधर से ही चन्द्रकान्त जी को साथ ले लें। धर्मशाला से भ्रमण के लिए जिस मार्ग से होकर वे गये थे वही मार्ग एक मोड़ से गंगा किनारे आरती स्थल तक पहुँचता था।

इधर वापस आ रहे चन्द्रकान्त जी को अचानक अपने पीछे से कुछ लोगों के दौड़ते हुए आने का एहसास हुआ। अपने प्रत्युत्पन्न मतित्व से वे समझ गये, गंगा

आरती में पहुँचने की आपाधापी वाले लोग होंगे। लेकिन करीब आने पर उनकी शोरगुल भी सुनायी पड़ने लगी—"वह भागा जा रहा, वह! धरो! पकड़ो...।"

इससे पहले कि रुक कर वे जानें, माजरा क्या है, चंद लोगों की एक भीड़ ने उन्हें घेर लिया। यह देख वे हतप्रभ रह गये कि वह भीड़ उनसे ही मुखातिब थी—"यही है, यही है! बैग लेकर यही भागा था...।"

उन्हें यह समझते देर नहीं लगी कि अवश्य उन्हीं की हुलिया से मिलता-जुलता कोई व्यक्ति इनमें से किसी का बैग लेकर भागा है, जिसका पीछा करते वे आये हैं। लेकिन इस भीड़ की औचक घेरेबन्दी में उनकी स्थिति तो किंकर्त्तव्यविमूढ़! हताश और भयभीत व्यक्ति की बन गयी! अचानक यह क्या हो गया उनके साथ! यह किस आफत में फँस गये! अब इसी क्षण भीड़ के एक हिस्से से आवाज़ आयी—"जल्दी बता, कहाँ रखा है बैग? इस तरह चिहा-चिहा कर क्या देख रहा...?"

जवाब में उन्होंने तत्क्षण सफाई दी—"आप लोगों को भ्रम हुआ है। कोई दूसरा आदमी होगा। मैं तो टहल कर अपने धर्मशाला में लौट रहा हूँ...।"

भीड़ के दूसरे हिस्से ने दूसरी आवाज़ लगाई—"यह ऐसे बैग बताने वाला नहीं...। चोर मार की जाति होते हैं, बात की नहीं। मारो...मारो...बिना मारे कुछ नहीं बताने वाला...। चोर है...चोर है...।"

भीड़ के इस औचक हमले पर चन्द्रकान्त जी अब हाथ जोड़ कर तेज़ आवाज़में गुहार लगाने लगे—"मैं एक शरीफ इन्सान हूँ...। गंगा-स्नान के लिए आरा से आया हूँ। मेरा परिवार सामने के उस धर्मशाला में ठहरा है। किसी दूसरे के वहम में आप लोगों ने मुझे घेरा है...। मैं आरा में बैंक अधिकारी रह चुका हूँ। आप लोग मेरे धर्मशाले में चलिये। वहाँ मेरे बारे में आप लोगों को सब जानकारी मिल जायेगी...।"

लेकिन भीड़ उनकी कोई बात सुनने को तैयार नहीं। भीड़ से इस आवाज़ के बाद कि मारो...मारो, चोर है...चोर है, भीड़ सक्रिय भी हो गयी। हाथ से, मुक्के से, घूसे से जो जैसा चाहता, मारना शुरू कर देता। इसके बावजूद वे हाथ जोड़े भीड़ में घूम-घूमकर तेज़ आवाज़ में अपनी बात पुनः-पुनः दुहराते रहे कि शायद भीड़ के कुछ लोग उन पर विश्वास करते हुए उन्हें बचा लें। लेकिन वह भीड़ तो जैसे उनकी कोई बात सुनने को तैयार नहीं थी। इस दौरान उनकी व्यग्र, विकल और बेचैन निगाहें उस भीड़ में परिचित चेहरों की भी तलाश करने लगी थीं। शायद कोई परिचित दिख जाये जो उन्हें इस संकट से उबार सके। लेकिन दूसरे शहर में और पर्व के अवसर की इस भीड़ में उनका कोई परिचित नजर नहीं आया।

चन्द्रकान्त जी को इस भयावह सच का अब एहसास हो गया कि इस नासमझ और क्रूर भीड़ के हाथों असह्य पीड़ा झेलते हुए इस अनजान शहर में उनकी नियति अब अकाल मृत्यु है। इस स्थिति में मरता क्या नहीं करता की तरह चन्द्रकान्त जी ने भीड़ में एक भद्र और सज्जन से दिखते व्यक्ति को जाकर पकड़ लिया—"भाई

साहब! आप मेरी बात पर विश्वास कीजिए। मैं एकदम झूठ नहीं बोल रहा। इन लोगों को गलतफहमी हो गयी है। इन लोगों से मुझे बचाइये। मेरी पूरी बात सुन लीजिए। ये लोग तो मेरी बात भी सुनना नहीं चाहते...। मैं आप ही की तरह अच्छे घर-परिवार से आता हूँ। अचानक इस आफत में फँस गया हूँ। भगवान के लिए, मानवता के लिए मेरी सहायता कीजिए...।''

चन्द्रकान्त जी ने यह देखकर भी उस सज्जन को पकड़ा था कि मारनेवालों में वे नहीं थे। जिज्ञासावश तमाशबीन की तरह खड़े थे। शायद चन्द्रकान्त जी की बात पर सहयोग और सहानुभूति के भाव उनके मन में उठे थे, जिसके अक्स उनके चेहरे पर भी उभर आये। फिर क्षण भर उनका मुआयना करने के बाद अब उनकी निगाहें भीड़ की ओर थीं। कुछ भी सुनने-समझने से परे उस क्रूर और आक्रामक भीड़ को देख क्षण भर के लिए वे विचलित-से भी हुए। लेकिन शीघ्र ही अपने को संयत कर पूर्ववत् मौन और तटस्थ ही बने रहे...। शायद कुछ भी सुनने-समझने से परे उस क्रूर और आक्रामक भीड़ को वे लक्ष्य कर चुके थे। शायद इच्छा होते हुए भी उन्हें सहयोग करने में वे अपने को असमर्थ पा रहे थे। अब भीड़ के एक शूरमे ने उन्हें खींच कर उस भद्र सज्जन से अलग कर दिया। यह देख कर उन्हें गहरी पीड़ा हुई कि वे सज्जन अब और वहाँ खड़े न रह सके। माथा झुकाये चुपचाप भीड़ से खिसक गये...। इसी वक्त भीड़ के एक शूरमे ने अपने हाथ की सफाई का प्रदर्शन करते हुए उन पर ऐसा फैट चलाया कि आह! कर वे भीड़ के एक हिस्से पर भहरा उठे। जहाँ वे भहराये थे वहाँ मजबूत कद-काठी का पहलवान-सा एक व्यक्ति खड़ा था। जब भद्र सज्जन को वे पकड़ने जा रहे थे तो उनकी नजर में यह पहलवान व्यक्ति भी था। अपने प्रत्युत्पन्नमतित्व से उन्हें लगा कि शायद वह पहलवान उन्हें बचा सके। वह समर्थ भी था। अब उस पहलवान से भी वे निवेदन करना चाहते थे। संयोग से भीड़ की मार ने अब उन्हें उस पहलवान के पास ही पहुँचा दिया था। बस, बिना तनिक समय गँवाये पहलवान को पकड़ कर आर्त्त आवाज़ में अपनी वह बात दुहराने लगे जो भद्र सज्जन से उन्होंने कही थी...। लेकिन पहलवान ने भद्र सज्जन की तरह उनकी वह बात सुनी भी नहीं। तत्काल उन्हें ऐसा धक्का दिया कि वे अपना सन्तुलन कायम नहीं रख सके। लड़खड़ाकर वहीं जमीन पर गिर गये। अब उनकी अवस्था ऐसे हमलों को देर तक बर्दाश्त करने की नहीं थी। अब वे धराशायी हो गये थे।

चन्द्रकान्त जी को लग गया, अब उनके अन्त का समय आ गया। अब उन्हें जमीन पर गिरा देख भीड़ अपनी विजय के उन्माद में आक्रामक हो उठेगी तथा प्रहार की उसकी नृशंसता और बढ़ जायेगी। जब तक भीड़ का अभियुक्त भीड़ के बीच खड़ा रहता है तब तक भीड़ उस पर प्रहार के माध्यम से अपने हाथ साफ करती रहती है। लेकिन अभियुक्त के गिरते ही अब लात, जूते तथा लाठी-डंडे से अन्तिम

सज़ा के रूप में उसे समाप्त कर देना चाहती है। भीड़ अब बिना किसी विलम्ब के अन्तिम सज़ा की कार्रवाई शुरू ही करने जा रही थी कि चन्द्रकान्त जी के कानों में अमृत की बूंदों की तरह अपने बेटों की तेज आवाज़ सुनाई पड़ी–''खबरदार जो अब किसी ने भी इन पर हाथ उठाने की कोशिश की। ये हमारे पिता हैं। हम सामने के बजरंग धर्मशाला में ठहरे हैं। वहाँ हमारा नाम पता सब दर्ज है। धर्मशाला के मैनेजर हमें जानते हैं। हम वर्षों से वहाँ ठहरते हैं। पिताजी टहलने निकले थे। किसी दूसरे के भ्रम में आप लोगों ने उनकी यह क्या हालत बना दी है...।''

अब उनकी पत्नी भी बीच में कूद गयी–''हम किसी को भी नहीं छोड़ेंगे..। जिस-जिसने इन्हें मारा है, उनपर बजर गिरेगा, वे बर्बाद होकर रहेंगे...। यह एक ब्राह्मणी का श्राप है...।''

उनकी बहुएँ भी चिल्ला उठीं–''हम अभी पास के थाने में एफ.आई.आर. दर्ज करेंगे...। भीड़ बना कर किसी शरीफ को मारने का मजा चखायेंगे...!''

उनकी बेटी भी गरज उठी–''आप लोग जल्दी पिताजी को किसी डॉक्टर के पास ले चलें भैया...। हम भीड़ में पता कर रहे हैं कि किसने इन पर चोरी का आरोप लगाया है और किस-किस ने इन्हें मारा है...?''

अचानक भीड़ के बीच अपने पूरे परिवार को एक साथ देख चन्द्रकान्त जी को ऐसा लगा जैसे मृत्यु के विकराल जबड़े से उन्हें खींच उनके परिवार ने संजीवनी प्रदान कर दी हो...। उन्होंने लक्ष्य किया, भीड़ अब खिसक रही थी। अगर उनके परिवार के मात्र एक-दो सदस्य होते तो यह भीड़ शायद अपनी बेरुखी नहीं छोड़ती। लेकिन सात की संख्या में उनके परिवार-जन थे। उस पर भी पुरुष और महिलाएँ एक साथ...। चन्द्रकान्त जी को यह समझते देर नहीं लगी कि गंगा आरती के समय को ध्यान में रखकर ही उनका परिवार उन्हें ढूँढ़ने निकला होगा। जो हो, इसी बहाने उनकी जान बच गयी। अब भूल कर भी किसी नयी जगह उन्हें अकेले नहीं टहलना...!

चन्द्रकान्त जी के परिजन अब तत्क्षण पास के ही एक चिकित्सालय में उन्हें ले गये। वहाँ के चिकित्सक ने ऐसे हादसों की तात्कालिक दवा उन्हें दी, दो इंजेक्शन भी लगाये तथा यह परामर्श भी दिया कि उस चिकित्सालय में दो-तीन दिन उन्हें रखकर इलाज कराने की जरूरत है। लेकिन चन्द्रकान्त जी अब उस शहर में एक दिन भी ठहरने को तैयार नहीं हुए। उनकी इच्छा के अनुसार आपात्कालीन दवाएं लेकर उनके परिवार-जन उसी रात उन्हें आरा ले चले। उस चिकित्सक की आपात्कालीन दवाओं से वे चलने लायक हो गये थे। लेकिन यह पहली बार हुआ था जब वाराणसी पहुँच कर भी उनका परिवार गंगा स्नान के महापर्व से वंचित रह गया था।

सुबह जैसे ही हमें सूचना प्राप्त हुई, हम भागते हुए चन्द्रकान्त जी के यहाँ पहुँचे। वे हमें देखते ही बच्चों की तरह फूट-फूटकर रो उठे। उनके बेटों ने घटना

की जानकारी हमें दी। उनके साथ ऐसे वाकये की सूचना ने हमारे मन को काफी आहत और पीड़ित किया। चन्द्रकान्त जी स्वयं मुझे सब कुछ बताना चाहते थे। मेरे ही साथ वे अपनी व्यथा बाँटते थे। लेकिन भीड़ के बेरहम प्रहार ने स्वाभाविक रूप से उन्हें बोलने लायक भी नहीं रहने दिया था। वे काफी कमजोर, रुग्न और ज़ख्मी दिख रहे थे...। अपने चिर-परिचित चिकित्सक के इलाज में तीन-चार दिन तक रहने के बाद ही वे बोलने लायक हो सके। इस बीच मैं लगातार उनके यहाँ आता-जाता तथा उनकी देखभाल करता रहा। मेरे जीवन और मेरी समस्याओं के वक्त उन्होंने मेरा इतना साथ दिया था और ऐसा सहयोग किया था कि उसका बदला मैं नहीं चुका सकता था। फिलहाल, इस हादसे से क्षतिग्रस्त उनके तन-मन की भरपाई के लिए मैं भी पूरे मन से लग गया।

जैसा कि मुझे विश्वास था, बोलने लायक होते ही चन्द्रकांत जी ने उस घटना का यथार्थ वर्णन मुझसे किया, उसका राई-रक्स उजागर करते हुए। साहित्य से जुड़े होने के चलते उस घटना के साथ उस समय की अपनी मानसिक त्रासदियों को भी मेरे समक्ष हू-ब-हू रख दिया। मुझे लगा, शायद आपबीती सुना कर वे कुछ हल्का हो जायेंगे। लेकिन इसके विपरीत उस घटना को व्यक्त करने के बाद तो वे और भयभीत और घबरा उठे थे। शायद आपबीती सुनाने के तहत वह प्रसंग उनके जेहन में पुनः ताज़ा हो गया था। मैं समझ गया, उस घटना के खौफ और दंश से वे अभी तक मुक्त नहीं हो सके हैं। मुझे लग गया, इस खौफ से उन्हें निकाले बगैर उनकी सहजता वापस नहीं लायी जा सकती। इस दिशा में उनके मन से उस आतंक को हटाने के लिए ही मैंने कहा—''वह एक दुर्योग मात्र था चन्द्रकान्त जी। किसी दुःस्वप्न की तरह उसे अब अपने मन से निकाल दीजिए...। मेरे साथ ऐसा कई बार हुआ है कि समतल राहों पर भी अचानक ठोकर खा गया हूँ। तब मैं अपने को समझाता रहा कि अच्छी तरह देखकर नहीं चल रहा था, जब कि देख कर ही चल रहा था। अब इसे लेकर उधेड़बुन में पड़े रहना कि ऐसा क्यों हुआ, उचित नहीं। इसलिए हमारे यहाँ आत्मज्ञानियों ने कहा भी है, 'बीती ताहि बिसारिये, आगे की सुध लेहु'...।''

जवाब में चन्द्रकान्त जी ने अपनी बात रखकर मेरे तर्क को निरस्त कर दिया—''कुछ घटनाएँ ऐसी होती ही हैं मिथिलेश्वर जी कि हम चाहते हुए भी उसे भूल नहीं पाते...। मेरे साथ ऐसा ही हुआ है। वह सिर्फ घटना नहीं, मेरे अब तक के संचित विश्वास, निष्ठा और आत्मबल पर वज्राघात है। एक अनजान भीड़ अचानक क्षण भर में ही मेरे सम्पूर्ण व्यक्तित्व को नेस्तनाबूद कर देने पर उतारू थी...।''

''मैं समझ रहा हूँ, बहुत गम्भीर संकट में आप घिर गये थे। वैसे संकट की भयावहता जल्द पीछा नहीं छोड़ती। लेकिन आप एक रचनाकार हैं। जीवन की विशेष समझ रखते हैं। अपने को उस घटना से बाहर निकालने की कोशिश कीजिए। अभी

तो सारा जीवन बाकी है। अभी आपको बहुत कुछ लिखना है... ।''

''मेरे लिए आप उचित परामर्श दे रहे हैं। मेरा कोई भी शुभचिन्तक यही कहेगा। लेकिन उस घटना के तीखे-नुकीले प्रश्न मेरी याददाश्त पर इस तरह हावी हैं कि चाहते हुए भी मैं कुछ और सोच ही नहीं पा रहा... । इससे पहले भीड़ द्वारा चोर, पॉकेटमार और उचक्के के नाम पर निरीह लोगों की पिटाई देखता था। उससे मर्माहत भी होता था। मन ही मन चाहता रहता कि भीड़ के वहशीपन से वह व्यक्ति किसी तरह बच जाय। लेकिन अपने स्वयं पर घटित होने के बाद अब घटना की विकरालता के खूँखार प्रश्न मुझे डँस रहे हैं। अपना जवाब माँग रहे। लेकिन मेरे पास उनका जवाब नहीं... । उस घटना का कोई विकल्प नहीं... ।''

मैं समझ गया, साहित्यिक चेतना से सम्पन्न बौद्धिक व्यक्ति चन्द्रकान्त जी के मन में उस घटना को लेकर गम्भीर विमर्श चल रहा था। वह घटना थी ही ऐसी जो निदान से परे हो, जो हमारी समझ को पंगु बना दे! इस स्थिति में चन्द्रकान्त जी की बौद्धिक जिज्ञासा शान्त करने में मुझे सहायता करनी थी। जिन सवालों ने उन्हें बेचैन कर रखा था, उनके जवाब तलाशने थे—''आपके मन को जो बातें बहुत परेशान कर रही हैं उन्हें मैं भी जानना चाहूँगा। मैं संघर्ष में विश्वास करता हूँ, पलायन में नहीं। हर समस्या का समाधान उसके भीतर ही होता है। आप तो स्वयं यह कविता गुनगुनाते हैं—है कौन विघ्न ऐसा जग में। टिक सके वीर नर के मग में... ।''

''आप ही की तरह साहित्य और विचार के धरातल पर मैं भी सब कुछ सम्भव मानता था मिथिलेश्वर जी। लेकिन मेरे साथ जो हुआ उससे मैं कैसे बच सकता था? मेरे स्थान पर किसी और के साथ भी हो सकता था। आये दिन होता ही रहता है। बिना किसी कसूर के 'चोर, उचक्के, के नाम पर किसी के साथ भी ऐसे सलूक को अंजाम दिया जाता है... । ये घटनाएँ अक्षम्य, असह्य और जघन्य अपराध की श्रेणी में आती हैं। लेकिन इनके अपराधी भीड़ के नाम पर सुरक्षित बने रहते हैं। तब फिर ऐसी घटनाओं से बचने का मार्ग क्या हो सकता है...?''

''आपकी बात से मैं सहमत हूँ चन्द्रकान्त जी। दूर-दराज के नये स्थलों में जहाँ हमारे परिचित न हों, वहाँ चोरी-बदमाशी जैसे इल्जामों के भ्रम में हम भीड़ की नृशंसता की बलि चढ़ सकते हैं... । तब सचमुच हम नहीं बच सकते। लेकिन ऐसा नहीं कि इससे बचने का कोई मार्ग ही न हो। मेरी जानकारी के तहत दो मार्ग हैं। पहला यह कि हम अपने कर्म क्षेत्र में ही घूमें-फिरें और बने रहे, जहाँ ज्यादा से ज्यादा हमारे परिचित हों... । वैसी स्थिति में हमारे साथ ऐसा कुछ नहीं हो सकता। दूसरा यह कि हमें अगर बाहर जाना ही हो तो हम अकेले न जायँ। अपने परिवार-जन, मित्र-साथी या सम्बन्धी-सहयोगी के साथ जायँ। तब हमें कोई भीड़ अपना शिकार नहीं बना सकती... ।"

"लेकिन बाहर निकलने वाला हर आदमी अपने साथ किसी को लेकर निकले

यह कहाँ सम्भव...! इस स्थिति में हम कितने असुरक्षित हैं, इसका भान मुझे पहले नहीं था। अब हो गया है। दूसरी बात कि जब भीड़ के बीच मैं सफाई दे रहा था, यथार्थ से भीड़ को अवगत करना चाहता था तो भीड़ ने कुछ भी सुनने से इनकार क्यों किया...?''

"वैसी भीड़ें नासमझों की होती हैं और नासमझों द्वारा ही संचालित रहती हैं...।''

"लेकिन देखने से भीड़ के लोग नासमझ तो नहीं दिख रहे थे। निश्चय ही उनमें से अधिकांश पढ़े-लिखे होंगे, वेश-भूषा से भी वे सभ्य जान पड़ रहे थे...।''

''शिक्षित होना और सभ्य दिखना नासमझ होने से वंचित होना नहीं होता चन्द्रकान्त जी! आदमी जब तक जागरूक नहीं होता है, नासमझ ही बना रहता है, इसीलिए अपने को भीड़ का हिस्सा बना कर भीड़ के इशारे पर सक्रिय रहता है। लेकिन जागरूक होते ही अपने विवेक से निर्णय लेता है। तब कोई भीड़ न तो उसे संचालित कर पाती है और न अपना हिस्सा बना सकती। हमारी सभ्यता और शिक्षा अभी ऐसी नहीं हो पायी है कि लोगों के अन्दर जागरूकता पैदा हो सके। हमारे समाज और देश को लूटने वाले अपराधी सरेआम घूमते हैं। यह भीड़ उन्हें अच्छी तरह जानती-पहचानती है। लेकिन उन्हें देखते ही नतमस्तक हो जाती है और चोर-पॉकेटमार के नाम पर किसी निरीह प्राणी की जान लेने लगती है। यह सब जागरूकता का अभाव नहीं तो और क्या है...!''

मेरी यह बात शायद चन्द्रकान्त जी को भी जँची। उनके चेहरे पर आश्वस्ति के भाव उभर आये। अब अपनी एक और पीड़ा उन्होंने व्यक्त की–''भीड़ के एक किनारे खड़े एक सज्जन और पहलवान को देख कर मुझे लगा था कि शायद हस्तक्षेप कर सकें। लेकिन उनसे याचना के बाद तो उनके व्यवहार ने मेरे मन को और आहत कर दिया था।''

''इसकी भी स्पष्ट वजह रही है चन्द्रकान्त जी। आप से जैसा मैंने सुना है, उसके अनुसार वह सज्जन, जागरूक व्यक्ति थे, उस नासमझ भीड़ के अंग नहीं। वे उस राह से गुजरते हुए जिज्ञासावश तमाशाबीन बन गये थे। आपकी बात सुन कर तथा अपनी पारखी नजरों से आपको देख कर सच्चाई जानने में उन्हें देर नहीं हुई, इसी से उनके चेहरे पर सहानुभूति के भाव भी आपको दिखे। लेकिन उस भीड़ में अपने को अल्पसंख्यक समझ खिसक गये। ऐसी भीड़ों की नासमझी से वे परिचित थे। बचाने वाले इक्के-दुक्के पर भी ऐसी भीड़ यह कहते हुए पिल पड़ती है कि यह भी उसी चोर का साथी है, इसे भी मारो...मारो...। तब बचाने वाले इक्के-दुक्के की बात भीड़ नहीं सुनती। इस स्थिति में चुपचाप खिसकने के सिवा उस भद्र व्यक्ति के पास कोई विकल्प नहीं था। लेकिन ऐसे स्थलों पर हमारे-आपके मन में जैसे भाव उठते हैं, निश्चय ही उस सज्जन के मन में भी उठे होंगे कि उस नासमझ भीड़

से आप किसी भी तरह बच जायँ...! इससे अलग शरीर देख कर जिस पहलवान व्यक्ति को आपने रक्षा के लिए समर्थ समझा था, वह तो उस नासमझ भीड़ का ही अंग था। इसीलिए उसने आपकी बात सुननी भी नहीं चाही और जवाब में आपको धक्का दे दिया...।''

चन्द्रकान्त जी अब गम्भीर हो गये—''ऐसी भीड़ हमारे देश और समाज को कहाँ ले जायेगी मिथिलेश्वर जी ! सचमुच यह गम्भीर समस्या है...!''

"कहीं ले जाने की बात तो बाद में आयेगी चन्द्रकान्त जी, ऐसी भीड़ें ही हमारे देश को चला रही हैं। ऐसी भीड़ों ने ही कुख्यात अपराधियों को भी लोकतांत्रिक शासन-व्यवस्था का पहरेदार बना दिया है। ऐसी भीड़ों के बल पर ही हमारे कर्म-प्रधान देश में अन्धविश्वास ने अपना व्यापक प्रभाव कायम कर रखा है। अन्तर्यामी होने तथा भाग्य बदल देने की बाबागीरी के तहत कुछ लोग अकूत सम्पदा हासिल कर रहे हैं। हमारा समाज ऐसी ही भीड़ों का समाज है...। इसमें विवेकयुक्त जाग्रत लोगों की संख्या नगण्य है। इस स्थिति में अल्पसंख्यक होने की विवशता के वे शिकार हैं...। इसलिए यहाँ बेहतरी और विकास की बात करने वालों को यहाँ की जनता को सबसे पहले जागरूक बनाना होगा ताकि लोगों के अन्दर अपने विवेक से निर्णय करने की क्षमता कायम हो सके। वे भेड़िया धसान जैसी पशुवत् नासमझी से उबर सकें...। जनसामान्य की ऐसी जागरूकता के बिना बेहतरी और विकास सम्भव ही नहीं...।''

मेरी इस बात पर चन्द्रकान्त जी का चेहरा प्रफुल्लित हो उठा। शायद अपनी घटना का एक व्यापक परिप्रेक्ष्य उन्हें मिल गया। चन्द्रकान्त जी ने अब जोर देते हुए कहा—''तब तो हमारे देश की मुख्य समस्या यही है...। विकास का मुख्य एजेंडा 'जन-जागरण' ही होना चाहिए। आश्चर्य है कि अब तक हमारे साहित्य का भी प्रधान विमर्श यह क्यों नहीं बना...? क्यों हमारे साहित्यकार इस मुख्य मुद्दे को छोड़ कर दूसरे मुद्दों पर विमर्श चलाते रहे...?''

''यह सब राजनीति का प्रभाव है चन्द्रकान्त जी! साहित्य भी राजनीति की तरह विचलनों और भटकनों का शिकार है। प्रेमचन्द ने कहा था कि साहित्य, राजनीति के आगे मशाल लेकर चलने वाला होता है, राजनीति को दिशा दिखाने वाला...। पर इसके विपरीत राजनीति अब साहित्य पर ही हावी है...।''

''तो इस सम्बन्ध में आप अभी तक मौन क्यों रहे? आप हिन्दी के एक समर्थ और बड़े लेखक हैं। साहित्य में हस्तक्षेप कर मुख्य विमर्श की ओर सबका ध्यान आकृष्ट कर सकते थे...।''

''अपने स्तर से तटस्थ नहीं रहा हूँ चन्द्रकान्त जी। इस मुद्दे को ध्यान में रखकर ही मैंने 'मित्र' नामक पत्रिका का सम्पादन-प्रकाशन किया। आपने देखा होगा, 'मित्र' के आमुख पर ही उसका मुख्य एजेंडा घोषित रहा है—'साहित्य की

सामाजिकता का रचनात्मक अभियान'। इस साहित्य की सामाजिकता से मेरा अभिप्राय जन जागरूकता से ही है...।''

''ऐसी बात है। मैंने तो इसे इस रूप में नहीं समझा था, लेकिन आपके कहे अनुसार अब सचमुच इसका यह अर्थ भी खुल रहा है। बहुत अच्छा! बहुत खूब! लेकिन यह तो उसका सैद्धांतिक पक्ष हुआ। रचना के धरातल पर भी काम होना चाहिए...।

''इस धरातल पर भी काम हो रहा है चन्द्रकान्त जी! मेरी निगाह से यह पक्ष वंचित नहीं। भीड़ में तब्दील अपने समाज की नासमझी को कठघरे में लाने के लिए 'दण्ड' और 'भीड़ के अभियुक्त' नामक दो कहानियों की रचना मैं पहले ही कर चुका हूँ। आप जिस घटना से आहत हैं वैसी ही दो घटनाओं ने इन रचनाओं के लिए मुझे प्रेरित किया था...।''

''आश्चर्य कि आपकी इन दोनों कहानियों को अब तक मैं पढ़ नहीं सका हूँ। दरअसल, आपने पर्याप्त लिखा है। धीरे-धीरे आपका सम्पूर्ण साहित्य मुझे पढ़ना है...। फिलहाल इन कहानियों से सम्बन्धित घटनाएँ जानना चाहूँगा...।''

मैं समझ गया, अपनी घटना से साम्य का अनुमान कर ही चन्द्रकान्त जी जिज्ञासु हो उठे थे। बस, संक्षेप में उन्हें बता देना मुझे लाजमी प्रतीत हुआ...। 'दण्ड' कहानी की रचना वर्ष 1983 में की थी, आपकी इस घटना से तीन दशक से भी पहले। उस कहानी का प्रकाशन 'साप्ताहिक हिन्दुस्तान' पत्रिका के 10 जुलाई 1983 के अंक में हुआ था। मैं किसी आवश्यक कार्यवश शहर में निकला था। अचानक एक जगह भीड़ देख वहाँ जा पहुँचा। लेकिन यह देखकर मेरा मन दुःख और पीड़ा से भर गया कि सामान्य कद-काठी का एक युवक मैले-कुचैले कपड़े में भीड़ के बीच घिरा प्राण रक्षा के लिए अपने हाथ जोड़े भीड़ से विनती कर रहा था। लेकिन भीड़ के क्रूर हमलों के बीच उसकी कोई बात सुनाई नहीं पड़ रही थी। फुटबाल की तरह भीड़ के लोग इस छोर से उस छोर तक उसे फेंकते जा रहे थे। वहाँ लोगों से ही यह जानकारी मिली कि वह पॉकेटमार है। लेकिन किसका पॉकेट मारा है, कितने रुपये उड़ाया है। किसी को कोई जानकारी नहीं। भीड़ को इसकी जानकारी की शायद अपेक्षा भी नहीं थी। उसके लिए तो इतना ही पर्याप्त था कि वह पॉकेटमार है। इस वक्त भीड़ का उत्साह चरम पर था कि एक पॉकेटमार को वह दण्ड दे रही थी। भीड़ के नौजवान इस अवसर पर फैटबाजी का अपना अभ्यास भी ताज़ा कर रहे थे...। मेरे संवेदनशील मन के लिए यह दृश्य अत्यन्त कष्टकारक था चन्द्रकान्त जी। यह मान भी लिया जाय कि उसने किसी की जेब काटी है तब भी उसकी सज़ा इतनी बड़ी नहीं कि उसे ऐसा दण्ड दिया जाय। पॉकेटमारी जैसा कार्य कोई बड़ा और संगीन अपराध नहीं होता...। मेरा मन मुझसे बार-बार कहता रहा कि भीड़ के बीच घुसकर मुझे उसकी रक्षा करनी चाहिए। लेकिन मेरा विवेक

रोक देता। निश्चय ही नासमझ भीड़ मुझे उसका साथी मान लेती। भीड़ को यह आधार भी मिल जाता कि पॉकेटमारी के पैसे उसने मुझे ही थमाये हैं। इस स्थिति में उसे बचाने से असमर्थ मैं व्यथित-बेचैन बना रहा। उसे मारने वाले भीड़ के शूरमा 'जगहा-कुजगहा' का ख़याल भी नहीं करते थे। उसकी तड़प और चीत्कार से तो जैसे भीड़ का लुत्फ और बढ़ जाता था। यह यातनापूर्ण अमानवीय दृश्य मुझसे अब और नहीं देखा जा रहा था। मैं विकल-बेचैन भीड़ से बाहर किसी परिचित की प्रतीक्षा में व्यग्र हो गया ताकि उसकी सहायता कर सकूँ। उस राह से गुजरते हुए मेरे दो परिचित बारी-बारी से मिले भी। मैंने शीघ्रता से उन्हें सारी बात बताई। लेकिन दोनों की प्रतिक्रियाओं से मुझे और तकलीफ ही हुई। एक ने कहा—"ऐसे लोगों की मदद के बारे में आपको भूलकर भी नहीं सोचना चाहिए, मिथिलेश्वर जी। ये लोग इसी के पात्र होते हैं...।"

दूसरे ने कहा—"आप लेखक आदमी हैं, इसलिए इतने द्रवित हो उठे हैं। लेकिन आप ऐसे लोगों को नहीं जानते। भीड़ की मार से इनका कुछ नहीं होता है। ये कठजीव होते हैं। अपने जाने भीड़ इनका काम तमाम कर हटती है। लेकिन भीड़ के खिसकते ही ये उठ कर फुर्र से चम्पत हो जाते हैं...।"

"मुझे यह समझते देर नहीं लगी कि मेरे ये दोनों परिचित भीड़ के ही अंग थे। अगर फुर्सत में होते तो अवश्य भीड़ में शामिल हो अपनी कलाबाजी का प्रदर्शन भी करते...। खैर...।"

"इस बीच भीड़ से आवाज़ उठी कि नंगा हो गया है, नंगा...। इस क्षण भीड़ की उल्लसित ध्वनि भी सुनाई पड़ने लगी थी। शायद, भीड़ का अमानुषिक मनोरंजन अब और बढ़ गया था...। भीड़ के बेरहम प्रहार और धक्का-मुक्की से उस पीड़ित व्यक्ति के पुराने मैले कपड़े फट कर उसके बदन से अलग हो गये थे। अब भीड़ के प्रहार के बीच एक नंग-धंड़ग मानव आकृति इधर से उधर लुढ़कती और गिरती प्रतीत होती...। मेरे लिए यह अनुभव और कष्टप्रद था।"

"उस स्थल के निकट ही सड़क के मोड़ पर पुलिस के दो जवान मौजूद थे। वहाँ वे अपनी ड्यूटी बजा रहे थे। मैंने लक्ष्य किया, अपने निकट की इस घटना से वे अच्छी तरह वाकिफ थे। पर उस पीड़ित को बचाने के इच्छुक नहीं। उनसे मेरा अनुरोध भी बेकार चला गया...। मुझे यह समझते देर नहीं लगी कि उनकी मानसिकता भी भीड़ की ही मानसिकता थी। वर्दी में होने के बावजूद वे भीड़ के ही अंग थे...।"

"अचानक इसी वक्त भीड़ के बीच से वह आवाज़ भी आ गयी जिसे लेकर मेरा मन आशंकित और आतंकित था—"मर गया! मर गया...!"

"इस आवाज़ के बाद अब वे पुलिसकर्मी सक्रिय हो गये। मैं समझ गया, अपने क्षेत्र की इस घटना पर अपनी जिम्मेवारी साबित करने का अवसर इन्हें मिल

गया। अब वे सीधे भीड़ के बीच उस पीड़ित के समीप जा पहुँचे। जिज्ञासावश मैं भी पुलिसकर्मियों के साथ आ गया था। देखा, वह निर्जीव की तरह औंधे मुँह पड़ा था। उसके हाथ-पाँव बेतरतीब ढंग से फैले थे। तो क्या सचमुच इस मूर्ख भीड़ ने उसे मार दिया? इसी क्षण यह कहते हुए कि 'मर्डर केस का मामला हो गया है, एफ.आई. आर. दर्ज होगी,' उन पुलिसकर्मियों ने क्षण भर में ही उस नासमझ भीड़ को भाग जाने पर मजबूर कर दिया। मेरे मन ने कहा, काश प्रारम्भ में ही इन्होंने ऐसा किया होता...!

"अब उन पुलिसकर्मियों ने उस पीड़ित की बाँहों में हाथ लगा उसे टाँग लिया। फिर उसे खींचते हुए गली के मोड़ के पास ले आये। अबतक वह पीड़ित होश में आ गया था। यह देख कर मेरे मन ने राहत का एहसास किया कि वह मरा नहीं था। उसे होश में आते ही पुलिसकर्मियों ने पूछा—"जल्दी बता, रुपये कहाँ छिपा रखा है...?"

जवाब में वह गिड़गिड़ा उठा—"मैंने किसी का कुछ नहीं लिया है...।"

नंग-धड़ंग होने के चलते उसकी तलाशी भी सम्भव नहीं थी। इस स्थिति में उस अँधेरी गली में उसे भाग जाने को कह वे पुनः अपने स्थान पर वापस आ गये। इसी घटना पर 'दण्ड' कहानी आधारित है...।"

लेकिन यह क्या...! 'दण्ड' कहानी की घटना सुनकर तो चन्द्रकान्त जी के जैसे होश उड़ गये थे। उनके चेहरे पर पुनः भय, चिन्ता और आतंक की रेखाएँ गहरी हो उठी थीं। शायद साम्य की वजह से अपनी आपबीती उनके मन में पुनः ताज़ा हो गयी थी। मैंने कहा—"कहानी की घटना सुन कर आप फिर विचलित हो गये चन्द्रकान्त जी...। ऐसी घटनाओं को अब व्यक्तिगत रूप में आपको नहीं लेना चाहिए...। आपके साथ सभी पक्षों पर हमारी बातचीत हो चुकी है। यह हमारे देश और समाज की एक बड़ी समस्या है। अपने स्तर से इसके समाधान के लिए हमें प्रयास करना है...। सुनने मात्र से ही आप असन्तुलित हो जायेंगे तो फिर हम क्या करेंगे...? संयम से इसका निदान ढूँढ़ना है...।"

मेरी बात से चन्द्रकान्त जी का मन कुछ सहज हो गया। उनके चेहरे से भय और आतंक के बादल छँटने लगे—"आपने घटना ही ऐसी सुनायी कि मेरे रोंगटे खड़े हो गये थे। भीड़ की शक्ल में हमारे लोग कितने हैवान हो जाते हैं? मेरा परिवार अगर नहीं आया होता तो जाने वह भीड़ मेरे साथ क्या करती...? अब आपकी कहानी 'दण्ड' मैं पुनः पढ़ूँगा। इस कहानी ने इस विषय पर मेरी जिज्ञासा तीव्र कर दी है...। आप द्वारा तो सिर्फ घटना सुनाने पर ही पाठकों के मन में भीड़ की नासमझी और पीड़ित के प्रति सहानुभूति के भाव पैदा हो जाते हैं। कहानी रूप में तो वह और असरदार होगी...। अब 'भीड़ के अभियुक्त' कहानी की घटना भी मुझे सुना ही दीजिए...।"

"उसे अगले दिन सुन लीजिएगा चन्द्रकान्त जी। अब सन्ध्या भ्रमण का समय हो गया है। चलिये, थोड़ी देर टहल लीजिए। उससे आपका तन-मन दोनों ठीक बना रहेगा। अपनी दिनचर्या आपको अब पूर्ववत् पकड़ लेनी चाहिए। जो घटित हो चुका या जो घटित होगा उस पर हमारा कोई अधिकार नहीं। पर वर्त्तमान तो हमारे साथ है, पास है। अपना ध्यान हमें अपने वर्त्तमान पर ही केन्द्रित रखना चाहिए...।"

"अभी टहलने को तनिक भी जी नहीं कर रहा मिथिलेश्वर जी! एक-दो दिन बाद अवश्य निकलूँगा। आप टहल लीजिए। लेकिन अभी समय है। 'भीड़ के अभियुक्त' की घटना भी मुझे सुना ही दीजिए। उसे भी जानने के लिए मेरा मन व्यग्र हो गया है। मैं जानता हूँ, आप जिन घटनाओं पर लिखते हैं, उससे वह विषय एकदम खुल जाता है...। देखें, यह कैसी घटना है...?"

चन्द्रकान्त जी की प्रबल इच्छा देख उस कहानी की घटना भी मुझे बतानी ही पड़ी—'भीड़ के अभियुक्त' कहानी की रचना 'दण्ड' के काफी दिनों बाद की थी। 'अन्यथा' के मार्च 2006 के अंक में उसका प्रकाशन हुआ। 'दण्ड' कहानी की रचना के बाद से ही लगातार मैं इस खोज में था कि भीड़ की हैवानियत का तत्काल जवाब क्या हो सकता है...? हमारे देश में भीड़ बनते लोग जब जागरूक हो जायेंगे और अपने विवेक से निर्णय लेने लगेंगे तब ऐसी नासमझ भीड़ें न तो बनेंगी और न हैवानियत का रूप लेंगी...। लेकिन सम्भव है, वह समय आने तक काफी समय लग जाय। तब तक भीड़ की हैवानियत का सामना करने के लिए कोई न कोई मार्ग तो होना ही चाहिए...। फिर 'जिन ढूँढ़ा तिन पाइयां' की तरह वह घटना मुझे मिल ही गयी, जिसने मार्ग भी बता दिया। उस घटना के इस नये पक्ष ने ही 'भीड़ के अभियुक्त' की रचना के लिए मुझे प्रेरित किया...।

हाँ, तो चन्द्रकान्त जी, उस दिन कृष्ण कुमार के साथ मैं सन्ध्या भ्रमण के लिए निकला था। आप तो जानते ही हैं, आप ही की तरह कृष्ण कुमार से भी मेरी गहरी अन्तरंगता रही है। अपनी गली से निकल कर हम जैसे ही मुख्य मार्ग पर आये, रेलवे स्टेशन की ओर से शोरगुल करती एक भीड़ आ पहुँची। हमने देखा, भीड़ के बीच मैले-कुचले कपड़ों में ठिगने कद का एक साँवला और दुबला-पतला व्यक्ति अभियुक्त के रूप में कैद है। भीड़ के बीच के दो युवक उस अभियुक्त की गर्दन में अँगोछा बाँध उसे भीड़ के साथ खींचते हुए आगे ले जा रहे थे, जैसे वह कोई इन्सान नहीं, जानवर हो...। उस गन्दे अँगोछे को देख कर मैं सहज ही समझ गया कि वह अँगोछा उस अभियुक्त का ही होगा। जिस अँगोछे को अपनी सुविधा और सहूलियत के लिए उसने रखा था, उसका वही अंगोछा अब उसके गले की फाँस बन गया था। भीड़ में शरीक लोगों से हमें तत्क्षण जानकारी भी प्राप्त हो गयी। उस जानकारी के अनुसार रेलवे स्टेशन के सामने की सड़क पर एक महिला के गले से उसने चेन उड़ायी है। वहाँ जब लोग चेन माँगते हुए इसकी पिटाई करने लगे तो

प्रारम्भ में अपने को निर्दोष बता चेन नहीं लेने की बात कहता रहा। बाद में भीड़ के तेज प्रहार पर इसने बताया कि रमना किनारे की डोमपट्टी के अपने एक दोस्त के हवाले कर दिया है...। अब भीड़ आरा, रमना मैदान के दक्षिणी छोर पर स्थित डोमपट्टी में उसे ले जा रही थी, जहाँ अपने दोस्त से चेन लेकर वह भीड़ को सुपुर्द करने वाला था...। मैं समझ गया, इसी वजह से वह भीड़ ठहरी हुई नहीं, गतिशील थी। चेन प्राप्त करने के अपने लक्ष्य के प्रति उत्साहित भीड़ की रफ्तार तेज़ थी। सन्ध्या भ्रमण के तहत हम इतनी तेज़ रफ्तार में कभी नहीं टहलते। लेकिन जिज्ञासु और करुणार्द्र हम दोनों मित्र अब भीड़ के पीछे तेज़ गति से बढ़ने लगे थे। चेन किसकी है...? क्या उन दोनों युवकों की है जो इसे अँगौछे से बांध भीड़ के बीच आगे खींच रहे या किसी अन्य की...? जब उस महिला के गले से यह चेन झपट रहा था तब किसने देखा...? जिसने देखा, उसने इससे वहीं चेन हासिल क्यों नहीं कर लिया...? इस सम्बन्ध में भीड़ में शामिल अनेक लोगों से हमने जानकारी ली। लेकिन किसी से भी सही जानकारी हमें प्राप्त नहीं हुई। सबके पास सिर्फ यही सूचना थी कि एक चोर-उचक्का चेन खींचते हुए रंगे हाथों पकड़ा गया है। किन्तु इस जानकारी से मेरा मन सन्तुष्ट नहीं हुआ। सम्भव है, यह चोर-उचक्का न हो, सम्भव है, हो...। जो हो, फिलहाल भीड़ के क्रूर प्रहार से बचने के लिए ही यह उन्हें अपनी बस्ती ले जा रहा। शायद वहाँ अपने बचने का कोई मार्ग उसे दिख रहा हो...।

सन्ध्या भ्रमण में अक्सर कृष्ण कुमार के साथ हमारी बातचीत साहित्यिक प्रसंग को लेकर ही होती थी। लेकिन उस क्षण हमारी बातचीत का विषय वह अभियुक्त हो गया था। अक्सर ऐसे अवसरों पर सहज ही हमारी सहानुभूति अभियुक्त के प्रति ही हो जाती थी, क्योंकि हमारा मन भीड़ की नृशंसता और शैतानी फैसले के सख्त खिलाफ था। हमारी राय में भीड़ द्वारा ऐसे मामलों के निपटारे की ऐसी कार्रवाई किसी भी दृष्टि से उचित नहीं। भीड़ का कर्तव्य बस यहीं तक सीमित होना चाहिए कि पकड़े गये अभियुक्त को वह पुलिस के हवाले कर दे। यह ठीक है कि पुलिसिया कार्रवाई पर लोगों का विश्वास जाता रहा है। पुलिसिया कार्रवाई की निष्पक्षता विवादित है। फिर भी ऐसे मामलों के निपटारे के दायित्व उन्हीं के हैं। देश और समाज के बड़े जुर्म और अपराध वे ही कठघरे में लाते हैं। हमारी न्याय व्यवस्था के पहरेदार वे ही हैं...। अपनी कमियों और खामियों के बावजूद उनकी कार्रवाई भीड़ जैसी बर्बर और वहशी नहीं हो सकती। अपने स्तर से अभियुक्त के सही-गलत होने की जानकारी वे ले ही लेते हैं...।

भीड़ के पीछे चल रहे हम दोनों मित्र अब उस अभियुक्त को लेकर ही संवादरत थे। अपनी सम्भावनाओं के तहत कभी हमें लगता कि अपनी डोमपट्टी पहुँच कर भी यह अभियुक्त बच नहीं पायेगा। भीड़ के भय से अगर इसने झूठ बोला होगा तब वहाँ पहुँचते ही इसके झूठ का पर्दाफाश हो जायेगा। फिर भीड़ इसके प्रति और

क्रूर हो उठेगी। इसके विपरीत अगर वहाँ के किसी व्यक्ति को इसने चेन थमायी भी होगी तो वह व्यक्ति सामने आयेगा ही नहीं, दूर से ही भीड़ को देख चंपत हो जायेगा। इस तरह दोनों स्थितियों में भीड़ के तीव्र कोपभाजन का शिकार यही व्यक्ति बनेगा। लेकिन हमारी बातचीत में अब एक तीसरा पक्ष भी उभरने लगा था, जो हमें बहुत जँच रहा था, जिसने हमारे डाँवाडोल मन को सम्बल भी प्रदान किया। उस तीसरे पक्ष के अनुसार अपनी बस्ती पहुँचते ही इस अभियुक्त को अपने लोगों का जोरदार समर्थन प्राप्त हो जायेगा। उसे भीड़ की गिरफ्त में देख जब उसके कुटुम्बी और संगी-साथी अपने परम्परित हथियार और कुत्तों के साथ भीड़ पर टूटेंगे तो नासमझों की यह असंगठित भीड़ क्षण भर में ही बिखर जायेगी...। गाँवों तथा झुग्गी-झोंपड़ी के वाशिन्दे अपने लोगों के लिए अक्सर लड़ते-भिड़ते रहे हैं। आपस में चाहे उनके बीच जो वैर-भाव हो, बाहरी आक्रमण पर वे तत्क्षण एकजुट हो जाते हैं। गाँवों, टोलों तथा झुग्गी-झोंपड़ियों की यही विशेषता विपरीत परिस्थितियों में भी उन्हें टिकाये रहती है...।

लेकिन हमारी सम्भावना के विपरीत वहाँ ऐसा कुछ भी नहीं हुआ...। जब भीड़ उसे लेकर वहाँ पहुँची, उस बस्ती के अधिकांश स्त्री-पुरुष सामने की चाय दूकान के पास जमीन पर बैठे, पसरे या तो चाय पी रहे थे या आराम फरमा रहे थे...। उस रास्ते से गुजरते हुए आप देखते होंगे चन्द्रकान्त जी, वे अक्सर वहीं नजर आते हैं। शायद अपने तंग एवं दड़बेनुमा घरों की अपेक्षा चाय दूकान के पास की खुली जगह उन्हें सुकून देती है...। वहाँ पहुँच कर वह अभियुक्त क्षण भर के लिए किंकर्त्तव्यविमूढ़ बना रहा। फिर भीड़ के उग्र दबाव पर वहाँ चाय पी रहे एक चौदह-पन्द्रह साल के लड़के की ओर संकेत किया। बस, भीड़ ने तत्क्षण उस लड़के को भी अपनी गिरफ्त में ले लिया। लेकिन विषय से अवगत होते ही वह लड़का चौंक उठा कि वह तो आज स्टेशन की ओर गया ही नहीं। उसकी माँ भी बीच में आ गयी कि वह तो बीमार है। वे माँ-बेटे अभियुक्त पर आरोप लगाने लगे कि अपनी जान बचाने के लिए वह सरासर झूठ बोल रहा...। लेकिन एक बार भीड़ की पकड़ में आ जाने के बाद फिर कोई सुनवाई नहीं, कोई फरियाद नहीं। वहाँ चेन न मिलने से आक्रोशित भीड़ उस अभियुक्त के साथ अब उस लड़के को भी लेकर वापस चल पड़ी। लड़के की माँ ने उसे भीड़ से छुड़ाने का पूरा प्रयास किया, यहाँ तक कि लड़के से चिपक गयी। लेकिन भीड़ के शूरमाओं की बेरहम मार ने उसे बेटे से अलग कर दिया। अब दोनों अभियुक्तों को लेकर भीड़ ने वापसी की रफ्तार पकड़ ली। हम समझ गये, इन दोनों को भीड़ वहीं ले जाकर दंडित करेगी, जहाँ से पहले अभियुक्त को पकड़ कर लायी थी, क्योंकि भीड़ के अधिकांश शुरमा वहीं से आये थे। अपने क्षेत्र में पहुँच कर ही ऐसे अभियुक्तों के साथ बर्बर कार्रवाई का वे लुत्फ उठा सकेंगे...।

हम दोनों मित्रों के मन की पीड़ा अब और गहरा उठी। हमें लग गया, विवश-लाचार ये प्राणी नहीं बच सकेंगे...। इनके साथ आते हुए हमारी रफ्तार भी तेज थी, क्योंकि हमारे मन की सम्भावना निःशेष नहीं हुई थी। लेकिन अब वापसी में हमारे पास कोई विकल्प नहीं बचा था। शायद इसी वजह से हमारे पाँव मन-मन भर के बोझिल हो गये थे।

देखते ही देखते भीड़ उन्हें लेकर आगे निकल गयी। सांस्कृतिक भवन के मोड़ से उन्हें मुड़ते हुए भी हमने देखा। हम समझ गये, उस मोड़ से डी. एम. आवास होते हुए वे स्टेशन के मुख्य मार्ग पर पहुँच जायेंगे। फिर अपनी अन्तिम कार्रवाई को अंजाम देंगे।

इस दौरान सांस्कृतिक भवन के मोड़ तक अब हम भी आ गये थे। लेकिन यहाँ पहुँचते ही भीड़ की शोरगुल के मध्य किसी की बुलन्द ऊँची आवाज़ हमें सुनाई पड़ी—"छोड़ो...! भागो...! खबरदार...!"

जाने इस आवाज़ में ऐसा क्या था कि हम दोनों मित्र लगभग दौड़ चले। हमारी सारी जड़ता और मायूसी हवा हो गयी। यह आवाज़ डी. एम. कोठी के पास से ही आ रही थी। तो क्या भीड़ में कैद उन अभियुक्तों को डी. एम. साहब छुड़ा रहे हैं...? अमूमन ऐसे अभियुक्तों की क्षत-विक्षत लाश ही प्रशासन के कब्जे में आती है। उसी अवसर पर उनकी कार्रवाई भी प्रारम्भ होती है। फिर हस्तक्षेप की यह कैसी आवाज़...?

लेकिन वहाँ पहुँचते ही सारी बात स्पष्ट हो गयी। वहाँ तो माजरा कुछ और था। पिछड़े वर्ग की एक पार्टी के जागरूक कार्यकर्त्ता संघर्ष में मारे गये अपने एक साथी की लाश को लेकर डी. एम. कोठी पहुँचे थे। हत्यारों को तुरन्त पकड़ने तथा मृतक के परिजनों को पर्याप्त मुआवजा देने की उनकी माँग थी। हम जानते थे, जब तक जिलाधिकारी की ओर से सन्तोषजनक जवाब उन्हें नहीं मिल जायेगा, वे लाश के साथ यहाँ जमे रहेंगे...।

उसी भीड़ के जागरूक कार्यकर्त्ताओं की नजर जब नासमझों की इस भीड़ पर और उनके बीच कैद दो अभियुक्तों पर पड़ी तो वे आपे में नहीं रहे। तत्क्षण भीड़ के बीच कूद गये—"गरीब, कमजोर को देखते ही चोर बना देते हो, मगर लूटने वाले सफेदपोशों के पास नहीं जाते...? अब यह सब चलने वाला नहीं...। हमारी पार्टी तुम जैसे लोगों को जवाब देने के लिए ही बनी है...। अब जिसकी हिम्मत हो वह इनके पास आये...।"

और उन्होंने अभियुक्तों को उनसे मुक्त कर अपनी सुरक्षा में ले लिया। उनके प्रखर विरोध पर नासमझों की वह औचक भीड़ न सिर्फ सकते में आ गयी, बल्कि भाग खड़ी हुई। पार्टी कार्यकर्त्ताओं की संगठित भीड़ से टकराने के अंजाम से वह परिचित थी। न्याय के लिए पुलिस थानों तक का घेराव करने वाली इस जागरूक

भीड़ के लिए नासमझों की वह भीड़ कुछ भी नहीं...। ऐसी भीड़ को तो वे फूँक कर उड़ा सकते थे...।

इस परिवर्तित दृश्य से हमारी खुशियों की कोई सीमा नहीं रही। जिस बात के लिए हमारा मन आकुल-व्याकुल था उसे घटित रूप में देखना हमारे लिए किसी चमत्कार से कम नहीं था। देखते-ही-देखते नासमझों की वह भीड़ वहाँ से गायब हो गयी।

अब वहाँ पार्टी कार्यकर्त्ताओं की वह जागरूक भीड़ कायम रही...। मैं जिस जवाब की प्रतीक्षा 'दण्ड' कहानी के समय से ही कर रहा था, वह जवाब अब मुझे मिल गया। नासमझों की भीड़ का जवाब कोई जागरूक भीड़ ही दे सकती है। नासमझी का सार्थक विकल्प वही बन सकती है। वह घटना और उससे प्राप्त तथ्य ने ही मुझे इतना प्रेरित और उत्साहित किया कि 'भीड़ के अभियुक्त' कहानी लिखी जा सकी। इस कहानी की रचना ने मेरे कहानीकार मन को भी आश्वस्त किया...।

यह घटना सुन कर चन्द्रकान्त जी को भी पर्याप्त खुशी हुई—"बहुत अच्छा हुआ। ऐसा ही होना चाहिए...। एकदम माकूल जवाब...।"

मैंने देखा, उनके चेहरे पर अब आश्वस्ति के भाव थे। 'दण्ड' की घटना सुनकर तो उनका मन आहत-व्यथित हो गया था। लेकिन इस घटना ने उनके मन की पीड़ा दूर कर दी। अपनी घटना पर जिस जवाब की उन्हें प्रतीक्षा थी, वह जवाब अब उन्हें मिल गया था। मुझे भी काफी खुशी हुई। एक मित्र के रूप में मैं यही चाहता था। अब उनके पास से चलते हुए मैंने कहा—"इसीलिए मैं बार-बार जागरूकता की बात करता हूँ चन्द्रकान्त जी। मेरे जानते लोगों को जागरूक बनाने से बड़ा कार्य यहाँ दूसरा नहीं...। न सिर्फ सामाजिक विकास के लिए यह आवश्यक है, बल्कि लोकतन्त्र की बेहतरी भी इसी पर निर्भर है। किसी घटना-दुर्घटना की ही तरह चुनावी मैदान में पहले यही भीड़ हर प्रसिद्ध नेता को देखने-सुनने के लिए तमाशबीन की तरह एकत्रित होती है। फिर समूह का बहाव जिस ओर होता है उस ओर आँख मूँदकर बहने लगती है। सत्ता से समाज तक इसका अंजाम आप देख ही रहे हैं चन्द्रकान्त जी। लोगों की जागरूकता के बिना इसे सार्थक मुकाम नहीं मिल सकता...।"

उस दिन चन्द्रकान्त जी के यहाँ से वापस आते हुए मुझे लगा, अब धीरे-धीरे वे स्वस्थ हो जायेंगे। जब मन का घाव भर जाता है तो तन का घाव ठहर नहीं पाता। लेकिन यह मेरी भूल थी। घाव जब मन के अन्दर कहीं गहरे तक अपनी पैठ बना चुका हो तब हमारा प्रयास क्षण भर के लिए उस व्यक्ति को भले ही आश्वस्त कर दे, पर उससे उसे मुक्त नहीं कर पाता। चन्द्रकान्त जी की भी यही स्थिति थी। एक हिंसक भीड़ के खौफ और आतंक का असर उनके ऊपर ऐसा गहरा था कि उससे जल्द वे मुक्त नहीं हो पा रहे थे। अगले दिन पुनः अपने समय पर उनके यहाँ पहुँचने की मेरी योजना थी। लेकिन उस समय से पूर्व ही उनका पुत्र घबराते हुए

आ पहुँचा—"जल्दी चलिये अंकल जी, पिताजी की तबीयत आज फिर बिगड़ गयी है...। आपको छोड़ कर किसी की बात सुनते ही नहीं। कह रहे हैं कि मन बहुत घबरा रहा है। उन्हें अकारण पसीना भी आने लगा है। साँस लेने में भी वे कठिनाई महसूस कर रहे हैं। कहते हैं, अब मैं नहीं बचूँगा। अपने चिकित्सक को भी दौड़ कर हम ले आये। उनका कहना कि उस सदमे का ही असर है। जब तक उस घटना को वे भूल नहीं पायेंगे, इस तरह के दौरे इन्हें आते रहेंगे...। यह अच्छा नहीं। जो बीमारियाँ अभी नहीं हैं, वे भी हो सकती हैं...।"

इस सूचना पर मैं भागते हुए उनके यहाँ पहुँचा। सचमुच वे बहुत घबराये हुए थे। उनका चेहरा उड़ा हुआ तथा डरा-सहमा लग रहा था। उनकी आँखें खौफ से विकल-बेचैन अपने कोटरों में नाच रही थीं...। पहुँचते ही मैंने उन्हें ढाँढ़स देने की कोशिश की—"आप फिर उस घटना को लेकर सोचने लगे...। हमने जब उसका निदान ढूँढ़ लिया तो फिर उसी दिशा में हमें सक्रिय रहना है। हमारे साथ जो हो चुका, उससे हम जब तक मुक्त नहीं हो सकेंगे तब तक कुछ भी नहीं कर सकेंगे। हमारा पूरा रचनाकर्म उसी के लिए समर्पित है। आपके लिए यही उचित है कि उस घटना को आप एकदम भूल जायँ...। जानबूझ कर अपनी तबीयत मत बिगाड़ें..!"

"मैं चाहता हूँ मिथिलेश्वर जी और प्रयास भी करता हूँ कि उस घटना को भूल जाऊँ! लेकिन न चाहते हुए भी सोते-जागते, उठते-बैठते वह घटना मेरा पीछा नहीं छोड़ रही है...।"

"उससे पीछा छुड़ाना है चन्द्रकान्त जी। अपने मजबूत संकल्प और इरादे से उससे मुक्त होना है...।"

"उस दिन चन्द्रकान्त जी को मैं देर तक समझाता रहा। उनके डाँवाडोल मन को अपने सबल शब्दों का सहारा देता रहा। फिर जैसा मुझे विश्वास था, उनकी स्वाभाविकता वापस आ गयी। वे सहज-सामान्य हो गये।

"चलिये, आज से आप फिर टहलना शुरू कर दीजिए। टहलने से आपका मन बदल जायेगा। स्वास्थ्य भी ठीक रहेगा...।"

वे ना-ना करते रहे—"अभी नहीं, दो-चार दिन बाद से। मैं उनकी दिनचर्या को पूर्ववत् सामान्य बना देना चाहता था। बस, उन्हें लेकर सामने की सड़क के किनारे चल पड़ा। मैं अनुभव कर रहा था, चन्द्रकान्त जी एकदम धीरे-धीरे चल रहे थे। सड़क पर आ-जा रहे लोगों को चौकन्नी दृष्टि से देख रहे थे। मुझे यह समझते देर नहीं लगी कि उस घटना के बाद पहली बार निकलने के चलते ऐसा हुआ था। दो-चार दिनों के अन्दर पूर्ववत् सहज हो जायेंगे। उनके स्वास्थ्य को देख कर मैं भी उनके साथ कदम से कदम मिला कर ही चल रहा था ताकि वे तनिक भी अकेला और असुरक्षित महसूस न करें। इस दौरान सामने से चार-पाँच लोग हमें आते हुए दिखे। शायद किसी कार्यवश आ रहे थे। अक्सर चार-पाँच की संख्या में लोग

आते-जाते रहे हैं। लेकिन उन पर नजर पड़ते ही चन्द्रकान्त जी सहसा भयभीत हो उठे। उनके मुँह से आर्त्त आवाज़ भी निकलने लगी–"मुझे बचा लीजिए मिथिलेश्वर जी...! वे फिर मारने आ पहुँचे...। मुझे पकड़ लीजिए नहीं तो गिर जाऊँगा। देखिये वे नजदीक आ रहे...। बचाइये...बचाइये...।"

और सचमुच अगर मैंने उन्हें बांहों में थाम न लिया होता तो वे गिर जाते। मैं अनुभव कर रहा था, वे काँप रहे थे। क्षण भर में ही अस्वाभाविक स्थिति में चले गये थे। उन्हें सँभालते हुए मैंने समझाने की कोशिश की–"वे लोग किसी काम से आ रहे चन्द्रकान्त जी। ऐसे लोग रोज आते-जाते रहे हैं। आप इस तरह विचलित मत होइये। अपने को नियन्त्रण में रखिये...।"

लेकिन मेरी बात का उनके ऊपर कोई असर नहीं हुआ। इस बीच अब उन्होंने मुझे कस कर पकड़ भी लिया था। उनका काँपना जारी था। अत्यधिक भय से उन्होंने आँखें भी बन्द कर ली थीं। उनके मुँह से निरन्तर आर्त्त ध्वनि निकल रही थी–"बचाइये...। बचाइये...।"

इधर मैं भी उन्हें सँभालते-समझाते हुए आश्वस्त करने की कोशिश करता रहा। जब अपनी कोशिश मुझे नाकामयाब लगने लगी तब उन्हें पकड़े हुए ही वापस हो गया–"चलिये अब आपको घर ले चलता हूँ। अब मत घबराइये। मैं आपके साथ हूँ। किसी से भी अकारण भयभीत होने की जरूरत नहीं...। अपने को सँभालिये चन्द्रकान्त जी। इस तरह विचलित मत होइये...।"

मुझे एहसास होने लगा था कि चन्द्रकान्त जी को अभी मुझे टहलाने के लिए नहीं निकालना चाहिए था। वे आना भी नहीं चाह रहे थे। यह मेरी जिद का ही परिणाम था। लेकिन अभी हम तनिक भी दूर नहीं निकले थे। उनके घर से कुछ ही कदम आगे बढ़े थे। इस स्थिति में शीघ्र ही उन्हें उनके घर पहुँचा दिया। उनके घर के लोग भी उनकी यह हालत देख चिन्तित हो गये। मैंने उन्हें भी आश्वस्त करने का प्रयास किया–"उस हादसे का ही असर है। धीरे-धीरे ही वह घटना भूल पायेंगे। अब जब तक सहज-सामान्य नहीं हो जाते, इन्हें टहलाने नहीं ले जाना है...।"

उसके बाद मैं सिर्फ उनसे मिलने और उनका कुशल-समाचार जानने पहुँचता रहा। उन्हें टहलाने का फिर प्रयास नहीं किया। अपनी बातों से उनका ध्यान पुनः साहित्य की ओर मोड़ने में लग गया। इस दौरान वे हाँ, हूँ करते तथा साहित्यिक योजनाओं पर अपनी सहमति भी जताते रहे। लेकिन रह-रहकर कहीं खो जाते। मैं बात करता रहता। लेकिन उनका ध्यान कहीं और चला जाता। उनके चेहरे पर चिन्ता और भय की रेखाओं ने अपना स्थायी भाव कायम कर लिया था। मेरे और उनके परिवार-जनों के लाख प्रयास के बाद उनके चेहरे पर फिर पहले वाली हँसी-खुशी नहीं लौटी।

हम प्रतीक्षा कर रहे थे कि शायद कुछ समय व्यतीत होने पर चन्द्रकान्त जी

पुनः सहज-स्वाभाविक हो सकें। लेकिन उन्होंने पर्याप्त समय व्यतीत होने ही नहीं दिया। उस हादसे के बाद अस्वाभाविक बनती उनकी गतिविधियाँ निरन्तर असामान्य ही होती चली गयीं। वैसे तो उस घटना के बाद से ही वे रातों में सो नहीं पाते थे। उनके परिवार जनों के अनुसार सारी-सारी रात कमरे की छत को निहारा करते। बाद में रातों में चिल्लाने भी लगे थे। शायद अनिद्रा के बाद उनकी आँखें अब झपकनी शुरू हुई थीं। लेकिन जैसे ही आँख झपकती वे चिल्लाने लगते—"बचाओ...! बचाओ...! मैंने कुछ नहीं किया। मेरी बात सुनो...।"

उनकी इस स्थिति से उनके परिवार-जनों के साथ मैं भी चिन्तित हो गया। उनकी ऐसी हरकतों और गतिविधियों पर अब उनके चिकित्सक ने उन्हें नींद की गोलियाँ भी देनी शुरू की। लेकिन नींद की गोली का असर जैसे ही समाप्त होता, उनकी गतिविधियाँ और हरकतें पुनः असामान्य हो जातीं। हमने उनके चिकित्सक के अतिरिक्त और दो चिकित्सकों से दिखाया। लेकिन कोई फायदा नहीं हुआ। सबका कहना यही कि जब तक उस हादसे को वे विस्मृत नहीं कर पायेंगे या उनके स्मृति पटल पर उसका असर कम नहीं हो जायेगा तब तक उनका स्वास्थ्य नहीं सुधरेगा। वे सहज-सामान्य नहीं हो सकेंगे...।

इस स्थिति में जिस बात की आशंका हमारे मन को विचलित करती रहती थी, वह घटित हो ही गयी। उस हादसे की भयावह स्मृति को वे देर तक झेल नहीं सके। एक रात उस हादसे के खौफ ने उनकी जान ले ली। घटना के दौरान वे नहीं मरे थे। लेकिन उस घटना की मानसिक परिणति ने उन्हें मार दी...।

चन्द्रकान्त जी की मृत्यु अगर किसी गम्भीर बीमारी से हुई होती या किसी प्राकृतिक आपदा के वे शिकार हुए रहते तो उनके निधन पर मैं अपने मन को समझा लेता। सड़क दुर्घटना, जहर खाने या अपने दुश्मनों द्वारा उन्हें मारे जाने के तर्क को भी समझने का प्रयास करता। लेकिन लोगों की नासमझी के चलते उनका मारा जाना मेरे लिए असह्य है। हम जिस समाज के बीच रह रहे हैं, उसके लोग ही भ्रमवश ऐसे हमलों को अंजाम दें, इससे विकट और गम्भीर समस्या कुछ हो ही नहीं सकती। सवाल भ्रम का नहीं, लोगों की नासमझी का है। अपने आसपास जिन्हें हम साफ-सुथरे कपड़ों में सभ्य और शिक्षित समझते हैं, तमाशबीन बनकर जब वे भीड़ की शक्ल में एकत्रित होते हैं, तब उनकी मूर्खता का पर्दाफाश होता है। कोई जागरूक, विवेकवान प्राणी ऐसा कर ही नहीं सकता। किन्हीं लोगों या किसी भीड़ के संकेत पर ऐसे अमानवीय कृत्य के लिए कभी सक्रिय नहीं हो सकता। ऐसी ही भीड़ें हमारे लोकतन्त्र की बहुसंख्यक जनता है। पता नहीं, ये भीड़ें कब जागरूक होंगी? खैर, जब जागरूक हों, हमारे देश और समाज के लिए वह समय सर्वोत्तम होगा।

लोगों की नासमझी के चलते चन्द्रकान्त जी जैसे अपने निर्दोष मित्र के निधन की पीड़ा और गम से अभी मैं उबर भी नहीं पाया था कि इसी तरह की एक और

घटना ने मेरे मन को और आहत-व्यथित कर दिया। वह घटना बिल्कुल ताज़ा है, अभी इसी सप्ताह की। एक आवश्यक कार्यवश मैं मुजफ्फरपुर जा रहा था। पटना से मुजफ्फरपुर के लिए बस का मार्ग ही उपयुक्त रहा है। ट्रेन का रूट सीधा न होने तथा ट्रेन से अधिक समय लगने के चलते लोग बसों से ही मुजफ्फरपुर आते-जाते हैं। शायद इसीलिए उस मार्ग पर पर्याप्त बसें भी चलती हैं...।

जब मैं पटना बस स्टैण्ड पहुँचा, वहाँ विभिन्न दिशाओं की अनेक बसें खड़ी थीं। बिहार का वह सबसे बड़ा बस ठहराव था। दूर-दराज के अनेक स्थानों के लिए वहाँ से बसें खुलती थीं...। उस बड़े बस ठहराव पर अपनी बसों की प्रतीक्षा में यात्री आ-जा रहे थे और बिखरे थे। मुजफ्फरपुर की बसें एक किनारे खड़ी थीं। क्रम के अनुसार वे वहाँ से खुलती थीं। अब जिस बस का क्रम था, उसमें मैं प्रवेश कर गया। लेकिन वह बस लगभग खाली ही थी। उसमें कुछ ही लोग बैठे थे। पता चला, मुजफ्फरपुर की एक बस अभी खुली है। इसीलिए इसमें भीड़ नहीं। लेकिन इसे भरते भी देर नही लगेगी, क्योंकि यहाँ सवारियों की कमी नहीं होती।

मैं खिड़की के पास की एक हवादार सीट पर जा बैठा। मेरे सामने खिड़की के पास वाली सीट पर ही एक वृद्ध सज्जन बैठे थे। आम बसों की तरह उस बस में भी आमने-सामने की सीटें बनी थीं। एक सीट पर दो सवारियों के बैठने की व्यवस्था। देखते ही देखते खिड़की की पास वाली सभी सीटें भर गयीं। अब बस में आने वाले यात्री साथ वाली सीटों पर बैठने लगे। मेरे साथ की सीट पर एक नौजवान आकर बैठ गया। वह जींस के पैंट-शर्ट में था। बैठते ही अपना मोबाइल निकाल कर इंटरनेट पर कुछ देखने-समझने लगा। मेरे सामने के वृद्ध सज्जन के साथ वाली सीट पर चालीस-पैंतालीस की उम्र का एक साँवला-सलोना आकर्षक व्यक्ति आकर बैठ गया। उसकी वेशभूषा ग्रामीण व्यक्ति जैसी ही थी। उसने पो. लिथिन का एक थैला ले रखा था। उस सीट पर इत्मीनान से बैठते ही उस थैले से नाश्ते का पैकेट तथा पानी का बोतल निकाल लिया। मैं समझ गया, बस पकड़ने की जल्दबाजी में इसने घर पर नाश्ता नहीं किया है। यात्राओं में अक्सर ऐसे लोगों को मैं देखता रहा हूँ जो अपनी सीट पर इत्मीनान होते ही नाश्ते जैसी क्रियाओं से निबट लेना चाहते हैं।

लेकिन बोतल पर नजर पड़ते ही कि वह खाली है, उसने नाश्ते के पैकेट को पुनः थैले में डाल दिया। फिर थैले को अपनी सीट के मध्य रखते हुए साथ के वृद्ध सज्जन से कहा—"इसे देखते रहियेगा बाबा! नीचे से पानी लेकर आ रहा हूँ...।"

और बोतल लेकर वह नीचे चल पड़ा। बस खुलने में अभी कुछ देर थी। इस दौरान बस अब सवारियों से भर चली थी। सचमुच इस बड़े बस ठहराव पर सवारियों की कमी नहीं। पानी का एक नल हमारी खिड़की के पास ही था, लेकिन वहाँ काफी भीड़ थी। अलग-अलग स्थानों पर कुछ और नल थे। कुछ दूर का एक दूसरा नल

भी दिख रहा था। लेकिन वहाँ भी ऐसी ही भीड़ थी। अन्य नलों की स्थिति भी यही थी क्योंकि इस बड़े बस ठहराव की तुलना में यहाँ पर्याप्त नल नहीं...। वह पास ही नल पर पानी के लिए भीड़ के साथ कतारबद्ध हो गया...।

अचानक इसी क्षण उसके रंग-रूप से मिलते-जुलते दो और व्यक्ति वहाँ आ पहुँचे। शायद उन्हें दूसरी दिशा की बस से जाना था, इसीलिए हमारी बस की ओर नहीं आये। लेकिन पानी के लिए भीड़ में खड़े उस व्यक्ति पर नजर पड़ते ही वे दोनों खड़े हो गये। फिर उस व्यक्ति को लक्ष्य कर आपस में गुपचुप भी करने लगे। एक-दूसरे से सट कर की जाने वाली उनकी गुपचुप में मुझे किसी अज्ञात षड्यन्त्र का भान हुआ। मुझे लग गया, ये दोनों उसके पूर्व परिचित हैं। शायद इनके बीच कोई पुराना द्वेष रहा हो। शायद उस द्वेष को साधने के लिए यह अवसर उन्हें उपयुक्त लगा हो। जो हो अगर ऐसा नहीं होता तो परिचय के आधार पर वे उससे आत्मीयता-प्रसन्नता से मिलते, इस तरह गोपनीय गुपचुप नहीं करते...।

मेरा यह अनुमान सही साबित हुआ। अपने गुपचुप में एक निष्कर्ष तक पहुँचते ही अब वे दोनों मुस्तैदी से उसकी ओर बढ़े। उस व्यक्ति ने अब तक दोनों को नहीं देखा था, क्योंकि उसका ध्यान नल के पास अपनी बारी आने की ओर केन्द्रित था। इसी क्षण उसे पीछे से पकड़ कर उन दोनों ने भीड़ से अलग खींच लिया। अब उन दोनों को देखते ही वह आश्चर्य से चौंक उठा—''तुम दोनों! यहाँ भी आ गये। हटो, छोड़ो, भागो नहीं तो तुम दोनों की खैर नहीं। अभी मैं पुलिस को बुलाता हूँ...।''

जवाब में उन्होंने कहा—''तू क्या पुलिस बुलायेगा! इस लायक हम तुझे छोड़ेंगे ही नहीं। तू समझ रहा था कि कभी हमारी पकड़ में नहीं आयेगा, बाकिर हम तुम्हारी फिराक में ही थे...। आज तुझे बता देंगे कि हमारे साथ वैर साधने का अंजाम क्या होता है...।''

वे हमारी खिड़की के निकट ही थे, इसीलिए उनकी आवाज़ हमें सुनाई पड़ रही थी। उन दोनों से अपने को छुड़ाने की कोशिश करते हुए उसने कहा—''दुश्मनी साधने का यह कोई तरीका नहीं। यह तो नीचता है। तुम दोनों अगर असल की औलाद हो तो बारी-बारी मुझसे निपट लो। तुम दोनों का अगर कचूमर न निकाल दिया तो मेरे नाम पर कुत्ता पोस लेना...।''

लेकिन उन दोनों ने उसे मजबूती से पकड़ रखा था। अब उनके बीच हाथा-पाई और नोच-खसोट शुरू हो गयी...। उन दोनों की गिरफ्त से निकलने के लिए वह जी-जान से संघर्ष करने लगा। साथ ही उसने आवाज़ लगानी भी शुरू की—''दौड़ो लोगो! बचाओ...।''

लेकिन एक आवाज़ के बाद उन दोनों ने उसकी दूसरी आवाज़ निकलने भी नहीं दी। वे दोनों उसके मुँह पर ही प्रहार करते हुए संयुक्त आवाज़ में चिल्लाने

लगे—"चोर-चोर, मारो-मारो...। अभी हमारा बैग लेकर कहीं छिपा दिया है...। चोर-चोर, मारो-मारो...!"

मुझे यह समझते देर नहीं लगी कि उसे देखने के बाद उन दोनों ने गोपनीय ढंग से जो षड्यन्त्र रचा था, वह यही था। मैं यह भी समझ गया, तमाशबीन के रूप में एकत्रित नासमझों की भीड़ अब बगैर सोचे-समझे सक्रिय हो जायेगी। और सचमुच यही हुआ। तत्क्षण तमाशबीन के रूप में एकत्रित भीड़ अपने हाथ साफ करने लगी। उस पर प्रहार करते हुए उन दोनों की तेज़ आवाज़ निर्णायक बन गयी। जब भीड़ ने उसे अपने प्रहारों के दायरे में ले लिया, तब उसके दोनों दुश्मन किनारा हो गये। विवश-लाचार वह व्यक्ति हाथ जोड़े भीड़ को यथार्थ से अवगत कर देना चाहता था। लेकिन भीड़ इसका अवसर ही उसे नहीं दे रही थी। उसकी कोई भी बात पूरी नहीं निकल पाती, क्योंकि इधर के लोग मार कर उसे उधर कर देते...। इस स्थिति में भीड़ से याचना के लिए जुड़े उसके दोनों हाथ ही अब नजर आते। उस व्यक्ति के साथ वाली सीट पर बैठे वृद्ध सज्जन अब अपने को रोक नहीं सके। मुझे अपना हमउम्र समझ मेरी ओर मुखातिब हो गये—"देख रहे हैं न, उस यात्री को चोर कह कर लोग पीट रहे। वह तो पानी लेने उतरा था...। हमें उसकी रक्षा करनी चाहिए...।"

प्रतिक्रिया में मेरे मुँह से भी निकल गया—"आप ठीक कह रहे...। हमें कुछ करना चाहिए...।"

लेकिन मेरे साथ की सीट पर बैठे युवक ने बेरुखी से हमारी ओर देखते हुए कहा—"आप लोग उस व्यक्ति को जानते-पहचानते हैं...?"

मैंने कहा—"नहीं। साथ का यात्री समझ मानवता के लिए हमें उसकी सहायता करनी चाहिए...।"

अब वह युवक उबलते हुए बोल उठा—"जब आप लोग उसे जानते ही नहीं तब यह कैसे कह सकते हैं कि वह चोर नहीं है। बिना चोरी-बदमाशी के लोग इस तरह उसे पीट नहीं सकते...।"

हमारी बात सुन रहे तथा घटना से अवगत पास की सीट का एक और यात्री बोल उठा—"ऐसे मामलों में भूल कर भी नहीं पड़ना चाहिए...।"

इस पर एक और यात्री ने कहा—"ऐसे मामलों में जो कूदता है, भीड़ उसे भी नहीं छोड़ती। चोर-पॉकेटमार दया के पात्र नहीं होते...।"

मैंने आगे और पीछे दोनों ओर के उन यात्रियों को देखा, जो अपनी-अपनी खिड़कियों से उस दृश्य को इस रूप में देख रहे थे जैसे इससे उनका कोई लेना-देना न हो, जैसे वे अक्सर ऐसी घटनाएँ देखते रहे हों...।

इसी क्षण कण्डक्टर ने सीटी बजाई। फिर यह बस सरकने लगी। भीड़ में खड़े इस बस के चंद यात्री दौड़-दौड़ कर इस पर चढ़ गये। लेकिन उस भीड़ में कमी

नहीं आयी, क्योंकि आने वाले नये-नये यात्री उस भीड़ में सम्मिलित होते जा रहे थे। मैं खिड़की से उसे अपलक देखता रहा। भीड़ के प्रहार पर इधर से उधर जाते हुए प्राण रक्षा में उसके जुड़े हुए दोनों हाथ दिखते रहे। अपनी खिड़की से तब तक मैं उसे देखता रहा, जब तक वह आँखों से ओझल नहीं हो गया...।

चन्द्रकान्त जी की उस घटना ने तो मेरे मन को आहत-व्यथित कर ही दिया था। इस घटना ने अब उसे और पीड़ित कर दिया। जाने इस घटना का यह कैसा असर मेरे ऊपर हो गया है कि अब अक्सर वह दृश्य मेरी आँखों के समक्ष आ जाता है, जिसमें भीड़ के निर्मम प्रहारों के बीच अपने प्राण रक्षा में जुड़े उस व्यक्ति के दोनों हाथ न सिर्फ मुझे दिखते रहते हैं, बल्कि न्याय के लिए गुहार लगाते हुए भी जान पड़ते हैं...।

❑❑